한국 불교사

고대

일러두기

1. 이 책은 한국 불교사 개설서로, 전공자뿐 아니라 이 분야에 관심이 있는 일반 독자를 대상으로 기획·집필했습니다. 이에 따라 한자 병기를 최소화했습니다. 단, 문맥상 한자를 병기해야 이해하기 수월하거나 글의 특성상 필요한 경우에는 중복이 되더라도 표기했습니다. 한자는 원칙적으로 ( ) 안에 표기했으나, 일부 독음과 다른 한자는 [ ] 안에 표기했습니다.
2. 참고문헌의 경우 1항과 같은 이유로 사료는 생략하고, 관련 자료를 최소화해 책 뒷부분에 별도의 장을 만들어 실었습니다.
3. 연도 표기 중 연호/시호를 병기하는 경우에는 서기(연호/시호)를 원칙으로 하되, 연호/시호(서기)식 표기가 글을 이해하는 데 도움이 될 경우에는 이 원칙을 따르지 않았습니다.
4. 국내 서적은『 』, 서적에 실린 글이나 논문, 노래 제목, 법령 등은「 」, 신문이나 잡지는《 》, 그림이나 공연 제목 등은〈 〉로 표기했습니다. 국외 서적과 잡지, 일간지를 원어로 쓸 경우에는 이탤릭체로, 논문은 " "로 표기했습니다. 단, 중국과 일본 자료는 한국 자료의 표기에 따랐습니다.
5. 용어의 강조나 간접인용문은 ' '로, 직접인용문은 " "로 표기했습니다.
6. 인물의 생몰년은 글에 따라 필요한 경우에 표기했습니다.

A HISTORY OF KOREAN BUDDHISM
ANCIENT KOREA

한국 불교사

고대

불교사학회 엮음

한울
아카데미

| 차례 |

3부 고대문화와 불교

보론

책을 펴내며

통념과 달리 불교(Buddhism)는 19세기에 서구인의 상상력에 의해 구축된 개념이다. 문헌학적 근대 학문으로 구축된 불교는 아시아에 다시 전해졌다. 19세기 동아시아에서는 제국주의에 대항하며 국민국가의 형성이라는 시대적 과제에 대응하기 위해 근대문명을 수용하면서 문화·사상의 전통을 기반으로 독자적인 사상세계를 구축했는데, 그러한 과정에서 불교가 새롭게 주목을 받았다.

일본 불교계는 당시 직면한 위기를 타개하기 위해 서구 근대불교학을 수용하면서 불교의 근대화를 추구했다. 이와 함께 근대 학문적 방법론에 입각한 불교사 연구가 불교학계와 역사학계를 중심으로 이루어졌다. 먼저 불교학계를 중심으로 일본 불교사 연구가 진행되면서 일본불교의 특징을 강조하는 통불교론, 호국불교론 등 일본불교 언설이 제시되었다.

또한 제국대학을 중심으로 한 역사학계에서 불교사 연구가 일찍부터 형성되었다. 도쿄대학의 일본사 연구는 구로이타 가쓰미(黑板勝美) 계열과 쓰지 젠노스케(辻善之助) 계열로 나뉘는데, 쓰지가 일본 불교사를 연구하면서 일본사의 전체상을 파악했다. 쓰지는 교리사, 교단사가 아닌 일본사의 전개 과정에서 불교가 사회적으로 어떠한 역할을 했는지를 파악하는 데에 역점을 두었다. 이와 같이 일본에서는 근대 역사학의 형성 과정에서 불교사학이 나름의 위상을 갖고 있었다. 2차 세계대전 후 마르크스주의 역사학이 풍미하는 시기에도 불교사 연구는 고대, 중세를 중심으로 중시되었고, 근래에는 근세, 근대까지 확장되고 있다.

일본불교 언설은 1910년대에 불교 잡지를 통해 한국에 소개되었고, 한국불교 담론 형성에 커다란 영향을 미쳤다. 통불교론, 호국불교론을 수용한 한국불교 담론이 별다른 문제의식을 갖지 않은 채 확산되었다. 나아가 1960년대 이후에 내셔널리즘이 유행하면서 민족문화의 정수로서 불교가 이용되었고, 거기에 불교계와 학계가 별다른 문제의식 없이 편승했다.

한국 학계에서는 제도적·물적 기반의 부재로 인해 불교학뿐만 아니라 불교사 연구가 제대로 이루어지기 어려웠다. 불교사에 대한 역사학계의 관심은 1950년대에 고대사 연구의 일환으로 나타났고, 그것도 일부 주제에 국한되었다. 1970년대에 고려 불교사 연구가 이어지고, 1980년대 이후에 연구자가 늘어나면서 불교사 연구는 조선, 근대까지 확대되었다.

이러한 연구를 통해 한국 불교사에 대한 역사상이 어느 정도 제시되었다. 그러나 지금까지 불교사 연구는 기존 연구의 트렌드를 따라가거나 개별 주제에 대한 실증적인 분석에 치우쳐 사상사의 흐름을 뚜렷하게 제시하지 못한 한계가 있다. 나아가 불교학·철학 분야에서 수행하는 불교의 역사적 연구와 어떠한 차별성을 보여줄 수 있는지에 대한 고민이 없거나 제대로 제시하지 못하고 있다. 이러한 한계는 불교사학의 독자적인 연구 시각과 방법론을 뚜렷하게 제시하지 못하고 있는 것에서 잘 드러난다.

이러한 문제의식과 관련하여 연구자들이 일국사의 틀을 벗어나 동아시아 불교사의 시각에서 접근하거나 학제적 연구로 접근하는 경향이 늘어나고 있다. 불교사학회는 다소 침체된 학계의 분위기에서 탈피해 새로운 연구 방향을 모색하는 데에 공감한 연구자들에 의해 2019년 1월에 출범하게 되었다. 그리하여 학회 결성과 함께 한국 불교사에 대한 통사를 출간하여 지금까지 이루어진 불교사학의 성과를 집약하고, 앞으로의 연구 방향을 모색하기로 결정했다.

2023년 11월 『한국 불교사: 고려』, 2024년 6월 『한국 불교사: 조선·근대』

에 이어 이 책까지 3권을 완간하게 되었다. 44명의 필진이 모여 전체 62개 주제에 이르는 방대한 영역을 아우르며 한국불교 통사를 제시한 것은 학계에서 처음으로 이룬 성과이다. 또한 우리 학회의 통사는 각 권의 내용을 '시기별 불교사의 흐름과 불교계의 동향', '사상과 문화', '사회와 불교' 등 세 가지 주제로 일관된 체재를 갖추고, 나머지 글을 보론으로 묶어 구성했다. 이러한 구성은 학제적 연구와 사상사로서 불교사학의 방향을 제시하고, 인물의 사상 체계를 중심으로 연구하는 불교학과의 차별성을 보여주고자 한 것이다.

돌이켜 보면 학회를 시작하면서 통사를 함께 만들어보자는 제안이 다소 무모할 수도 있는데, 이렇게 마무리를 짓게 되어 다행스럽게 생각한다. 의욕적으로 학회를 출범했지만, 회원 수가 적은 데다가 기획과 편집 과정에서 의견 차이로 인해 고대 편의 구성이 바뀌고 집필진이 교체되는 우여곡절을 겪으면서 고대 편을 가장 늦게 발행하게 되었다. 고대 편의 전체 기획은 필자가 담당했고, 집필진을 섭외하는 데에 이종수 교수가 도움을 주었다.

몇 가지 주제가 여러 사정으로 포함되지 못했고, 집필자 개인에게 원고를 일임했기 때문에 내용의 편차가 없지는 않다. 이 책은 개설서이기 때문에 주석을 생략하고, 참고문헌도 대표적인 성과만을 소개했다. 개설서는 학계의 연구 역량이 모두 포괄되는 것이지만, 현실적으로 모든 연구 성과를 담을 수 없는 어려움이 있으므로 관련 연구자들의 양해를 구한다.

마지막으로 몇 년간 인내심을 갖고 기다려준 집필진 여러분에게 거듭 감사드린다. 또한 이 책의 출판을 흔쾌히 결정해 준 한울엠플러스(주)와 원고를 꼼꼼하게 교정하고 좋은 책으로 편집해 준 편집부의 노고에 감사한다. 3권으로 완간된 한국 불교사가 부디 독자들의 기대에 부합하기를 바란다.

불교사학회를 대표하여

조명제

1부

고대 불교사의 동향

1 고구려 불교사의 흐름과 문화

조우연 | 연변대학 인문사회과학학원 사학과 교수

한국 역사상 불교를 최초로 수용한 고대국가는 고구려이다. 이는 불교가 대륙을 거쳐 동쪽으로 전파되는 과정에서 고구려가 지정학적으로 접근이 용이했기 때문이라고 이해하기 쉽다. 하지만 그보다는 삼국 중에서 정치·문화가 가장 이른 시기부터 발달해 선진 문물을 수용할 준비가 되어 있었다고 보는 편이 더 타당하다. 『주서(周書)』에서 "불교를 공경하고 받들어 믿었다(敬信佛法)"라고 언급할 만큼, 외부인의 견문으로는 불교가 고구려인들이 신봉한 가장 중요한 신앙으로 비쳐졌다.

그런데 아쉽게도 불교사적으로 큰 족적을 남긴 고구려 고승에 관한 기록이 많지 않은 데다가 불교 관련 유적·유물 또한 많이 남아 있지 않아, 고구려 불교에 대한 인상이 어렴풋한 것이 사실이다. 실제로 현전하는 고구려 불교사 관련 자료들이 대체로 단편적이고 또 시대적으로 단절되어 나타나, 그 전개 과정을 체계적으로 정리해 내기란 대단히 어려운 작업이다. 그럼에도 학계의 부단한 노력으로 고구려 불교의 여러 단면이 조명되면서 고구려 불교사를 이해하기 위한 학문적 토대가 마련되었다.

고구려의 불교 수용

불교가 동북아 지역으로 전래된 시기는 대략 4세기 중엽 무렵이다. 345년에 선비족이 세운 전연(前燕)의 왕 모용황(慕容皝)이 용성(龍城)[현 요령성 조양시(朝陽市)]에 용상불사(龍翔佛寺)를 창건했다는 기사가 이를 시사한다. 다만 전연은 고구려와 인접해 있었으나 심각하게 적대적이었으므로 공식적인 불교 전수자가 되지는 못했다.

고구려에 불교를 공식적으로 전달한 국가는, 전연을 멸망시키고 고구려와 우호적 관계를 맺었던 전진(前秦)이다. 『삼국사기』·『삼국유사』·『해동고승전』 등에 따르면, 372년(소수림왕 2) 6월에 전진의 왕 부견(苻堅)이 승려 순도(順道)를 고구려에 보내 불상과 경전을 전했다고 하는데, 일반적으로 이를 해동불교의 시초로 본다. 그리고 2년 뒤인 374년에 승려 아도(阿道)가 고구려에 왔고, 그 이듬해인 375년에 초문사(肖門寺, 혹은 省門寺)와 이불란사(伊弗蘭寺)를 창건해 각각 순도와 아도를 머물게 했다.

다만 이는 어디까지나 불교 공인 기사이고, 372년을 고구려인들이 처음 불교를 알게 된 시점으로 볼 수는 없다. 『삼국유사』에서 인용한 「아도본비(我道本碑)」나 『해동고승전』에 수록된 박인량의 『수이전(殊異傳)』에 따르면, 미추왕 시기(262~284)에 조위(曹魏)의 아굴마(我崛摩)가 사신으로 고구려에 왔다가 고구려 여인 고도령(高道寧)과 아도(我道)를 낳았고, 출가한 아도가 위나라에 들어가 현창(玄彰)에게 불교를 수학하고 귀국했다고 한다.

그리고 『해동고승전』에 동진(東晋)의 고승 지둔 도림(支遁道林, 314~366)이 고구려 도인(道人)에게 서신을 보낸 기사가 있다. 이는 372년 이전에 불교가 이미 고구려에 전래되었고, 중국 불교계와 교류할 만큼 상당한 경지에 오른 사문(沙門)이 존재했음을 말해준다. 다만, 고구려 도인의 구체적인 신원이나 입교 경로, 법통은 알려지지 않는다.

또 관중(關中) 출신 담시(曇始)가 광개토왕 시기에 해당하는 396년 무렵에

경과 율 수십 부를 가지고 요동에 이르러 교화를 펴, 삼승(三乘)을 가르치고 불계에 귀의하게 했다고 전한다. 『고승전』에서는 이 기사를 불교의 교화가 고구려에 미친 시초로 평가하기도 한다.

선진 문물의 전래 시점도 물론 중요하지만, 더 중요한 것은 수용이다. 그렇다면 고구려가 어떤 필요에 의해 불교를 공식 수용했던 것일까? 이와 관련해 고대국가 체제의 발전과 함께 그것을 뒷받침하기 위한 선진 사상 체계로서 불교를 수용하게 되었다는 해석이 학계의 중론이다. 따라서 그동안의 연구는 왕권 강화와 중앙집권화 이론으로서의 역할, 즉 불교의 정치적 기능에 초점을 맞춰왔다. 한마디로 말해 고구려 불교는 왕권을 중심으로 한 중앙집권적 고대국가 형성의 이데올로기로 작용했다는 것이다.

하지만 이러한 해석은 고구려가 불교를 수용할 당시 동아시아 불교의 성격 즉 불교의 시대적 전개 과정과 어긋나며, 뒷받침할 만한 근거 자료 또한 미흡하다는 비판을 받기도 한다. 즉, 불교가 왕권 정당화의 이데올로기로 역할을 하게 되는 것은 후대의 현상이라는 것이다. 고구려의 불교 수용 목적이나 계기를 단선적으로 이해하기보다는 복합적으로 해석할 필요가 있다.

먼저 불교가 전진에서 공식 전래되었다는 점을 감안하면, 전연을 멸망시킨 북방의 패자 전진과의 선린외교 목적이 지목된다. 물론 이는 종주국-신속국 사이 '하사(下賜)'의 개념이 아닌, 고구려가 자체적 필요에 의해 능동적으로 수용한 측면이 크다.

다음으로, 불교 수용의 필요성을 파악하기 위해서는 우선 초전 불교의 계통과 성격을 이해해야 한다. 학계에서는 고구려 초전 불교에 전진을 비롯한 이민족 국가에서 유행한 북방 불교의 요소가 많았을 것으로 본다. 즉, 주술과 인과, 벽사(僻邪)와 기복 등 토착신앙과도 상통하는 내용이었다. 4세기 무렵, 불교가 여러 북방의 호족국가 군주에 의해 숭봉되었으나, 왕권 신성화와 직접 연관되어 왕권 강화의 이데올로기로서 역할을 했다는 단서는 찾아볼 수 없다. '왕즉불(王卽佛)' 사상과 같은 왕권 정당화 이론은 훨씬 후대인 5세기 중반 북위(北魏) 시기에 이르러서야 본격적으로 등장하기 시작한다.

5호16국이라는 극도로 혼란스러운 시대 상황 속에서 민중은 불안한 삶에 대한 위안과 기복을 염원하며 신흥 종교인 불교에 의지했을 것이다. 한편, 불교 홍기의 또 다른 근본적 원인으로 재래 종교와 민중의 괴리를 들 수 있다. 도교와 같은 재래 종교는 현실과는 동떨어진 어려운 수련 방식을 요구했고, 일반인들이 감당하기 어려울 만큼 경제력이 필요했다. 결국 이 무렵에는 '귀족 종교'로 변모되어 있었다. 그에 비해 신이함을 앞세운 불교는 단순한 기복 방식과, 사후의 극락 내세를 제시함으로써 피폐해진 민중의 삶에 위안이 되었다. 즉, 재래 종교가 지배층에 의해 독점 및 변형되어 고유의 종교적 기능과 역할을 수행하지 못하게 되자, 불교가 그 역할을 대체해 간 것이다. 결국 민중의 현실 종교적 필요성이 불교 홍기의 결정적 요인이었다.

고구려의 불교 수용도 마찬가지이다. 4~5세기, 천신(天神)·지기(地祇)를 비롯한 재래 신격은 국가와 왕실에 의해 독점되어 집단의 공중 이익을 갈구하기 위한 공적 신앙의 대상이 되면서 개인 차원의 기복·벽사, 사후 문제와 같은 사적 욕구를 만족시켜 줄 새로운 종교가 절실히 필요했다. 그러한 종교적 갈구는 새로운 종교의 수용을 위한 심적 토대가 되었고, 결국 불교 수용으로 이어진 것이다. 민중에게 '구복(求福)'은 가장 우선시되는 종교적 갈구이다. 고국양왕이 "불교를 숭상하여 믿고, 복을 구하라"라고 한 교시에서 불교 수용 목적이 잘 드러난다. 즉, 불교를 왕권 정당화 같은 정치 이론으로 수용했다기보다는 순수한 종교적 목적으로 받아들였던 것이다. 이는 고구려가 불교를 수용하게 된 가장 중요한 이유이기도 하다.

그 외 주목할 점은, 불교를 공식 수용한 지배층의 필요성이다. 어떤 종교든 완전히 정치와 동떨어져 발전을 이룰 수 없다. 특히나 신흥 종교는 지배층의 정치적 목적과 방향을 같이해야만 존립할 수 있다. 고구려 불교의 경우, 지배층에 의해 적극 도입되었다는 점에서 이미 정치적 성격을 띠고 있음을 시사한다. 그중 중요한 측면은 바로 소수림왕의 개혁과 맞물려, 분권 체제 아래 난립한 지역 단위의 재래 신앙 체계를 더 정교하고 통일된 종교로 대체함으로써, 국가 전반에 걸쳐 문화적 동질성을 형성할 수 있었다는 점이다. 이는 마치 남북조 시기 불교가 호한(胡漢)의 융합과 정치적 통일을 위한 매개체로 작용했던 점과 비슷하다.

이상과 같이 고구려의 불교 수용 목적은 복합적이었다. 첫째, 외교적 측면으로, 불교를 선린외교의 매개체로 활용하고자 했다. 둘째, 종교적 측면으로, 전통 신앙에서 괴리되어 종교적 귀속감이 필요했던 민중의 수요를 충족시키고자 했다. 셋째, 정치적 측면으로, 소수림왕 시기의 개혁과 맞물려 국가 전반에 걸친 문화적 동질성을 형성함으로써 공동체 의식을 강화하기 위한 것이었다.

고구려 불교의 전개

고구려 초기 불교와 관련해 북중국 불교의 전개와 연관시켜 추정해 볼 수 있다. 우선 후조(後趙)의 고승 불도징(佛圖澄)이 주목되는데, 그는 북방 불교의 기틀을 마련한 인물로서 심오한 불교 교리 대신 단순히 계율을 중요시하고 인과응보를 강조했다. 신승(神僧)으로 불린 그는 석륵(石勒)·석호(石虎) 두 군주의 막하에서 주술·예언과 같은 신이한 행적을 통해 그들의 신임을 얻음으로써 불교 세력을 넓혀나갔으나, 군주에 대한 신성화는 찾아볼 수 없다. 다음으로 주목되는 고승은 불도징의 제자 도안(道安)이다. 그는 스승과는 달리 학승으로 유명한데, 역경 작업과 선학(禪學), 반야학(般若學)을 비롯한 교학 탐구에 주력했고, 교단을 형성하는 등 불교 조직화에 힘썼다. 379년에 전진의 왕 부견이 전쟁을 불사하고 도안을 장안으로 모셔오면서 북방 불교의 발전에 커다란 영향을 미치게 된다. 이어서 등장한 고승은 서역 출신의 구마라십(鳩摩羅什, 쿠마라지바)인데, 그는 401년에 후진(後秦)의 군주 요흥(姚興)의 요청으로 장안에 이르러 역경 작업을 통해 교학을 체계적으로 정리했다. 그중에는 고구려 교학에 큰 영향을 미친 삼론(三論) 경전, 즉 용수(龍樹)의 『중관론(中觀論)』과 『십이문론(十二門論)』, 제바(提婆)의 『백론(百論)』 등이 들어 있다. 구마라십 시기에 이르러 대승 경전들이 번역되면서부터 북방 불교는 자체 이론을 중심으로 정리되어 갔다.

북방 불교에 지대한 영향을 미친 세 고승 모두 호족국가 군주에 의지해 불교를 발전시킬 수 있었다. 한편, 호족 지배층은 불교의 선진 문화적 측면에 매료되었고, 또 불교가 세력화되고 나서는 그들을 이용해 자신들의 정치를 뒷받침하고자 했다. 하지만 이 시기 불교가 중앙집권화나 왕권신성화 이론으로 발전된 흔적은 발견되지 않는다.

고구려 초전 불교의 전개는 북방 불교의 흐름과 맥을 같이한다. 먼저, 고구려에 불교를 전해줄 무렵의 전진 불교는 불도징 시기의 단순한 내용과 형식에 머물러 있었다. 그러므로 고구려에서 처음 수용한 불교는 신이함을 앞세운, 인과응보 같은 단순한 교리나 구복이 주요 내용이라 토착신앙과도 일맥상통하는 것이었다. 『해동고승전』에서는 순도가 "인과로써 보이고, 화복(禍福)으로 유인해" 교화를 폈으나, 고구려인들이 아직 불교의 깊은 이치를 깨닫지 못해 "비록 학식이 깊고 아는 것이 많았으나 널리 알리지는 못했다"라고 했다. 또 아도를 '신승'이라 칭했고, 그가 "개강(開講)할 때마다 하늘에서 꽃비가 내렸다"고 했다.

한편, 초기 불교는 고구려 왕권 신성화와는 무관해 보인다. 그 단적인 예로, 장수왕 2년(414)에 건립된 광개토왕비 비문을 보면 왕실과 '천제(天帝)'라는 재래 지고신(至高神)의 혈연관계를 강조할 뿐 불교적 분식은 전혀 나타나지 않는다. 광개토왕비가 건립된 장수왕 시기는 불교를 공식 수용한 소수림왕 이후 고국양왕, 광개토왕에 이어 3대가 경과한 시점이다. 그럼에도 왕실 신성화에 천신과 시조를 전면에 내세우고 있을 뿐, 불교에 대한 언급은 없다.

소수림왕에서 장수왕에 이르는 시기, 『삼국사기』 기록에 보이는 불교 관련 기사는 아주 제한적이다. 소수림왕 시기에는 순도와 아도의 도래 기사와 초문사·이불란사 창건 기사가 있고, 고국양왕 시기에는 9년(392)에 불교를 믿고 복을 구하라고 하교한 기사가 유일하다. 393년(광개토왕 2) 평양 지역에 아홉 사찰을 창건했다는 기사가 있다. 이를 근거로 여러 연구에서 광개토왕 시기의 불교 장려책을 언급하기도 한다. 하지만 그렇게 해석하기에는 석연치 않은 부분이 있다. '시(寺)'는 반드시 불교 사원만을 지칭하지는 않으며, 또 백제와 대치 중인 최전방에 해당하는 평양에 사찰을 대거 창건했다는 해석은 납득하기 어렵다는 것이다.

한편, 『고승전』에는 앞서 언급했듯이 광개토왕 시기(396)에 담시가 경과 율 수십 부를 가지고 요동에 이르러 교화했다는 기록이 확인된다. 비록 당시에 가져온 경전과 계율이 어떤 것이었는지는 알 수 없으나, 단순한 기복이나 신이함에서 어느 정도 탈피한 불교였을 것으로 짐작된다. 그럼에도 담시는 신이한 행적으로 유명하다. 그는 진흙길을 걸어도 발이 전혀 더러워지지 않는다고 하여 '백족화상(白足和尙)'으로 불렸고, 또 북위 태무제(太武帝) 시기 폐불(廢佛)의 환난을 신통으로 극복했다. 이렇듯 그는 교화에 신이한 능력을 전면에 내세웠다. 심오한 학문으로서의 불교 교리는 고구려의 소수 엘리트들에게 영향을 주었을 것이나, 대부분 일반인들에게 아직 널리 이해되지는 못했다.

장수왕 21년(475)에는 백제를 공략하기 위해 부도(浮屠: 승려) 도림을 첩자로 파견했다는 기사가 있는데, 이를 근거로 고구려 초기 불교의 성격을 호국과 연관시키기도 한다. 498년(문자명왕 7)에는 금강사(金剛寺) 창건 기사가 보이는데, 이는 광개토왕 2년의 '구시(九寺)' 창립 기사에 이어 100년 만에 등장하는 사찰 창건 기사이다.

고구려 불교는 도입 초기부터 구복과 같은 종교적 실천이 강조된 민중불교로서의 성격을 짙게 띠고 있었다. 물론 경전불교로서의 발전이 없었던 것은 아니다. 엘리트층은 격의불교 측면에서 반야와 공(空) 사상을 이해한 것으로 알려진다. 다만 불교 공인과 더불어 전래된 불교 경전이나 교학 탐구에 관한 자세한 기록은 찾아볼 수 없다.

고구려에서 경전불교에 대한 탐구가 본격적으로 이루어진 시기는 대개 장수왕과 문자명왕 이후이다. 이 무렵, 고구려 불교는 학문적으로 성숙되기 시작해 삼론학(三論學)을 비롯한 천태(天台)·섭론(攝論)·지론(地論)·선학(禪學)·열반(涅槃) 등 교학이 전래해 불교 이론 탐구가 활발히 이루어졌다.

현전하는 문헌에서 확인되는 고구려 교학과 관련 학승으로는, 이른바 신(新)삼론학을 창제한 승랑(僧朗), 촉(蜀) 지역에서 삼론학을 강설한 실법사(實法師)와 인법사(印法師), 삼론학을 일본으로 전파한 혜관(慧灌)을 비롯해 왜로 건너간 승려들이 있다. 또 천태 교학의 파야(波若)가 있고, 설일체유부(說一切有部)에 능한 지황(智晃)이 있다. 지론학에서는 의연(義淵)이 주목되며, 열반학에는 보덕(普德), 선학에는 지덕(智德)이 있다. 그리고 멀리 인도로 구법 순례를 떠난 현유(玄遊)가 주목된다.

여러 문헌에 단편적으로 기술된 기사를 통해 고구려 출신 승려들이 교학 연구와 실천자로서 활약했다는 사실을 알 수 있다. 이들이 이룩한 교학의 구체적인 내용이 알려지지 않아 아쉽긴 하나, 동아시아 불교계 전반에 큰 영향을 미칠 만큼의 선진적인 사상이었음은 분명하다.

한편, 북제의 도읍 업(鄴)에 파견된 의연을 제외하면 고구려 구법 승려들이 남방 지역에서 활동했다는 점이 흥미롭다. 상대적으로 북방 불교계에서는 종교적 실천을 강조한 데 비해 남방 불교계에서는 이론 중심의 교학 탐구가 주류를 이루었기 때문인 것으로 보인다. 즉, 고구려의 엘리트 구법승들이 진정 관심을 둔 것은 학문으로서의 불교였으며, 이는 고구려 경전불교의 발전 수준을 대변하는 부분이기도 하다.

다음으로 일반인들의 불교 인식, 즉 민중불교의 일면도 주목할 필요가 있다. 개인 차원의 종교적 목적은 대개 부(富)·녹(祿)·수(壽)에 대한 기원과 사후 극락세계에 대한 동경이다. '석가문불제자(釋迦文佛弟子)'를 자처한 덕흥리고분 주인공의 소망은 "부(富)가 일곱 세대에 미치고, 자손이 번창하며, 관직이

〈표 1-1〉 **고구려의 대표 학승**

교학	인물	활동 연대	활동 지역
삼론학(三論學)	승랑(僧朗)	450~530년경	돈황(燉煌) - 하서(河西) - 건강(健康)
	실법사(實法師)	6~7세기	촉(蜀)
	인법사(印法師)	6~7세기	양주(揚州) - 촉 - 장안(長安)
	혜자(慧慈)	6~7세기	왜(倭)
	혜관(慧灌)	6~7세기	저장성 소흥(紹興), 장안 - 왜
천태학(天台學)	파야(波若)	6~7세기	금릉(金陵) - 저장성 천태산
설일체유부(說一切有部)	지황(智晃)	6~7세기	강남 지역
지론학(地論學)	의연(義淵)	576년	업(鄴)
열반학(涅槃學)	보덕(普德)	7세기	백제
선학(禪學)	지덕(智德)	7세기	양주(揚州)
	현유(玄遊)	7세기	당-인도

날마다 올라 후왕(侯王)에 이르"는 것이었다.

고구려 민중불교의 한 측면을 엿볼 수 있는 중요한 자료는 고분벽화이다. 고구려 고분벽화에서 불교 화소들의 등장 시점은, 초기의 인물풍속도 계열의 벽화가 장식 무늬 계열로 전환되는 5세기 초중반이다. 5세기 이래로 불교가 사회 전반에 걸쳐 확산되면서 그에 대한 인식의 폭이 넓어졌고, 사후 관념에 반영되어 무덤 속에 불교를 상징하는 연화문양을 장식하기 시작했다. 일각에서는 357년에 축조된 전연의 망명객 동수(佟壽)의 무덤인 안악3호분에 연화문양이 등장한다고 하여, 이를 불교와 연관시키기도 한다. 하지만 중국에서는 불교 전래 이전부터 연화문양을 장식하는 전통이 있었다. 따라서 연화문양을 무조건 불교와 연관시킬 수는 없다.

4~5세기 북방 지역에서는 미륵정토신앙이 유행했는데, 그 종교적 염원은 연화화생(蓮華化生)을 통해 도솔천(兜率天)이라는 극락정토로 왕생(往生)하는 것이었다. 이 같은 시대적 전개를 감안하면 5세기 고구려 고분벽화에 등장하는 연화화생, 연화문양을 비롯한 불교적 표현 역시 미륵정토신앙과 연관 있을 것으로 추정된다.

실제로 함경남도 신포시 오매리사지(梧梅里寺址)에서 발견된 금동판 명문에는 "원하옵건대 왕의 영령이 도솔천에 올라 미륵을 뵙고", 금동신묘명삼존불입상(金銅辛卯銘三尊佛立像) 명문에는 "선지식(善知識)들은 미륵을 만나기를 바랍니다"라는 구절이 있다. 또한 영강7년명 금동불상광배에서는 "돌아가신 어머니를 위해 미륵존상을 만들어 복을 비오니"라는 발원이 확인되고 있어, 고구려에서도 미륵신앙이 유행했던 것으로 짐작된다.

연화문양 외에도 정토화생을 염원하는 연화화생도(蓮花化生圖), 예배 및 불사를 묘사한 예배도(禮拜圖)와 칠보행사도(七寶行事圖), 공양행렬도(供養行列圖) 등 불교 인식이 직접 반영된 도상도 확인된다.

다음과 같은 고구려 고분벽화는 불교 관련 내용을 비중 있게 다루고 있어 주목할 필요가 있다.

장천1호분의 예배도(예불도)에서는 『미륵상생경(彌勒上生經)』의 내용에 근거해 무덤 주인의 극락왕생과 가족의 예배 모습을 묘사하고 있다. 그리고 연화화생도 또한 도솔천 왕생의 염원을 보여주고 있다. 고구려인들은 재래의 계세적(繼世的) 사후관의 연장선 위에서 불교의 내세관을 이해하고 있었으며, 도솔천이라는 극락세계를 이상적인 사후 거처로 염원하고 있었다.

무용총 벽화에서는 접객도가 주목된다. 이 벽화는 안방에 해당하는 후실 북벽 벽화의 중심 주제로서, 무덤 주인이 승려로 보이는 두 인물을 대접하는 모습이다. 대체로 고승들을 초청해 설법을 듣는 장면으로 짐작된다. 승려들은 모두 삭발 상태이고, 주변 인물의 복식과는 다른, 이질적인 검정색 장삼(長衫)을 착용하고 있다. 이 벽화는 고구려 초기 승려들의 모습을 생생히 전한다.

덕흥리고분의 묵서명에서는 무덤 주인을 "석가문불제자"라고 하여 불교 신자임을 확실히 밝힐 뿐만 아니라, 벽화 곳곳에 불교 관련 내용이 묘사되어 있다. 그중 가옥의 후원(後園)처럼 보이는 후실 동쪽 벽면 전체에 걸쳐 묘사된 만개한 연꽃과 칠보행사 불사 장면이 눈에 띄는데, 이는 미륵정토신앙의 발상으로 보인다.

쌍영총 후실 동쪽 벽면 벽화에는 '공양행렬'로 불리는 불교 행사가 묘사되어 있다. 맨 앞에 시녀 한 명이 향이 피어오르는 향로를 머리에 이고 인도하고 있고, 그 뒤에 검정 장삼에 주황색 가사를 걸친 승려가 묘사되어 있다. 그 뒤를 화려한 복식을 한 여주인공과 남녀 시종들이 뒤따르고 있다. 이 같은 행렬 구도는 북위 시기 제작된 '조망희조상(曹望禧造像)' 행렬도와 유사하다. 남북조 시기에 이르러 불교 재회(齋會)가 상장의례로 유행하기 시작하는데, 쌍영총의 공양행렬도 또한 죽은 사람의 명복을 기리는 일종의 불교 재회(齋會)일 가능성이 많다.

한편 흥미로운 점은, 대부분 벽화 도상에 불교 화소와 더불어 살생이나 재래 신격과 같은 비(非)불교적인 요소가 뒤섞여 있어, 조화롭지 않다는 것이다.

예를 들어 통구12호분에는 연화문양과 더불어 수렵 장면이 묘사되었는데, 화살이 사슴의 목을 관통하고 있다. 또 전투 중인 개마무사(鎧馬武士)와 적을 참살하려고 칼을 치켜든 무사의 모습도 묘사되어 있다.

장천1호분 벽화에도 수렵도가 있으며, 삼족오(三足烏)와 섬여(蟾蜍)가 들어 있는 해와 달 형상, 북두칠성과 같은 성신신앙(星辰信仰)의 요소들이 등장하기도 한다. 무용총에도 수렵도가 중요한 주제로 다뤄지고 있다. 이뿐만 아니라, 승려 접객도에 시종이 손에 작은 칼을 들고 음식을 자르는 모습이 묘사되어 있는데, 맥적(貊炙)과 같은 육식일 것으로 추정된다. 그 외에도 일월성신이나 신선, 괴금·괴수와 같은 재래 신격이 함께 묘사되어 있다.

덕흥리고분 벽화에도 수렵도가 있으며, 또 선인(仙人), 옥녀(玉女), 천상의 괴금괴수 등 도상이 등장한다. 그리고 묵서에 "날마다 소와 양을 잡아서"라는 문구가 보인다. 또 "주공(周公)이 땅을 상(相)하고 공자(孔子)가 날을 택했으니, 무왕(武王)이 시간을 선택했다"라고 하여 풍수리지설에 따른 재래의 사후 관념이 반영되어 있다. 묘주는 '석가문불제자'임을 자처하면서도, 한편으로 전통적 사후 관념을 고수하고 있어, 신앙이 혼란스럽게 뒤섞여 있는 모습이다.

민중불교에서는 간략화·세속화된 계율 관념과 더불어 우상숭배 행위를 통한 구복이 중요시되고, 또 재래 신앙과 뚜렷한 차별 없이 뒤섞여 나타난다. 이러한 특징은 고구려 고분벽화에서도 잘 드러난다. 『북사(北史)』에서도 고구려인들이 "불법을 믿고 귀신을 섬기며 음사(淫祠)가 많다"라고 하여 불교와 더불어 토착신앙을 함께 언급하고 있다. 이는 고구려인들의 불교 인식을 잘 드러내 준다.

사실 승려나 소수 엘리트를 제외한 대부분의 민중에게 불교는 단지 재래 신앙의 토대에서 충분히 해석 및 이해 가능한, 그리고 기복과 벽사, 이상적인 사후 세계로의 왕생과 같은 개인 차원의 종교적 염원을 이루기 위한 새로운 형태의 신앙에 불과했다.

고구려 불교의 영향

고구려는 중국과 인접해 있어 교통의 편의를 이용해 여러 왕조와 빈번히 왕래할 수 있었고, 그 과정에서 선진 문물을 입수, 또 역으로 상대방에게 영향을 미쳤다. 많은 고구려 승려들이 중국으로 구법 여행을 떠났고, 후대 『고승전』류 문헌에 언급될 정도로 현지 불교 발전에 크게 기여한 인물도 적지 않다. 승랑을 비롯해 실법사·인법사 등은 중국 삼론학을 새로운 경지로 이끈 학승들이다. 특히나 승랑은 새로운 삼론학 법맥을 형성했는데, 이는 길장(吉藏)이라는 대가로 이어졌다. 더 중요한 것은 불교에 심취해 있던 군주 양(梁) 무제(武帝)에게 영향을 주어 중국 남방 불교의 흐름을 바꾸어놓았다는 점이다. 이는 단순히 교학에 대한 영향 정도가 아니라, 사회 전반에 걸친 커다란 변화를 의미한다. 그리고 실법사·인법사 등도 남방 지역에서 삼론을 가르쳐 여러 고승들을 배출했고, 혜관은 삼론학을 다시 일본으로 전파했다. 그 외 천태학의 파야, 선학의 지덕, 설일체유부의 지황 등도 중국에서 활동함으로써 현지 불교계와 더불어 교학을 탐구하고, 또 많은 제자를 배출하기도 했다.

고구려는 불교의 동점 과정에서 중개자 역할을 했다. 중국의 불교문화는 고구려를 경유해 백제와 신라로 전파됨으로써, 현지의 불교 발전에 많은 영향을 미쳤다. 물론 백제는 발달된 해상교통로를 통해 중국 남방 왕조들과 밀접한 관계를 맺고 있어, 그로부터 직접 불교를 수입하게 된다. 하지만 육로 왕래와 소통의 편의성을 감안하면, 고구려의 영향 또한 컸던 것으로 보인다. 장수왕이 승려 도림을 백제에 세작으로 파견했다는 점은, 당시 양국 승려들의 왕래가 의심을 받지 않을 만큼 빈번했음을 시사한다. 고구려 말기에는 열반학에 능한 보덕이 백제로 이주함으로써 백제 불교에 직접 영향을 미쳤으며, 원효와 의상 등을 통해 그 사상이 신라까지 전파되었다.

신라 불교는 앞서 살펴본 것처럼 고구려에서 전래되었다. 미추왕 시기 고구려 승려 아도가 어머니의 권유로 신라에 들어가 불교를 전했고, 눌지왕(417~458) 시기에는 묵호자가 일선군 모례(毛禮)의 집에 이르러 포교했다. 당시까지만 해도 정치·경제·문화 모든 측면에서 선진국이던 고구려는 선진 문화의 전파자였던 것이다.

신라 불교의 발전에 직접적으로 영향을 미친 대표적인 인물로 고구려의 승려 혜량(惠亮)을 손꼽을 수 있다. 진흥왕 대인 551년에 신라 장수 거칠부(居柒夫)를 따라 신라로 망명해 승통(僧統)이 된 혜량은 백고좌법회와 팔관회를 최초로 개최하여 새로운 불교 의식을 정착시키고, 초기 교단을 형성해 불교의 사회적 영향력을 키워나갔다.

일본 불교의 전파와 발전에 이른 시기부터 백제의 역할이 지대했음은 이미 널리 알려져 있다. 그에 못지않게 고구려 또한 일본의 초기 불교에 많은 영향을 미쳤다. 고구려는 사신과 함께 승려들을 왜에 파견함으로써 외교적 관계를 꾀했고, 그 과정에서 승려들은 중요한 교량 역할을 했다. 『일본서기』를 비롯한 여러 문헌에서 왜로 건너간 고구려 승려에 대한 기록이 확인된다.

가장 이른 시기 일본으로 건너가 활동한 고구려 출신의 승려는 혜편(惠便)이다. 그는 570년 무렵에 왜로 건너갔고, 584년에 권신 소가노 우마코(蘇我馬

子)의 스승이 되어 불교 교화에 큰 영향을 미쳤다.

영양왕 대인 595년에 왜로 파견된 혜자(慧慈)는 쇼토쿠 태자(聖德太子)의 스승이 되어 615년까지 20년간 머물렀다. 그는 일본의 최초 불교 사원인 아스카데라(飛鳥寺)의 창건에 관여했고, 삼론학을 비롯한 불학을 가르쳐 일본에 불교가 정착하는 데 크게 기여했다. 602년에는 승륭(僧隆)과 운총(雲聰)을 왜에 파견했고, 605년에는 장육불상 제작비로 황금 300냥을 보냈다. 610년에는 담징(曇徵)과 법정(法定) 등을 보내 채색 방법과 종이·먹·연자방아(碾磑) 등의 제작 방법을 전수하고 불사를 지원했다. 길장의 문하에서 삼론종을 수학한 혜관은 영류왕 대인 625년에 왜로 들어가 삼론종의 시조가 되었고, 628년에는 도등(道登)이 왜로 건너갔다.

이와 같이 고구려 승려들은 왜로 건너가 발달된 고구려 교학과 문화를 전파함으로써, 초기 일본 불교의 발전에 기틀을 마련했다.

한편 불교 전수와 더불어 불상을 예물로 보내는 것이 관례인데, 이로 미루어 고구려 불교 조상이 일본 불상에 직간접적으로 영향을 미쳤을 것으로 짐작된다.

고구려 불교 유적·유물

『구당서』 고구려전에서 "불사와 신묘 및 왕궁, 관서에만 기와를 사용한다"라고 했을 만큼, 사찰은 상당히 높은 격식을 갖춘 건물이었다. 고구려의 불교 수용 시기나 그 발전 상황으로 보아, 적지 않은 사찰이 창건되었을 것으로 짐작된다. 하지만 문헌이나 유적으로 확인되는 사찰은 신라나 백제에 비해 훨씬 적다.

현재 문헌 자료에 언급된 고구려 사찰로는 초창기의 초문사와 이불란사를 비롯해 금강사(金剛寺)·반룡사(盤龍寺)·연복사(延福寺)·영탑사(靈塔寺)·낙량동사(樂良東寺)·감산사(甘山寺)·백록원사(白鹿園寺) 등이 고작이다. 그 외 요동성 육왕탑(育王塔), 영탑사 팔각칠층석탑 등 불탑에 대한 언급이 있다.

현재까지 발견된 고구려 사찰 유적 또한 많지 않다. 고구려 전기 도읍인 국내성에 해당하는 길림성 집안시 주변 지역에서 사찰지로 공식 확인된 유적은 아직 없다. 단지 동대자유적 및 석주유적, 집안현 인쇄창유적 등이 사찰지로 추정되고 있을 뿐이다.

현재 중국 경내에서 처음 확인된 고구려 사찰 유적은 고구려 책성(柵城) 지역에 해당하는 두만강 유역의 훈춘 고성촌1호사묘지이다. 그 외 양목임자사묘지 등도 고구려 사찰 유적으로 추정되고 있다.

중후기 도읍지인 평양 및 주변 지역에서 상대적으로 많은 사찰 유적이 발견되었다. 평양시 대성 구역의 청암리사지와 청호리사지, 중흥사 당간지주 및 광법사, 평양시 역포 구역의 정릉사지, 금수산(錦繡山)의 영명사, 평안남도 대동군의 상오리사지와 평원군의 원오리사지, 황해북도 봉산군(鳳山郡)의 토성리사지, 함경남도 신포시의 오매리사지 등이 있다.

이상의 사찰 외에 북한 학계에서는 훨씬 많은 사찰을 고구려 시기에 창건된 것으로 추정하고 있다. 예를 들어 평양의 평천리사지·남현사지(암사 터), 서풍사(노성리)·노산리사지·신사(오촌)·대왕사·탑제동사지·사동사지·율리사지·칠불리사지·유현리사지, 평남 평성시의 안국사와 평원군의 대안사, 황남 구월산 일대의 화장사·운계사·사왕사지·각명사지·남명암사지·달마암유적·칠정암유적·오진암유적·미타사사지·수정사사지·촉대암유적·예조암유적, 강원도 금강산의 신계사·정양사·보덕굴 등을 고구려 사찰로 보고 있다. 하지만 현재 자료 부족으로 정확히 판단하기는 어렵다.

고구려의 최초 사찰은 소수림왕 5년(375)에 창건한 초문사(성문사)와 이불란사이다. 이 두 사찰이 당시 고구려 도읍이었던 국내성, 즉 지금의 집안시에 위치해 있었을 것으로 보인다. 『해동고승전』에서는 초문사와 이불란사를 각각 고려 도읍 송경(松京)에 있는 흥국사(興國寺)와 흥복사(興福寺)라고 했으나,

〈표 1-2〉 **고구려 대표 사찰 유적**

유적	위치	비정
국내성 지역(압록강 유역)		
동대자유적(東臺子遺蹟)	중국 길림성 집안시	초문사 또는 이불란사로 추정
석주유적(石柱遺蹟)	중국 길림성 집안시	〃
집안현 인쇄창유적 (集安縣印刷廠遺蹟)	중국 길림성 집안시	
책성 지역(두만강 유역)		
고성촌1, 2호사묘지 (古城村1, 2號寺廟址)	중국 길림성 훈춘시	
양목임자사묘지(楊木林子寺廟址)	중국 길림성 훈춘시	
평양성 및 주변 지역		
청암리사지(淸巖里寺址, 金剛寺址)	평양시 대성 구역	금강사로 추정
청호리사지(淸湖里寺址)	평양시 대성 구역	
중흥사(重興寺) 당간지주	평양시 대성 구역	
광법사(廣法寺)	평양시 대성 구역	
정릉사지(定陵寺址)	평양시 역포 구역	동명왕릉의 능찰
영명사(永明寺)	평양시 금수산	
상오리사지(上五里寺址)	평안남도 대동군	
원오리사지(元五里寺址)	평안남도 평원군	
토성리사지(土城里寺址)	황해북도 봉산군	
오매리사지(梧梅里寺址)	함경남도 신포시	

『삼국유사』에서는 이를 부정하고 있다. 한편 『신증동국여지승람』「평양부」에서 홍국사 유적이 성내에 있고 홍복사 유적이 성 남쪽 100보에 있다고 했으나, 이를 초문사 및 이불란사와 직접 연관시키기는 어렵다.

현재 학계에서는 1958년에 국내성 동북쪽 500미터 지점에서 조사된 동대자유적을 국사(國社) 혹은 종묘 등 예제(禮制) 건축 유적으로 추정하고 있으나, 일각에서는 초기 사찰 유적으로 보기도 한다. 또 집안시 기차역 남쪽 500미터 지점에서 당간지주로 추정되는 높이 220센티미터(동), 360센티미터(서) 석주 한 쌍이 발견되었는데, 그 주변에 사찰이 존재했을 가능성이 있다. 따라서 일각에서는 이 두 유적을 초문사와 이불란사 유적에 비정하기도 하는데, 근거가 미흡해 아직 확단할 수 없다. 그 외, 1985년 집안현 인쇄창 기초 공사 중에 금동석가불좌상과 함께 많은 기와가 발견되기도 했는데, 일부 학자들은 이를 초문사 혹은 이불란사 유적으로 추정하기도 한다. 초기 사찰이 왕궁 근처 관청 건물의 일부였을 뿐, 사찰로서의 여러 특징을 갖춘 독자적인 건축군이 아니었을 수도 있다. 그러므로 무리해서 초문사·이불란사 유적을 비정할 필요는 없다고 본다.

1996~2011년, 2016~2022년에 걸쳐 고구려 책성 지역에 해당하는 길림성 훈춘시 삼가자향(三家子鄕)에서 고성촌1, 2호사묘지가 발굴·조사되었다. 고성촌1호사묘지에서 일부 건물지 유구가 발견되었고, 석제 이불병좌상(二佛並坐像) 잔편 등 유물과 함께 대량의 기와 편이 수습되었다. 그중에 "임자년육월작(壬子年六月作)"이라는 문자가 있는 기년명 와당 한 점이 발견되어, 이 유적의 연대를 추정할 수 있다. 이 와당은 요서 지역에서 발견된 삼연(三燕) 시기(337~436) 와당과 유사하므로, 학계에서는 '임자년'의 상한을 472년으로 추정하고 있다. 고성촌2호사묘지에서는 사리함, 불상 파편, 벽화 파편, 기와 편 등 유물 만여 점이 수습되었다. 1호 사찰 유적에 비해 건물 배치가 비교적 잘 드러나는데, 불탑 기단으로 보이는 8각형 건물지도 확인되었다.

중국 학계에서는 고성촌1호사묘지를 중국 동북 지역에서 처음 확인된 고구려 사찰 유적으로 규정해 그 의미를 부여했다. 이에 따라 고성촌1, 2호사묘지 발굴은 2022년도 중국 10대 고고학 발견 성과에 선정되기도 했다.

이상의 중국 경내에서 발견된 고구려 사찰로 추정되는 유적들은 보존 상태가 좋지 못해, 사찰의 특징을 종합해 내기 어렵다. 그에 비해 현재 북한 지역에서 발굴 조사된 고구려 사찰 유적은 탑지를 비롯한 건물지가 잘 드러나고 있어 고구려 사찰 연구에 중요한 기초 자료가 되고 있다. 특히나 평양 지역에서 발견된 청암리사지와 정릉사지는 대표적인 고구려 사찰 유적지로서 고구려 사찰의 특징을 잘 간직하고 있다.

고구려 사찰의 가람배치는 8각형 탑지 기단 1기를 중심부에 두고, 그것을 둘러싸고 있는 좌우의 동서 금당, 뒤편 즉 북쪽의 큰 금당으로 구성된 이른바 '일탑삼금당'식으로 되었다. 기존에 조사된 고구려 사찰 유적에서 절대연대를 확인할 수 있는 직접적인 근거 자료가 발견되지 않아 확단할 수 없으나, 대개는 5세기 전반과 중반 이후로 편년되고 있다. 즉, 일탑삼금당식 고구려 사찰은 5세기 무렵에 정형화되었을 것으로 보인다. 596년에 창건된 소가씨(蘇我氏)의 원찰 아스카데라의 공간 구성 역시 일탑삼금당식인데, 고구려 불교문화의 영향으로 추정된다.

일탑삼금당식 가람배치에서 잘 드러나듯이, 불탑이 핵심 건축물로 가장 중요시되고 있는데, 고구려 사찰 건축의 한 특징이라고 할 수 있다. 문헌과 고고학 자료에 나타나는 고구려 불탑은 대부분 탑신이 8면인 다층 구조의 목탑 형태이다.

현재까지 고구려 탑지는 대부분 북한 지역에 위치해 있다고 알려져 있다. 신라, 백제와는 달리 고구려 석탑은 아직 발견된 예가 없는데, 대부분 목조 불탑을 조성했던 것으로 보인다. 물론 고구려 말기 영탑사 팔각칠층석탑에 관한 기록으로 미루어 보면 석탑의 존재를 배제할 수는 없다.

『삼국유사』「요동성육왕탑」에서는 당나라 도선(道宣)이 664년에 편찬한 『집신주삼보감통록(集神州三寶感通錄)』에 근거해 요동성에 고구려 성왕이 창건했다고 전해지는 칠중(七重)목탑이 있다고 한다. 그리고 『삼국유사』「고려영탑사」에 팔각칠층석탑에 관한 언급이 있다. 이 기록들로 미루어 보아 고구려 불탑의 층수는 대개 7층이 많았을 것으로 보인다. 『고려사』에 947년(정종 2)에 서경의 중흥사 구층탑이 불탔다는 기록이 있어, 9층 구조의 존재를 시사하기도 한다. 그리고 사찰 유적에서 탑지는 8각형 기단으로 확인되고 있어, 탑의 형태는 대부분 8면이었음을 알 수 있다.

한편, 평안남도 순천시에서 발견된 요동성총(遼東城塚) 벽화에서 고구려 불탑의 실제 모습을 확인할 수 있다. 요동성총은 1953년에 평안남도 순천군 용봉리에서 발견된 고구려 벽화무덤으로, 5세기 초로 추정한다. 성곽 바깥에 3층 구조의 목탑 한 기가 묘사되어 있고, 성중에도 불탑처럼 보이는 3층 구조의 가늘고 긴 건물 한 채가 있다. 이 도상들은 고구려 목탑의 모습을 사실적으로 잘 보여주고 있는데, 탑신이 8면형임을 확인할 수 있다.

고구려로 불교가 전해진 372년에 순도가 불경과 더불어 불상을 가져왔고, 그것을 본범(範本)으로 삼아 불상 제작을 시작한 것으로 보인다. 제작 시기가 가장 이른 현전 고구려 불상은 1959년에 서울 뚝섬에서 발견된 금동여래좌상인데, 5세기 전후로 추정한다. 다만 중국에서 제작되었을 가능성도 제기되고 있어, 고구려 불상인지는 확실치 않다. 그 외 현전하는 고구려 불상은 대부분 6세기 이후에 제작된 것들이다.

현재까지 발견된 고구려 불상과 광배를 비롯해 그 부속 잔편은 고작 20여 구에 불과하며, 완전한 형태로 전해지는 경우는 더욱 희소하다. 불상은 금동제·니제(泥製)·석제 등으로 제작되었다.

현존하는 고구려 불상은 북위 등 북조 불상과 유사한 점이 많다. 한편, 남조의 중심 지역인 건강(建康, 현 남경시)에서 유행한 남조 금동삼존불상의 영향도 확인된다. 건강 지역 금동불상의 형태가 북방의 산동성 지역에 영향을 주었고, 그것이 다시 고구려로 전해지면서 6세기 후반에 금동삼존불상이 제작된 것으로 알려진다. 또 『속고승전』·『집신주삼보감통록』의 기록에 따르면, 불도징의 제자 승랑이 산동 지역에 창건한 낭공사(朗公寺)에 고려상, 즉 고구려 불상이 봉안되어 당나라 초기까지 전해졌다고 한다.

고구려 불상의 조형과 명문에는 천불신앙·미륵신앙·무량수신앙·법화신앙 등을 비롯한 불교 신앙의 면모가 반영되어 고구려 불교 연구에 더없이 소중한 실물 자료가 되고 있다. 특히나 금동불상 명문에는 극락왕생이나 진리의 깨달음에 대한 발원이 담겨 있어 고구려인들의 불교 인식을 엿볼 수 있다.

2 백제 불교사의 흐름과 영향

이장웅 | 건국대학교 글로컬캠퍼스 강사

한성 시기의 불교

침류왕의 불교 수용

백제는 근초고왕 시기(346~375)인 372년 동진(東晉)에 사절을 보내면서 중국과 처음으로 교류를 시작했다. 그로부터 10여 년 후 침류왕 원년인 384년 7월에 동진으로 사신을 파견하자, 같은 해 9월 동진에서 사신과 함께 호승 마라난타(摩羅難陀)를 보내와 불교가 수용되었다. 중국 남북조 시기에 군사적으로 열세였던 동진이 383년 비수(淝水)에서 전진(前秦)을 크게 격파하고 나서 승리의 원인을 불교에서 찾았는데, 이를 백제가 동진에서 불교를 수용한 배경으로 볼 수 있다. 『해동고승전』에는 마라난타의 출신지를 축건(竺乾)이라 했는데, 이는 인도의 다른 명칭이다.

백제의 불교 수용과 관련해서는 침류왕의 어머니인 근구수왕비의 이름을 특별히 "아이(阿尒)"라고 기록한 점이 주목된다. '아이'는 토착신앙과 관련되면서 불교에 귀의한 비구니(比丘尼)의 성격도 지닌 아니(阿尼)의 차용으로 볼 수 있다. 이로 볼 때 침류왕의 불교 수용 이전부터 왕실에서는 토착신앙과 융화되어 불교를 접하고 있었을 가능성이 있다.

백제에서는 불교가 전해진 지 불과 5개월 만인 침류왕 2년(384) 2월에 한산(漢山)에 불교 사원을 짓고 10명을 승려로 만들었다(度僧十人). 매우 짧은 기간에 절을 짓고 백제인을 불교에 귀의시켜 성직자까지 배출한 것이다.

여기서 주목할 점은 10명을 승려로 만들었다는 '도승(度僧)' 기록이다. '도승'이란 '득도위승(得度爲僧)'을 줄인 말이다. 불법에 입문하는 수도자가 머리를 깎고 승복을 입고 스승에게서 불계를 받는 절차를 득도(得度)라고 하며, 이러한 의례 법식을 거쳐 승려가 되는 것을 도승이라고 한다. 구족계는 정식으로 승려가 될 때 받는 계율로, 이를 집행하려면 최소 10명의 승려가 있어야 한다. 10명은 3사(師) 7증(證)으로 구성되는데 계를 주는 계화상(戒和尙), 청결을 증명하는 갈마사(羯磨師), 의식을 가르쳐주는 교수사(敎授師)의 3사와 입회해 증명하는 7증을 말한다. 백제는 불교를 수용하자마자 승려들을 계속 배출할 수 있도록 이 10인의 승가 체제를 구축한 것이다.

백제에 처음 전해진 불교 사상의 성격에 대해서는 잘 알 수 없으나, 당시 동진에서 유행한 불교가 격의(格義)불교, 귀족불교, 청담불교였음을 통해 유추하고 있다. 격의불교란 불교를 기존에 존재하던 도가나 유가와 비교해 재해석한 것으로 불교의 '공(空)'을 도교의 '무(無)'로, 불교의 오계(五戒)를 유교의 오상(五常) 등으로 이해하는 방식이다.

동진의 간문제와 효무제가 접촉한 승려 대부분이 신이한 능력이 있었고, 『해동고승전』에서 마라난타를 "신이(神異) 감통(感通)"하다고 평했다는 점에서, 당시 백제 불교도 신이함을 강조했을 것이라는 견해도 있다.

백제의 불교 전파와 관련해 곡성 지역을 배경으로 한 설화가 전해지고 있다. 옹정 기유년(1729)에 송광사의 백매선사(白梅禪師)가 관음사의 장로인 우한선사(優閑禪師)의 구술을 듣고 정리했다는 송광사 소장의 「옥과현 성덕산 관음사 사적」에 의하면, 현재의 전라남도 곡성군 옥과면에 자리한 성덕산 관음사에 서진(西晉)에서 보낸 관음상을 모셨다고 한다. 『심청전』의 원형으로도 알려진 이 설화는 백제의 불교 수용 이전인 서진 시기에, 백제의 통치를 받았는지 확실하지 않은 전라남도 곡성을 배경으로 한다는 점에서 신빙성에 문제가 있을 수 있다. 다만, 이는 백제와 중국이 해로를 통해 활발히 교류하는 과정에서 관음을 중심으로 한 불교가 전파되었음을 보여주는 설화로 볼 수 있다.

아신왕의 불법 숭상과 개로왕 시기 도림의 활동

384년 9월 불교를 받아들이고 385년 2월 한산에 절을 지은 침류왕은 11월에 갑자기 죽음을 맞는다. 이후 태자 아신이 어리다는 이유로 왕위에 오른 침류왕의 동생 진사왕이 392년에 구원(狗原) 행궁에서 사망하자 아신왕이 즉위한다. 『삼국유사』 「난타벽제(興法難陀闢濟)」에 의하면, 아신왕은 즉위 원년(392)에 "불법을 숭상하고 믿어 복을 구하라"라는 하교를 내린다.

복(福)은 한역된 불교 경전에서 많이 사용되는 용어로, 선과(善果)와 선인(善因)이라는 의미를 동시에 지닌다는 점에서 업보 사상을 기반으로 하는 윤회전생과 관련된다.

이 시기의 정치적 흐름을 보면 침류왕의 죽음과 진사왕의 즉위는 불교 수용에 대한 귀족 세력의 반발 때문으로 볼 수 있다. 그 뒤 침류왕의 아들인 아신왕이 즉위하고 불법을 받들라고 하교한 것으로 보아 침류왕 때에는 백제에 불교가 수용된 것이고, 백제도 신라처럼 토착신앙과 불교 사이에 갈등 과정을 거친 후 아신왕 때에 공인되었다는 견해가 있다.

아신왕이 405년에 사망하자 아우인 설례가 한때 왕위에 올랐으나, 왜에 있던 태자 전지가 왜병 100명과 함께 귀국해 즉위했다. 전지왕은 해씨의 도움으로 왕위에 올랐으므로 해충(解忠)을 달솔, 해수(解須)를 내법좌평, 해구(解丘)를 병관좌평에 임명했다. 이로 보면 침류왕, 아신왕, 전지왕으로 이어지는 왕계는 불교를 적극 받아들였고, 해씨 세력이 이를 뒷받침한 것으로 볼 수 있다. 해수가 맡았던 내법좌평의 '내법'도 불법을 의미한다는 견해가 있다.

백제 한성기의 마지막 왕인 개로왕 대에 고구려의 승려 도림(道琳)은 백제를 치고자 하는 장수왕의 마음을 알아차리고 밀사를 자청해 백제로 왔다. 도림은 본국에서 죄를 짓고 도망한 승려라고 속여 바둑을 좋아하는 개로왕에게 접근한다. 이를 보면 불교 수용 이후 백제에서는 불교가 숭상되어 승려가 왕궁을 출입하는 데 별로 제약이 없었던 것으로 보인다.

바둑을 두면서 왕의 마음을 사로잡은 도림은 개로왕을 꾀어 성을 쌓고 궁전을 수리하는 등 역사(役事)를 일으키게 했다. 이로써 백제의 창고가 비고 백성들이 곤궁해지자, 고구려 장수왕은 63년(475)에 백제의 수도 한성을 공략해 개로왕을 죽이고 남녀 8000명을 잡아간다. 나제동맹에 의거해 신라에 청병하러 갔다 돌아온 개로왕의 동생 문주는 폐허가 된 한성에서 즉위한 뒤 바로 웅진으로 천도한다.

이 도림 설화는 전국시대 소진(蘇秦) 고사에서 모티프를 얻고, 바둑에 일가견이 있었다는 지둔 도림(支遁道林)에서 '도림(道林)'을 따와 개로왕과의 이야기를 만들어낸 설화로 간주해 그 역사적 실체를 회의적으로 보기도 한다.

하지만 이 기사를 적극적으로 해석해 개로왕이 해씨 세력의 사상적 기반이었던 귀족 불교를 견제하기 위해 '왕즉불' 사상을 특징으로 하는 북조 불교에 익숙한 새로운 불교 세력으로 고구려 승려 도림을 끌어들였고, 이로 인해 생긴 백제 불교계의 내부 분열이 한성 함락의 한 요인이 되었다는 견해도 있다.

불교 사원과 유물 추정

백제에서 처음 불교 사원이 세워진 한산(漢山)은 현재 서울 송파구 몽촌토성이나 남한산 일대로 추정된다. 몽촌토성 내에서 한산에 지었다는 불교 사원의 모습을 찾으려는 시도가 있으나, 아직 밝혀진 것은 없다. 한편 서울 강동구에 있는 암사(巖寺: 바위절터)라는 절터가 백제 때부터의 절터로 전해지지만, 현재까지 발견된 유적과 유물은 통일신라 이후의 것들이다.

경기도 하남시를 중심으로 한 남한산 기슭 일대에는 다양한 불교 유적과 유물들이 분포하고 있어, 경주 남산에 필적할 만한 백제 한성기의 불교 성지였을 가능성이 있다. 곧, 금암산 기슭의 머리 부분이 없어진 마애불, 고려 초에 중수했다는 기록이 있는 선법사 마애불, 『신증동국여지승람』에서 한산에 소재했다고 한 '약정사(藥井寺)'라고 새긴 기와가 출토된 절터, 거대한 철불이 발견된 천왕사지(天王寺址), 현재 석탑 2기가 남아 있는 동사지(桐寺址) 등이 그것이다. 다만 하남시 지역의 절터들에서도 아직까지 백제 시기의 유적과 유물은 발견되지 않았고, 통일신라 이후의 것만 발견되고 있다.

백제 한성 시기 불교의 모습을 보여주는 유물로는 서울 뚝섬에서 발견된 금동여래좌상이 있다. 이에 대해서는 5세기경의 중국제 상으로 보기도 하고, 주조 기법에서 중국의 상과 달리 내부가 비지 않은 통주식이라는 점에서 삼국시대 불상으로 보기도 한다. 양식을 보면 두 손을 앞에 모은 선정인, 사각 대좌 좌우에 각각 배치된 사자, U 자형의 통견대의(通肩大衣) 등이 북조의 양식을 잘 반영한다는 점에서 고구려 제작설이 있지만, 백제 불상일 가능성도 있다. 그 밖에 서울 풍납토성, 몽촌토성, 삼성동 토성에서 출토된 연화문 와당을 불교와 연관해 보기도 한다.

웅진 시기의 불교

법화신앙과 발정

백제 승려로 이름이 남아 있는 최초의 인물은 『관세음응험기(觀世音應驗記)』에 수록된 백제 사문 발정(發正)이다. 『관세음응험기』는 중국 남제의 육고(陸杲, 459~532)가 유송(劉宋) 부량(傅亮, 374~426)의 『광세음응험기』와 장연(張演, 5세기 전반)의 『속(續)광세음응험기』에 이어 자신의 『계(繫)관세음응험기』 등 세 책을 합본해 하나로 만든 책으로, 11세기경 일본 교토의 청련원(靑蓮院)에서 승려 양우(良祐)에 의해 필사된 뒤 가마쿠라(鎌倉) 시대 중기에 다시 전사된 필사본이 전해진다. 그런데 이 청련원본에는 육고 이후 어떤 후대인이 백제의

'관세음응험'에 관한 새로운 두 사례를 채록해 책 뒷부분에 덧붙여 놓았는데, 그것이 발정 기록과 무광왕(武廣王, 무왕) 시기의 제석정사(帝釋精舍) 관련 기록이다. 7세기 중반에 활동한 의적(義寂)의 『법화경집험기(法華經集驗記)』에 "『관세음응험기』에 백제인이 있다"면서 발정 이야기를 기록하고 있는 것으로 보아, 적어도 7세기 중반에는 이러한 형태의 『관세음응험기』가 유통되고 있었음을 알 수 있다.

발정은 양(梁) 무제 천감 연간(502~519)인 백제 무령왕 시기(501~523)에 양나라에 유학해 불교를 배웠고, 약 30년이 지난 성왕(523~554) 시기에 귀국하여 대략 위덕왕 시기까지 활약했다. 그는 귀국하던 중 월주 계산에 관세음 도실(堵室)이 있다는 말을 듣고 그곳을 직접 답사했다. 월주 계산은 현재 관음신앙의 성지인 주산군도의 보타산일 가능성이 높다. 발정은 월주 계산에 찾아가서 관세음 도실의 담장에 쓰인 영험담을 보았다. 이에 의하면 두 사람의 수행자가 각각 『화엄경』과 『법화경』을 독송 및 암송하는 원(願)을 세웠는데, 『법화경』 독송자가 더 뛰어났다고 한다. 경전 내용 중에서 특히 「관세음경」의 암송을 강조하고 있는데, 관세음보살은 『화엄경』에도 등장하지만 이 기록에서는 『법화경』의 우위를 강조했다. 이를 통해 당시 『화엄경』과 『법화경』이 백제에 수용되었고, 신라 중대에 화엄이 주류였던 데 반해, 백제에서는 법화가 주류였음을 알 수 있다.

백제 불교 신앙의 두 축은 법화신앙과 미륵신앙으로 볼 수 있는데, 그중 법화신앙은 중국에 유학하고 귀국한 승려들에 의해 널리 유포되고 신앙되었다.

법화신앙은 사바세계 영취산에 상주하면서 설법하는 현세불인 석가모니불의 자애를 기원하는 현세 긍정적인 대승불교의 근본 교학이다. 개인의 해탈을 중시하는 성문승(聲問乘)·독각승(獨覺乘)의 소승과 함께 중생 제도를 통해 깨달음을 얻는 보살승(菩薩乘)을 중시하여 3승으로 삼고, 이 3승을 하나로 모아 불(佛)이라는 1승 세계로 승화해 궁극적인 깨달음을 얻는 것을 목적으로 한다. 그러므로 법화신앙은 성문·독각·보살의 셋을 모아 부처라는 하나의 세계로 나가는 회삼귀일(會三歸一) 사상이다. 회삼귀일이 사회 통합 사상이라는 점에 부정적인 견해도 있지만, 대체로 사회의 여러 갈등 요소를 타협과 조화 속에서 하나로 통합하는 역할을 한 사상으로 연구되고 있다.

백제는 웅진으로 천도하면서 한성에서 내려온 진씨, 해씨와 같은 구 귀족 집단과 웅진 시기 새롭게 등장한 백씨·연씨·사씨 등의 신진 귀족 집단 사이에 갈등이 누적되었다. 이러한 여러 세력 간의 갈등을 해소하기 위해 법화의 회삼귀일 사상이 필요했던 것으로 볼 수 있다.

백제에서는 6세기 초중반에 양나라에서 활동하다가 성왕 때 귀국한 발정 이후, 6세기 중후반 천태종의 제2조인 남악(南岳) 혜사(慧思, 514~577) 문하에서 법화삼매(法華三昧)를 증득하고 위덕왕 때 귀국해 지방 오악 중 동악인 계람산에서 활약한 현광(玄光), 7세기 혜왕·법왕·무왕 초기까지 서악 단나산에서 활동한 혜현(惠現, 慧顯)까지, 이름이 전하는 거의 모든 승려가 법화신앙과 관련된다. 이들은 백제 중앙만이 아니라 지방에서 활발히 활동했으므로 법화신앙이 지배층은 물론이고 지방 민중에까지 폭넓게 수용되면서 백제 불교의 주류를 이루게 되었다.

율종과 겸익

이능화의 『조선불교통사(朝鮮佛敎通史)』(1918)에 인용되어 전하는 「미륵불광사사적」에 의하면 백제 율종(律宗)의 비조인 겸익(謙益)이 성왕 4년(526)에 중인도에 있는 상가나(常伽那) 대율사에 가서 5년 동안 율부(律部)를 깊이 연구했고, 범승 배달다(倍達多) 삼장과 함께 범어본 아비담장(阿毘曇藏)과 오부(五部) 율문을 직접 가지고 귀국하여 흥륜사에 머물렀으며, 28인의 승려와 함께 율부 72권을 번역했다고 한다. 담욱(曇旭)과 혜인(惠仁)은 이에 대한 율소(律疏) 36권을 저술했고, 성왕은 번역된 비담(毗曇)과 신율(新律)의 서문을 써서 태요전에 보관했으며, 장차 판각해 널리 반포하려 했으나 성왕이 세상을 떠나 뜻을 이루지 못했다고 한다.

다만 이 「미륵불광사사적」은 원문이 그대로 전해지지 않고 후대에 인용되어 전해진 자료라는 점에서, 그 내용과 사용된 용어의 시기를 문제 삼아 신빙성에 의문을 제기하기도 한다. 곧 '미륵불광사'라는 절은 다른 문헌에 보이지 않으며, '상가나'라는 지역도 당시 인도 지역을 뜻하는 천축 관련 문헌에 나타나지 않고 있다. 그리고 현재까지 동아시아에서의 목판 사용은 8세기 후반인 신라 불국사의 탑 다라니가 최초이다. 또한 중국 남산 율종의 개조는 도선(道宣, 596~667)이라는 점에서 계율종은 7세기 이후에야 언급될 수 있으며 12세기 이후에야 율종이 종파로 맥을 이어간다는 점에서 6세기 백제 율종의 성립을 인정하기 어렵다는 것이다. 게다가 '율종'이라는 용어는 중국이나 한국의 '계율종'과 구별해 일본 나라 시대의 불교 종파인 육종(六宗)의 하나를 말할 때 주로 쓰는 용어이기도 하다.

하지만 602년(무왕 3년)에 역본(曆本), 천문지리서, 둔갑방술서(遁甲方術書)를 가지고 왜로 파견되어 624년 이후부터 불교 교단의 수장으로 계율을 관장하는 승정에 최초로 임명된 관륵(觀勒) 등의 기록에 기초해 백제의 계율 중시와 겸익 기록의 신빙성이 인정되고 있다. 그렇다면 인도 소승 불교의 율전(律典, 五部 律文)과 논전(論典, 阿毘曇藏)의 범어 원전이 백제에 직접 전해져 번역되었고, 특히 새로 번역된 72권의 율부에 대한 주석서인 율소 36권까지 이루어져 백제 신율이 성립된 것으로 볼 수 있다.

웅진 시기의 불교 사원

대통사

대통사(大通寺)에 대해서는 『삼국유사』 「원종흥법」에 신라 법흥왕의 숭불 업적을 기술한 후 마지막 부분에 부정확한 상태로 전하고 있다. 곧, 『국사』를 인용해 대통 원년(527)에 양 무제를 위해 웅천주에 절을 짓고 이름을 대통사라고 했다는 내용을 언급하면서 웅천은 곧 공주로 신라에 속했으며 흥륜사(興輪寺)를 처음 세웠던 정미(527)에는 아직 다른 곳에 절을 세울 겨를이 없었을 것이므로, 대통 원년이 아니라 중대통 원년인 기유(529)에 세워졌을 것이라는 주석을 달았다.

하지만 당시 웅천주는 신라가 아닌 백제 영토였다는 점에서, 대통 원년인 527년(성왕 5)에 백제 성왕이 양 무제를 위해 그의 연호를 따서 당시 수도였던 웅진에 대통사를 창건한 것으로 볼 수 있다. 대통사로 추정되는 곳은 그동안 정확한 가람배치를 확인할 수는 없었지만, 최근 발굴 조사를 통해 백제 때의 대통사 관련 기와 명문과 소조상 등이 발굴되면서 웅진기의 확실한 백제 불교 사원으로 자리매김되고 있다.

'대통'(527~529)이라는 양 무제의 연호는 '동태사(同泰寺)'의 반어(反語)로 만든 이름인 대통문에서 기원한 것이지만, 『법화경』에 나오는 대통불에서 유래했을 가능성도 있다. 이처럼 연호를 불교 사원의 이름에 사용한 예로는 유송(劉宋) 효무제(孝武帝)의 대명(大明, 457~464)에서 기원한 대명사, 북위(北魏) 선무제(宣武帝)의 경명(景明, 500~503)에서 기원한 경명사 등이 있다.

한편, 백제가 양 무제의 연호를 따서 대통사를 창건했다는 사실에 대한 반론이 제기되었다. 이에 따르면 전륜성왕을 자처했던 백제 성왕은 『법화경』「화성유품(化城喩品)」에 전륜성왕의 아들로 나타나는 대통불(大通佛, 大通智勝如來)을 모시기 위해 대통사를 창건했다고 한다. 전륜성왕의 큰아들 대통이 깨달음을 얻어 대통불이 되고 대통의 큰아들 지적(智積)은 아촉불(阿閦佛)이, 막내아들 석가는 석가모니불이 되는데, 『법화경』의 전륜성왕은 백제의 성왕, 대통불은 위덕왕(威德王, 위덕세존), 석가모니는 법왕(法王), 지적은 사택지적(砂宅智積)으로 구체화된 것으로 보았다. 그러면서 성왕이 무령왕의 삼년상이 끝나고 아들 창(昌, 위덕왕)이 탄생한 해로 추정되는 525년 무렵에 대통사를 건립한 것으로 추정했다.

그러나 525년이라는 연대 역시 문헌 근거가 없으며, 양 무제의 대통 연호

자체가 대통불에서 왔을 가능성이 있고, 당시 양의 장인이 직접 백제로 건너와 각종 사업에 참여했다는 점에서 『삼국유사』의 기록을 무시하기는 어렵다. 이에 대통사 창건과 관련한 많은 주장들이 『삼국유사』의 기록을 충분한 근거가 없이 불신한다는 점을 비판하면서, 527년을 대통사 창건 연대로 보아야 한다는 의견을 다시금 제기하는 견해도 있다. 또한 성왕계 왕실의 성족 계보에 신하인 사택지적이 대통지승불의 큰아들로 나오는 것은 무리가 있으며, 법왕도 위덕왕의 아들이 아니라 조카인 점을 고려해야 할 것이다.

이에 무령왕이 521년에 "갱위강국(更爲强國)"을 선언하면서 불교 사원 창건을 추진한 이후, 성왕에 의해 527년에 완공되어 대통사라는 이름이 붙은 것으로 보기도 한다. 또는 신라 황룡사를 예로 들어 성왕에 의해 527년에 착공되면서 양 무제의 연호를 딴 대통사라는 사명이 사여된 것으로 보기도 한다.

그렇다면 양에서 '대통' 연호가 527년 3월부터 사용되었으므로, 백제 성왕은 양 무제의 연호 제정 소식을 실시간으로 접한 후 바로 대통사를 창건하기 시작했거나, 그 이전부터 건립되고 있던 사원을 527년에 대통사라는 이름으로 완공했다고 보는 것이 합리적이다.

수원사와 혈사

『삼국유사』「미륵선화·미시랑·진자스님」에 따르면 신라 진지왕 시기(576~579)에 흥륜사(興輪寺) 승려 진자(眞慈)가 미륵선화(彌勒仙花)를 만나기 위해 웅천의 수원사(水源寺)에 왔다고 한다. 수원사의 승려들은 찾아온 진자에게 남쪽으로 가면 현인과 철인이 머무르고 있어 명감(冥感)이 많은 천산(千山)이 있으니 가보라고 했고, 진자가 그 말에 따라 산기슭에 이르니 산신령이 노인으로 변해 나와 맞았다고 한다.

현재 수원사지로 전해지는 곳은 월성산 서북쪽 산기슭인 공주시 옥룡동 113번지 일대의 수원골로 알려져 왔는데, 2차에 걸친 발굴 조사 결과 가람배치 및 출토 유물에서 백제와 관련이 없다는 견해가 있다. 그렇지만 『신증동국여지승람』에 수원사가 월성산(月城山)에 있다는 기록으로 보아 이 자리가 백제 때부터 이어져 왔을 가능성이 높다.

진자가 수원사 승려의 말을 듣고 찾아가서 노인으로 변한 산신령을 만났다는 남쪽 천산(千山)의 위치에 대해서는 몇 가지 견해가 있다. '천산'을 '즈믄산'으로 읽으면서 주미사지(舟尾寺址: 현 공주시 주미동 절터골)가 위치한 주미산(舟尾山=즈믄산)으로 보기도 하고, 남혈사지(南穴寺址: 현 공주시 금학동 남산)가 위치한 남산으로 보기도 한다. 백제 때부터 산악 제사지로 알려진 계룡산으로 보는 견해도 있다.

현재 공주 지역에는 서혈사·남혈사·동혈사 등 사방에 위치한 혈사가 백제 때부터의 절로 전해지고 있으나, 확실한 백제 시기의 사원 유구는 발견되지 않았다. 하지만 혈사 근처에 자리한 동굴은 이 지역의 토착신앙과 관련된 제장(祭場)으로 볼 수 있다.

이 외에 사료 해석에 문제가 있기는 하지만, 「미륵불광사사적」을 통해 웅진기 무령왕 시기에 흥륜사가 창건된 것으로 보기도 하며, 「미륵불광사사적」과 『삼국유사』「원종흥법 염촉멸신」에 보이는 흥륜사를 동일한 불교 사원으로 보아 성왕 시기에 흥륜사가 존재한 것으로 보기도 한다. 이러한 관점에서, 신라에서 최초의 절 이름을 흥륜사라 하고 미륵불을 주불로 모신 것을 백제의 영향으로 보는 견해가 있다.

불교 유물로는 먼저 6세기 전반 작품으로 추정되는 서산 보원사지(普願寺址) 출토 금동불입상이 있다. 서산과 태안에 조성된 마애삼존불은 당시 이 일대에서 대외 교역이 활발했던 거점 지역이라는 점에서, 대외 교역에서 해상의 안전을 기원하려는 목적으로 조성한 것으로 보인다. 『법화경』「관세음보살보문품」에는 관세음보살 신앙이 해상 수호와 관련해 강조되어 있다.

예산 사면 석불은 신라의 사방불보다 앞선 시기인 6세기 성왕 대에 제작된 우리나라에서 가장 이른 시기의 사방불로 보고 있다. 성왕 시기에는 계율을 통해 정법(正法)을 구현하고자 하는 계율종이 유행했고, 사주(四洲)를 정법으로 통치하는 전륜성왕 사상을 내세웠다는 점에서 사주를 다스린다는 사방 관념에 근거해 사면 석불이 조성된 것으로 볼 수 있다. 최근에는 북조와 수에서 유행한 가옥형 사면상인 천궁(天宮)의 영향을 받아 7세기에 만들어졌다는 견해도 있다.

사비 시기의 불교

성왕의 불교 정책과 『열반경』

538년 수도를 사비로 옮긴 성왕은 4년 뒤인 541년 양나라에 사신을 보내 『열반경』을 비롯한 여러 경의 주석서와 의공(醫工)·화사(畵師)·모시박사(毛詩博士) 등을 청했다. 이에 양나라에서는 예학 전문가인 박사 육후(陸詡)와 함께 『열반경』 등의 주석서를 보내주었다. 이후 성왕은 육후를 통해 『주례』에 입각한 통치 체제를 정비함과 동시에 『열반경』 등의 불교 신앙을 널리 펼쳤다.

당시 대승 열반경인 『대반열반경』의 완역본은 북량(北凉) 때의 담무참(曇無讖)이 414~421년 사이에 번역한 40권본인 북본(北本), 이미 번역된 『니원경(泥洹經)』[전 6권, 법현(法顯) 옮김]에 북본을 손질해 혜엄(慧嚴) 등이 재편성한 36권본의 남본(南本)이 있었다. 『열반경』의 근본 사상은 "법신은 항상 그대로이므로 변하고 바뀜이 없다(法身常住無有變易)", "일체 중생은 모두가 불성이 있어서 누구나 성불할 수 있다(一切衆生 悉有佛性 悉當成佛)"라는 것이다. 또한, 열반은 법신·반야·해탈의 3사(事)와 상(常)·낙(樂)·아(我)·정(淨)의 4덕(德)을 두루 갖추고 있다고 했다.

양 무제는 『열반경』을 특히 중시하여 『열반경의기(涅槃經義記)』의 저자인 광택사(光宅寺)의 법운(法雲)에게 『열반경』 사상품(四相品)을 강의하게 하고, 승려 1448명이 듣게 했다. 또한 보량(寶亮)에게 『열반경의소(涅槃經義疏)』를 저술하게 하고, 양 무제가 직접 서문을 썼다. 이와 같은 양나라의 『열반경』 중시 경향은 백제가 『열반경』을 청하는 배경이 되었고, 『열반경』과 이에 대한 여러 주석서까지 백제에 전해졌다. 이에 강남으로 유학 갔던 백제 승려가 길장(吉藏)의 『열반소기(涅槃疏記)』 등을 가지고 귀국했기 때문에 중국에는 전하는 것이 없다는 기록도 있다.

양 무제는 511년에 중국의 전통적 관행이었던 종묘의 희생을 폐지했고, 513년 4월 8일 불탄일에 보살계를 받았으며, 단주육문(斷酒肉文)을 발표하고 계율 실천을 선언하기도 했다. 특히 무제의 사신(捨身)은 유명했다. 대통 원년인 527년에 시작된 그의 사신은 여러 차례 계속되었는데, 태청(太淸) 원년인 547년에 행한 제4회 사신은 무려 43일 동안이나 행해졌다.

『열반경』은 모든 중생이 불성을 가진 평등한 존재임을 강조하므로, 국왕은 귀족부터 노비에 이르는 모든 인민을 계율에 의한 정법정치로 교화할 수 있다. 이에 양 무제가 『열반경』을 중시한 것에 영향을 받아 성왕은 왕권 강화를 시도했다. 최근에는 백제의 『열반경』 수용을 웅진기 무령왕 시기까지 올려보면서, 그 근거로 『일본서기』에 무령왕의 태자로 기록된 '순타(淳陀)'를 『열반경』의 순타품(純陀品)에서 따온 이름으로 보는 견해도 제기되었다.

위덕왕의 출가 시도와 불교 사원 건립

백제 성왕은 나제동맹을 파기하고 한강 유역을 차지한 신라와 관산성에서 전투 중인 아들 창을 돕기 위해 그가 있는 곳으로 가는 도중 매복 중인 신라군에 의해 처참한 죽음을 맞았다. 당시 30세의 창은 성왕의 명복을 빌기 위해 왕위에 오르지 않고 출가하겠다는 발언을 했다. 나이 많은 귀족들(耆老)은 관산성에서의 패배를 신랄하게 비판하면서도 왕의 출가는 말리며 100명의 승려를 대신 출가시키라고 했다.

한편, 속세 왕의 상징적인 출가 시도는 관산성 패전 후 침체된 정국 분위기를 불교를 통해 안정시켜 왕권을 강화하는 데에 도움이 될 수 있다. 창의 시호인 '위덕왕(威德王)'은 『관세음보살수기경』에 석가의 전신으로 기술되어 있다.

부여 능산리사지 목탑지 심초석 위에서 발견된 창왕명석조사리감(昌王銘石造舍利龕) 명문에 따르면 위덕왕은 13년(567)에 매형공주와 함께 사리를 공양했는데, 이는 죽은 아버지 성왕을 위해 위덕왕 남매가 불교 사원을 조성하면서 목탑을 세워 사리를 모신 것으로 볼 수 있다. 이후 왕흥사지사리기 명문에 따르면 위덕왕은 24년(577) 2월 15일에 죽은 왕자를 위해 왕흥사 지역에 목탑의 찰주를 세우고 사리 2매를 봉안했는데, 이 사리는 신이한 조화로 3매가 되었다고 한다.

혜왕과 법왕 시기의 불교와 사원

위덕왕의 동생 혜왕의 아들로 왕위에 오른 법왕은 불교 진흥을 위해 힘쓴 호법 군주였다. 법왕이라는 시호는 『법화경』과 같은 불경에서 진리의 왕인 석가를 지칭한다. 불교에서 세간의 군주는 인왕(人王)이라 하고, 불교의 정법으로 나라를 다스리는 출세간의 군주를 법왕이라 한다. 법왕의 시호는 계율을 적극적으로 시행한 것과도 연관된다.

법왕의 이름은 선(宣) 혹은 효순(孝順)이다. 『범망경(梵網經)』에서 효를 계로 강조하면서 효순이 등장한 데에서 비롯되었다면, 효순이라는 이름 역시 『범망경』에서 연유한 것으로 볼 수 있다. 법왕은 원년인 599년 겨울 12월에 살생을 금하는 영을 내리고 민가의 사냥용 매와 어업 및 사냥 도구까지 불사르게 했다. 이는 『범망경』의 48경계(輕戒) 중 10번째인 축살구계(畜殺具戒)에 근거한 금살생(禁殺生)인데, 불법을 일상생활에까지 적용한 모습으로 양 무제의 단주육문(斷酒肉文)을 연상하게 한다. 법왕이 내린 명령을 미륵상생신앙에 의한 계율로 보기도 한다.

부자 사이인 혜왕과 법왕의 이름인 '혜(惠)'와 '선(宣)'의 연원을 양 무제에게 크게 영향을 끼친 남제의 문혜태자와 문선왕 형제의 이름에서 찾고, 문선왕과 양 무제를 거치면서 형성된 남조의 정치·종교 문화가 백제에 계승되어 법왕의 행적에 반영된 것으로 보는 견해도 있다.

법왕은 600년, 위덕왕 때인 577년에 죽은 왕자를 위해 목탑을 건립했던 곳에 왕흥사를 크게 재창건했으며 칠악사(漆岳寺)에서 기우제를 지냈다. 왕흥사는 법왕의 아들 무왕 시기인 634년에 완공되었다.

법왕은 토착신앙의 성지를 국가 수호를 위한 제사 체계에 편입했던 5악 지역에 불교 사원을 건립했다. 이는 수 문제가 개황 원년(581) 5악에 각각 승사(僧寺)를 창건하고 북제의 도성인 업성(鄴城)에 전사자와 원혼을 위해 사찰을 건립한 행적에서 영향을 받은 것으로 볼 수 있다.

오함사(烏含寺) 또는 오회사(烏會寺)로도 불리는 오합사(烏合寺)는 법왕이 태자 시절이던 혜왕 시기(598~599)부터 짓기 시작해 법왕 이후에 완공되었다. 오합사는 전쟁에서 승리한 원혼이 불계에 오르기를 기원하는 원찰로 창건된 신라의 호국 사원인 황룡사와 비슷하게 전쟁의 승리와 국가의 평안을 비는 호국 의식의 집전처(執典處) 역할을 했다. 또한 오합사의 위치가 국가 제사의 지방 거점인 5악 중 하나인 북악 지역이라는 점에서 토착산신신앙이 국가 제사 체계에 편입된 이후 불교 사원이 건립된 것으로 볼 수 있다. 의자왕 15년(655)에는 붉은 말이 북악 오함사에 들어와서 불우(佛宇)를 돌면서 울다가 며칠 후에 죽었다는, 백제 멸망의 전조를 보여주는 기록에도 등장한다.

무왕 시기의 익산 미륵사와 제석사

『삼국유사』의 미륵사 창건 설화에 따르면 무왕 부부가 익산 지역에 자리한 사자사에 행차하다가 못 가운데에서 미륵 삼존이 나타나자 왕비가 미륵사 건립을 발원했다. 이에 지명법사의 신력으로 못을 메운 후 전(殿), 탑(塔)과 낭무(廊廡)를 각각 3개씩 건립한 삼탑삼금당의 절을 지었고, 신라 진평왕이 공인(工人)을 보내 도왔다고 한다. 익산 지역에 미륵 삼존이 출현했다는 사실은, 이곳이 미륵이 하생해 성불하는 이상 세계의 새로운 중심지로 관념화되었음을 의미한다.

미륵 경전에 의하면 도솔천의 미륵이 칠보대 내 마니전 위 사자상에 좌정해 있다가 땅이 금사(金沙)로 덮여 있고 곳곳에 금은이 쌓여 있는 시두말성(翅頭末城)의 바라문가(婆羅門家)에 하생한 후 용화수 아래에서 성불하고 법회 세 차례 열어 중생을 계도한다고 했으며, 시두말성 가까이에 있는 못에는 용왕이 사는데 밤마다 비가 오게 하여 땅이 윤택하다고 했으니 그 내용이 미륵사 창건 과정의 내용과 연결될 수 있다.

곧 도솔천의 사자상은 사자사, 미륵이 하생한 시두말성의 금은은 서동이 마를 캐며 흙더미같이 쌓아놓았다는 황금, 용화수는 용화산, 용화 3회의 법회는 미륵 삼존상을 본떠 전(殿), 탑(塔), 낭무(廊無)를 각각 3개씩 건립한 것과 각각 대응된다. 이때 전륜성왕은 미륵이 용화수 아래에서 성불했다는 소식을 듣고 그를 맞이하러 갔다고 하므로, 미륵사 창건 설화에 보이는 왕이 용화산 아래 큰 못가에서 미륵 삼존을 만났다는 사실과 대응된다.

미륵신앙은 전륜성왕과 결부된 정복 군주의 통치를 돕고, 혼란한 사회를 개혁하고 계율을 강조하며 이상사회를 건설한다고 한다. 그렇다면 무왕은 미륵을 받들어 모시면서 스스로 전륜성왕이 되는 것이다.

한편 미륵사는 3원이 하나의 가람 속에 통합되어 있다는 점에서, 이를 회삼귀일(會三歸一)에 의한 법화신앙의 영향으로 보는 주장도 있다.

미륵사지 서탑 사리봉안기에 따르면 639년에 무왕의 비인 좌평 사택적덕(沙乇積德)의 딸이 가람을 창건해 왕과 왕비의 장수와 안녕을 기원하면서, 서탑 1층 심초석 상면 심주에 사리를 봉안했다. 이 기록이 발견되면서 『삼국유사』에 무왕비로 등장하는 선화공주가 실은 사택 왕후를 뜻함을 알게 되었다. 이 사리봉안기에는 석가모니를 가리키는 법왕과 관련된 불사리신앙이 보이지만, 불사리 봉안은 탑을 세워 불사리를 공양한 공덕으로 미래세에 미륵불의 처소에 이를 수 있다는 『미륵하생성불경』의 내용과도 관계된다.

무왕 35년(634)에는 위덕왕 24년(577)에 목탑이 먼저 건립되고 법왕 2년(600)에 왕홍사라는 이름으로 재창건한 불교 사원이 완공되었다. 부소산성에서 금강을 건너 맞은편에 위치한 왕홍사에는 무왕이 매번 배를 타고 들어가 행향(行香)했다. 이에 왕흥사가 귀족들의 정사암 회의가 이루어지던 호암사(虎巖寺)를 약화시키고 국왕의 권위를 높이기 위해 지은 대찰이라는 견해도 있다.

『관세음응험기』에 의하면, 백제 무광왕(武廣王, 무왕)이 현재의 익산 지역인 지모밀지(枳慕蜜地)로 천도해 제석정사(帝釋精舍)를 경영했는데, 637년 11월에 재해를 입어 불당, 7층 부도, 회랑 등은 불탔으나, 탑 아래 초석 안에 있던 불사리 병과 구리 종이로 만든 『금강반야경』을 담은 목칠함은 그대로였다고 한다. 사비 도성에 사천왕을 모신 천왕사가 있었고, 익산 도성인 지모밀지(枳慕蜜地)에는 제석정사(帝釋精舍)가 있었으므로, 백제에는 사천왕과 제석천에 대한 신앙도 존재했다.

구리 종이로 만든 『금강반야경』을 통해 미륵신앙과의 관련을 읽어내기도 한다. 중국 남조 진에 유학하고 돌아온 승려 현광의 스승 혜사(慧思)는 미륵의 용화회상에 참여하는 꿈을 꾼 이후 말법(末法) 시대가 지나고 미륵불이 출현할 것을 확신하는 강렬한 미륵신앙을 갖게 되었고, 여러 악비구(惡比丘)와 악론사(惡論師)들의 방해로 목숨을 잃을 뻔한 재난을 경험한 후에는 미륵이 나타났을 때 사용할 수 있는 금자(金字) 『반야경』을 만들겠다는 서원을 발했으며, 그것이 완성된 후에는 불법 수호 의지를 담은 『입서원문(立誓願文)』을 찬술했다고 한다. 혜사의 미륵 사상이 현광을 통해 백제에 전해졌을 가능성이 높으며, 『관세음응험기』에 백제 무광왕이 만든 제석정사 탑에 사리와 함께 봉안된 구리 종이로 만든 『금강반야경』이 이와 관련될 수 있다.

무왕 시기에는 중국 수 불교계에서 성행한 삼론학도 수용되었다. 법화 사상을 가졌던 혜현(惠現)이 삼론을 강의했고, 7세기 이후 일본에서 활동한 백제 출신 승려들 대부분이 삼론학의 대가로 전해지고 있다. 최근에는 삼론학 문헌인 『대승사론현의기(大乘四論玄義記)』가 600년경 백제에서 찬술되었다는 견해도 제기되었다. 『대승사론현의기』의 찬자인 혜균(慧均)이 저술한 『관미륵상생경(觀彌勒上生經)』의 주석서 『미륵경유의(彌勒經遊意)』에서는 미륵이 이 세상에 출현해 중생을 구제해 주는 것을 기대하는 이전 신앙과 달리, 본래 성불한 존재인 미륵이 먼 미래에 용화회상에서 성불하는 것은 단지 방편일 뿐이라는 삼론학파의 사상에 근거해 미륵의 출세를 설명하고 있는데, 이처럼 삼론학의 입장에서 미륵의 성격을 교학적으로 이해하려는 흐름이 7세기 백제에 나타난 것이다.

삼론(三論)이란 인도 용수(龍樹, 150~250년 무렵)의 『중론(中論)』과 『십이문론(十二門論)』 및 그 제자 제바(提婆)가 지은 『백론(百論)』의 세 가지 논서를 말한다. 삼론학은 왕실과 연결된 통합 사상으로, 지배자와 피지배자 사이의 대립을 용해시키는 데 유용한 이념이었다.

의자왕 시기의 사택지적

의자왕 시기에는 왕실이 건립을 주도한 불교 사원이 보이지 않는다는 점에서 대체로 불교보다는 유교 사상을 중시한 것으로 연구되었다. 이 시기에 만들어진 백제의 유일한 비석인 「사택지적비」에는 의자왕 대인 654년 나지성(柰祇城)의 사택지적이 몸이 날로 쉬이 감을 슬퍼하고 몸이 달로 되돌리기 어려움을 한탄하면서 금을 뚫어 금당을 만들고 옥을 깎아 보탑을 만들었다는 내용이 사륙변려문 형태로 전해진다.

『일본서기』 권24 고교쿠천황(皇極天皇) 원년(642)에는 국주모(國主母)가 죽었다는 기록과 대좌평 지적(智積)이 왜에 사신으로 간 기록이 보이는데, 여기의 국주모는 미륵사지 서탑 사리봉안기에서 639년에 무왕비로 나타난 좌평 사택적덕의 딸로 볼 수 있다. 이는 당시 사택씨(사씨)가 국주모와 대좌평의 지위에 있으면서 대성 8족 중에서도 최고의 귀족 가문이었음을 잘 보여준다.

좌평 신분인 사택지적이 노년에 은거해 불교에 귀의했다는 점에서 『법화경』에 나오는 대통불(위덕왕)의 아들인 지적보살과 연결시키는 불교 신앙을 통해 사택씨(사씨) 집단의 특권을 강조했다는 견해가 있다. 하지만 사택씨(사씨)의 원찰로 불교 사원의 금당과 보탑을 세우면서 도교나 노장 사상의 영향도 보인다는 점에서, 그 사상적 기반은 유·불·도 3교에 대한 폭넓은 이해와 상호 교섭의 영향을 알 수 있다.

「사택지적비문」을 통해 보면 의자왕 시기에 왕실의 불교에 대한 관심은 멀어졌지만, 왜의 유력 귀족들이 건립했던 원찰의 원류로 볼 수 있는 불교 사원이 유력 귀족들을 중심으로 지방에 건립되었음을 알 수 있다.

사비 시기의 고승

현광

현광(玄光)은 위덕왕 시기에 활동한 법화 승려이다. 『송고승전』에서는 현광을 신라인인 것처럼 기록하고 있으나, 그의 활동 시기와 귀국 후 머물렀던 고향이 웅주의 옹산 일대였다는 점에서 백제의 착오로 볼 수 있다. 현광은 569년경 남조의 진(陳)에 유학하여 천태종의 2조인 남악 혜사(慧思, 514~577)에게 『법화경』의 안락행품(安樂行品)을 중심으로 배웠고, 천태 교관의 한 근원적 실천 원리라고 할 수 있는 법화삼매를 증득해 577년경에 귀국한다. 이후 중국에서는 현광의 동문인 지자대사(智者大師) 지의(智顗, 538~597)에 의해 천태종이 완성된다.

현광이 혜사에게 전수받은 법화 안락행문은 『법화경』 제14품 안락행품에 기초한 법화 수행법으로 『법화경』을 독송하거나 일심으로 외우며, 육근(六根)으로 지은 죄업을 하루에 6회 참회하는 방식으로 이루어진다. 여기서는 악세(惡世)에 『법화경』을 널리 펴려는 보살이 지켜야 할 신심상(身心上)의 행법으로 신(身)·구(口)·의(意)·서원(誓願) 등 4종의 안락행을 설했다.

혜사는 본래 북제 출신으로 대승과 소승의 여러 선법(禪法)을 수행한 후 관법(觀法)을 통해 『법화경』의 진리를 체득하는 법화삼매 행법을 창안했으니, 북조 선(禪) 수행자들의 주된 수행지였던 숭산(嵩山)에서 수행하다가 남쪽의 대

소산(大蘇山)으로 옮겼고, 567년에는 진(陳)의 남악 형산으로 옮겼다. 따라서 현광의 법화, 삼매, 행법도 본래 교리 연구를 위주로 하던 남조 불교와 달리 관법 실천을 중시하는 북조 불교 수행법의 일종이었다는 견해가 있다.

현광은 중국 천태종을 개창한 지의와 함께 남악 혜사의 문하에서 동문수학하며 법화신앙을 이어받은 대표적인 문도이다. 중국에서 회양(懷讓, 677~744)이 지은 영당 안에 모신 28명의 고승 중에 현광이 들어갔고 천태산 국청사의 조당에도 현광이 봉안된 것을 보면, 그는 사후 중국에서도 평판이 높았던 것을 알 수 있다.

현광이 귀국하는 과정에서는 용궁에 초빙되어 설법했다는 설화가 전해진다. 이는 석가가 성불한 후 가장 먼저 우바새가 된 것이 용왕이라는 점과 관련될 수 있다. 귀국한 후에는 고향인 웅주의 옹산(翁山: 현 계룡산으로 추정)에 범찰(梵刹)을 세우고 크게 교화를 떨쳤다.

현광의 제자는 화광삼매, 수광삼매를 얻었다고 한다. 화광삼매는 보문품의 수행 중 수행자에게 번뇌화(煩惱火)가 있을 때 관세음보살을 부르면 그의 본원인 자비에 의해 번뇌가 사라지고 안락을 얻는 과정에서 얻을 수 있다고 한다.

한편, 고려시대 법화신앙 중심의 천태 교학을 기반으로 한 신앙결사인 백련결사를 이끈 것으로 유명한 원묘국사 요세(了世, 1163~1245)의 비문에도 현광이 등장하고 있어 주목된다. 곧, 고려 천태종의 대표적인 승려들을 나열하면서 고려 초기에 활약한 의통(義通), 제관(諦觀), 덕선(德善), 지종(智宗), 의천(義天)보다 앞에 가장 먼저 백제의 법화 승려 현광을 내세우고 있다. 요세는 월생산(月生山)의 약사난야(藥師蘭若)에 머물면서 사상적 변화를 일으켰는데, 이 월생산은 뒤에서 설명할 백제의 법화 승려 혜현이 주석했던 달나산사(達拏山寺)가 자리했던 지역이다. 이는 바로 이 지역에 남아 있던 백제 불교 법화신앙의 전통이 신라를 거쳐 요세를 통해 고려시대 천태종에까지 이어진 면모로 볼 수 있을 것이다.

혜현

혜현(惠現 또는 慧顯, 570~627?)은 무왕 시기에 활동한 법화 승려이다. 『당고승전』과 『삼국유사』에 기록이 전하고 있는데, 그는 오직 한 마음으로 정성을 다하여 『법화경』 읽기를 업으로 삼아 영험이 많았으며, 삼론도 공부했다고 한다. 그는 북부 수덕사(修德寺)에 머물다가 강남 또는 남방의 달나산(達拏山)으로 옮겨 『법화경』을 독송하는 수행을 지속하다가 그곳에서 입적했다.

『한원(翰苑)』에 인용된 『괄지지(括地志)』에는 백제 국서계(國西界)에 단나산(旦那山)이 있다고 했는데, 고려 정종 원년(946)에 건립된 「무위사 선각대사 편광탑비」에는 선각대사 형미(逈微, 864~917)가 주석했던 현재의 월출산 무위사를 "□나산(那山) 무위갑사(無爲岬寺)"로 표현하고 있으므로, 비문 결락 부분인 '□'를 단(旦) 자로 볼 수 있다면 단나산은 현재의 월출산이다. 『삼국사기』 제사지에는 신라 작은 절인 월나악(月奈岳)으로도 기록되었는데, 혜현이 머문 달나산(達拏山)을 바로 이곳으로 볼 수 있다. 『해동고승전』에서 "관세음보살의 궁전이 이 산 정상에 있으니 곧 월악(月岳)"이라고 한 월악도 이 달나산을 가리킨 것으로 보이는데, 그렇다면 백제의 관음보살 주처 신앙은 항상 『법화경』을 독송하다가 이곳으로 옮겨 왔던 혜현과 관련될 가능성이 높다. 최근 무위사 근처인 월남사지에서 백제 기와와 전돌 등의 유물들이 발굴되어, 혜현의 달나산사와 연관시켜 볼 여지가 있다.

혜현은 죽어서도 혀가 썩지 않았다는 혀 감응을 보였다. 『법화경』을 많이 외면 육근이 무너지지 않기 때문에 혀가 썩지 않는다고 하는데, 이러한 혀 감응은 구마라십(鳩摩羅什, 343~413)부터 시작해 대부분 『법화경』 독송과 관련된 감응으로 나타나고 있다.

혜현도 현광과 마찬가지로 도읍인 사비보다는 수덕사가 있는 예산이나 달나산이 있는 영암 등 주로 지방에서 활동했다. 이 지역들은 토착 산신신앙이 성왕 시기에 백제 국가 제사 체계인 5악으로 재편제된 곳이며, 법왕 시기에 이르러 불교 사원이 건립되었다. 이를 통해 백제의 법화신앙이 중앙의 공주·사비를 벗어나 서해안·영산강 유역까지 확장된 것으로 볼 수 있다.

보덕과 백제 멸망 이후 신라 법상종 승려

원래 고구려 승려였던 보덕(普德)은 반룡사에 주석하면서 『열반경』 40여 권을 강의하고 신인을 만나 영탑사를 세웠다. 하지만 당시 보장왕이 연개소문의 건의에 따라 절을 도관(道觀)으로 바꾸는 등 도교 숭상 정책을 쓰자, 650년(혹은 667년)경에 백제의 완산주 고대산(孤大山)으로 거처를 옮겼다. 현재의 전라북도 완주군 구이면 평촌리 고덕산에 자리했던 경복사가 그곳으로, 이때 공중으로 날아와서 절을 옮겨 왔다고 하여 비래방장(飛來方丈)이라고도 한다.

보덕은 『열반경』의 교리대로 일체 중생이 성불하여 도교의 불로장생에 맞서게 했으며, 『방등경』의 내용인 불교 수호·보편성·평등을 추구했고, 『유마경』의 강설인 거사 불교를 실천하게 하는 등 도교와 그에 야합하는 불교계를 비판했다.

보덕은 원효와 의상의 스승이었고, 이 외에도 11명의 유명한 제자들을 배출했으며 고려시대에는 대각국사 의천(義天)에 의해 열반종의 개창조로 추앙되었다.

의자왕 20년(660) 9월 왜에 파견된 사미(沙彌) 각종(覺從)은 나당 연합군에 의한 7월의 백제 멸망을 알리고, 서부 은솔 귀실복신(鬼室福信)과 달솔(達率) 여자진(餘自進) 등이 부흥운동을 일으켰음을 전했다. 도침(道琛)은 승장으로 영군장군(領軍將軍)을 자칭하면서 왕족 복신(福信)과 함께 왜에서 왕자 부여풍을 맞아 왕으로 삼고 주류성을 근거지로 백제 부흥운동을 이끌었다.

한편 백제 멸망 이후 신라의 대표적인 법상종 승려들이 대부분 백제 출신이라는 점을 주목할 수 있다. 곧, 웅천주 출신으로 신라 중대 신문왕 시기에 국로(國老)로 존숭된 경흥, 완산주 출신으로 『송고승전』에 실린 진표(眞表), 일본에서 활동한 백제계 의영(義營) 등이 있다. 또한 대표적인 법상종 사원인 금산사 등도 옛 백제 지역에 위치한다는 점에서 신라 법상종과 백제 불교의 밀접한 관련을 살펴볼 수 있다.

백제 불교의 일본 전파

백제 불교는 성왕 시기에 왜로 전해진 후, 백제 멸망 이후에 이르기까지 왜의 불교 확립에 매우 큰 영향을 끼쳤다. 먼저 백제 불교는 성왕 시기에 왜로 전해졌다. 『일본서기』에 의하면 백제 성왕 30년(552) 겨울 10월에 서부의 달솔 노리사치계(怒唎斯致契)를 왜로 파견하면서 금동 석가상과 불교 경전을 보내 처음으로 불교가 전해졌다. 한편 왜에 불교를 정착시키는 데 주도적 역할을 한 소아씨(蘇我氏)가 창건한 아스카데라(法興寺, 飛鳥寺)의 후신인 간고지(元興寺)의 연기를 기록한 『원흥사가람연기병유기자재장(元興寺伽藍緣起幷流記資財帳)』과 불교 정착의 또 다른 주역인 쇼토쿠 태자의 전기인 『상궁성덕법왕제설(上宮聖德法王帝說)』에는 538년에 백제에서 왜로 불교가 전해진 것으로 기록되었다.

이때 왜로 전래된 불교는 수용 과정에서 토착신(國神: 천지 사직의 180신)과 갈등이 있었다. 왜에서는 백제에서 전해진 불상을 긴메이천황(欽明天皇)이 직접 안치하지 않고, 당시 정권을 잡고 있던 불교 수용파 소가노 이나메(蘇我稻目)에게 인계해 반대파인 모노노베노 오코시(物部尾輿), 나카토미노 가마코(中臣鎌子)와 대립했다. 곧, 왜에 불교가 전래되자 모노노베노씨(物部氏)를 비롯한 토착 배불파가 반대했고, 이를 의식한 천황도 불교 수용에 적극적으로 나서지 못하면서 정착이 순조롭지 못했던 것이다.

이러한 과정에서 577년에는 왜에서 사신으로 왔던 왕족 대별왕(大別王)이 귀국하는 편에 경론 몇 권과 율사, 선사, 비구니, 주금사(呪禁師), 조불공(造佛工: 불상을 만드는 공인), 조사공(造寺工: 불교 가람의 목조 건축을 세우는 공인) 등 6인을 함께 파견했다. 이들은 난바(難波)의 오와케오지(大別王寺)에 안치되었다. 584년에는 가후카노 오미(鹿深臣)가 백제에서 반가사유상으로 추정되는 미륵석상을, 사헤키노 무라지(佐伯連)도 불상 1구를 가지고 왜로 돌아갔다. 이 불상들은 소가노 우마코(蘇我馬子)가 받아 불전에 모셨고, 시바닷토(司馬達等)와 이케베노 아타이히타(池邊直氷田)에게 명해 수행자를 구하도록 했다. 그리하여 하리마국(播磨國)에서 고구려의 환속한 승려 혜편(惠便)을 만나게 되었다. 시바닷토의 딸은 출가해 선신니(善信尼)가 되었고, 그 제자들은 선장니(禪藏尼), 혜선니(惠善尼)가 되었다.

결국 587년에 이르러 숭불파인 대신 소가씨(蘇我氏, 蘇我馬子)가 배불파인 대련 모노노베씨(物部氏, 物部守屋)를 물리치면서 대신의 직위를 확고히 유지하게 되었고, 그 승리를 불교에 발원하여 일본 최초의 사찰인 아스카데라(法興寺=元興寺=飛鳥寺)를 세우게 된다. 여기에 백제는 승려를 비롯해 기술자 집단을 파견했고, 이들이 사찰 건축과 불상 조성 등 불사에 적극 참여해 불교를 정착시켰다.

곧 위덕왕 35년(588)에 백제는 불사리와 함께 승려 영조(聆照) 율사(律師), 영위(令威), 혜중(惠衆), 혜숙(惠宿), 도엄(道嚴), 영개(令開)를 파견했고, 사공(寺工) 태량미태(太良未太)와 문고고자(文賈古子), 노반박사(鑪盤博士)인 장덕(將德) 백매순(白昧淳), 와박사(瓦博士)인 마나문노(麻奈文奴)와 양귀문(陽貴文)·능귀문(㥄貴文)·석마제미(昔麻帝彌), 화공인 백가(白加) 등 사원 건축 기술자들도 왜에 보냈다. 592년에는 불당과 보랑을 착공했고, 593년 정월 불사리를 탑의 초석에 안치한 후 찰주를 세우던 날에는 참석자 100명 모두가 백제 복을 입었다고 한다. 595년에는 고구려 승려 혜자(慧慈)와 백제 승려 혜총(慧聰)이 왜에 파견되었고, 596년에 완공된 절에 두 승려가 함께 머물렀다.

또한, 현재 호류지(法隆寺)에는 위덕왕 시기에 전해졌다고 하는 몽전(夢殿)의 구세관음(救世觀音)과 아좌태자(阿佐太子)가 그렸다는 쇼토쿠 태자의 초상화 등이 전해지고 있다.

『일본서기』·『속일본기』·『부상략기(扶桑略記)』·『원형석서(元亨釋書)』·『본조고승전(本朝高僧傳)』·『일본영이기(日本靈異記)』 등 일본에 전해지는 다양한 문헌에는 백제에서 왜로 건너갔던 많은 승려들에 대해서도 기록하고 있다.

무왕 3년(602)에는 백제승 관륵(觀勒)이 역본, 천문지리서, 둔갑 방술서를 가지고 왜로 갔다. 백제에서는 승려가 불교 외에 역학이나 음양도에 관계되는 학문도 배웠던 것이다. 이에 왜 조정에서는 서생 몇 명을 뽑아 각각 역법·천문 및 둔갑 방술을 배우도록 했다. 이로부터 22년 뒤인 624년에 관륵은 일본 최초의 승정이 된다. 당시에는 관륵을 비롯한 백제 승려들뿐만 아니라 중국과 고구려의 불교계에서도 삼론학이 일반적으로 유행했다. 고구려 승 혜관(慧灌)은 관륵에 이어 제2대 승정으로 임명되었는데, 그는 일본 삼론종의 시조가 되었다.

승려이면서 음양박사로도 불렸던 도장(道藏)은 의자왕 시기(641~660)에 왜로 건너가서 683년과 688년에 기우제를 주관했고, 80세가 넘은 721년까지 법문의 영수이자 석가의 동량(棟梁)으로 존경을 받았으며, 『성실론소(成實論疏)』 16권을 저술하고 법상(法相)·수사(俱舍)·삼론(三論) 등을 함께 공부했다. 백제의 비구니 법명(法明)은 왜로 건너가 656년에 『유마힐경(維摩詰經)』을 독송하여 병을 고쳤다고 한다. 이와 비슷한 시기에 왜로 건너간 백제 승 의각(義覺)은 『반야심경』을 독송하는 데에 힘을 기울였으니, 그가 밤중에 눈을 감고 이를 독송하면 방안에 광명이 비치는 등 불가사의한 모습이 나타났다고 한다.

백제에서 법화삼매와 같은 선정(禪定)이 중시되었으므로, 이러한 수행을 한 승려가 왜로 건너가면서 선사도 나타나고 있다. 그중 선사 다라(多羅)는 7세기 말 야마토 다카이치군(高市郡)의 호키야마데라(法器山寺)에 거주하면서 간병(看病)을 제일로 취급하면서 병자를 주술로 고쳤다.

3 신라 중고기의 불교와 왕권

신선혜 | 호남대학교 교양학부 교수

불교의 전래와 중고기의 시작

신라 불교의 시작이라고 하면 법흥왕 대에 불교를 공인한 일이 먼저 떠오른다. 이차돈(異次頓)의 순교를 계기로 불교는 공식적으로 신라의 국교가 되었고, 율령 반포와 함께 신라의 왕권을 강화하는 방편으로 이용되었다. 다만 공인 단계에는 불교의 전래가 전제되어야 하는데, 신라에서도 고구려, 백제와 마찬가지로 민간 경로를 통해 불교가 전래된 양상을 발견할 수 있다.

신라 불교 전래에 관한 내용은 『삼국유사』·『삼국사기』·『해동고승전』 등 여러 사료에 보인다. 이와 같은 사료에서 공통으로 신뢰한 원사료 『계림잡전』이 중심 자료로 제시된 『삼국유사』「아도기라(阿道基羅)」를 살펴보면 불교 전래의 양상이 드러난다. 이에 따르면 신라 19대 왕인 눌지왕 대에 고구려에서 묵호자(墨胡子)라는 승려가 일선군, 즉 지금의 경상북도 선산 지역에 이르자, 그 지역 사람인 모례(毛禮)가 집 안에 굴을 파고 그를 모셨다. 묵호자는 향(香)의 의미와 사용법을 왕실에 알려주고 이를 이용해 왕녀의 병을 낫게 하여 왕에게 인정을 받았다. 이후 21대 왕인 소지왕(비처왕) 때 아도화상(我道和尙)이 시자 3명과 함께 다시 모례의 집에 와서 경과 율을 강독하니 불교를 믿는 사람들이 생겼다고 한다. 이 기록을 통해 신라 불교는 5세기경에 고구려에서 전래되었음을 알 수 있다.

불교의 전래 양상은 『삼국유사』「사금갑(射琴匣)」을 통해서도 알 수 있다. 궁주(宮主)와 내전분수승(內殿焚修僧)의 간통을 까마귀, 노옹(老翁), 일관(日官) 등이 알려줘 왕이 목숨을 구했다는 이 일화는 소지왕 대에 이미 왕실 내전에 분수승이 있을 만큼 신라 왕실에서 불교가 신앙되었음을 보여준다. 앞서 언급한 묵호자가 왕녀의 병을 낫게 해준 것을 계기로 민간뿐만 아니라 왕실에도 불교가 전래된 것이다.

다만 사금갑의 사례에서 볼 수 있듯이 불교를 수용하는 과정에서 적지 않은 갈등이 있었다. 궁주와 내전분수승의 사통을 왕에게 알려, 이 둘과 함께 많은 승려들이 주살되는 사태를 일으킨 일관과 노옹 등은 무(巫)적 능력을 지닌 존재로서, 왕실의 조력자 역할을 했다. 그들에 의해 왕실과 불교의 관계가 차단된 것은 토착신앙 세력이 불교 수용에 호의적이지 않았음을 보여준다. 내전분수승의 존재는 소지왕 대에 불교의 망자 추선 의식인 분향(焚香)이 신라 왕실에 전해졌다는 것으로, 그동안 왕실의 상장례 의식을 담당했을 토착신앙 세력에게는 이들이 위협적인 존재로 인식되었을 것이다. 소지왕 대를 전후해 왕실 상장례에 변화가 있었음은 지증왕 3년 순장(殉葬) 금지와 같은 왕 5년 상복법 마련을 통해서도 추측할 수 있다.

이와 같은 갈등 양상은 법흥왕 대 불교 공인 과정에서 있었던 이차돈의 순교에서 단적으로 찾을 수 있다. 법흥왕이 불교를 일으키려 했으나 여러 군신들이 따르지 않자 이차돈은 본인을 희생해 불교의 신령함을 보임으로써 법흥왕의 불교 공인 의지를 지원하려 했다. 이때 군신들이 왕의 뜻을 따르지 않은 것은 토착신앙의 성소인 천경림(天鏡林)에 사찰을 지으려 했기 때문인데, 이차돈의 순교 역시 왕과 신하들의 대립 이면에 있었던 토착신앙과 불교의 갈등으로 해석할 수 있다. 결국 이차돈의 목을 베어 목 가운데에서 흰 젖이 한 길이나 솟구치고, 하늘에서는 꽃비가 내리고 땅이 흔들리는 이적이 나타난 뒤에야 불교가 수용·공인되었다. 그러나 이차돈의 순교 뒤에도 신라 최초의 사찰인 흥륜사가 법흥왕 대에 완성되지 못했던 점에서 불교 수용의 어려움을 짐작할 수 있다. 신앙의 중심지로서 사찰을 짓는 행위는 불교를 널리 퍼뜨리고자 하는 의지를 대내외에 천명하는 것임과 동시에 교세 확산의 발판을 마련한다는 의미가 있기 때문이다. 이러한 난관에도 법흥왕은 살생을 금지하라는 명을 내리고, 그 후에 몸소 출가함으로써 불교 수용의 의지를 강력히 전달했다.

이렇듯 법흥왕 대부터 시작되는 신라 중고기는 불교의 수용 및 공인과 궤를 같이한다. 1000여 년간 지속된 신라 시기를 『삼국사기』에서는 삼국의 통일을 기준으로 그 이전을 상대, 이후를 중대, 그리고 왕계의 변화가 일어나는 선덕왕 대부터를 하대로 구분했다. 이와 달리 『삼국유사』에서는 법흥왕 대를 기준으로 그 이전을 상고, 이후를 중고, 삼국통일 이후를 하고로 구분했다. 『삼국유사』의 시대 구분은 법흥왕 대 이후 이른바 불교식 왕명시대가 시작되고 이전과는 다른 발전 양상을 이루는 데 불교가 지대한 역할을 했다는 찬자의 역사 인식을 반영한 것으로, 불교를 중심으로 삼국의 역사를 이해할 수 있음을 보여준다. 이제 불교는 신라의 정치·사회 전반에 영향을 끼치며 국가의 발전을 이끌게 된다.

토착신앙과 불교

신라에서 불교를 수용하는 데는 고구려나 백제에 비해 긴 시간이 필요했고 이차돈이라는 인물이 순교까지 해야 했다. 그 배경에는 오래전부터 신라인의 사고에 영향을 미친 토착신앙이 있었다. 토착신앙이란 어느 사회에서나 발견되는 지역 고유의 신앙이지만, 특히 신라는 폐쇄적인 지형의 영향으로 외부 지역과 교류가 용이하지 않았던 탓에 고구려, 백제에 비해 산신신앙이나 수목

신앙과 같은 토착신앙이 강하게 남아 있었다. 이차돈 순교의 원인에는 앞서 살펴보았듯이 토착신앙의 성소인 천경림에 흥륜사를 창건하려 한 데 대한 반발이 있었다.

그러나 법흥왕 대 이후 토착신앙은 불교에 서서히 융합되었다. 『삼국유사』에는 진평왕 대 전후의 불교계의 상황을 보여주는 두 가지 사례가 나온다. 먼저 「원광서학(圓光西學)」을 보면 원광이 삼기산(三岐山)에서 수도하면서 겪은 일화가 나온다. 삼기산의 신은 주술을 행하는 비구를 다른 곳으로 옮겨 가도록 했으나 말을 듣지 않자 벼락을 내려 산을 허물고 비구가 있던 절을 묻어버렸다. 그러면서 자신이 신술(神術)이 뛰어나고 천하의 일에 통달했다고 피력하며 원광에게 중국에 유학할 것을 권한다. 이는 토착신앙이 불교와 대등하거나 혹은 우위에 있음을 보여주는 사례라고 할 수 있다. 그러나 같은 사료에서 원광은 산신의 권유로 유학을 다녀온 후 다시 삼기산을 찾아 산신에게 감사하며 보살계(菩薩戒)를 내려준다. 산신이 불교의 계를 받았다는 것, 그리고 마지막에 산신이 여우의 모습으로 죽음을 맞이한 것 등은 토착신앙이 불교에 융합되었음을 보여준다고 할 수 있다.

「선도성모수희불사(仙桃聖母隨喜佛事)」에 보이는 선도산의 신과 비구니인 지혜(智惠)의 일화에서도 이와 비슷한 양상을 찾을 수 있다. 안흥사(安興寺) 비구니인 지혜가 불전을 새로 지을 때 선도산의 신모(神母)가 이를 적극적으로 도와준다. 그뿐 아니라 신모는 일체 중생을 위한 점찰법회(占察法會)의 개최를 조건으로 제시했는데, 점복을 통해 길흉을 예측하는 무적 행위가 목륜(木輪)을 던져 업보를 살피는 점찰(占察)이라는 불교적 행위에 흡수된 양상을 보여준다. 이 역시 토착신앙이 불교에 융화되어 가는 모습이다.

앞서 천경림의 예와 같이 토착신앙의 성소는 점차 불교 사찰로 대체되어 간다. 『삼국유사』 「아도기라」에는 절터 7곳에 대한 내용이 나온다. 흥륜사는 천경림에, 영흥사는 삼천기(三川歧)에, 황룡사는 용궁 남쪽에, 분황사는 용궁 북쪽에, 영묘사는 사천미(沙川尾)에, 사천왕사는 신유림(神遊林)에, 담엄사는 서청전(婿請田)에 있었다고 한다. 또한 「황룡사장육(皇龍寺丈六)」에 따르면 인도의 아육왕(아소카왕)이 보낸 황금과 황철로 황룡사 장육존상을 만든 곳이 문잉림(文仍林)이었다고 하는데, 이는 신유림이나 천경림 같은 토착신앙의 제장(祭場)으로 보인다. 토착신앙의 장소에 불교의 인연이 가탁된 것은 불교가 토착신앙을 포섭했다는 점을 강조하기 위함이다.

사찰뿐만 아니라 토착신앙의 담당자 역시 승려로 대체되었다. 앞서 언급했듯이 일찍이 내전분수승이 분향과 행향을 담당하면서, 노구·노옹·일관 등 무적 존재가 담당하던 정치적 자문역과, 영적으로 왕실을 보호하는 역할을 승려가 대신하는 사례가 보인다. 이와 함께 진흥왕 대에 곳곳에 건립된 진흥왕순수비에는 왕의 순수에 동행한 이들의 이름이 기재되어 있는데, 그 순서를 통해 각 인물의 역할 비중을 짐작할 수 있다. 즉, 사문도인(沙門道人)·도인(道人) 등 승려들이 순행에 동행했는데 이들이 일반 관리들보다도 앞에 기록된 것으로 보아 그들의 위상과 역할이 결코 낮지 않음을 알 수 있다. 이들은 여러 신하들과의 회맹을 종교적 차원에서 실행하고 보증하는 역할을 담당했을 것으로 보인다. 이는 "유인(卣人)", 즉 점복과 같은 무적 행위를 담당한 인물이 비문의 후반부에 기재된 점과 비교된다.

진흥왕은 순행하며 그 지역의 사문(沙門)을 방문하기도 했는데, 그들을 통해 지역에 대한 정보를 얻고 상황을 파악해 위무했을 것이다. 이러한 행위에는 불교 홍포(弘布)라는 목적뿐만 아니라 불교를 통해 왕권을 공고히 하려는 정치적 의도도 담겼다고 할 수 있다. 이는 신라 초 유리왕이 순행할 때 한 노구가 굶어서 얼어 죽으려 하자 왕이 옷을 벗어 덮어주고, 담당 관리에게 명해 환과고독을 비롯해 어려운 백성을 구하게 했다는 사례와 유사하다. 이때 노구는 왕이 당시의 실정을 깨닫게 해준 존재로, 각 지역 사문과 동일한 역할을 했다.

이렇듯 신라의 불교는 토착신앙과 갈등하고 융화되는 과정을 통해 신라인들의 바람을 포섭하며 정착했다.

불교의 정치 이념과 역할

법흥왕이 거센 반대에도 불구하고 불교를 수용하고 공인한 데에는 개인적인 불심과 함께 왕권 안정화 및 강화라는 정치적 의도가 있었음은 의심할 바 없다. 법흥왕은 율령을 반포하고 백관의 공복을 제정했으며, 불교 공인 이후에는 상대등을 설치하고 건원(建元)이라는 연호를 사용했다. 전연을 멸망시키고 패자가 된 전진의 부견은 후방인 고구려에 대해 호의와 포섭의 의미로 승려 순도를 보내 불교를 전해주었다. 백제와의 전쟁에서 고국원왕이 전사한 후 즉위한 소수림왕도 국가의 안정을 위한 방편 중 하나로 불교를 공인했다. 이렇듯 불교는 왕권 강화라는 왕실의 의도에 부합하는 정치 이념으로 이용되었다.

진흥왕은 불교의 정치 이념인 전륜성왕 사상을 수용함으로써 왕권의 안정을 도모했다. 불교에서 말하는 전륜성왕은 정법(正法)으로 세상을 다스리는 이상적인 왕으로, 출세간의 부처와 동일한 지위에 있다. 인도의 아소카왕은 대표적인 전륜성왕으로 인식되었는데, 진흥왕은 이 아소카왕에 비견되었다. 순행의 목적에 불교 홍포가 있었던 점, 순행 중 행적 등은 아소카왕의 인도 전역 순행과 유사한 모습을 보인다. 또한 진흥왕의 두 아들 이름이 전륜성왕이 굴리는 네 가지 보륜(寶輪)을 본뜬 금륜(金輪)과 동륜(銅輪)이라는 점에서도, 진흥왕이 전륜성왕 사상으로 이상적인 왕이 되고자 했음을 알 수 있다. 『삼국유사』 「황룡사장육」에는 황룡사에 장육상을 조성한 내력을 서술하면서 진흥왕과 아소카왕의 인연을 강조했다. 즉, 인도의 아소카왕이 석가삼존상을 주조하려다 이루지 못해 황철, 황금과 함께 삼존불을 배에 실어 보냈는데, 그것이 신라의 하곡현(河曲縣) 사포(絲浦)에 닿았다. 이에 삼존불은 동축사(東竺寺)라는 사찰을 지어 모시고 금과 철은 경주로 옮겨 장육상을 만들었는데, 그것이 바로 황룡사의 장육존상이라는 것이다. 인도의 아소카왕도 이루지 못한 장육상이 신라에서 완성되었다는 점에서 진흥왕은 전륜성왕의 자질을 갖추고 있을 뿐만 아니라, 신라가 곧 부처와 인연이 있는 국토임을 강조한 것으로 볼 수 있다.

이후 동륜의 아들로 왕위에 오른 진평왕은 신라 왕실이 부처와 같은 혈족임을 천명했다. 진평왕과 왕비는 석가의 부모인 백정(白淨)과 마야부인(摩耶夫人), 진평왕의 동생들은 백정의 동생인 백반(伯飯), 국반(國飯)으로 불림으로써 이후 왕위를 잇는 자손이 석가와 동일하게 인식되기를 바란 것이다. 선덕여왕이 되는 진평왕의 딸 덕만(德曼)과 국반의 딸 승만(勝曼)도 불교 경전에서 따온 이름이다.

이렇듯 진평왕이 석가족 이념을 차용한 데에는 진지왕의 비정상적 폐위 후 왕위에 오른 것이 배경이 되었다. 왕과 귀족의 대립 속에 왕의 폐위를 경험하면서 왕권 강화의 필요성을 다시금 확인하게 되었고, 이것이 전륜성왕 이념보다 한층 강화된 석가족과의 동일시로 귀결된 것이다. 석가족을 표방한 이념은 진종설(眞宗說)이라고도 불리는데, 신라 왕실이 참되고 순수한 혈통임과 더불어 석가와 같은 찰제리종(刹帝利種), 즉 크샤트리아 계급과 일치하는 격을 가졌다고 강조함으로써 석가족의 권위를 빌리고자 한 것이다.

신라 왕이 곧 찰제리종임은 선덕여왕 대에 다시 한번 확인되었다. 『삼국유사』 「황룡사구층탑」에 따르면 승려 자장이 당나라에 유학했을 때 문수보살이 자장에게 "너희 국왕은 천축의 찰리종으로 수기(授記)를 받았기 때문에 특별한 인연이 있다"라고 했다. 진평왕이 아들 없이 죽자 딸 덕만이 선덕여왕으로 등극하는데, 최초로 여왕이 등장한 만큼 많은 반발을 감내해야 했다. 실상 진평왕 대 말에 칠숙과 석품 등이 난을 일으켜 왕실에 혼란이 초래되었고, 선덕여왕 재위 마지막 해에도 비담의 난이 발생하는 등 여왕을 인정하지 않는 분위기가 이어졌다. 신라 왕실은 이런 상황을 돌파하기 위해 문수보살의 말을 빌려 선덕여왕의 권위를 높이고자 한 것이다. 뒤이어 등극한 진덕여왕에 대해서도 외모가 부처와 동일하게 키가 크고 팔이 길어 무릎까지 닿았다는 식으로 기록된 것 역시 같은 맥락에서 이해할 수 있다.

이렇듯 전륜성왕이 출현하고, 왕실이 석가족 혈통을 이었다는 이념은 왕이 곧 부처일 뿐만 아니라 신라가 곧 부처의 나라인 불국토임을 말한다. 결국 왕권을 보호하고 국가를 지키는 것이 부처를 지키고 불법을 널리 퍼뜨리는 것과 동일하게 인식되었다. 백제의 공격으로 40여 성을 빼앗기고 대야성이 함락되는 등 위기에 처하자 선덕여왕은 당나라에 유학 중이던 자장에게 도움을 청한다. 이에 자장은 신인(神人)의 입을 빌려 황룡사에 9층탑을 이룩하면 이웃 나라가 항복할 것이라고 전해 돌파구를 마련했다. 황룡사는 가섭불의 연좌석이 있는 과거불 시대의 절터로 인식되면서 장육존상과 9층탑이 조성되어 신라 최대의 사찰이 되었다. 이곳에서 국가의 재난을 막고 국왕의 안녕을 비는 『인왕경』을 중심으로 한 백고좌회를 열어 호법이 곧 호국임을 천명하며 왕권 강화를 도모했다.

신앙과 교학의 전개

불교가 신라 사회에 정착하기 위해서는 당대인들이 비교적 쉽게 불교를 이해할 수 있는 교리를 마련해야 했다. 고구려와 백제에서는 불교 전래 초기에 왕이 교령(教令)을 내려 불법을 믿어 복을 구하라고 했고, 신라에서는 법흥왕이 흥륜사 공역을 피력하며 그곳을 수복멸죄지처(修福滅罪之處: 복을 닦고 죄를 없앨 곳)라고 한 점 등은 불교가 토착신앙과 괴리되지 않는 인간의 보편적 믿음이라는 점을 강조한 것으로 볼 수 있다. 인과화복설이나 수복멸죄설은 곧 업설(業說)을 토대로 한 교리로, 이제 사찰이라는 공간에서 불법을 믿음으로써 지난날의 죄를 씻고 선업을 쌓을 수 있게 되었다.

『삼국유사』「사복불언(蛇福不言)」에는 사복의 어머니가 전생에 경전을 싣던 암소여서 그 복덕으로 현생에 인간으로 태어났다는 내용이 보인다. 『삼국유사』「욱면비염불서승(郁面婢念佛西昇)」에도 욱면이 부석사의 소로서 경전을 싣고 다닌 원력으로 현생에 아간(阿干) 귀진(貴珍)의 집 노비로, 즉 사람으로 태어났다는 내용이 있다. 이렇듯 업설은 이전 생의 업이 현생에 영향을 끼친다는 것으로 윤회와 연결된다. 이는 현재의 신분에 대해 타당성을 제공한다는 점에서 특히 지배층에게 유리한 이론이었으나, 업설이 현실의 삶을 숙명론적으로 받아들이게 했다기보다는 내세를 위해 현재를 충실히 살아가게 하는 요인으로 작용했다고 보아야 한다. 더 나아가 승려를 존숭하고 사찰을 세우는 등의 불사에 적극적으로 참여하는 행위가 업을 소멸하기 위한 것이라는 논리를 제공함으로써 불교의 홍포에 기여했다는 점도 주목된다.

또한 업설은 참회라는 측면에서 계율을 받아 지니는 것과도 관련된다. 계율은 사회의 안정을 위한 일정한 질서로 작용했는데, 이는 출가자뿐만 아니라 재가자에게도 일상의 윤리로 받아들여졌다. 진평왕 대에 활동한 승려 원광은 불교의 보살계를 언급하면서 귀산(貴山)이나 추항(箒項) 같은 신하 된 자들도 지킬 수 있는 세속의 오계를 전했다. 또한 가서갑(嘉西岬)에 점찰보를 두어 귀계멸참(歸戒滅懺), 즉 계율에 의지하여 죄를 멸하고 참회하는 법을 통해 교화했다.

이후 선덕여왕 대를 전후하여 자장은 보름마다 계를 설하고 겨울과 봄에 시험하여 지계(持戒)와 범계(犯戒)를 알게 했다. 또한 황룡사에서 『보살계본(菩薩戒本)』을 강설하니 이를 통해 많은 사람들이 불교에 귀의했다고 한다. 그는 대국통에 임명되어 『사분율(四分律)』이라는 소승계에 의거해 교단 정비를 행했는데, 이와 같은 일련의 행보는 신라에서 계율학이 전개되는 토대가 되었다.

한편 신라에서는 일찍이 미륵신앙이 성행했다. 전륜성왕은 미륵불이 출현하는 시기에 세상에 나타나는 존재인 만큼 전륜성왕 사상을 천명한 진흥왕 대를 전후해 신라에 미륵신앙이 자리 잡았음을 알 수 있다. 『삼국유사』「미륵선화미시랑진자사(彌勒仙花未尸郎眞慈師)」에 따르면 신라 최초의 사찰인 흥륜사의 주불이 미륵불이었음을 알 수 있다. 아울러 진지왕 대 승려 진자는 이 미륵상 앞에 나아가 미륵이 화랑으로 세상에 출현해 줄 것을 간절히 빌었더니 마침내 미시랑의 몸으로 나타났고, 왕이 그를 국선(國仙)으로 받들었다고 한다. 여기서 화랑과 미륵신앙이 연결되는 모습을 찾을 수 있다. 화랑의 설치 목적이 중앙정치에 인재를 등용하기 위함이라는 점과 양가(良家)의 남자 중에서 뽑았다는 점에서 화랑이 귀족 자제들로 구성되었다고 생각할 수 있으나, 왕경 거주 귀족뿐만 아니라 평민도 대상으로 했으며 심지어 천민, 노비에게까지 화랑에 소속될 기회가 열려 있었다. 귀족층과 서민층의 상반된 감수성이 미륵을 통해 합치점을 찾았던 점에서 화랑은 신앙 전파에 효율적이었을 것이다. 진평왕 대에 화랑이었던 김유신의 무리는 용화향도로 불렸는데, '용화(龍華)'는 미륵이 출현하는 세상을 의미하므로 화랑과 미륵신앙의 관련성을 보여준다.

선덕여왕 대에 도중사에 살았다는 승려 생의(生義)는 남산에 묻힌 석미륵상을 파내어 삼화령 위에 안치했고, 이후 경덕왕 대에 승려 충담사(忠談師)가 매년 3월 3일과 9월 9일에 차를 다려 이 미륵상에 공양했다. 미륵상이 묻혀 있었다는 것은 미륵이 이 땅에 나타났다는 의미로, 신라가 곧 불국토임을 보여주는 또 하나의 예이다. 이후에는 아미타불·관음보살 등 다양한 불보살이 신라에 그 모습을 드러낸다. 이렇듯 신라 중고기에는 업설을 시작으로 미륵신앙·계율학 등 신앙과 교학이 전개되는 토대가 마련되었다.

여성과 불교

불교 전래를 전후한 시기, 신라에 여사제의 유풍이 남아 있었다는 점은 여성의 위상이 불교 전래 초기부터 대체로 높았을 것임을 짐작하게 한다. 삼국의 건국신화에 등장하는 유화(柳花)·알영(閼英) 등을 통해서도 알 수 있듯이 당시 여성은 여신 내지 지모신으로도 이해되었다. 지모신에 대한 제사 또한 일반적으로 여사제가 맡았는데, 남해왕의 누이인 아로(阿老)가 제사의 주관을 맡고 남해왕비인 운제부인(雲帝夫人)이 운제산의 성모(聖母)가 되어 기우제를 드리면 효험이 있었다고 한다. 이와 함께 알영이나 탈해를 양육한 존재인 노구 역시 신모의 존재와 무관하지 않다. 이렇듯 당시 사회에서 여성은 제사를 관할하거나 왕정을 보필하는 등 그 지위가 높은 편이었을 것으로 파악된다.

이와 같은 지위는 삼국에 불교가 전래되고 수용되는 과정에서 여성이 주요한 역할을 함으로써 계승되었다. 『삼국유사』 「아도기라」를 보면 아도가 신라로 와서 모례의 집에 머물렀을 때 모례와 누이가 불법을 전수받았고, 그 후 누이인 사씨(史氏)가 출가하여 신라 최초의 비구니가 되었다고 한다. 신라 최초의 출가자가 여성이라는 점은 당시 여성들에게 계를 줄 남성 출가자 집단이 형성되지 않았음에 비춰볼 때 그 사실성이 의심되기도 하지만, 불교 전래 당시 남성과 더불어 여성에게도 불교의 전수가 함께 이루어졌다는 점에서 주목된다.

불교 전래와 홍법의 과정에서 왕실 여성의 역할 역시 주목된다. 이는 법흥왕비와 진흥왕비의 출가 사실을 통해 구체화된다. 법흥왕비의 경우 최초의 비구니 사찰인 영흥사를 창건해 그곳에 주석하고, 진흥왕비 역시 출가 후 영흥사에 머물렀다는 점에서 여성의 불교 활동이 불교 전래 초기부터 니사(尼寺)를 중심으로 전개되었음을 알 수 있다. 이러한 두 왕비의 출가와 니사 창건 등의 활동은 앞서 아도 시기의 왕녀와 사씨 등의 존재가 불교 전래 초기 기록에 남는 계기로 작용한 것으로 보인다.

이와 함께 『삼국유사』에 따르면, 신라에는 진흥왕 11~12년(550~551)에 걸쳐 승관이 설치되었는데, 이 중 도유나랑 1인의 설치 사실이 주목된다. 도유나랑은 '낭'이라는 명칭과 여성을 가리키는 '아니(阿尼)'가 임명되었던 점에서 여성 승직임이 분명하다. 도유나랑의 설치는 왕비의 출가와 불교적 활동을 계기로 여성의 출가와 같은 활동과 니사의 운영 등을 지원하기 위한 것이었다.

여사제적 전통에 따라 불교 전래 이전 여성의 지위가 비교적 높았고 이와 같은 위상이 불교 전래와 홍법 과정에 반영되었다고 한다면, 중고기에는 여왕의 등극과 통치 과정에서 공고화되었다. 한국의 역사에서 여왕이 등장하는 시기는 고대가 유일하다. 특히 신라에서만 3명의 여왕이 즉위했는데, 『삼국유사』에 따르면 최초의 여왕인 선덕여왕의 등극은 성골남진(聖骨男盡) 때문이라고 하여 주로 신분제의 시각에서 여왕 즉위 이유가 조명되었다. 그러나 진성여왕의 경우에는 이러한 배경이 적용되지 못했다. 당시 진골 남성이 있었는데도 왕위에 올랐기 때문이다. 이렇게 본다면 세 여왕의 등극에 공통적인 배경이 된 요소로 불교의 여성관을 주목할 수 있다. 『승만경(勝鬘經)』에 보이는 승만부인의 즉신성불(卽身成佛) 사례나 『열반경』에서 중생을 교화하고자 일부러 여성의 몸을 받아 태어난 덕만 우바이의 내용은 왕실의 주목을 끌기에 충분했다. 선덕·진덕·진성 여왕의 이름에 '만(曼)' 자가 사용된 점을 통해 이러한 경전에 대한 인식이 강했다고 볼 수 있다. 최초의 여왕 등극과 여왕 통치의 정당성을 확보하기 위해 당시 왕실은 불교의 여성관을 널리 알리고 정치에 투영하고자 했다.

그러나 하대까지도 여왕의 정치를 암탉이 새벽에 우는 것에 비유한 사례가 있었던 점으로 보아 반감이 지속되었음을 알 수 있다. 아들이 없던 헌안왕은 사위인 경문왕에게 왕위를 물려주지만, 26년 뒤에는 진성여왕에게 왕위가 돌아간다. 진성이 왕위에 오를 수 있었던 배경에는 경문왕과 헌강왕·정강왕의 후광, 그리고 선덕여왕과 진덕여왕 때 기반을 잡았던 여성성불론이 있었다. 이후 진성여왕은 선덕여왕을 모범으로 정책을 폈다. 즉위 직후에 죄수를 사면하고 조세를 감면했으며, 황룡사에서 백좌강회를 개최해 호국 의지를 다졌고, 대국민 위무책과 불교 행사에 깊은 관심을 나타냈다. 백좌강회에서는 진성여왕이 왕위에 오른 정당성을 불교적 측면에서 뒷받침할 다양한 설법과 함께 선덕여왕과 진덕여왕 치세기의 불교적 업적 역시 주목받고 재조명되었다. 이렇듯 신라 중고기에 여성은 불교 전래 및 홍법의 주체로서 불교적 역할과 위상이 중요시되었다.

4 신라 중대 불교의 확산과 기능

곽승훈 | 동광불교문화연구소 소장

계율의 시대에서 반야 지혜의 시대로

자장(慈藏)은 진골 귀족 출신으로 재상의 물망에 올랐지만, 왕이 여러 번 부름에도 나아가지 않았다. 마침내 나오지 않으면 목을 베겠다 했으나 자장은 "내 차라리 하루 동안 계율을 지키다 죽을지언정, 백 년 동안을 (산다고 해도) 계율을 어기며 살기를 원하지 않는다"라고 하며, 뜻을 굽히지 않았다. 이처럼 그의 신행은 계율에 철저했다. 그는 선덕여왕 5년(636)에 당나라로 들어가 계율과 화엄을 배우고 돌아왔다. 당시 신라 조정에서는 불교가 확산되어 교단을 주지하고 통솔할 필요가 있었는데, 자장을 대국통에 임명해 그 일을 맡기었다. 자장은 반달마다 계율을 풀이하고 겨울과 봄에는 승려들을 모아 시험을 보도록 하여 계율의 지킴과 범실(犯失)을 알게 했다. 지방에도 순사(巡使)를 보내어 승려의 과실을 징계하고 불경과 불상의 법식을 정했다. 이렇게 불법을 보호함으로써 신라에서는 불교가 국가불교로 자리매김하게 되었다.

『화엄경』 보살주처품에는 "그 국토의 동북쪽에 보살의 주처가 있으니, 청량산이라 한다. 과거 제 보살이 이곳에 상주하시며, 현재 문수사리가 계시어

1만의 보살 권속을 거느리며 설법하신다"라는 내용이 나온다. 신라인들도 동북방 지역을 문수보살의 성지로 생각하고 있었다. 자장이 중국에 유학했을 때, 청량산(오대산)에 나아가 문수에게 기별(記莂)을 받았다는『삼국유사』의 기사로서 알 수 있다. 자장은 만년에 이르러 문수의 친견을 기대하여, 강릉에 수다사(水多寺)를 세우고 거처했다. 하지만 문수는 태백산 갈반지에서 만나자 했고, 자장은 태백산에 석남사(石南寺)를 짓고 기다렸다. 어느 날 늙은 거사로 변신한 문수가 죽은 강아지를 담은 삼태기를 메고 와서는 시자에게 "자장을 보러 왔다"고 전하도록 했다. 시자가 이상한 사람으로 여기며 보고하니, 자장 역시 "아마 미친 자인 듯하다"라며 내쫓고 말았다. 거사는 "돌아가리라. 돌아가리라! 아상(我相)을 가진 자가 어찌 나를 볼 수 있겠는가?"라고 말하면서 삼태기를 털어내니 강아지는 사자보좌로 변화하고, 거사는 그것을 타고 빛을 내며 떠나갔다. 자장이 듣고 예의를 갖추어 달려갔으나, 뵙지 못했다.

이후 태백산에는 의상이 부석사를 세우고 화엄사상을 전하게 된다. 이는 문수보살이 반야 곧 지혜를 계율에 철저했던 자장이 아닌 의상에게 넘겨준 사실을 알려준다. 이로써 신라는 계율에서 반야 지혜의 시대로 전환된다.

지혜의 융성

신라에서 불경을 제대로 갖추게 된 것은 진흥왕 대 명관(明觀)이 진(陳)에서 가져온 경론 1700여 권과 자장이 가져온『대장경』1질로 말미암는다. 신라에서는 이를 필사해 널리 보급했는데, 월성 해자에서 발견된 목간에 쓰인 "제8권 제23"이나 "제1권 제□7"은 경전의 권과 품을 나타내는 글귀로 알 수 있다. 이 같은 노력은 이후 신라에서 반야 지혜의 교학이 성장하는 바탕이 되었고, 원효와 의상 같은 보살 대덕이 나오는 밑거름이 되었다.

새로운 사상인 화엄사상은 중국에 유학한 의상에서 비롯되었다. 의상은 문수보살의 성지인 태백산에 부석사를 세우고 화엄사상을 널리 홍포한다. 이후 화엄사상은 오악을 중심으로 십대 사찰이 세워지면서 번성했는데, 관련 내용이 최치원이 지은 『법장화상전』 기사에 나온다. 법장의 서신과 저술을 전한 승전(勝詮)은 김천 갈항사(葛項寺)에서 돌로 사람 형상을 만들어놓고 『화엄경』을 설법했는데, 그 내용이 제자 가귀(可歸)가 쓴 『심원장(心源章)』에 나온다.

효성왕 4년(740)에는 심상(審祥)이 일본 쇼무왕(聖武王)의 요청으로 나라의 도다이지(東大寺)에서 3년간 『화엄경』을 강의했다. 이때 감명을 받은 쇼무왕이 노사나불 조성을 발원해 752년(경덕왕 11년) 개안(開眼)했다. 심상의 저술로 『화엄기신관행법문』이 있다. 이후 일본에서는 의상을 기리고 찬양하는 『화엄연기(華嚴緣起)』가 편찬될 정도로 그 영향력은 컸다. 이는 일본 화엄종 형성에 신라가 크게 기여함은 물론이요, 신라 화엄종 교학이 뛰어남을 잘 알려준다.

의상은 소백산 추동에서 화엄을 강의했는데, 지통(智通)의 『추동기』와 도신(道身)의 『도신장』은 그 내용을 정리한 것이다. 화엄종 승려들의 저술은 대체로 『화엄경』과 『대승기신론』의 주석에 집중했다.

다음으로 법상종(法相宗)은 백제 출신 경흥(憬興)이 국로에 봉해져 왕경(경주)에서 활동하면서, 『무량수경연의술문찬』을 비롯한 저술을 많이 남겼다. 법상종 승려들은 여러 경전과 논소에 주석을 다는 등 저술 활동을 활발히 했지만, 현재 일부만이 전한다. 의적(義寂)은 『법화경』·『범망경보살계본』·『유가사지론』 등 여러 경론에 주석을 달았다. 또 원측(圓測)은 유식의 이론을 깊이 연구해 당나라에서 이름을 떨쳐 질투의 대상이 되었는데, 『해심밀경소』는 티베트어로 번역되어 티베트 『대장경』에 수록될 정도로 뛰어났다. 그의 제자 도증(道證)은 692년(효소왕 원년)에 『천문도』를 가져왔고, 『성유식론요집』을 비롯한 7종의 저술을 남겼다. 신방(神昉)은 중국 홍복사에서 역경 사업에 참여한 대가로, 『지장십륜경』의 서문을 썼다.

밀교에서는 명랑(明朗)법사가 신라로 침략해 오는 당나라 군사를 문두루 비법으로 물리쳤으며, 사천왕사를 세워 그들의 침략에 대비했다. 혜통은 당나라에 유학하여 무외 삼장(無畏三藏)에게서 학문을 배우고 돌아왔는데, 신문왕의 병을 치료하는 등 많은 활동을 했다. 혜초는 인도에 유학해 나란타 대학에서 수석을 차지하여 이름을 날렸고, 당에 돌아와 남긴 『왕오천축국전』은 오늘날에도 높은 평가를 받는다. 또한 『대교왕경』의 서문을 지었다. 불가사의는 『대비로자나경공양차제법소』를 지었다.

원효의 법성종은 그가 돌아다니면서 민중을 교화한 까닭에 후학들을 양성할 수 없었다. 하지만 흠모하는 후학들이 많아 그의 교학은 자연스레 계승되었다. 저술이 일본, 중국은 물론이고 인도에 전파되었으며, 원효는 보살로서 존경받았다. 이 외에도 고구려 유민인 보덕(普德) 법사가 완주 고달산에서 전한 열반종을 비롯해 안함(安含)이 펼친 십승(十勝)의 비법과 현의(玄義)를 전한 천태종 등이 있다. 이들 역시 크게 발전하지 않았겠지만, 고려시대에도 계승되어 전해진 것으로 보아 역시 교학이 일정 세력을 유지한 듯하다.

이처럼 중대에는 다양한 불교가 전개되었으니 이 시기를 뛰어난 불교 지혜가 두루 나온 반야의 시대, 종파불교의 시대라 하겠다.

원효의 화쟁사상

불교계에서 교리 논쟁에 대해 화쟁을 시도한 저술은 일찍부터 있었지만, 그 중에서 원효의 『십문화쟁론(十門和諍論)』이 높은 평가를 받았다. 그 서문에 "혹은 말하기를 자기는 옳고 다른 사람은 그르다 하며, 혹은 말하기를 자신의 생각은 그럴 듯하나 다른 사람이 그렇지 않다 하여, 드디어 그러한 형세가 강물과 같이 되었다"라고 하여 분분한 모습을 나타내고 있다. 교학을 두루 섭렵한 원효성사의 눈에 비친 당시의 현상이다. 이 같은 양상에 원효는 부처님께서 말씀하셨듯이 중생들의 근기(根機)에 맞추어 설법하신 까닭에 다른 것일 뿐, 틀린 것이 아니며 모두가 깨달음의 길에 나아가는 것으로서 옳다고 논증한다.

『열반경』에서는 "중생의 불성은 하나도 아니며 둘도 아니다. 여러 부처의 심성은 평등하여 허공과 같으니, 일체 중생도 그 불성을 한결같이 지니고 있다"고 한다. 그런데『현양성교론(顯揚聖教論)』에 따르면, 불성을 갖고 있지 않은 일부 중생들도 있다고 한다. 이는『열반경』에 나오는 대승불교의 평등성에 어긋나는 것이다.

이에 대해 원효는 양측이 주장하는 근거와 내용이 같다고 한다. 유성론자나 (일부) 무성론자나 모두 '경전에서 중생들 모두 마음이 있다'고 한 것은 일체의 유성(有性)과 무성(無性), 아직 그것을 증득(證得)하지 못한 자와 이미 그것을 증득한 모든 중생을 아울러 말씀하신 것이라고 한다. 즉, 경전에 설명된 불성은 동등하게 존재하는 이치에 근거한 성품을 말한 것으로서, 이론일 뿐 수행을 통해 이룬 결과로서의 해탈이 아니다.

나아가 '일체'라는 용어는 각 경론 속에서 주장하는 취지에 따라 사용한 것이므로, 취지를 달리하는 다른 경론과의 비교를 통해 틀리다 하는 것은 의미가 없다.『열반경』에서 말한 '일체'는 어느 부분의 일체일 뿐, 모든 것을 망라하는 것이 아니다. 반대로,『현양성교론』에서의 일체는 일부의 무성 중생도 포함되는 것이다. 즉, 더 큰 범주의 일체다. 그러므로 두 경론에서의 일체는 서로 틀리지 않은 것이며, 경문들은 잘 통하고 있다.

이런데도 논자들은 서로가 상대방의 견해가 틀리다고 문제를 제기한다. 일부 무성론자들은 만약 일체 중생이 모두 부처가 되면, 중생이 비록 많다고 하더라도 마침내는 다함이 있게 된다. 그러면 부처님의 이타(利他) 공덕도 끝나게 된다. 그래서 중생이 다하면, 교화를 받을 사람이 없게 된다. 이러면 이타행이 없게 되는데, 이타행 없이 부처를 이루는 것은 도리에 맞지 않는다. 그래서 문제가 있다.

그런데 불성이 없는 무성 중생도 본래부터 있는 법이(法爾)의 종자를 갖추고 있다. 따라서 현재세에는 불성의 종자가 없다 해도 과(果)를 생산하여 다음 생에는 불성의 종자를 갖게 된다. 현재세에 공덕을 쌓아 다음 생에는 유성중생이 되고, 그래서 부처님의 교화를 받아 성불할 수 있게 된다. 그렇다면 무성 중생 또한 유성으로 전변(轉變)되면서 마찬가지로 다함이 있게 된다. 결국 일부 무성론자들이 유성론자들을 비판한 논리가 그들에게 적용된다. 그런즉, 그들 또한 틀리게 된다.

원효는 다음과 같이 화쟁한다. 만약 일체 종자가 모두 응당 결과를 생산해 내지만, 종자가 무궁한 까닭에 마침내 다함이 없다. 그러므로 스스로의 말한 바에 어긋나는 잘못이 없다고 하면, 곧 응당 일체 중생이 모두 성불한다 하더라도 중생은 다함이 없다. 따라서 다함이 없음을 믿고 수용해야 한다. 이 같은 원효의 논증은 둘 다 틀림이 없는 것이다. 그럼으로써 누구도 체면의 손상이 없게 된다.

이런 연유로 원효의 『십문화쟁론』은 그 우수한 가치를 인정받아 중국, 일본은 물론이고 티베트를 넘어 범어로 번역되어 불교의 원조인 인도에까지 전해져 높은 평가를 받았다. 신라인들은 애장왕 대(800~809)에 그를 추모하는 「서당화상비」를 세워 업적을 기렸다.

전제왕권과 불교

전제왕권의 성립

삼국의 통일로 신라의 국력은 크게 신장되었고, 자연스레 국왕의 위상도 높아졌다. 진덕여왕을 끝으로 성골 출신의 왕이 끊기면서, 진골 출신인 무열왕이 왕위에 오르고, 왕의 동생들이 임명되던 갈문왕이 폐지되었다. 화백회의의 구성원인 대등들을 대신해 분야별로 책임을 맡는 관료행정체제가 정비되었다. 그 중심에는 진덕여왕 대에 품주(稟主)를 개편하여 만든 집사부(執事部)가 있었다. 집사부는 국왕과 일반 관부 사이에서, 위로는 왕명을 받들고 아래로는 여러 관부를 통제하는 역할을 했다. 장관인 중시는 상대등과 함께 임명과 면직 기사가 『삼국사기』 기록에 나오는 중대한 직책이었다. 중시의 임기는 3년이었으나, 천재지변이나 내우외환이 있을 때는 정치적 책임을 지고 교체되었다. 이에 따라 국왕은 정치적 책임에서 벗어날 수 있었고, 왕권을 제약하는 견제 장치가 작동하지 않게 되었다. 만장일치 의결로 귀족들이 왕권을 견제한 화백회의 기구는 그 기능을 점차 상실하게 된다. 더욱 그 자리에 김유신이 취임하면서 상대등은 국왕의 정책을 협조하는 세력으로 변질되었다. 그 결과 신라에서는 국왕을 견제하는 기능들이 사라지면서, 왕권이 강화되었다.

이처럼 왕권을 강화한 신라는 나당연합전선을 구축하고 삼국통일이라는 대업을 추진했다. 661년 무열왕이 백제의 항복을 받고, 이어 문무왕이 고구려를 항복시켜 삼국을 통일했다. 문무왕은 확대된 국가 규모에 걸맞게 관부와 관직을 정비해 행정관료 체제를 갖추고 국가의 기틀을 다져나갔다. 더욱 문무왕은 철저한 호국법왕이었다. 그는 죽은 뒤에도 용왕이 되어 왜구들의 노략질을 막고자 수중릉을 만들어 장사 지내도록 했다. 이 능은 지금도 전해진다.

신문왕이 즉위 초에 왕비를 출궁시키고 새 왕비를 맞이하자 전 왕비의 외척인 김흠돌(金欽突)이 분개해 반란을 일으켰다. 왕은 이를 어려움 없이 진압하고, 알고도 알리지 않았다는 '불고지죄'로 귀족 세력의 대표 격인 상대등 김군관(金軍官)도 처형했다. 이는 왕권의 성장 없이는 불가능한 일이었다. 신문왕은 행정조직을 '영(令), 경(卿), 대사(大舍), 사지(舍知), 사(史)'의 5단계로 정리하는 한편, 지방은 9주 5소경으로 정비해 체계를 갖추었다. 군대는 중앙에 9서당을, 지방에 10정을 두어 외침에 대비했다.

이 시기에는 온갖 파도를 잠재우는 만파식적도 만들어졌는데, 황룡사 장육상 및 9층탑과 더불어 신라의 호국삼보가 되었다. 이를 통해 볼 때 불교가 신라의 삼국통일에 기여했을 뿐 아니라 통일신라에서도 여전히 힘을 발휘하고 있음을 잘 알려준다.

화엄사상

『화엄경』에서 말하는 연화장계는 바로 현상계와 본체 또는 현상과 현상이 서로 대립하는 그 모습을 그대로 지니는 가운데 서로 융합하면서 끝없이 전개하는 약동적인 커다란 생명체다. 『화엄경』은 우주의 질서를 미적으로 표현한 경전이지만, 그것은 동시에 통일국가의 상징이 되기도 했다. 화엄의 가르침은 서로 대립하고 항쟁을 거듭하는 정계나 사회를 정화하고, 또 지배층과 피지배층과의 대립도 지양함으로써 인심을 통일하는 데 적합했다.

의상의 「화엄일승법계도」에서는 그와 같은 취지를 잘 보여준다.

일중일체다중일　一中一切多中一
일즉일체다즉일　一卽一切多卽一
일미진중함시방　一微塵中含十方
일체진중역여시　一切塵中亦如是

"하나 안에 일체요 다(多) 안에 하나"에는 '하나'와 '다' 또는 '일체'가 '있다', '작용한다', '능력을 발휘한다' 등의 움직임을 통해 '원융무이(圓融無二)'한 모습을 드러낸다. 이를 '나 하나'와 '온 백성'에 적용해 보자. '나 하나'라는 여러 현상을 결과로 볼 때, 그 원인이 되는 '마음'과 결부해 보면, '잡다한 나'와 '하나인 마음'은 원융되어야 한다. 이런 점에서 '한 나라'라고 하는 '다'의 경우, 그 한 나라를 구성하는 모든 사람들의 마음이 '한결 통하는 마음'으로 승화되어야 한다. 만약 그러지 않으면 안 되는 도리를 신라인들은 절실히 자각하고 있었다.

"하나가 곧 일체요, 다가 곧 하나"는 '내가 곧 너요, 네가 곧 나다'라는 사고방식을 성취시킴이 없이는 통일과 평화를 얻을 수 없음을 뜻한다. '하나네', '둘이네', '많네' 하는 것은 우리의 생각일 뿐, 하나도 아니고 둘도 아니라는 말이다. 따라서 너와 내가 둘이 아니고 하나임을 알아야 한다.

『입법계품초』에도 만약 우주와 인생의 모든 현상과 사물을 '둘이다', '셋이다' 이렇게 쪼개서 생각한다면 이는 여덟 가지의 근본 죄를 범하는 결과가 되고, 일승법계에 들 수 없다. 이 삼라만상에 두 가지 이해를 생기게 하지 않아야만 일승법계에 들 수 있다고 나온다.

이처럼 화엄사상은 일심(一心)에 의해 우주의 만상을 통섭하는 것으로 이해된다. 이같이 우주의 다양한 현상이 결국은 하나라고 하는 「화엄일승법계도」의 정신은 전제왕권을 중심으로 한 중앙집권적 통치 체제를 뒷받침하기에 적합하다. 통일신라의 지배층에서 화엄사상이 환영받은 까닭은 바로 이러한 데에서 찾을 수 있을 것이다.

정토신앙과 관음신앙

통일을 전후해 정토신앙이 왕경 근교 지역에서 퍼지더니 전국으로 확산되었다. 삼국 간의 전쟁으로 삶이 피폐해지자 사람들 사이에 염세주의가 생겨나면서, 내세를 기원하는 정토신앙으로 기울어져 갔다. 원효 성사(聖師)가 방방곡곡을 돌아다니며, '나무아미타불'을 염불하는 것으로도 극락에 왕생할 수 있다고 전교한 것이 크게 영향을 미쳤다. 화엄종의 종조인 의상이 세운 부석사 금당에 아미타불을 봉안한 것도 한몫했다.

신라에서 정토신앙을 받아들인 계층은 위로 국왕에서부터 아래로 민중에 이르기까지 다양했다. 이 가운데 전제왕권 아래 신음하던 민중은 다른 계층들보다 열렬한 믿음을 갖고 있었다. 현실이 괴로운 까닭에 이를 벗어나고자 하는 바람은 다른 누구보다도 간절했다. 경덕왕 대에 노비 욱면은 주인을 따라 절 마당에서 염불했는데, 그 정성이 지극해 서방정토에 현신으로 왕생했다. 본래 정토신앙은 사후를 위한 것이다. 따라서 살아 있는 몸으로 왕생하는 것은 괴로운 현실에서 벗어나고자 하는 염원이 적극적으로 발현된 것이다. 포천산에서 수행하던 다섯 비구들 역시 염불을 하다가 서방정토에 현신 왕생했다고 전한다. 더욱 경덕왕 대에는 다수의 아미타불이 조성된다. 이런 점에서 신라의 정토신앙은 경덕왕 대에 그 절정을 이루었다고 볼 수 있다.

정토신앙은 현세 도피적이고 염세적인 것으로서, 현실 문제에 대한 비판과 반항 정신을 내포하고 있다. 그렇지만 전제정치와 골품제하에서는 비판이나 저항이 적극적으로 나타나지 않았다. 정토신앙 자체가 현세를 개혁해서 이상 국가를 건설하려는 것이 아니라, 내세에 그것을 기대하는 것이기 때문이다. 이런 점에서 정토신앙은 전제왕권에 비판적인 것이었음에도 불구하고, 현실에서는 도리어 타협적인 국면을 나타냈다. 그 결과 정토신앙은 전제왕권을 소극적이나마 뒷받침해 주는 결과를 가져다주었다고 이해된다.

관음신앙은 중생들이 위기에 처해 관세음보살을 염불하면, 관음보살이 구원의 손길을 내려 구제한다는 현세 신앙이다. 의상은 『화엄경』에 관음보살이 보타락가산에 상주해 설법한다는 내용에 따라 동해안에 낙산사를 세우고, 관음·정취 두 보살을 모셔 관음신앙을 널리 전했다. 경흥이 삼랑사에 있을 때 병이 들어 낫지를 않았는데, 남항사(南巷寺)의 십일면관음보살이 현생하여 치료를 해주었다. 효소왕 대에는 부례랑(夫禮郞)이 도적들에게 납치되자, 부모가 백율사(栢栗寺) 관음상에 나아가 기도해 돌아왔고, 상인 장춘(長春)은 폭풍에 휩쓸려 중국에 표류했는데 어머니 보개(寶開)가 민장사(敏藏寺) 관음상에 나아가 기도해 살아 돌아왔다. 또, 경덕왕 대의 눈먼 희명(希明)은 분황사 관음상에 기도해 광명을 얻었다.

이처럼 신라인들은 관음 기도를 통해 현세에서의 어려움을 극복하고 있었다. 이 또한 전제정치와 골품제하에서 신라인들에게 많은 위로가 되는 것이었다. 이런 점에서 관음신앙 역시 전제왕권을 뒷받침하는 결과를 나타냈다.

행원의 시대

전제왕권의 쇠퇴와 불교

신라의 전제왕권은 경덕왕 대에 들어와 진골 귀족들의 견제와 도전을 받으면서 위기에 봉착하고 있었다. 그런 속에서도 경덕왕은 많은 불사를 일으켰는데,『삼국유사』에 실린 불교 기사의 절반이 그와 관련이 있으니 호법국왕이라 할 만하다.

먼저 왕경에서 거대하고 화려한 불교문화를 꽃피운다. 재상 김대성이 경덕왕 10년(751) 전생과 현생의 부모를 위해 발원해 조성을 시작했다는 불국사와 석굴암은 그가 죽은 뒤, 사업을 이어받은 국가의 지원으로 혜공왕 대에 완성할 수 있었다. 그 규모의 웅장함과 예술성, 문화적 가치 등에서 높이 평가된 것은 잘 알려진 사실이다. 또, 경덕왕 13년(754) 전 왕비 삼모부인이 시주해 만든 49만 근의 황룡사 종, 이듬해 30만 근의 분황사 약사여래불이 조성·봉안되었으니, 역시 그 웅장한 규모가 상상된다. 더욱 후일 경덕왕이 황동 12만 근을 내어 부친을 추모하고자 조성한 성덕대왕신종은 아들 혜공왕 6년(770)에 비로소 완성되었다. 지금도 전하는 이 신종은 제작 기술과 함께 예술적 가치로 말미암아 높이 평가된다.

경덕왕은 신앙의 영험이 있는 곳에 불사를 일으키는 한편, 고승들의 활동을 후원하면서 도움을 받았다. 왕 11년(752)에는 구백제계의 진표를 초빙해 보살계를 받았다. 16년에는 노힐부득과 달달박박이 성불한 백월산에 남사를 창건해 주었고, 18년(759)에는 고구려 유민 원표가 활동하던 보림사에 장생표를 내려 돕는 등 불사에 앞장섰다.

이 외에도 왕 5년(746)에 대사면을 단행하고, 또 승려 150인을 출가시켰다. 왕 12년(753)에 나라에 가뭄이 들자 법상종의 태현을 불러 기우제를 지내 어려움을 극복했다. 이듬해에는 화엄종의 법해를 초빙해 비를 내리도록 했다. 이렇듯 경덕왕은 불교의 도움으로 나라를 안정하게 하려는 노력을 게을리하지 않았다.

경덕왕의 불사 활동은 이같이 신앙의 영험이 나타난 곳에 불사를 일으켜 사람들이 찾게 하고, 대형 불상의 위엄과 함께 큰 종의 웅장하면서도 은은한 종소리로 사람들에게 신앙을 받드는 신성의 세계로 들어오게 하는 것이었다. 바로 그러한 신성의 세계에 경덕왕이 군림하고 있는 것이다.

경덕왕의 이 같은 호법 활동은 도전받고 있는 전제왕권의 위상을 불교의 권위를 빌려 어려움에서 벗어나려 한 것으로 여겨진다. 이런 가운데 경덕왕이 정치 개혁을 시도하고 있기 때문이다.

경덕왕은 왕 16년(757) 3월에 녹봉을 폐지하고 경제적 특권이 많은 녹읍을 부활시켰는데, 이는 반발하는 귀족들을 회유하기 위함이었다. 그러고는 그해 12월 지방 군현의 명칭을 한식(漢式)으로 바꾸는 개혁을 시행했다. 예를 들어 길동군(吉同郡)을 지금의 충북 영동군(永同郡)으로 바꾸는 식이었다. 그리고 1년 뒤 왕 18년(759) 정월에는 관부와 관직 명칭 또한 한식으로 바꾸는 개혁을 단행했다. 그런데도 장관직인 '영(令)'은 그대로 두었으니, 진골 귀족들의 반발이 심했음을 알 수 있다. 이로써 경덕왕의 개혁은 마무리된 듯하다.

그렇지만 이후 왕 19년(760)에 두 해가 출현하는 괴변이 일어났고, 왕은 이를 물리치고자 월명사(月明師)를 초빙해 「도솔가」를 짓게 하니 사라졌다. 어느 시기인가 충담사에게 「안민가」를 청한 일 등은 고승들의 향가를 통한 정치 선전으로서 국왕의 위덕을 널리 과시하는 것이었다.

이럼에도 불구하고 경덕왕의 정치 개혁은 어린 혜공왕이 즉위한 뒤 귀족들이 왕권에 도전하면서 시련에 부닥쳤다. 혜공왕 4년(768) 대공 각간의 난으로 시작된 정권쟁탈전이 여러 해 동안 반복되었다. 마침내 반대 세력들이 정권을 잡으면서, 혜공왕 12년(776) 정월에 예전의 명칭으로 다시 복고했다. 다만 육두품 귀족이 맡았던 문한직(文翰職)은 그대로 두었으며, 지방 군현의 명칭도 회복되지 않았다. 오늘날 남아 전하는 지명은 바로 경덕왕 대에 바뀐 것이다. 이로써 진골 귀족들의 도전을 받은 전제왕권은 종말을 맞았다.

불교의 새 경향

이런 상황 속에 불교계는 화엄종, 법상종이 그 세력을 누리는 가운데 새로운 경향이 싹트고 있었다.

먼저, 법상종 승려 태현과 화엄종 승려 법해 사이에 벌어진 신통력 경쟁이다. 경덕왕 12년(753) 가뭄이 들자 왕은 태현에게 기우제를 부탁했다. 마침 대궐의 우물이 말라 정수를 늦게 올렸는데, 『금광명경』을 강하니 잠시 뒤 우물이 일곱 길이나 솟아나는 신통력을 보였다. 이듬해 경덕왕은 법해를 불러 『화엄경』을 강의하게 한 뒤 태현의 고사를 말했다. 그러자 법해는 바닷물을 기울여 동악을 잠기게 하고 궁궐을 떠내려가게 하는 것 정도는 어렵지 않다며, 신통력을 발휘해 뛰어남을 과시한다. 이는 가뭄에 물을 대는 능력을 비교한 것이지만, 화엄종과 법상종이 교리의 우위를 놓고 서로 논쟁했음을 짐작케 한다.

다음, 새로 선사상이 퍼지고 있었다. 법랑(法朗) 선사가 호거산에서 선사상을 펼치고 있었는데, 신행(神行)이 나아가 배웠다. 법랑이 입적한 뒤, 신행은 당나라에 유학하여 지공(志空)에게 북종선(北宗禪)을 전수받았다. 이후 신라에 돌아와, 지리산 단속사(斷俗寺)에 머무르며 후학을 길렀다. 도의 근기가 있는 사람에게는 간심(看心) 곧 '마음을 보라'는 한 마디 말로 가르쳤다. 또 한편으로 근기가 익숙한 이들에게는 수많은 방편을 보여주며 가르쳤다. 혜공왕 15년(779) 76세로 입적했는데, 나라에서는 헌덕왕 5년(813)에 그의 활동을 기려 '신행선사비'를 세워주었다. 선종 승려로서는 처음 세워진 비로, 이후 국가에서 선사상에 관심을 기울인 점으로 볼 때 그 의미가 크다.

진표는 김제 금산사에서 미륵신앙을 널리 선양했다. 구백제인으로서 신라 통치하에서 고통받는 백제 유민들을 구제하고자 출가한 진표는 힘든 수행을 잘 견디어 지장보살에게서 수계를 받았다. 다시 정진해 미륵보살로부터 『점찰경』과 함께 불골간자(佛骨簡子)를 받고 법을 전하여 세상을 구제하라는 계시를 받는다. 또한 뒤에는 대국왕의 몸을 받아 도솔천에 나게 될 것이라는 수기를 받는다. 이로써 그는 미륵신앙의 대행자로서 계율을 통한 이상국가의 건설을 꿈꾸었고, 그것은 신앙운동으로 나타났다. 그리하여 진표는 백제 유민으로서 미륵신앙을 중심으로 하는 반신라적인 이상국가 건설운동을 전개해 나갔다. 그 결과 진표의 미륵신앙은 구백제 지역은 물론이고 속리산 명주(강릉), 금강산 등 옛 고구려 지역에까지 그 세를 넓혀갔다. 이에 경덕왕은 진표를 궁중으로 맞이해 보살계를 받고 보시를 내리는 등의 회유 및 세력 억제 정책을 추진했다.

진표의 미륵신앙은 백제 전통의 계승만이 아니라 부흥운동까지 연결될 수 있는 문제였으나, 그에 이르지는 못했다. 하지만 그 정신은 이어져 훗날 견훤과 궁예가 미륵불을 일컬으면서 신라에 위협이 되었다. 또, 9세기 후반 구백제 지역에 세워진 석탑들이 부여 정림사 탑 양식을 모방하여 조성한 사례 역시, 진표의 활동이 영향을 끼친 것이다.

보현행원

불교에서의 깨달음은 중생들이 바른 지혜와 더불어 실천 수행이 동반되어야 비로소 이룰 수가 있다. 보현보살이 그 중생들의 수행을 돕고자 발원하는데, 이를 보현행원이라 한다. 『법화경』「보현보살권발품」에 보현행은 『법화경』을 받아 지녀 읽고 외우며 써서 베끼고, 대승의 뜻을 바르게 생각하고 수행하는 것이다. 또한 이를 잘 수행하면 좋은 과보를 받으며, 부처님은 보현보살이 보현행을 하는 중생을 돕도록 명한다. 『관보현보살행법경』은 그 뜻을 넓게 설법한 것으로, 불자들이 대승경전을 읽고 대승의 뜻을 일으키는 것을 보현행이라 정의하고 있다. 더욱 이를 위해서는 안이비설신의 6근 참회법을 중시해 상세히 설명하고 있다. 나아가 예경 찬탄 등의 수행을 하고, 그 공덕으로 중생을 제도하겠다는 서원을 낸다. 이때 보현보살이 나타나 중생을 도와 친견하며, 이와 같이 보현행을 하면 오래지 않아 깨달음을 얻게 된다.

신라에서의 보현행은 『법화경』을 강의하여 신통력이 있었던 법흥왕 대의 낭지(朗智)에서 시작된다. 낭지는 보현보살의 친견을 기대했지만 뵙지 못했는데, 제자인 지통은 영취산에서 보현보살로부터 계품을 받는다. 지통은 다시 의상에게 나아가 화엄을 배운다. 이는 오래 수행한 낭지조차도 보현보살을 친견하는 것이 어려웠음을 나타내는데, 화엄종의 우월성을 드러낸 듯하다. 이후 보현행은 『화엄경』을 중심으로 행해진다. 그렇지만 원성왕 대에 연회가 『법화경』을 강독하여 보현행을 닦아, 연꽃이 1년 내내 시들지 않는 상서로운 이적을 나타낸 것으로 보아 일부에서는 여전히 행해졌음을 알 수 있다.

일찍이 법장이 의상에게 보낸 편지 내용에 "엎드려 바라건대, 마땅히 올 내세에서는 몸을 버리고 다시 태어나, 함께 노사나불께 이와 같은 다함없는 묘법을 청해 듣고 이와 같은 무량광대한 보현원행(普賢願行)을 수행하기를 원하나이다"라고 되어 있는데, 이로써 화엄종 승려들 역시 보현행을 닦고 있었음을 알 수 있다. 『화엄경』에서의 보현행은 입법계품에 나와 있는 선재동자가 53선지식을 만나는 수행으로 십분 설명된다. 그러나 의상이나 법장이 보현행원을 실천하는 신앙운동으로 접목했는지는 뚜렷하지 않다. 다만 부석사 금당에 아미타불을 모신 점에서 보아, 경전의 가르침에 따른 독송, 강의, 사경을 주로 한 듯싶다.

그렇지만 보현행은 시기가 무르익어 가면서 점차 신앙으로 발전했다. 경덕왕 대에 화엄사에서 연기가 주도한 『백지묵서화엄경』 발원문에 "내 이제 서원하오니 …… 만약 모든 중생이 이 경에 의지한다면 부처님 뵙고, 법을 듣고, 사리를 받들어 보리심을 내어 후퇴하지 않고 보현의 행원을 닦아 속히 성불하리라"라고 하여, 보현행원을 닦아 성불을 기원하고 있음을 볼 수 있다. 혜공왕 2년(766) 지리산 석남사에 봉안된 비로자나불 발원문에 "모두가 삼악도(三惡道)의 업이 소멸되고, 스스로가 비로자나와 같아짐을 깨닫고 세상 떠나기를 바랍니다"라는 내용이 새겨져 있다. 이는 선재동자가 보현의 행과 원의 바다를 믿어서 보현보살과 같아지고(與普賢等), 모든 부처님들과 같아져(與諸佛等), 종내에는 선재와 보현보살과 비로자나불이 평등한 일체가 되기를 바란 것과 같다.

따라서 이는 시주가 보현행원을 통한 성불을 발원하고 있음을 알려준다. 이로써 보건대 중대 말기에는 『화엄경』에 의한 보현행원이 점차 신앙으로 정착되고 있음을 알겠다.

이런 점에서 경덕왕 대는 신라 불교가 정토신앙에서 보현행원신앙으로 전환하는 시기로 볼 수 있다. 또한 그것은 정토신앙같이 염불 위주의 타력신앙에서 탈피해 불자 스스로 노력을 기울이는 자력신앙으로 옮겨 가는 것인데, 이는 신라 불교의 성장과 함께 사상도 성숙되는 것을 의미한다.

한편, 소성왕 원년(799)에 범수(梵修)가 징관(澄觀)의 의소(義疏)와 함께 새로 번역한 40권본 『화엄경』을 들여왔다. 그 마지막 40권은 보현행원의 취지를 새로 추가해 정리한 것으로, 『보현행원별행(품)』이라고도 한다. 이에 따르면 보현행원은 예경·칭찬·참회·회향 등 10종으로 구성되어 더 세밀해진다. 더욱 하대에는 많은 지권인을 한 비로자나불이 조성되고, 또 문수보살, 보현보살상이 함께 조성된 사례로 보아 보현행원신앙이 점차 발전했음을 알 수 있다.

5

신라 하대의 사회 변화와 불교계의 동향

김윤지 | 국사편찬위원회 편사연구사

신라 하대는 진골 귀족들 간의 왕위쟁탈전이 발생한 한편 중앙의 간섭에서 벗어나 지방사회를 주도하게 된 호족이 등장한 시기였다. 불교계에서는 기존 교학에 대한 승려들의 비판과 입당구법(入唐求法)을 통한 적극적인 선(禪)의 수학, 이후 그들의 잇따른 귀국과 선종 사원의 확보 등 새로운 사조가 확산되었다.

선승들은 점차 신라 왕실의 관심과 초대, 후원은 물론이고 여러 호족들의 후원을 받게 되었으며, 선종은 그 과정에서 빠르게 확산되었다. 선승들의 활동은 고려의 건국, 삼국통일 직후에는 왕건과의 결연(結緣)으로 이어졌다. 학계에서는 신라 하대에 수용된 선종이 이러한 정치사회적 변화의 시기에 사상적으로 어떠한 역할을 했는지에 대해 많은 논의가 있어왔다. 이 시기 선승들의 활발한 활동으로 여러 지역에 산문이 자리 잡게 되었는데 그 법맥이 이어져 구산문(九山門)·조계종(曹溪宗) 등을 이루게 되었다. 이는 한국 선종사의 출발로 파악되고 있으며, 그 실체와 변천은 불교 교단 형성 과정을 이해하는 중요한 단서로도 여겨진다.

신라 하대 사회의 변화와 불교계의 동향은 정치·사회 주도 세력의 교체와 그에 따른 왕조의 교체, 한국 선종사의 출발점 등과 관련해 중요한 주제로 연구되었다. 그런데 신라 하대는 교종 승려들이 선종으로 전향하고 사원과 신도가 급증하기도 했으나, 교종 사원 또한 지방으로 확산되던 시기였다. 선종의 확산에 대한 교종 승려들의 대응 양상이 확인된다. 화엄·유식 등이 고려 전기 불교계를 주도한 사실은 9세기 선종의 확산세 속에서도 교종 승려들이 나름의 방식으로 대응해 나갔으며 그것이 유효했음을 짐작케 한다.

이하에서는 신라 하대의 선종이 역사적 전환기의 사상으로서 주목된 점, 이 시기가 한국 선종사의 출발점으로 중요하게 다루어진 점, 그리고 선종 외에 교종의 대응 등 그간의 주요 논의들을 정리해 보고자 한다.

신라 하대 정치사회의 동요와 지식인들

신라 하대 중앙에서는 진골 귀족들 간의 분열과 갈등, 정변, 격화된 왕위쟁탈전이 발생했다. 이러한 와중에 정부는 장기간 전국을 휩쓴 자연재해, 농민층의 몰락과 민란의 빈발에 직면했고, 이에 대한 해결 능력 부족과 정치 개혁 실패 등 어려운 상황에 처했다.

지방은 중앙의 권력 쟁탈에서 패배하고 낙향한 진골 귀족들, 촌주 세력 혹은 지주부군사나 성주장군과 같은 유력자들, 농민을 규합한 민란의 우두머리 등으로 채워졌다. 이들은 이른바 호족(豪族)으로, 신라 왕조 지배 체제의 동요를 가속화하고 지방사회를 주도한 새로운 사회 세력으로 주목된다.

신라 하대의 왕들은 통치의 정상화, 통치력의 회복, 지방사회의 안정화를 위해 노력했고, 그 과정에서 당대 지식인들의 조언과 지지를 바랐다. 대표적인 지식인으로 6두품과 승려들이 있었다. 6두품은 진골 귀족 다음가는 신분이었다. 신라의 주요 관직은 오랜 시간 진골 귀족이 독점했으므로, 6두품의 관직 진출에는 일정 부분 제약이 있었다. 9세기경에는 대당 유학 분위기가 고조되는데 이러한 상황에서 젊은 6두품들은 당나라로 들어가 빈공과에 도전하여 유교 소양을 갖출 수 있었다. 이에 빈공과에 합격하고, 귀국 후 문한(文翰)의 능력을 인정받아 국왕의 개혁 정치를 돕는 인재들이 배출되었고 그들은 왕에게 봉사(封事)를 바치기도 했다. 또한 이 시기 승려들의 입당구법 역시 활발했다. 승려들은 당나라에 들어가 당시 유행하던 선종 본원에서 선을 수학하게 되었다. 그들 역시 귀국해서는 국왕의 올바른 통치를 위한 자문에 응했다.

불교는 신라에 전래·공인된 후 중대 왕실의 통치 이념 구축에 중요한 기능을 했다. 그 중심에는 화엄과 유식으로 대표되는 교학불교가 있었다. 경전에 입각한 교학불교와 달리 선종은 불립문자(不立文字), 견성오도(見性悟道)를 내세워 경전을 부정하면서 자기 안의 불성(佛性)을 찾아 깨치려는 것이었다.

특히 하대에 이르러 교학불교가 이론에 치중하여 학문적·이론적 경향을 보이자 젊은 시절 화엄을 수학한 승려들 중에는 스스로 선문으로 옮기는 사례들이 생겼다. 또는 입당(入唐)이라는 새로운 길을 모색하여, 그곳에서 선종을 접하는 경우도 있었다. 8세기 신라 승려들은 중국에서 경전이라는 문자를 넘어선, 선 수행을 통해 깨달음을 얻었다.

새로운 사조인 선종의 전래와 확산

도의(道義, ?~?)는 당에서 마조 도일(馬祖道一, 709~788)의 제자인 서당 지장(西堂智藏, 735~814)의 심인(心印)을 받아 821년(헌덕왕 13)에 귀국했다. 그는 경전을 아무리 읽어도 심인법을 증득할 수 없다며 교학불교를 비판했다. 그의 말은 당시 불교계로부터 '마어(魔語)'라는 비난을 받았고, 결국 그는 설악산으로 은거하게 된다. 선승 도의와 신라 불교계의 갈등은 교학불교에 대한 그의 비판적 태도를 보여줌과 동시에, 선이 신라에 전래된 초기에 교종이 주를 이루었던 당시 불교계에서 선에 대한 강한 거부 반응이 있었음을 보여준다.

도의가 귀국하고 오래지 않은 826년에 홍척(洪陟, ?~?)이 귀국했다. 그는 지리산에 실상사를 창건하고 흥덕왕의 후원을 받아 선풍을 일으켰다. 이후 혜소(慧昭, 774~850)·현욱(玄昱, 788~869)·혜철(惠哲, 785~861)·체징(體澄, 804~880) 등이 귀국했으며 역시 신라 왕실의 관심과 후대를 받았다. 도의가 은거하여 자리 잡은 설악산 일대는 선을 수행하는 중요한 장소로 여겨진 듯하다. 그의 제자들은 그곳에서 법맥을 이어나갔다. 후에 귀국한 체징은 왕의 후원을 받아 도의를 개조(開祖)로 내세워 가지산문(迦智山門)을 세운다.

당에서 선을 수행해 스승의 인가를 받은 신라 선승들은 귀국하여 점차 여러 지방에 자리 잡게 된다. 그들은 실질적이고 실천적 신앙으로 민을 교화하여 당시 사회의 지지를 얻었다. 지방에서 높은 법력과 도덕으로 명성을 떨치던 선승들에 대해 중앙의 관심도 높아지는데 신라 왕들은 선승을 궁궐로 초빙하여 대면하기를 바랐고, 사상·정치 등의 자문을 청했으며, 국사(國師)로 임명하기도 했다. 이뿐만 아니라 그들에게는 사찰, 대규모 토지 등의 시납이 이루어졌다.

회창 연간(841~846)에 당에서 폐불(廢佛) 사건이 발생하자 무염(無染, 801~888)·범일(梵日, 810~889)·도윤(道允, 798~868) 등의 선승들이 귀국했다. 왕과 호족들은 지방사회에서 영향력을 발휘하는 선승들을 예우하고, 제자이자 후원자를 자처하는 등 그들과의 관계에 적극적인 모습을 보였다. 선이 신라로 전래된 초기에는 경주 불교계에서 이에 대한 거부 반응이 있었으나, 교학불교가 아닌 새로운 사상에 대한 갈구와 신라-당 사이 바닷길의 활성화, 선승에 대한 세속 권력의 관심 및 후원이 맞물리면서 선종은 수용 직후 급격히 확산되는 양상을 보였다.

또한 선승들은 각지에 사찰을 개창하고 세속 권력의 후원과 보호를 받았으며 수백에서 많게는 1000여 명에 이르는 도속(道俗)의 제자들을 거느리고 선풍을 일으켰다. 선종 사원의 대집단화 현상은 당 선종계에서 유행한 것이었다. 백장 회해(百丈懷海)가 선원청규(禪苑淸規)를 제정해 '상하균력(上下均力)'을 강조하고 "일일부작(一日不作)이면 일일부식(一日不食)"이라고 함으로써 선종 사원이 자체적으로 풍부한 노동력을 확보할 수 있도록 기틀을 마련했던 것으로 파악된다. 일반 대중의 지지를 받아 사원이 대집단을 이룬 것은 교종 사원이 소수 귀족에 의해 독점되던 것과 다른 현상이었다.

선종 사원은 다양한 방법으로 확보되었다. 국왕의 교지나 사액(賜額)이 내려져 기존 교종 사원이 선종 사원으로 바뀌기도 했고, 방생장(放生場)이나 금살당(禁殺堂) 등 사원 경계의 표시가 허락되기도 했다. 왕의 예우를 받은 선승 또는 국사의 입적 사원인 경우 왕명으로 탑비(塔碑)가 건립되어 이후 그의 문도들이 법맥을 이어나갈 수 있는 공간으로 공인되었다. 이 외에도 선승이 참선하기 적합한 영지를 찾아 사원을 창건한 경우가 있으며, 지세를 진압하고 도적의 소굴이 되지 않도록 건립하는 경우도 있었다. 또한 기존의 교종 사원을 수리해 선종 사원화하거나 폐사지를 중창하기도 했으며 중앙 귀족이나 지방 세력의 원찰을 선종 사원화하기도 했다.

신라 하대에 파악된 사원으로는 기록상 대략 178사(寺)가 확인된다. 그중 선종 사원으로 건립되었거나 운영된 사원이 대략 97사로 정리되었다. 이는 선종 사원 건립의 급증과 선종의 확산을 짐작케 하는 수치이며, 선종 전래 후 전체 사원에서 선종 사원이 차지하는 비중이 반 이상이 되었음을 추정할 수 있는 단서이다.

선승의 정치적 성격과 태도를 둘러싼 해석

20세기 초 조선 불교사에 대한 고찰이 이루어지면서 신라 하대 선종의 전래와 확산을 살펴볼 수 있는 많은 자료가 수집·분석되기 시작했다. 1960년대 이르러 역사학계에서는 나말여초 왕조 교체와 그 변화를 주도한 정치 세력으로 당시의 지식인 계층, 지방 호족 등이 지목되었다. 신라에서 고려로의 왕조 교체는 고대에서 중세로의 역사적 변화로 여겨졌으며, 고대의 경직된 신분제인 골품(骨品)의 해체와 지방 호족으로 대표되는 정치사회 주도 세력의 변화 등은 그러한 사실을 보여주는 지표로 거론되었다. 이와 같은 변화를 주도한 세력으로 호족이 주목되었으므로 나말여초는 이른바 '호족의 시대'로 명명되기도 했다. 이 시기 불교계의 변화로는 선종의 수용이 유의미한 현상으로 강조되었다. 선종이라는 새로운 사조의 전래와 확산이 정치사회 주도 세력의 변화와 맞물려 전개되었으며, 그 중심에 있던 선승은 중세지성(中世知性)으로 명명되기도 했다.

1970년대에 이르러서는 역사적 전환기의 사상 변화라는 측면에서 선종의 전래와 확산이 본격적으로 연구되기 시작했다. 교종이 신라 왕실의 불교였다면, 경전을 부정하면서 자기 안에서 불성을 찾아 깨치려던 선종은 당시 교학 풍토에서 혁신적인 사상으로 여겨졌다. 선종은 밖으로부터의 모든 인연을 끊고 좌선을 행했기 때문에 중앙 왕실의 간섭에서 벗어나 독자 세력을 구축하려던 지방 호족들로부터 큰 환영을 받았으며, 이러한 개인주의적 성격이 지방 호족 성립의 사상적 근거로 기능할 수 있었다는 것이다. 선종이 왕실이나 귀족들의 기반이 된 화엄종에 정면으로 도전하며 도입되었다는 이해 속에서 그들의 출가 전 신분과 그 후원 세력 등도 주목받았다. 선승들의 출신 성분을 6두품 이하로 파악함으로써 선종이 6두품 이하의 새로운 지식층에 수용되었다고 본 것이다. 또한 선승들이 신라 왕실에 대해서는 비협조적인 태도를 보였으나 지방 호족과는 적극적으로 결합하는 모습을 보였다고도 설명되었다. 즉, 선종은 교종이 주도하던 신라 불교계에 도전했고 선승들도 왕실 및 진골 귀족과 대척점에 있는 호족과 결합했으므로, 선종이 신라 불교계는 물론이고 정치사회에 혁신적으로 작용했다는 것이다.

1970년대에 제시된 선승과 호족의 결합, 왕실에 대한 선승의 비협조라는 이해 구도는 이후 선종사 연구에 큰 영향을 끼쳤다. 선종은 신라 왕실의 권위를 부정하는 사상이고, 선승들은 왕실과의 관계에 소극적이거나 부정적이었다는 이해가 널리 통용된 것이다.

그러나 한편으로는 이러한 기존의 분석틀을 비판하는 연구 경향이 2000년대에 이르기까지 꾸준히 제기되었다. 선종이 지방에 자리 잡는 데에 오히려 신라 왕실의 지원이 중요하게 작용했음을 논증하는 연구들이 있었는가 하면, 선승과 민의 결합에 주목하기도 했으며, 세속 권력에 대해 선승이 탄력적으로 대응했음을 논증하기도 했다. 이는 선종이 관계를 맺은 다양한 신앙 계층을 주목함으로써, 선승이 호족 친화적인 모습을 보임과 동시에 왕실을 멀리했다는 그간의 단선적인 설명 구도를 해체하려는 중요한 시도들이었다.

신라 하대 산문들의 성립과 구산문

신라 하대에 선종이 전래되고 확산되는 과정에서 여러 지역에 산문이 개창되었다. 『고려사』·금석문 등에는 선종과 관련해 9개의 산문이라는 자의(字意)의 '구산(九山)'이라는 용어가 확인된다.

일찍이 고려 불교 교단이 '오교구산(五敎九山)', 즉 교종 5교와 선종 9산으로 파악되었는데 이는 신라 하대 선종의 수용과 확산 과정에서 나타난 여러 산문들의 개창을 구산의 성립으로 본 것이었다. 이러한 이해가 오랜 시간 통용되었다. 신라 하대에 선종이 9개 산문을 성립한 것에서 시작해 고려 선종 교단을 구성했다고 할 때의 구산은 선승 도의를 계승한 체징의 가지산문(장흥 보림사), 홍척의 실상산문(남원 실상사), 혜철의 동리산문(곡성 태안사), 현욱을 계승한 심희(審希, 855~923)의 봉림산문(김해 봉림사), 무염의 성주산문(보령 성주사), 범일의 굴산문(강릉 굴산사), 도윤을 계승한 절중(折中, 826~900)의 사자산문(영월 흥녕사), 도헌(道憲, 824~882)의 희양산문(문경 봉암사), 이엄(利嚴, 871~936)의 수미산문(해주 광조사) 등을 가리킨다. 이러한 9개의 산문명이 각각의 개조와 함께 정리된 기록은 『선문조사예참의문(禪門祖師禮懺儀文)』에서 확인된다.

『선문조사예참의문』은 석가모니 이래 육조 혜능에 이르기까지 33대 조사(祖師)와 10명의 신라 및 고려 선승들에 대한 예참 의례에서 사용하는 의식문이다. 그런데 이때 10명은 구산의 개조 9명과 보조국사 지눌(知訥, 1158~1210)을 가리킨다. 해당 자료는 9개의 산문 이후 중흥조로 지눌을 설정했다는 점에서 고려 후기 수선사(修禪社) 계열의 기록으로 추정된다. 즉, 『선문조사예참의문』은 고려 후기에 정리된 자료로 추정된다.

신라 하대 기록에서는 이러한 산문들 외에도 더 많은 산문 이름이 확인된다. 이에 신라 하대 산문의 수를 꼭 9개라고 보기 어렵다는 점이 지적되기도 했다. 또한 『고려사』·금석문 등에는 '구산'이라는 용어가 확인되지만, 그중 가장 이른 시기의 기록은 신라 하대가 아닌, 고려 전기인 1084년(선종 1)이다. 더욱이 이때의 구산은 '국가에서 파악한 선종 계열'을 통칭한 용어로, 후기 『선문조사예참의문』에서 확인되는 9개의 개별 산문과 직결되기 어렵다는 것이 중론이다.

이에 많은 논의가 이루어진 끝에 현재 구산문은 신라 하대에 성립한 9개 산문의 통칭이라기보다는 선종이 수용되면서 각지에 개별 산문이 시간을 두고 순차적으로 개창되었고, 고려에 이르러서는 선종계를 아우르는 개념으로 구산·구산문이라는 용어가 사용되다가 조계종(曹溪宗)이라는 종명의 성립으로 이어진 것으로 추정된다.

교종의 대응에 대한 주목

신라 하대에 선종이 수용되면서 선교(禪敎)의 관계에 대한 질문들이 제기되었다. 당시 승려들 간의 문답, 선승을 향한 국왕의 질문 등 관련 기록에서는 선종 우위를 드러내는 문답이 적잖이 확인된다.

교종의 인적·물적 기반도 일부 선종으로 넘어가게 된다. 예컨대 화엄을 수학하던 젊은 승려들이 입당해 선종을 배우고, 귀국 후에는 선종 사원을 개창해 산문의 개조로 추앙되거나 창립자가 되었다. 무염·혜철·도윤·도헌·도선·이관·절중·행적·개청(開淸, 835~930)·여엄(麗嚴, 862~930)·수철 등이 그러한 사례이다. 또한 교종 사원 중에는 왕의 추인을 받아 선승들이 수학하는 선종 사원으로 바뀌게 된 경우가 있었다. 이 외에도 지역에 대규모의 선종 사원들이 건립되었다.

승려들 가운데 선종으로 전향하거나 일부 교종 사원이 선종 사원으로 바뀌게 된 사례가 있었던 것은 사실이다. 남아 있는 신라 말의 불교 기록에는 선종 관련 자료가 압도적으로 많다. 다만 그런 중에도 교종 사원이 그대로 유지된 사실이 확인되고, 범체·석징·현량·정행·홍진·결언·현준·희랑(希朗)·관혜(觀惠) 등 고승들의 활동 양상도 밝혀졌다.

실제로 9세기에 지방에서 선종 사원만 증가한 것은 아니다. 이 시기 화엄사찰의 지방 확산에 주도적인 역할을 한 것은 화엄십찰(華嚴十刹)로 파악된다. 화엄십찰은 부석사·해인사·옥천사·범어사·화엄사 등을 가리키며, 의상계 전통을 계승하는 승려들이 각지에 화엄을 펼쳐 건립함으로써 교단의 확대를 의미하는 것으로 설명된 바 있다.

교종에서는 선종의 확산에 대응해 교단 정비와 후원자 모색 등을 위해 노력하고 있었다. 결언·현준·성기 등은 화엄 조사를 추모하여 교단의 응집력을 강화했고, 왕실의 평안을 기원함으로써 중앙의 보호와 후원을 확보하기 위해 노력했으며, 교단 재정비를 위해 의상의 『화엄일승법계도(一乘法界圖)』에 대한 주석서를 저술하고 이를 집성하기도 했다.

또한 이 시기 선승이 국사로 임명된 사례가 많은 것이 사실이나, 그렇다고 해서 왕실에서 교종을 배척한 것은 아니었다. 왕실에서는 교종 사원을 중창하고 불사를 일으키기도 했으며 『화엄경』 강설과 사경(寫經)에도 힘썼다.

교종은 신라 하대 선종의 확산세에서도 굳건히 유지되었다. 이와 관련해 선과 화엄은 교리상 상호 배척적이면서도 통할 수밖에 없으며, 선의 추상적이고 현실적인 세계관이 지닌 한계로 인해 화엄교학을 완전히 넘어뜨리지 못함으로써 선교 병립 현상을 띠게 되었다고 보기도 한다. 또한 화엄종 세력이 여전히 성했다는 견해도 제시되었으며, 이 시기 선종과 교종 세력 사이에 얼마간의 우열과 갈등은 있었겠으나 대체로 선종과 화엄종이 공존한 것으로 보고 있다.

고려의 삼국 통일 직후 신라 하대 선승들이 잇따라 개경으로 들어가 왕건과 결연하는 사례가 생겼고, 그들의 법맥을 계승한 여러 산문이 고려에서 선종 교단을 이루었다. 그러나 고려 전기, 왕실을 비롯한 지배층의 관심을 모으고 국가 시책에서 우위를 차지한 것은 선종이 아닌 화엄·유가 등의 교종이었다. 왕조가 교체된 지 얼마 지나지 않은 시기에 교종이 다시 융성하는 모습을 보인 것은, 선종이 수용되고 확산되던 신라 하대에도 교종의 기반이 무너지지 않고 유지되었음을 짐작케 한다. 이는 신라 하대를 선종 수용 일변도로 논할 수 없음을 보여주는 대목이기도 하다.

2부

고대의 불교 사상과 신앙

6 불교 수용과 토착종교

채미하 | 한국교통대학교 강사

토착종교, 불교에 반발하다

종교는 현세를 어떻게 보느냐에 따라 현세 긍정적 종교와 현세 부정적 종교로 나눌 수 있다. 전자는 현세에서 행복하고 평안한 삶을 누리는 데 목적이 있으며, 후자는 현세를 덧없고 유한한 것으로 보면서 다른 세상에 의미와 가치를 부여한다. 토착종교는 내세에서 구원을 바라는 것이 아니라 현세에서 초자연적인 힘에 의지해 길흉화복을 조절하고자 하는 것이다. 한국 고대토착종교에서 신에 대한 분류는 거처(천신·지신·산신·수신 등), 기능(농업신·수렵신·기상신·직업신 등), 기원(자연신·인간 기원신), 형태(인간형·비인간형) 등으로 다양하게 구분할 수 있지만, 현재 우리 학계에서는 일관성 있고 체계적인 설명이 정립되지는 않았다.

토착종교는 현세 긍정적 종교에 속하며, 흔히 기복신앙으로도 불린다. 불교 수용 이전뿐만 아니라 그 후에도 한국 고대 토착종교는 이와 같은 역할을 하는데, 국가뿐만 아니라 소속 집단이나 공동체, 개인에 대한 것이었다. 이것은 정치적 기능, 사회적 기능, 개인적 기능으로 분류할 수 있으며, 한국 고대 토착종교는 이 모든 기능을 발휘했다. 즉, 개인의 길흉화복뿐만 아니라 왕권을 정당화하고 국가 통합을 뒷받침하는 지배 이데올로기로서 역할을 했다. 하지만 불교 등 세계 종교가 수용되고 지배 이데올로기로서 그 위상을 차지하면서 토착종교는 정치적 기능을 상실하기 시작했고, 사회적 기능도 점차 세계 종교에 내어주어 개인적 기능만 남게 되었다

『삼국사기』에 따르면 고구려에 불교가 처음으로 전해진 것은 소수림왕 2년(372), 백제에는 침류왕 원년(384)에 마라난타가 전했다고 한다. 『삼국지』 한전에 "소도의 뜻은 부도와 비슷하다"라고 했고, 최치원은 「봉암사지증대사적조탑비」에서 "옛날 동방에 삼국이 대치하던 말기에 백제에 소도 의식이 있었으니, 한 무제가 감천(甘泉)의 궁전에서 금인(金人: 흉노 休屠王)을 제사하던 것과 같았다"라고 했다. 감천금인지사(甘泉金人之祀)는 한 무제 때 행한 중국식 불교 의례로, 백제에서 불교가 공인되기 전에 하늘에 제사 지내는 소도 같은 의식이 거행된 것을 최치원이 기술한 것이다. 즉, 최치원은 중국의 부도와 백제의 소도가 유사하고, 백제에 불교가 전래되기 전의 토착종교를 소도라고 본 것이다. 이와 같이 백제에서는 불교가 전래되기 전까지는 마한 전통의 소도 의례가 성행했으며, 불교가 공인된 뒤 소도는 부도로 대체되어 갔다고 볼 수 있다. 신라는 19대 눌지마립간 대부터 불교가 전래되었지만, 불교가 공인된 것은 법흥왕 14년에 와서야 가능했다.

고구려와 백제에서는 불교와 토착종교와의 갈등이 확인되지 않지만, 신라의 불교 수용은 토착종교와의 마찰로 순조롭지 않았다. 『삼국유사』 「아도기라조」의 '아도본비'를 살펴보면 고구려의 아도(=묵호자)가 신라에 왔을 때 "대궐에 나아가 교법을 행하기를 청하니, 세상에서는 전에 보지 못하던 것이라고 하여 꺼리고 심지어는 그를 죽이려는 사람까지 있었다"고 했고, 미추왕의 딸인 성국공주의 병을 고쳤으나 "오래지 않아 미추왕이 돌아가자 나라 사람들이 그를 해치려고 하여 스님은 모록(모례)의 집으로 돌아와 스스로 무덤을 만들어 문을 닫고 돌아갔으니, 마침내 세상에 다시 나타나지 않았다. 이로 인하

여 불교 또한 폐지되었다"고 한다. 미추왕 때라고 한 것은 3세기 중엽이라 신빙성이 떨어지지만, 아도가 신라에 처음 왔을 때 그를 죽이려고 했다든가, 비록 공주의 병을 고쳤으나 왕이 죽자 사람들이 아도를 해치려 했다는 것을 통해 불교와 토착종교 사이에 마찰이 있었음을 알 수 있다. 『삼국유사』의 사금갑(射琴匣) 설화 역시 토착종교와 불교와의 갈등으로 이해된다.

비처왕(소지왕)이 사냥 갔다가 돌아오는 길에 천천정(天泉亭)에서 한 노옹이 바친 서신을 보고 활로 금갑을 쏘아 반역을 꾀한 분수승과 궁주를 죽였다는 내용이다. 표면적으로 왕실의 내전에 있었던 내불당에서 분수승과 궁주 사이에 일어난 불미스러운 일화이지만, 그 이면에는 불교를 비방하는 세력과 불교 세력과의 대립이 자리한다. 신라에서는 불교가 공인되는 과정에서 국왕과 귀족들 사이에 봉불가부론(奉佛可否論)이 대두되었다. 그 결과 법흥왕의 근신인 이차돈이 순교했고, 이차돈이 순교하면서 나타난 기적에 의해 신라에서는 불교가 공인되었다.

불승, 토착종교의 무(巫)를 대신하다

무당(巫)를 가리키는 '당굴'이나 몽골어에서 하늘(天)을 뜻하는 '탱그리'는 하늘 신(天神)에게 제사 지내는 제사장적인 성격을 지닌 존재로 보는 것이 일반적이다. 『삼국지』 동이전에는 한(韓)의 국읍(國邑)에서 하늘 신에게 제사 지내는 일을 주관한 천군(天君)이 있었다고 전하며, 신라 2대 왕 남해는 차차웅(次次雄)으로 불렸다. 김대문의 설명에 의하면 차차웅은 자충(慈充)이라고도 하며 방언으로 무당을 가리키는데, 무당은 귀신을 섬기고 제사를 숭상하므로 그를 경외하여 존장자를 일컬어 자충이라고 했다는 것이다.

이 외에 신라 남해왕 3년(6) 봄에 처음으로 시조 혁거세묘를 세우고 계절마다 제사를 드리게 했는데, 왕의 친누이동생 아로(阿老)가 이를 주재했으며 남해왕의 왕비 운제부인(雲帝夫人, 雲梯夫人)은 운제산의 성모가 되었는데 성모에게 기우제를 드리면 효험이 있었다고 한다. 고구려 대무신왕 4년(21) 겨울에 부여를 치려고 왕이 비류수에 이르렀을 때 물가를 바라보니 마치 여인이 솥을 들고 유희하는 것 같아 다가가서 보니 솥만 있었는데, 그것으로 밥을 짓게 했더니 불을 지피지 않고도 솥이 스스로 덥혀져 밥을 지어 모든 군사를 배불리 먹일 수 있었다고 한다. 여기에서 솥을 들고 비류수가에서 유희하는 여인의 모습은 여제사장이 제의를 주관하는 모습을 상징한다. 고구려 산상왕 12년(208) 희생(犧牲)을 관리하는 자도 잡지 못한 교시(郊豕: 돼지)를 웃으면서 잡아 준 주통촌녀(酒通村女)의 행위 자체도 제사장의 능력으로 볼 수 있다.

이처럼 제사장은 무로 의례뿐만 아니라 치병(治病) 등 다양한 역할을 했다. 일례로 고구려 유리왕 19년(B.C.1)에 왕이 병이 걸리자 무가 발병의 원인을 원령 탓이라고 하자 왕이 원령에게 사과하자 그 병이 나았다고 한다.

『고승전』 축잠심전(竺潛深傳)에 따르면 동진(東晉)의 고승 지도림(支道林, 314~366)이 고구려의 도인(道人)에게 글을 보냈다고 하는데, 여기서 도인은 고구려에서 불교를 공인한 소수림왕 2년(372) 이전에 활약한 승려로, 도교의 도사(道士)와 구분하기 위한 호칭이다. 『삼국유사』 「아도기라」에 따르면 고구려의 아도가 처음 신라에 왔을 때 신라에서는 불승에 대한 칭호를 몰랐다고 한다.

신라에서는 '사미(沙彌)'라는 불교 용어를 몰랐기 때문에 '삼마(三麽)'라고 불렀는데 이는 향언, 즉 고유어였다고 한다. 신라 사람들이 처음 불승을 봤을 때 재래 무당과 별로 차이를 느끼지 못했거나 흡사한 것으로 받아들였으리라 이해된다.

승려는 토착종교에서 무가 담당한 의례나 치병 등을 대신하기도 했다. 앞서 언급했듯이 성국공주의 병을 고치기 위해 무의가 동원되었지만 실패하고, "왕녀(王女)가 몹시 위독했는데, 묵호자를 불러들여 향을 사르며 소원을 표하게 하니 왕녀의 병이 곧 나았다"고도 한다. 『삼국유사』 「밀본최사」에는 "승상 김양도(金良圖)가 어린아이였을 때 갑자기 입이 붙고 몸이 굳어져서 말을 못하고 움직이지도 못했다. …… 며칠 후에 사자를 보내 밀본을 맞아 오게 하니 …… 밀본이 와서 경전을 펴기를 기다리지도 않았는데 그 병이 이제 완치되어 말이 통하고 몸이 풀렸"다고 한다. 『송고승전』「원효」에서는 신라 왕의 부인이 병에 걸렸을 때 무당이 다른 나라에 가서 약을 구해 와야 나을 수 있다고 했고, 그의 말을 따른 결과 『금강삼매경』을 얻어 병을 고쳤다고 한다.

『삼국사기』에 따르면 성덕왕 14년(715) "6월에 크게 가물었다. 왕이 하서주 용명악의 거사 이효(理曉)를 불러, 임천사 연못에서 비가 내려주기를 빌게 했더니, 곧 비가 열흘 동안 내렸다"고 한다. 거사는 승려가 아니라 재가에서 불도를 닦는 사람을 가리키는 불교 용어이다. 거사인 이효가 기우제를 지낸 것으로 미루어 이효는 토착 종교의 제사장 역할을 한 인물로 보인다. 『삼국유사』「월명사도솔가」에 따르면 경덕왕 19년(760)에 두 해나 나타나 10일이 지나도 사라지지 않자 조원전에 단을 만들고 인연이 있는 중을 기다렸는데, 사천왕사의 승려 월명사가 「도솔가」를 불러 재앙을 물리쳤다고도 한다.

토착종교의 제사 터, 불교의 성지가 되다

삼국에서 불교 사찰 건립은 국가적 관심사였다. 그렇기 때문에 사찰 건립 장소 선택에 신중을 기했다. 『일본서기』에 따르면 고구려에서는 흰 사슴이 나타난 길조의 땅에 백록원사(白鹿薗寺)를 세웠다고 한다. 『삼국유사』에 따르면 보덕은 평양성 서쪽 대보산 동굴 아래에서 참선을 했는데, 신인(神人)이 와서 청하기를 이곳에 사는 것이 좋겠다고 하며 지팡이를 앞에 놓고 그 땅을 가리키면서 "이 땅 속에 8면 7층의 석탑이 있을 것이다"라고 했다. 땅을 파보니 과연 그러했기에 절을 세우고 영탑사라고 하고 그곳에 살았다고 한다.

『삼국유사』「아도기라」에 따르면 신라에는 가람을 세운 전불(前佛) 시대의 절터 7곳이 나온다.

첫째는 천경림(天鏡林)으로 흥륜사가 세워졌고, 둘째는 삼천기(三川歧)로 영흥사가 선 곳이고, 셋째는 용궁(龍宮) 남쪽으로 황룡사가 선 곳이고, 넷째는 용궁 북쪽으로 분황사가 선 곳이고, 다섯째는 사천미(沙川尾)로 영묘사가 선 곳이고, 여섯째는 신유림(神遊林)으로 사천왕사가 선 곳이고, 일곱째는 서청전(婿請田)으로 담엄사가 선 곳이라고 한다.

이 중 천경림·삼천기·용궁·사천미·신유림·서청전은 물이나 숲 등과 관련 있는 장소로, 이곳은 소도 내지는 토착종교의 제장 또는 원시신앙의 성지라고 한다. 물[水]은 인간의 생명을 유지하는 가장 기본적인 것이며 생명 자체도 근원적으로는 물에서 발생한 것이다. 따라서 정(井)·연(淵)·천(泉, 川)·강(江, 河)·해(海)의 물은 여성적 생명의 원리를 상징하는 것으로 나타나고 있다. 주몽 신화를 보면, 웅심산 아래 압록강에 사는 하백의 딸이 이곳에서 천제의 아들을 만났다. 박혁거세 신화에서는 나정 곁에 하늘에서 빛이 비치어 혁거세가 나온 알을 발견하게 되었으며, 혁거세의 부인은 알영정에서 나타난 계룡에게서 출생했다. 숲[林]과 나무[木]는 토착종교에서 신들이 하강하거나 거주하는 곳이었으며 생명력의 상징으로 신성성을 나타냈다. 이와 관련해 단군 신화에서는 천제의 아들 환웅이 하늘에서 신단수 아래로 하강했다 하며, 알지 신화는 시림(始林) 숲에 빛이 비치며 나뭇가지에 하늘에서 내려온 황금 궤가 걸려 있고 그 나무 아래에서 백계가 울고 있다는 것을 참고해 볼 수 있다.

『삼국유사』「선덕왕지기삼사」에 따르면 선덕왕 4년(635) 영묘사가 세워진 사천미에는 옥문지(玉門池)라는 못이 있었다. 이로 보아 사천미는 물에 가까운 습지였다. 특히 영묘사 남쪽에서 오성제(五星祭)를 지내는 것으로 볼 때 사천미에 세워진 영묘사는 신라의 못이나 개울에서의 제사와 긴밀한 관계가 있는 사찰이었다. 법흥왕 14년(527)에 세워진 영흥사는 '세 물길이 모이는 곳'이라는 삼천기에 건립되었다. 경주 분지에서 삼천기라고 지칭할 만한 곳은 서천과 여러 하천의 합류 지점이다. 진흥왕 14년(553)에 개창한 황룡사와 선덕왕 1년(634)에 세워진 분황사는 용궁의 남쪽과 북쪽에 있었는데, 여기의 용궁은 연못을 말한다. 이처럼 영묘사, 영흥사, 황룡사, 분황사는 원시신앙의 제사 터로서 물과 관련해 못이 있었거나 아직도 못을 남기고 있다.

문무왕 19년(679)에 사천왕사가 세워진 신유림에는 실성이사금 12년(413)에 낭산(狼山)에서 일어난 구름이 누각과 같았고 그 향기가 오랫동안 없어지지 않자, 왕은 신선이 하늘에서 내려와 노는 것이니 이곳은 복받은 땅이라 하여, 이후부터 사람들이 그곳에서 나무 베는 일을 금했다고 한다. 그리고 신라는 불교를 공인하기 직전 이차돈이 주도해 법흥왕 14년(527) 천경림에 흥륜사를 창건하고자 했으나, 일부 귀족들의 반발로 난관에 부딪혔다가 진흥왕 5년(544) 완공했다. 문무왕 대 이후에 창건되었다는 담엄사는 서청전(婿請田)에 세워졌는데, 서청전이 어떤 곳이었는지 알 수 없다. 하지만 '전(田)'이라는 명칭으로 볼 때 넓은 들판으로, 신성성을 띤 특수 지역이었을 것이다. 이 외에 문잉림(文仍林)에서는 진흥왕이 인도 아육왕이 배에 실어 보낸 황철로 장육존상을 주조하기도 했다.

한국 고대인들은 산천 역시 신적인 존재가 거주하는 곳으로 믿었고, 그곳이 곧 제장으로서 가장 적합한 곳이라고 생각했다. 『삼국사기』 제사지 신라조에 삼산·오악 이하 명산대천 제사가 대·중·소사에 편제되어 있다는 것은 그것을 가장 잘 보여주는 것으로 생각한다. 고구려에서는 매년 3월 3일에 낙랑의 언덕에서 사냥을 하여 거기에서 잡은 돼지와 사슴으로 하늘과 산천에 대한 제사를 지냈다고 한다. 백제에서는 고이왕 10년(243) 천지에 대한 제사를 지낼 때 산천에 대한 제사를 지내고 있으며, 아신왕 11년(402)에는 가뭄이 심하자 횡악에서 기우제를 지내고 있다. 백제 사비 시기에는 삼산과 오악의 존재도 확인된다. 의자왕 15년(655) 의자왕의 사치가 극에 달하자 붉은색 말이 백제의 북악 오함사에 나타나 울다가 죽은 불길한 사건이 일어났다. 북악은 『한원』 괄지지에 기록된 백제 북계인 오산(烏山)으로, 여기에는 오함사라는 사찰을 세웠다. 오함사는 현재 충남 보령군 감포의 성주사지로 추정되고 있다.

신라의 오악에는 화엄계 사찰이 건립된다. 동악 토함산에는 불국사와 석굴암, 북악 태백산에는 부석사와 부암사, 중악 팔공산에는 동화사와 지장사, 남악 지리산에는 화엄사, 서악 계룡산에는 갑사 등이 창건되었다. 그리고 신라 왕경의 사방(동쪽의 봉덕사, 서쪽의 영묘사, 남쪽의 사천왕사, 북쪽의 봉성사)과 중앙(영흥사)으로 설정된 성전사원에서는 계절별로 중사인 오악, 사진, 사해, 사독과 연관된 의례가 거행되었으며, 소사에 해당하는 산신에 대한 제사 역시 불교 의례가 되었다고 보기도 한다. 현재 사찰 내의 산신각은 불교가 수용된 이후 전통적인 산신 숭배가 불교와 융합한 것을 보여주는 가장 대표적인 예이다.

토착종교, 불교와 융합하다

고구려에서는 시조 주몽을 천제의 아들로 인식함으로써 주몽의 자손인 후대의 왕들과 왕족은 모두 천손으로 관념화되어 우월의식을 갖고 있었다. 이러한 전통적 천손 의식은 차차 불교적으로 바뀌었다. 1988년 함경남도 신포시 오매리의 절골 건물지에서 발견된 금동판은 탑지(塔誌)로 양원왕 2년(546)에 제작된 것으로 추정된다. 여기에 따르면 탑을 세운 동기는 왕의 영령이 도솔천으로 올라가 미륵을 뵙고 천손이 함께 만나기를 기원하는 데 있었다. 고구려 왕실은 자신들을 천제의 혈손으로 여겨 죽은 후에는 천상으로 올라간다고 여겼는데, 명문의 내용은 재래의 천(天) 관념이 불교의 도리천과 결합되어 가는 면을 보여주는 것이다. 불교의 종교적 신성성을 빌려서 왕실의 정치적 권위를 강화하려 했던 것인데, 왕실에서 적극적으로 불교를 숭상하면서 종래의 천 관념은 도솔천으로 전환되어 간 것이다. 토착종교의 신성 지역이 불교적 천계 관념으로 변화되기도 했다.

『삼국유사』「선덕왕지기삼사」에 따르면 신라 선덕왕은 자신이 죽으면 도리천에 묻어줄 것을 유언했는데, 그곳은 낭산 남쪽이었고 선덕왕이 죽은 지

30여 년 만에 왕릉 아래에 사천왕사를 짓게 되었다고 한다. 도리천은 불교의 27천(天) 가운데 욕계(慾界) 6천 중 제2천이며, 천주(天主)는 제석천이다. 불교의 우주관에서 볼 때 도리천은 세계의 중심에 위치하는 수미산 꼭대기에 있다. 선덕왕이 도리천에 묻힌다는 것은 '사후에 호국의 뜻을 말한 것'이며 '선덕(善德)'이라는 왕호가 도리천 내의 선법당(禪法堂)에 거주하면서 선악을 주재하는 선덕을 상징하므로, 문무왕이 사천왕사를 창건함으로써 '선덕왕의 제석신앙을 구체화했다'고 볼 수 있다.

이는 토착종교의 신성 지역이 불교적 신성 관념과 융합했음을 말하는 것이다. 불교적 세계관 속에는 산천신이 자리 잡기도 했는데, 『삼국유사』「선도산수희불사」에서 이를 확인할 수 있다.

우선 불교와 산신과의 관계는 신라 중고기 진평왕 때 선도산성모가 지혜의 꿈에 나타나 신모상의 자리 밑에서 금 10근을 캐어 불전을 수리하게 하고, 불신과 오악신을 위한 법사(法事)를 항상 하는 일로 삼을 것을 부탁한 데서 알 수 있다. 불교와 천신과의 관계는 굴불지(屈弗池)의 용이 꿈을 빌려 나타나 황제에게 영축산에 약사도량을 길게 열어서 바닷길을 편안하게 해달라고 한 것에서 알 수 있다.

그리고 『삼국유사』「보현수(普賢樹)」에는 일곱 살에 출가한 가노(家奴) 출신의 승 지통(智通)이 까마귀의 가르침에 따라 영취산의 낭지를 찾아가는데, 그것은 산의 주인인 변재천녀(辯才天女)의 도움이었다고 한다. 변재천녀는 음악·지혜·변재(辯才)·재복(財福)을 주재하는 불교의 천녀이나, 본래의 모습은 산신이었다. 『삼국유사』「심지계조(心地繼祖)」에는 헌덕왕 때 신라 오악의 하나인 중악신에게 승려 심지가 정계(正戒)를 받아 불제자가 되었다고 한다. 『삼국유사』「문수점(文殊岾)」에서는 신라 원성왕 대에 승 연회(緣會)가 시냇가에서 일온(一媼)을 만났는데, 그녀는 영취산신인 변재천녀였다.

한편 한국 고대 여성신은 지모신, 물의 신, 농업신적 존재로 천신과의 사이에서 신적 속성을 지닌 비범한 존재인 영웅을 낳고 기르는 신모(神母)였다. 『삼국유사』「낙산이대성 관음·정취·조신」에 따르면 원효가 관음보살의 진신(眞身)을 보고자 통천의 금란굴로 향하다가 희롱을 주고받은 두 여인은 관음보살이 변한 모습이었다. 그러나 그중 한 여인이 벼를 베고 있었던 것을 볼 때 관음보살의 원래 모습은 풍요와 다산을 주관하는 신모와 같은 존재였다.

7 화엄사상의 수용과 전개

석길암 | 동국대학교 WISE캠퍼스 불교학부 교수

화엄사상은 신라 불교 사상사에서 중요한 흐름 중의 하나이다. 불교에 대한 신라인들의 이해가 본격화되던 시기에 화엄사상이 유입되었고, 원효와 의상 등 뛰어난 화엄사상가들이 등장했다. 원효와 의상의 노력으로 화엄사상은 신라 불교의 주된 흐름으로 부각되었으며, 정치사회적 변동에도 많은 영향을 미쳤다. 따라서 신라 통일기로부터 하대에 이르는 화엄사상의 변화에 대한 이해는 신라 사회와 불교계의 변동을 추적하는 데 중요한 요소이다.

일찍이 중국 신삼론종의 개조가 되었던 고구려 요동 출신의 승랑(僧朗)은 삼론과 화엄에 능통했다고 전한다. 또 의연(義淵)이 북제(北齊)의 법상(法上)에게 『십지론』은 누가 지었는지 물었다는 기록으로 볼 때, 고구려 승려들은 『화엄경』의 존재는 물론이고 지론학파에 대해서도 어느 정도 정보를 가지고 있었을 것이다. 백제의 경우에도 『화엄경』이 다른 경전들과 함께 전해졌을 개연성을 충분히 고려할 수 있다. 하지만 『화엄경』이 전래되었다거나 연구했다는 기록은 두 나라 모두 전해지지 않는다.

기록상으로 화엄과 관련되는 최초의 인물은 자장(慈藏)이다. 자장은 636년에 당으로 건너가 섭론학파의 법상에게 보살계를 받았으며, 정관 17년(643)에 귀국할 때 불전 400여 함을 가지고 왔다고 한다. 『삼국유사』 「자장정율」에 의하면, 자장이 자신이 태어난 마을의 집을 고쳐 원녕사를 짓고 낙성법회에서 『화엄경』 1만 게송을 강의했다. 이때 52녀의 현신이 감동해 들었고, 그로 인해 그 수만큼 나무를 심고 이를 지식수(知識樹)라고 불렀다고 기록했다. 이 외에도 당에 들어갔을 때 청량산에서 문수보살에게 『화엄경』 게송을 범게(梵偈)로 받았다는 등의 기록에서도 자장과 화엄의 인연은 뚜렷하게 드러난다. 이 기록은 후대에 윤색된 것으로 보기는 하지만, 삼국시대 말 신라에서는 『화엄경』에 대한 이해가 상당했음을 추정하게 한다.

원효와 의상의 화엄사상은 동아시아 불교 사상사에서 보면 하나의 정점을 이룬 것이었지만, 신라 혹은 한국의 화엄사상사라는 입장에서 보면 출발점이었다는 점에 주의할 필요가 있다. 원효사상은 당시 중국 불교의 사상적 성과를 독자적으로 종합한 것이지만, 신라 불교 나아가 한국 불교의 입장에서 보면 본격적인 불교 연구의 첫걸음일 뿐이다. 의상의 화엄사상이 성립하는 기반은 중국 화엄종의 교학이었지만, 그의 귀국을 계기로 '해동화엄'의 독자적인 흐름이 시작된다. 원효와 의상의 바로 앞 시기에 활동했던 자장 시대까지는 불교의 이해와 활용에서 국가 통치라는 관점이 좀 더 강한 영향을 미쳤다면, 원효와 의상의 화엄사상을 계기로 보편적 불교 사상에 대한 이해가 본격화되기 시작했다고도 이해할 수 있다. 8세기 이후의 신라 화엄은 두 스님의 연구를 출발점으로 하여, 중국의 여타 화엄사상과 신앙 등을 수용하면서 새롭게 전개된다.

『기신론』 연구에서 출발한 원효의 화엄사상

원광과 자장의 활동은 신라 불교 사상의 토대를 놓았다는 데 의미가 있다. 두 스님이 닦아놓은 토대 위에서 불교 사상에 대한 연구가 신라에서 본격적으로 시작된다. 그중에서도 화엄사상과 관련해 주목되는 두 인물이 바로 원효와 의상이다.

원효의 출가 동기나 수학 과정에 대해서는 자세한 내용이 전해지지 않는다. 하지만 여러 전승을 참고할 때 원효가 각지를 다니며 폭넓게 공부했고, 30대에 들어서는 현장이 새로 번역한 경론을 둘러싼 논쟁에 깊은 관심을 보였다고 전한다. 원효가 다양한 대승의 경론을 해석의 대상으로 삼았으며, 경론 사이에 존재하는 다양한 이설(異說)을 모순 없이 이해하기 위한 시도, 곧 화쟁(和諍)의 논법이 그의 저술에 두드러지게 나타나는 점에서도 그러한 사실이 확인된다.

원효에게 있어 화엄사상의 직접적인 기반이 되는 것은 『대승기신론』에 대한 연구이다. 현존하는 저작에 나타나는 인용 관계를 추적해 저작들의 저술 순서를 살펴보면 『기신론별기』를 가장 먼저 집필했고, 『기신론』을 해석하기 위한 다양한 경론에 대한 해석이 그다음으로 시도되었다. 그리고 그 성과를 종합해 『기신론소』를 완성했으며, 이것은 다시 『금강삼매경론』의 집필로 이어진다. 화엄 관련 저술인 『보법장(普法章)』이나 『화엄경소』 혹은 『화엄경종요』에는 지엄(智儼)이 창안하고 의상이 구체화한 수십전유(數十錢喩)를 사용한다. 따라서 이 저작들은 의상이 전한 화엄교학(화엄종의 교리체계)을 부분적으로 수용하고 있다고 생각한다. 이처럼 원효의 화엄사상은 자신의 독자적인 기신론 이해를 바탕으로 화엄을 이해하고, 다시 부분적으로 의상이 전한 중국 화엄교학을 수용한 형태이다.

원효의 화엄사상은 그 사상의 특징을 나타내는 주요 용어를 사용해 '보법화엄(普法華嚴)' 혹은 '화쟁일승의(和諍一乘義)'로도 불린다. '보법'이라는 용어는 화엄에서 사사무애법계의 진실한 모습을 열 가지 특징으로 설명하는 십현연기(十玄緣起)의 별칭으로도 사용한다. 원효는 삼계교 보경(普敬)·보불(普佛) 사상의 영향을 받아 생명을 가진 존재 누구나가 소중히 여겨지고 존중받아야 한다고 강조하는 입장에서 화엄사상을 설명한다. 그러한 의도를 담아 원효가 사용했던 용어가 바로 보법이다. 이 점에서 원효의 화엄사상은 평등의 가치관을 강조하는 입장이었음을 알 수 있다.

교판론에서도 원효는 중국 화엄종과는 다른 입장을 보여준다. 남북조시대 이래 인도에서 전해진 불교의 여러 경론을 체계적으로 이해하려는 시도 곧 교상판석(教相判釋)이 행해졌다. 대개는 특정 경전의 시각을 기준으로 나머지 경전의 지위를 판별하는 것이었고, 일부는 각각의 경전이 가지는 존재 의의를 인정하는 입장이었다. 원효는 모든 경론이 궁극적인 존재 의의를 드러내고 있다고 인정하는 입장이었다. 다만 『화엄경』의 해석 과정에서 독특한 『화엄경』과 보현교를 최상위로 하는 차별적인 교판을 주장했다.

이 사교판은 먼저 일승의 진실한 가르침과 삼승의 방편적인 가르침으로 크게 구분한다. 이 중 삼승의 가르침은 공성(空性)을 온전히 드러냈는가 아닌가에 따라 통교(通教)와 별교(別教)로 나눈다. 그리고 일승의 가르침은 보법의 가르침이 드러났는가 아닌가에 따라 만교(滿教)와 분교(分教)로 나눈다. 원효는 그 원만하고 최상의 가르침을 담은 법문이 바로 화엄이라고 주장한다.

원효의 화엄사상은 기신론 연구에서 출발했으면서도 지엄과 의상의 화엄교학을 부분적으로 수용했으며, 이후 중국 법장의 화엄사상에 큰 영향을 주었다.

개개의 존재를 강조한 의상의 화엄사상

신라가 삼국을 통일한 직후인 7세기 후반기는 신라 불교철학의 정립기이기도 하다. 그 문을 연 첫 번째 인물은 원효이지만, 신라 화엄사상의 전개를 주도한 것은 의상이었다.

의상은 당나라에 유학해 중국 화엄의 기초자인 지엄에게 8년간 화엄교학을 배웠으며, 668년에 그의 대표 저작인 『화엄일승법계도(華嚴一乘法界圖)』를 완성했다. 그는 671년에 귀국해 676년에 부석사를 세웠는데, 이때부터 제자 양성에 주력했다.

『화엄일승법계도』는 『화엄경』의 가르침을 210자 7언 30구의 법성게로 축약하고, 법성게 210자를 54개의 굴곡을 지닌 네모꼴 도인(圖印)에 배열한 법계도(法界圖)와 그 의미에 대한 해설로 구성한 책이다. 이 책은 지엄의 사상을 계승하면서도, 그 이전의 지론종 교학과 초기 북종선의 영향을 어느 정도 수용했다. 특히 법계도인은 처음 시작이 되는 글자인 '법(法)'에서 시작해 마지막 글자인 '불(佛)'이 다시 이어지는 회문시(回文詩) 형식을 채용해 의상이 화엄학 연구를 통해 지향했던 일체 존재의 연기적 관계에 의해 드러나는 실상을 상징적으로 담고 있다.

의상 화엄사상의 특징으로 화엄 법계연기설의 핵심인 상입상즉(相入相卽)의 연기법을 풀이하는 '열 개의 동전을 헤아리는 방법[數十錢法]'·육상설(六相說)·이이상즉설(理理相卽說) 등이 주목받는다. 의상은 일다(一多)의 상입상즉 곧 먼지 티끌[微塵]과 우주 전체[十方], 한 찰나[一念]와 한량없는 시간의 상입상즉을 강조했다. 이것은 하나하나 개별적 존재의 온전함이 전체의 조화로움으로 이어지며, 전체를 바라볼 때도 그 전체를 구성하는 하나하나의 온전함을 그대로 포착할 수 있음을 중도, 무애(無礙) 법문의 핵심이라고 밝혀 강조한 것이다. 의상이 주장한 이이상즉설 역시 일반적인 관점처럼 이(理)의 나눌 수 없음을 말하는 것이 아니라 오히려 개개의 현상[事]을 매개로 본래성이 드러남을 강조하는 것이다.

의상의 『화엄경』 이해에서 중요한 또 하나의 측면은 성기(性起)를 중시하는 것이다. 화엄종에서는 법계연기의 극치로 '여래성기(如來性起)' 곧 '여래출현(如來出現)'을 강조했다. 일체의 존재 하나하나가 고유한 제 가치를 평등하게 갖추고 있으며, 여래의 지혜인 여래 성품이 그대로 드러난 존재로 보는 것이 여래성기이다. 지엄에게서 성기는 법계연기의 극치에 해당하기 때문에 성기는 연기에 포섭되어 있다. 반면 의상은 『일승법계도』에서 증분(證分, 성기)과 연기분(緣起分, 연기)을 자리행의 두 영역으로 구분하고, 『법계도기총수록』에서는 증분과 연기분을 나누지 않는 것이 중도이며 법성가(法性家)라고 해석하기 때문에, 연기와 성기를 병렬시킨다. 이것은 의상계 내에 증분과 연기분을 병렬시키는 사고가 일찍부터 있었음을 보여준다. 곧 성기사상의 강조가 의상 및 의상계 화엄의 중요한 특색이며, 의상계 화엄에서는 이러한 관점을 『일승법계도』 해석의 중요한 전통으로 계승하고 있다.

의상은 676년 화엄의 근본 도량인 부석사를 창건하고서 제자를 양성하는 데 전념했다. 이것은 저술 작업에 힘쓰면서, 개인적인 교화 활동이 중심이었던 원효와 다르다. 의상은 원효와는 달리 조직적으로 제자들을 교육하고 교화 활동을 펼쳤다. 제자 양성을 중심으로 한 의상의 활동은 독자적인 사상 전통의 형성을 좀 더 용이하게 했다. 이것이 신라 화엄사상의 전개 과정에서 의상계 화엄이 주류로 등장하게 된 하나의 배경이 되었다.

의상 화엄의 계승과 그 특징

앞서 언급한 대로 의상은 부석사를 중심으로 한 태백산 일대에서 제자를 양성하는 데 주력했는데, 여러 경론에 대한 다양한 관심을 보이기보다는 『화엄경』·『십지경론』 등 화엄 관련 경론을 집중적으로 배우고 전승했던 것으로 보인다. 제자들을 대상으로 한 의상의 강의로는 부석사 40일회, 황복사의 법계도 강의, 태백산 대로방(大盧房)의 행경십불 강의, 소백산 추동의 90일 『화엄경』 강의 등의 기록이 전한다.

그리고 그 강의에 참여한 제자들이 의상의 강의를 기록한 저술로 지통의 『화엄경문답』, 도신의 『도신장』 등이 전한다. 이 외에도 표훈(表訓)·진정(眞定)·양원(良圓)·상원(相源) 등 제자들과의 문답 내용이 『법계도기총수록』 등에 수록되어 있다. 의상계에서 성립된 저작들은 대개 의상의 강의를 기록하거나, 의상의 저작 『화엄일승법계도』에 대한 후대 제자들의 해석에 대한 다양한 견해를 편집한 책들이다. 이로부터 의상계 화엄승들의 관심이 대개의 경우 의상의 강의와 『화엄일승법계도』를 매개로 한 『화엄경』의 이해에 집중되어 있었음을 알 수 있다.

이들의 법계는 신라 하대의 6세대를 넘어 고려 초의 인물인 균여에 이르고 있음이 확인된다. 의상과 그의 법손들을 중심으로 하는 화엄사상의 흐름을 '부석종(浮石宗)' 혹은 '의상계 화엄'이라 하는데, 의상의 사제인 법장(法藏)을 분수령으로 하는 중국 화엄 및 신라 내의 다른 화엄사상의 흐름과 구분하여 호칭한다. "부석적손 신림화상(浮石嫡孫 神琳和尙)"이라는 표현처럼, 이들은 스스로도 다른 사상의 흐름과 자신들의 사상을 구분하는 의식이 강렬했던 것으로 보인다.

이들은 대를 이어가면서 『화엄일승법계도』에 천착하는 모습을 보이며, 스승과 제자 혹은 동문 내에서 이루어진 교리문답과 해석 등을 신라의 문자 곧 향찰로 기록하는 특징을 보인다. 의상은 유학파이면서도 그 사상의 전파와 계승에는 신라어를 사용한 것이다. 이것은 기층민이 다수였던 제자 집단의 구성에서 기인한 것일 수도 있고, 화엄적 신앙과 실천을 통해 교화의 폭을 넓히려 했던 의상의 의도에서 비롯되었을 수도 있다. 의상계 화엄이 상대적으로 이른 시기인 8세기 중엽에 신라 불교계 내에서 독자적인 흐름을 형성했던 것은 이러한 요인들이 복합적으로 작용한 결과로 생각된다.

8세기 전반에 활동했던 의상의 직제자들은 십대제자로 불린다. 이들은 의상의 강의를 기록해 책으로 남기는 등의 활동을 통해 의상계 화엄이 홍기하는 데 토대 역할을 했던 것으로 보인다. 의상계의 3세대를 대표하는 신림(神林)은 경덕왕 대인 8세기 중엽에 활동한 인물로 입당하여 유학했다. 균여의 저술과 『법계도기총수록』에는 그의 학설이 자주 인용되고 있어서 후대에 많은 영향을 끼친 인물로 주목된다. 신림에게는 법융(法融)·숭업(崇業)·융수(融秀)·질응(質應)·대운법사군(大雲法師君) 등의 제자가 있어 4세대를 형성하고 있다.

직제자인 표훈(表勳)과 3세손인 신림은 신라 불교의 중심부인 서라벌에서 활동한 기록이 있다. 이들은 8세기 중엽 신라의 국찰로 건립되었던 불국사에 주석하고 불국사의 법회를 주관했다. 뒷날 홍교사라고 불린 '(영월의) 세달사 사문'으로 불린 신림이 불국사에 머물며 법회를 주관했다는 것은 의상계 화엄이 부석사 일대를 벗어나 신라 불교의 중앙부로 진출했다는 의미이다.

8세기 중엽에 창건된 화엄사(750년대 전후)와 불국사(751), 9세기 초에 창건된 해인사(802)는 왕실과 국가의 후원으로 창건된 사찰들인데, 모두 화엄십찰에 속하게 된다. 『삼국유사』 「의상전교」에는 태백산의 부석사, 원주 비마라사, 가야산 해인사, 비슬산 옥천사, 금정산 범어사, 남악 화엄사 등이 화엄십찰로 기록되어 있고, 최치원이 집필한 「법장화상전」에는 이 여섯 개의 사찰 외에 중악공산 미리사, 웅주 가야협 보원사, 계룡산 갑사, 전주 무산 국신사, 한주 부아산 청담사 등을 화엄십찰로 거론한다. 이 화엄십찰들은 의상계 화엄을 전교하는 사찰로 전국에 분포하고 있어 그 영향력이 대단했음을 알 수 있다.

신림의 제자 중 법융은 『일승법계도』에 대한 주석서인 『법융기』를 남겼는데, 『법계도기총수록』 삼대기 중의 하나로 후대에 중시되었다. 그 후 8세기 말 9세기 전반에 활동한 5세손인 범체·융질 등을 거쳐 고려 초의 균여까지 그 계보가 전승되고 있다. 이 의상계 화엄의 전승 과정에는 독특한 점들이 곳곳에 보인다.

다른 화엄사상의 흐름과 자신들의 사상 전통을 구분하려는, 자의식이 강렬한 점은 이미 지적했다. 이뿐 아니라 계승 방식에서도 사자상승과 인가라는 독특한 방식이 나타난다. 스승과 제자의 문답을 통해 깨달음의 인가가 이루어지고 그 증표로 법계도인을 수여하는 것으로, 이러한 사례는 이미 의상에게서도 보인다. 이것은 선종에서 사용되는 사자상승 방식과 유사한 형태이다. 또 화엄사상이 추구하는 진리를 드러내기 위해서 '범부의 오척신', '법계의 목구멍[咽喉]', '다함없는 혀끝' 등과 같이 구체적 사물을 지시의 매개체로 활용하는 특성을 보인다. 이른바 지사문의라는 방식으로, 북종선의 영향을 받은 방식이다. 또 의상계 화엄승들은 이러한 독특한 전승 방식뿐만 아니라, 『화엄경』을 중시하고 중국 화엄사상이나 신라의 다른 화엄사상과는 달리 몸을 통한 직접적인 체득을 중시하는 태도를 일관되게 보여준다.

이것은 의상과 그 직제자들이 활동하던 시기에 원효·태현·경흥 등에 의해 유식학을 비롯한 다양한 불교 문헌들을 종합적으로 연구하던 학문적·종합적 불교 연구 경향과는 달리 종파적·실천적 불교로 전환했음을 의미한다. 이처럼 중앙과 지방으로 성공적으로 확산된 의상계 화엄이 신라 불교계를 주도하는 흐름은 9세기 후반 선종이 새로운 흐름으로 대두될 때까지 지속되었다.

비의상계 화엄학의 흐름

8세기의 신라 화엄사상으로 의상계 화엄만 존재했던 것은 아니다. 의상과 동시대에 활약했던 원효도 화엄사상에 큰 족적을 남겼다. 그의 기신론 연구는 당의 법장에게 큰 영향을 미쳤으며, 다시 징관의 시대에 이르러 화엄사상과 융합되었다. 원효의 『기신론소』의 영향으로 신라에서는 일찍부터 법상종 승려들과 화엄을 연구하는 승려들 사이에서 『기신론』 연구가 중요시되었다. 게다가 신라는 당과 밀접한 관계에 있었기 때문에 당의 새로운 불교, 특히 화엄사상이 끊임없이 전해지고 있었다. 의상의 말년에 법장의 화엄 관련 저술들이 전해졌고, 의상의 적손인 신림 또한 당에 유학해 공부하기도 했다. 그 결과 8세기 신라에는 다양한 화엄의 토양이 존재했고, 이 중 의상계 화엄을 제외한 화엄사상의 흐름을 비의상계 화엄이라고 부른다.

그중 가장 뚜렷한 흐름을 형성했다고 추정되는 것은 원효계이며, 원효와 법장의 사상적 영향 아래 화엄과 기신론 사상의 융합을 특징으로 하고 있다. 이 외의 흐름은 뚜렷한 경향성을 발견하기는 어려우며 다양한 사상적 흐름이

띄엄띄엄 보인다. 여기서 유의해야 할 것은 원효계 혹은 비의상계라고 폭을 넓혀 부른다고 하더라도, 그 흐름에 속한다고 지목되는 승려 사이에 인적 계승 관계 혹은 직접적인 학문의 계승 관계는 나타나지 않는다는 사실이다.

의상보다 조금 늦게 입당하여 법장에게서 수학한 승전(僧詮)은 690년대에 귀국하면서 법장이 의상에게 보내는 편지와 그의 저술인 『탐현기』 등을 의상에게 전했다. 그는 의상계와 특별한 인연을 맺지 않고 오늘날 김천 지역에 있었던 갈항사에서 해골 모양의 돌들을 상대로 화엄을 강의했다고 전한다. 그에게서 배운 가귀(可歸)가 『심원장(心源章)』을 저술했다는 사실은 전하지만 더 이상 전승의 흔적은 보이지 않는다. 또 신라 학생으로 불리는 심상(審祥) 역시 법장에게 배웠는데 일본으로 건너가 일본 화엄종의 초조가 되었다. 승전이나 심상처럼 법장에게 배운 신라 승려들은 있으나, 법장의 화엄사상을 단독으로 계승하는 형태는 신라에서 그 토양을 마련하지 못했다.

700년에 귀국한 명효(明皛)는 『해인삼매론(海印三昧論)』을 저술했다. 형식적으로는 의상의 법계도인과 같은 상징적 형상을 취하는 저술인데, 내용상으로는 『기신론』과 통하는 해석을 하고 있다. 화엄과 『기신론』을 동일한 경계로 이해하는 것은 원효와 비슷한 이해라고 추정하게 한다. 754년 화엄사 화엄사경을 주도한 황룡사의 연기(緣起)는 『화엄경요결(華嚴經要決)』·『화엄개종결의(華嚴開宗決疑)』·『대승기신론주강(大乘起信論珠綱)』·『기신론사번취요(起信論捨繁取要)』 등의 저술을 남기고 있다. 역시 화엄과 『기신론』을 아우르는 사상적 특성을 보인다.

경덕왕 대에 활동한 태현(太賢)은 유식의 학승이다. 다만 그가 남긴 『대승기신론내의약탐기(大乘起信論內義略探記)』는 원효와 법장의 기신론 해석을 비교 검토하는 책으로, 법장의 『화엄오교장』도 인용하는 특징을 보인다. 역시 법장과 원효의 사상을 융합하는 흐름에 속한다고 볼 수 있다.

8세기 중후반에 활동한 표원(表員)은 『화엄경문의요결문답』 5권을 남겼는데 그중 4권이 현존한다. 표원은 『화엄경』의 구조와 내용을 18개의 주제로 분류하고, 각 주제에 대해 다양한 승려들의 의견을 기술했다. 그는 당시 신라 화엄의 주류로 부상했던 의상의 사상을 위주로 하지 않고, 법장의 사상을 바탕으로 원효와 혜원(慧遠), 안름(安廩)의 지론사상을 집중적으로 인용하고 있다. 표원과 비슷한 경향을 보이는 인물로 신라 하대에 신라와 일본에서 활동한 견등(見登)을 들 수 있다. 그는 『화엄일승성불묘의(華嚴一乘成佛妙義)』와 『기신론동이략집(起信論同異略集)』을 저술했다고 알려져 있는데, 법장을 집중적으로 인용하면서 원효의 견해를 융합해 수용하고 있다.

이처럼 법장과 원효 사상의 융합 형태를 보이는 화엄사상의 흐름이 8세기 중엽까지는 하나의 흐름을 형성했다고 보인다. 9세기 말 일본에서 성립된 『화엄종소립오교십종대의약초(華嚴宗所立五教十宗大意略抄)』의 끝머리에 신라 화엄종 조사(祖師) 계보를 "원효(元曉)-태현(太賢)-표원(表員)-견등(見登)"이라 소개한 기록에서 그 흐름의 일단을 볼 수 있다.

선(禪)의 전래와 화엄종의 대응

8세기 후반부터 당나라에 유학한 승려들 중에는 당시 당(唐) 불교계에서 급속히 부각되고 있던 선종, 특히 남종선을 접하고 투신한 승려들이 많았다. 821년에 귀국한 진전사 도의(道義)를 시초로 남종선이 신라에 전해지지만, 초기에는 신라 불교계에서 별달리 환영받지는 못했던 것으로 보인다. 그렇지만 회창 연간(841~846)에 진행된 불교 탄압 정책 때문에 선종에 투신했던 선사들이 대거 귀국하면서 선종이 신라에 널리 알려진다. 이즈음에는 신라 왕실에서도 선사들을 지원하면서 선종은 신라 하대 불교의 새로운 경향으로 부각되었다.

신라 하대 불교의 새로운 경향으로 선종이 등장한 것은 화엄종에도 적지 않은 영향을 미친다. 동시에 신라의 화엄사상은 선종이 새로운 경향으로 등장하는 기반이기도 했다. 하대의 신라 불교를 주도한 것이 화엄종이었고, 입당 유학 과정에서 선종에 투신해 선을 전래한 승려들 역시 상당수가 화엄종 출신이었다. 의상계 화엄의 수학과 전승 과정이 선종의 그것과 유사한 점이 많았기 때문에, 신라의 화엄승들에게 남종선은 낯설기만 한 것은 아니었을 것이다. 게다가 9세기의 화엄승들에게는 799년에 전해진 청량 징관의 『화엄경소』가 어느 정도 알려져 있었다. 징관의 『화엄경소』는 선종 사상을 포섭하고 있었기 때문에, 그것을 섭렵한 화엄종 승려라면 입당한 후 남종선으로 관심이 기우는 것이 그리 이상하지 않았을 것이다.

이처럼 신라에 선종을 전래한 선사들 대부분이 화엄종 출신이었다. 그렇기 때문에 전래 초기의 선종과 화엄종은 극단적으로 대립하기보다는 오히려 교섭하고 소통하는 경향이 강하게 나타난다. 무염은 교와 선이 같지 않다고 말하는 종지는 보지 못했다고 했고, 혜철이나 혜소 같은 경우에는 선종으로 전향한 후에도 경을 살피고 익히는 데 적극적이었다고 전한다. 순지는 선종의 가르침이 화엄경의 내용과 다를 것이 없다고 하여 오히려 화엄교학을 강조하고 있기도 하다. 물론 일부 선사들과 관련한 기록에서는 선종의 우월성을 주장하는 내용도 나타난다. 하지만 후대에 가탁되었을 가능성이 지적되고 있으며, 또 가탁된 것이 아니라고 하더라도 신라 하대 선사들의 주된 견해는 아니었다.

그렇지만 선종의 전래와 부각을 화엄종의 입장에서 그대로 방관하고 수긍할 수 있는 것이 아니었다. 대립 관계는 아니었다고 하더라도, 불교계를 주도하던 입장이 어느 정도는 수동적인 입장으로 바뀌게 되었고, 그러한 변화에 따른 타격 역시 적지 않았기 때문이다. 9세기 말에는 화엄결사가 성행했는데 『화엄경』을 강독하는 결사, 해동화엄의 초조인 의상의 법은(法恩)을 기리는 결사, 의상의 스승인 종남산 지엄의 보은을 기리는 결사 등이 나타난다.

이러한 결사들은 대개 종조와 종지를 선양하는 데 목적이 있었다. 한편 『화엄경』 강독을 위한 결사 같은 경우는 하대 왕실과 결합해 진행된 것으로, 왕실과의 관계를 돈독히 하려는 목적도 있었을 것이다. 또 지엄과 의상 등 종조를 추모하는 결사를 진행하는 것은 화엄종 내부의 결속만이 아니라 선종의 특징으로 강하게 부각되는 계보 의식에 대응하여 종조를 강조하는 방식의 결사를 진행한 것으로 생각된다.

9세기의 화엄종에는 신앙적인 측면에서도 두드러진 변화가 보인다. 비로자나불의 조성과 봉안, 화엄신중신앙의 출현이다. 지권인(智拳印)의 비로자나불 좌상이 처음 등장한 것은 8세기 중반이지만, 본격적으로 조성되면서 확산된 것은 9세기 중반부터이다. 『화엄신중경(華嚴神衆經)』은 9세기 후반부터 10세기 초 사이에 등장한 것으로 보이는데, 『화엄경』 강독의 간략화와 더불어 기존의 신앙을 넘어서는 새로운 형태의 화엄신앙을 통해 민심을 모으는 데 목적이 있었던 것으로 보인다. 화엄종 사찰에서 본존으로서 비로자나불이 본격적으로 봉안되기 시작한 것과 새로운 신앙으로서 신중신앙이 등장한 것은 화엄에 대한 신앙적 측면의 접근을 더욱 용이하게 만들었을 것이다.

이처럼 나말여초의 화엄종단은 선종의 흐름이 주도하게 된 신라 하대 불교계의 동향에 다각적으로 대응하고 있다. 그러한 대응은 어느 정도 성공해 고려 초기의 불교계를 주도하는 흐름 중 하나로 다시 부상하게 되었다.

8 유식사상의 수용과 전개

이수미 | 덕성여자대학교 철학전공 교수

유식의 의미와 기원

유식(唯識)은 이 세상 모든 것이 우리의 마음에 의존한다는 불교 사상이다. 유식학파는 중관(中觀)학파와 함께 대승불교의 두 가지 주요 사상 조류로 알려져 있으며, 중관과 마찬가지로 공(空)사상을 기반으로 실재에 접근한다. 하지만 공한 실재를 설명하는 방식에서 이 두 학파는 큰 차이점이 있다. 중관에서는 현상적 존재가 지니는 본질적 실체성의 부정을 통해 실재의 공한 성품을 나타내는 한편, 유식에서는 현상적 존재가 지닌 조건적 의미를 적극적으로 규명함으로써 실재의 공함을 설명한다. 다시 말해 유식은 마음에 의해 형성되는 현상적 세계의 조건적 의미를 분석하고 체계화함으로써 공의 본질을 밝히는 사상이다. 한편, 유식학파는 요가 수행자들의 명상 수행에 기초해 수립되었기 때문에 유가행파(瑜伽行派)라고도 불린다.

유식학파의 교리 체계는 대표적 유식 경전인 『해심밀경』 및 인도의 유식 논사인 미륵(彌勒, Maitreya, 3~4세기경), 무착(無著, Asaṅga, 4세기경), 세친(世親, Vasubandhu, 5세기경)의 저술로 알려진 『유가사지론』·『대승장엄경론』·『섭대승론』·『유식삼십송』 등의 논서들을 바탕으로 한다. 우리의 식(識)의 작용으로 이 세계가 나타난다는 유식 이론은 팔식설(八識說)이라는 이론으로 설명된다. 팔식설이란 중생의 식은 안(眼), 이(耳), 비(鼻), 설(舌), 신(身)의 다섯 가지 감각식과 사유 기능을 담당하는 의식(意識) 외에 자아의식에 해당하는 제7식인 말나식(*manas*)과, 전생의 업들이 지닌 힘의 모임인 제8식, 즉 알라야식(*ālayavijñāna*)으로 구성되어 있다는 것이다. 이 여덟 가지 식 가운데 알라야식은 가장 근본적인 식으로서 중생이 겪는 윤회의 주체로 설명되지만, 이 식을 구성하는 업의 힘은 찰나 찰나 생멸하는 방식으로 존재하므로 실체성을 지닌 영속적 자아와 같은 존재는 아니다. 한편, 유식에서는 인식의 방식에 따라 규정되는 세 가지 존재의 양태를 설명하는데, 이를 삼성설(三性說)이라고 한다. 이 이론에 따르면, 외부 사물 및 현상이 잘못된 집착으로 인해 실재한다고 인식될 때 변계소집성(遍計所執性)의 존재 양태가 나타나고, 모든 것이 원인 및 조건에 의해 의존적으로 생겨난다고 인식될 때 의타기성(依他起性)의 존재 양태가 나타나며, 모든 것이 실체 없이 공이면서도 일정한 의존적 의미 또한 지니고 있음이 인식될 때 존재는 완전하고 진실한 원성실성(圓成實性)의 양태가 나타난다.

세친 이후 유식학은 알라야식 이론에 기반을 둔 인식론을 강조하는 계통과, 알라야식의 부정을 통해 나타나는 궁극적 진여(眞如)를 강조하는 계통의 둘로 나뉘었다. 전자는 진나(陳那, Dignāga, 480~540년경) 및 법칭(法稱, Dharmakīrti, 600~667년경)으로 이어진 학풍으로, 6~7세기경 인도의 나란다 지방에서 발전되었다고 여겨지며, 후자는 이 나란다의 유식학자들 중 입장을 달리하는 논사들이 6세기 초 서인도의 왈라비 지방으로 이주하여 형성된 새로운 사상 계통이라고 추정된다. 궁극적 진여를 강조하는 계통은 중생의 마음에 내재한 부처의 성품을 가리키는 여래장(如來藏)의 사상과 연결되기도 한다.

동아시아 유식사상의 형성

지론학파와 섭론학파

동아시아에 유식불교가 전해진 것은 5세기경 인도 승려들이 중국으로 건너와 유식 계통 경전 및 논서를 번역하기 시작하면서부터였다. 가령 담무참(曇無讖, Dharmakṣema, 385~433)과 구나발마(求那跋摩, *Guṇavarman, 367~431)는 주요 유식 논서인 『유가사지론』이 전해지기 이전 이 논서의 「보살지」에 해당하는 부분을 각각 『보살지지경』과 『보살선계경』으로 번역했고, 구나발타라(求那跋陀羅, Guṇabhadra, 394~468)는 『해심밀경』의 후반부를 『상속해탈경』으로 번역했다.

6세기 초 남북조 시대에 이르러 당시 북조에서 활동하던 인도승 보리유지(菩提流支, Bodhiruci, 6세기 초)와 늑나마제(勒那摩提, Ratnanmati, 6세기 초)에 의해 세친의 저술 중 다수가 번역되었고, 이를 바탕으로 유식 연구가 체계적으로 이루어지기 시작했다. 특히 『십지경』에 대한 세친의 주석인 『십지경론』이 번역되면서 유식의 중심 개념인 알라야식에 대한 이론이 처음으로 소개되었다. 보리유지와 늑나마제는 『십지경론』의 번역을 함께 시작했다고 알려져 있으나, 이 문헌에 대한 해석상의 차이로 학파의 분리가 일어났다고 한다. 즉, 『십지경론』[『지론』]에 대한 보리유지와 늑나마제의 상이한 입장에 의해 각각 지론종(地論宗) 북도파와 남도파가 생겨났다고 전한다. 전승에 따르면 북도파는 모든 존재의 본체는 중생의 근본식인 알라야식이라고 주장했다. 이들은 업의 힘의 집합인 알라야식은 오염된 식[妄識]이고, 따라서 궁극적 실재인 진여(眞如)와 이 식이 구별된다고 보았다. 반면 남도파는 모든 존재의 본체는 궁극적 실재인 진여이며, 따라서 중생의 알라야식도 진여와 본질적으로 다르지 않은 진실한 식[眞識]이라고 보았다. 중생의 마음속 진실한 성품을 인정하고 있는 남도파의 입장은, 중생의 마음에 부처의 성품이 내재해 있다는 여래장사상과 상통한다고 여겨지기도 한다. 이후 북도파는 쇠퇴했고, 남도파는 지속적으로 번성하여 화엄종(華嚴宗)으로 이어졌음이 알려져 있다.

한편 6세기 중엽 중국 남조에서 활동한 인도승 진제(眞諦, Paramārtha, 499~569)에 의해 번역된 『섭대승론』은 섭론학파라는 또 하나의 유식학파의 이론적 기반이 되었다. 진제는 다수의 유식 논서를 번역했는데, 진제 자신은 그 중 『아비달마구사론』과 『섭대승론』을 중시했다고 전한다. 그는 당시의 불안정한 사회 상황으로 인해 생전 자신의 사상을 펼치지 못했지만, 그가 번역한 『섭대승론석』은 그의 사후 주목을 받게 되었다. 당시 북주의 폐불 상황을 피해 남조로 피신했던 승려들 가운데 『섭대승론석』의 연구자들이 생겨났기 때문이다. 특히, 지론종 남도파 승려 담천(曇遷, 542~607)은 『섭대승론석』의 사상적 중요성을 인식하여 북조로 돌아가 이를 유포했고, 마침내 진제의 『섭대승론석』을 바탕으로 한 섭론학파가 형성되었다. 진제가 번역한 문헌에는 아말라식(阿末羅識, *amalavijñāna*)이나 해성(解性)과 같은 독특한 개념이 포함되어 있었다. 정통적인 여덟 가지 식 이외의 식으로서 아말라식은 진여를 본체로 하는 청정한 식을 말한다. 이 식은 중생에 내재하는 진실한 식이라는 점에서 여래장의 함의를 지니는 것으로 보통 해석된다. 해성의 개념 또한 성인의 바탕[聖人依]이 되는 알라야식의 성질을 가리키는 것으로 설명되어 있기 때문에, 아말라식과 마찬가지로 중생의 마음의 진실한 성질의 의미를 가지는 것으로 여겨진다. 이러한 개념들을 바탕으로 진제의 섭론사상은 여래장사상적 성향을 지니는 것으로 해석되어 왔다. 그러나 진제 자신의 사상이 그의 사후에 형성된 섭론학파의 사상과 일치하는지, 또는 진제 번역에 등장하는 아말라식이나 해성의 정확한 의미가 무엇인지와 같은 문제는 아직도 학계에서 지속적으로 논의되고 있다. 지론학파와 섭론학파는 7세기 중반 현장(玄奘, 602~664)이 새로운 유식 문헌을 번역하기 전까지 동아시아 유식의 주류적 사상 흐름을 형성했다.

법상종과 논쟁들

7세기 중반, 『유가사지론』의 완본을 구하기 위해 서역으로 떠났던 현장은 17년간의 여행을 마치고 장안으로 돌아왔다. 이때부터 그는 인도에서 가져온 새로운 불교 문헌들을 번역하기 시작했다. 이 현장의 번역은 신역(新譯)이라 하여 보통 현장 이전의 번역인 구역(舊譯)과 구분된다. 현장의 제자 규기(窺基, 632~ 682)는 신역의 주요 유식 문헌들의 주석을 저술하여 새로운 유식 이론을 체계화했다. 이와 같이 신역을 바탕으로 한 유식 이론이 체계화됨에 따라 법상종(法相宗)이라고 불린 유식학파가 수립되었다.

신역을 바탕으로 한 법상종은 일반적으로 구역을 중심으로 성립된 이전의 유식학파, 즉 지론종이나 섭론종과는 사상적 차별성이 있다고 여겨진다. 가장 주된 차이점은 구역 유식은 유식설에 여래장사상을 도입한 반면, 신역 유식은 이를 고려하지 않고 있다는 점이다. 예를 들어 지론종 남도파나 섭론학파에서는 알라야식이 진실한 성품을 지닌다고 논의되어 왔고, 이런 점에서 이 학파들은 일반적으로 여래장사상의 영향을 받았다고 여겨진다. 이에 반해 법상종은 현상 세계에 속한 알라야식을 어디까지나 오염된 망식으로 보았다. 이러한 입장은 현장의 신역 유식 문헌 중 『불지경론』과 같은 논서에 포함된 오성각별설(五性各別說)과 같은 이론을 바탕으로 한다. 오성각별설이란 중생 각자에게 갖춰진 깨달음의 능력의 차별성에 따라 이들을 다섯 가지 부류로 나누는 설로서, 모든 중생에게 보편적으로 갖춰진 평등한 깨달음의 근거를 나타내는 여래장사상과는 상반되는 입장을 지닌다. 또한 오성 가운데 어떠한 깨달음의 능력도 갖추지 못한 부류를 가리키는 무종성(無種性)이라는 개념은 모든 중생에게 예외 없이 불성이 갖춰져 있다는 여래장사상의 입장과 완전히 상반되는 것으로 여겨졌다. 깨달음의 능력 혹은 근거를 둘러싼 구역 유식과 신역 유식의 입장의 차이는, 이른바 법성(法性)과 법상(法相), 혹은 성(性)과 상(相) 간의 이론적 대립으로 받아들여졌다. 이 이론적 대립은 당시 성과 상의 논쟁 상황으로 전개되었다. 여래장사상을 바탕으로 불성의 보편성을 주장하는 측에서는 오성각별설을 불완전한 깨달음이라고 폄하했다. 이에 반해 중생의 깨달음의 능력은 실질적으로 차별적이라는 입장에서 오성각별설을 주장한 법상종 측에서는 불성을 원리적 차원의 이불성(理佛性)과 실질적 차원의 행불성(行佛性)의 두 가지로 나누고, 이 중 깨달음의 직접적 원인은 차별적인 행불성이며, 보편적 불성은 다만 원리적 차원에서 설해지는 것이라고 했다.

현장의 신역을 배경으로 일어난 논쟁에는, 성과 상의 논쟁 외에도 공(空)과 유(有)의 논쟁이 있다. 중관과 유식 간의 사상적 대립으로 알려져 있는 이 논쟁은 현장이 중관논사 청변(淸辯/淸辨, Bhāviveka, 6세기 중반)의 『대승장진론』을 번역하고 이듬해 유식논사 호법(護法, Dharmapāla, 6세기 중반)의 『대승광백론석론』을 번역한 후 두 논사의 사상적 차별성이 불교계에 인식됨으로써 생겨난 것이다. 모든 것을 공이라고 주장하는 중관논사 청변의 관점이, 모든 것을 공이라고 할 수는 없다고 하는 유식논사 호법의 입장과 상충된다고 여겨진 것이다. 예를 들어 호법은 삼성(三性) 가운데 변계소집성만이 공이고, 의타기성과 원성실성까지 공으로 보아서는 안 된다는 입장을 취했다. 하지만 청변은 철저한 공의 입장에서 삼성 또한 공의 법칙의 예외가 될 수 없다고 주장했다. 현장의 제자이자 법상종의 실질적 초조로 알려져 있는 규기는 청변을 신랄하게 비판했다고 알려져 있다. 그는 청변의 공의 입장이 모든 것을 부정하는 잘못된 공[惡取空]이라고 했고, 불교 가르침의 체계상에서 청변의 가르침을 호법의 가르침보다 하위에 위치시키기도 했다. 이처럼 동아시아에는 현장의 신역이 진행됨에 따라 공과 유의 이론적 상충성 문제가 부상되었지만, 사실 이 대립은 이미 인도에서부터 제기되었던 문제이기도 했다. 결국 성과 상의 논쟁 및 공과 유의 논쟁을 거치면서 신역을 기반으로 한 법상종은 당대 유식학파의 주류가 되었고, 구역을 바탕으로 한 유식학파 중 지론종 남도파 계열은 화엄이라는 새로운 사상 체계로 계승되었다.

한국 고대 유식사상의 전개

유식의 한반도 전래

한반도에 불교는 4세기 후반경에 처음 전래되었지만, 유식사상은 6세기 말 유학승들에 의해 전해지기 시작했다고 추정된다. 고구려의 의연(義淵, 6세기 후반)이 576년에 지론종 남도파 승려 법상(法上, 495~580)에게 『지론』 등에 대해 문의하고 돌아왔다는 기록이 있으며, 신라의 원광(圓光, 558~638년경)도 589년 중국으로 건너가 섭론학을 접한 후 귀국했다고 전해진다.

삼국 중 유식이 가장 융성했던 나라는 신라이다. 중국에 유학한 원광의 귀국(600) 이래, 신라에는 유식사상의 자취가 뚜렷이 나타나고 있다. 원광이 중국에서 『성실론』, 『열반경』 및 섭론학을 수학했다는 기록을 바탕으로 이때 신라에 구역 유식인 섭론학이 전해졌다고 추정되고 있다. 또한 원광은 귀국 후에 『점찰선악업보경』이라는 경전을 바탕으로 점찰법회(占察法會)를 실시했다고 전해진다. 『점찰선악업보경』은 전생의 선업과 악업을 점으로 가늠해 참회를 실행하는 의례를 설한 경전이다. 『점찰선악업보경』과 점찰법회는 유식승들에 의해 중요시되었던 것으로 보이는데, 경덕왕 대 유식승 진표(眞表, 8세기경) 또한 이 경전에 근거해 점찰법을 실시했기 때문이다. 한편 『점찰경』의 설법 주체는 지장보살이므로 점찰법회는 지장신앙과 연결되기도 한다. 원광은 『여래장경사기』나 『대방등여래장경소』와 같은 여래장 계통의 저술 또한 남긴 것으로 알려져 있다.

이 시기의 또 다른 신라 승려 자장(慈藏, 594~655년경)은 638년 중국으로 건너가 법상(法常, 567~645)에게서 보살계를 받고 종남산에서 수행을 했다. 이후 643년 신라로 귀국한 자장은 선덕왕 때 대국통(大國統)으로 임명되어 불교 교단의 규율을 정비했고, 이 때문에 그는 율사로 알려져 있기도 하다. 하지만 그는 귀국 후 『섭대승론』을 강설하는 등의 활동을 했기 때문에, 사상적으로 구역 유식인 섭론학에 영향을 받은 것으로 추정된다. 다른 한편 자장의 사상은 화엄학과 연결되기도 하는데, 자장에게 계를 수여한 중국 승려 법상 또한 섭론뿐 아니라 열반·지론·화엄 등을 공부한 인물로 알려져 있기도 하다. 이상의 전승들을 바탕으로 지론과 섭론 등 구역을 바탕으로 하는 유식사상이 삼국시대 후기 무렵 한반도에 전해졌음을 알 수 있다.

중국에서 활동한 한국 유식가들

(1) 원측

한국과 중국 간 교류가 활발했던 당시 중국으로 건너가 활동한 다수의 한국 불교인들이 있었다. 중국에서 활동한 대표적인 한국 출신 유식승으로 원측(圓測, 613~696)이 잘 알려져 있다. 신라의 귀족이었던 원측은 15세경 입당하여 구역 유식과 신역 유식을 모두 공부했다고 한다. 그는 당시 저명한 구역 유식 계통 학승인 법상(法常, 567~645)과 승변(僧辨, 568~642)하에서 수학했고, 삼장법사 현장(玄奘, 602~664)이 인도에서 돌아왔을 때에는 그와 뜻이 서로 잘 맞았다고 한다.

과거 학계에서는 『송고승전』에 기록된 원측 비방설과 법상논사 규기의 제자 혜소(慧沼, 648~714)의 원측 비판을 바탕으로, 원측과 규기의 법상유식 사상이 상반된다고 여겼다. 즉, 원측은 진제와 같은 논사의 학설을 중시하고 여래장적 성향을 지니는 구유식 사상 지지자이고, 규기는 오성각별설을 주장하는 전형적인 신유식 법상가라고 본 것이다. 이런 맥락에서 원측을 계승한 서명파(西明派)와 규기의 입장을 지지한 자은파(慈恩派)라는 사상적으로 대립적인 두 계파가 법상종 내에 존재했다고 보았다. 이러한 구분을 바탕으로 신역 유식의 입장을 지닌 규기의 정통 법상종 사상에 비해 구역 유식의 성향을 지닌 원측의 유식사상은 법상종의 이계로 해석되기도 했다.

그러나 규기와 원측, 혹은 자은파와 서명파가 대립했다는 설은 역사적·사상적 문제점이 있음이 밝혀졌다. 즉, 『송고승전』의 원측 비방설이 근거 없는 날조임이 드러났을 뿐만 아니라 원측에 대한 혜소의 비판 또한 상당 부분 정당성을 결여하고 있음이 논증되었다. 또한 원측과 규기 두 당사자의 직접적 대립 사례 또한 찾을 수 없다는 사실을 바탕으로, 혜소의 원측 비판을 후대 문도들의 과열된 경쟁 양상의 일환으로 보아야 함이 지적되었다. 한편 원측의 유식사상에 대한 재검토 또한 이루어졌다. 원측의 사상적 입장이 기존의 주장과 같이 구유식에 기반을 둔 것이 아니라 어디까지나 신유식에 바탕을 두고 있다는 주장이 제기되었다. 이에 따르면 비록 원측이 자신의 저술에서 구유식가인 진제를 다수 인용하고 있다고 하더라도, 이는 다만 신유식 이론을 기준으로 한 것이며, 따라서 결국 그는 신유식의 입장을 충실히 계승한 법상종 논사라는 것이다.

원측과 규기의 사상적 대립설의 문제점이 인식됨에 따라 이와 같은 대립적 구도의 근거가 되었던 구역 유식과 신역 유식이라는 이분법적 구도를 재고해야 할 필요성 또한 대두되었다. 앞서 논의했듯이, 신역 유식이 전래됨에 따라 구역과 신역 유식의 사상적 상이성으로 인해 성과 상의 논쟁이 일어났다. 하지만 다른 한편 이 두 유식 조류 간의 근본적인 사상적 연계 가능성 또한 지속적으로 제기되어 오고 있다. 예를 들면 진제와 현장 간의 사상적 유사성이 논증되기도 했고, 현장 문하에 상당수의 구유식 계통 학승들이 수학하고 있었음도 지적되었다. 다시 말해 구역과 신역 유식의 옹호자들 간에 논쟁이 있었던 것이 역사적 사실이라 할지라도, 이것이 반드시 두 사상 조류의 근본적 상충성을 나타내는 것으로 단정 지을 수는 없다는 것이다. 이런 점에서 이분법적 대립 구도를 벗어난 구역과 신역 유식의 사상적 관계에 대한 설명 가능성이 모색되고 있으며, 원측의 유식사상 또한 이러한 새로운 질문들과의 연계성 속에 다각도로 고찰되고 있다. 가령, 원측이 구유식과 신유식 양자 중 어느 쪽의 입장을 취했는가와 같은 양자택일적 문제의 고찰에서 벗어나, 어떻게 원측이 이 두 상반되어 보이는 입장을 모두 수용할 수 있었는가와 같은 새로운 질문들이 제기되고 있다.

(2) 신라의 유학승들

현장의 신역 소식이 한반도에 전해지면서 많은 한국 승려들은 새로운 불교 교리를 공부하고자 중국으로 유학을 떠났고, 이에 따라 중국에는 다수의 한국 출신 유식가들이 활동하게 되었다. 자료에 따르면 한국 출신으로 알려진 유식사상가로, 앞서 언급한 신라의 원광과 자장 이외에 혜경(慧景, 7세기)·신방(神昉, 7세기)·순경(順憬, 7세기)·의적(義寂, 7세기 중반~8세기 초)·도증(道證, 7세기 중반~8세기 초)·둔륜(遁倫, 혹은 道倫, 7세기 후반~8세기 초)·승장(勝莊, 7세기 후반~8세기 초) 등이 있다. 이들이 구체적으로 어떠한 사상적 특징을 지녔는가는 자료의 부족으로 인해 명확히 밝혀져 있지 않다. 다만 분명한 점은 원측의 경우와 마찬가지로, 이 유식가들의 사상 또한 기존의 구역 유식과 신역 유식의 대립적 사상 구도를 통해서는 완전히 설명될 수 없다는 것이다. 원측을 위시한 신라 유식가들에 대한 앞으로의 연구는 이 점에 유의해 진행되어야 한다. 각각의 논사들을 간략히 소개하자면 다음과 같다.

시대적으로 현장과 규기 사이의 인물로 추정되는 혜경은 원측과 마찬가지로 구역 및 신역 유식을 모두 수학한 인물로 알려져 있다. 원측과 비슷한 시기에 활동한 혜경은 신·구역 유식 및 대·소승 아비달마에 정통했으며, 『유가사지론』 및 『섭대승론』에 대한 주석을 저술했다고 전해진다. 또한 그는 규기의 『유가사지론약찬』에 자주 인용되고 있기 때문에 규기에게도 상당한 학문적 영향을 준 것으로 추정된다. 다른 한편 진제가 번역한 유식학 논서 또한 자주 인용하고 있음을 볼 수 있다. 현장이 『대비바사론』을 번역할 때(656) 증의를 맡은 「서명사사문혜경(西明寺沙門慧景)」일 것이라고 추정된다.

현장의 번역 작업에서 증의 및 필수 역할을 맡았던 신방은 규기, 보광(普光, 645?~664), 가상(嘉尙, fl. 659)과 함께 당시 현장 문하 '네 명의 뛰어난 제자[四英]' 중 한 명으로 알려져 있다. 신방은 현장의 신역 가운데 『순정리론』이나 『성유식론』 등을 포함한 유식 계통 논서의 주석을 지었고, 『종성차별집』이라는 저술도 남겼다. 한편 그는 현장에게 『지장십륜경』의 역출을 건의했다고 전해지며(651), 이 경이 역출되었을 때 서문을 짓고 주석을 저술하는 등 이 경전을 중시하는 모습을 보였다. 또한 『지장십륜경』을 바탕으로 육시(六時)에 예참하고 고행 및 걸식 수행을 하는 등 지장예참교법을 실행하기도 했다. 이러한 행적으로 인해, 당시 지장신앙과 연계된 민중 불교학파인 삼계교(三階教)와 신방의 사상적 연관성이 제기되기도 한다.

현장 문하에서 수학했다고 알려진 또 한 명의 신라 승려인 순경은 불교 논리학인 인명학(因明學)에 뛰어났고, 『구사론』 또한 깊이 연구했다고 한다. 순경과 함께 동문수학한 규기는 자신의 『인명입정리론소』에서 순경에 대해 평하기를 두타행(頭陀行)을 닦으며 승속이 모두 공경하는 독보적 존재라고 칭찬한다. 현장이 인도에 머무를 때 모든 것이 오직 식(識)임을 증명하는 논증식인 유식비량(唯識比量)을 고안했는데, 순경의 귀국으로 이 논증식이 신라에 소개되었다. 당시 원효는 현장의 유식비량에 오류를 발견하고 결정상위(決定相違)의 비량을 지었는데, 이를 순경이 다시 당에 전했다고 한다. 한편, 『송고승전』에는 순경이 『화엄경』의 "처음 깨닫고자 하는 마음에서 바로 깨달음이 이루어진다"라는 구절을 비방하고 믿지 않아 산 채로 지옥에 떨어졌다는 설화가 실려 있다. 이 구절은 당시 화엄과 법상 간의 학파적 긴장 관계를 나타내는 것이라고 해석되기도 한다. 순경은 해동법상종의 시조로 거론되기도 한다.

의적은 당에 유학한 7세기경 신라 논사로서, 뚜렷한 기록은 없지만 현장 문하에서 수학했을 가능성이 높은 것으로 받아들여진다. 귀국 후 690년경 의적은 화엄논사 의상(義湘, 625~702)을 만나 화엄 이론에 대해 대론했고, 이후 의상의 입장을 받아들였다고 전해진다. 의상의 10대 제자(十大德) 중 한 사람으로 기록되어 있으나, 유식학승으로 보아야 한다는 견해가 일반적이다. 의적의 저술인 『대승의림장』에는 규기의 『대승법원의림장』에 대한 의적의 비판적 태도가 나타나 있다. 예를 들면 의적은 삼승(三乘)의 차별만을 주장하는 규기를 비판하면서 삼승의 차별을 부정하는 『법화경』의 입장 또한 진실이라고 한다. 또한 중관에서 중시하는 『반야경』이 유식의 근본 경전인 『해심밀경』과 마찬가지로 최상의 가르침이라고 주장하기도 했다. 의적은 유식 관련 저술뿐 아니라 반야·법화·열반·정토·미륵·범망·영락 등 다양한 계통의 경전에 대한 주석을 남기고 있다. 규기, 원측, 현범(玄範, 미상), 혜관(慧觀, 미상), 보광과 함께 당시 '유식육대가' 중 한 사람으로 거론된다.

도증은 원측의 제자로 알려져 있는 인물이다. 규기의 제자 혜소는 『성유식론요의등』에서 원측과 도증에 대해 비판적 태도를 취했다고 알려져 있다. 도증은 692년 귀국하여 효소왕에게 천문도(天文圖)를 바쳤다고 전해지며, 그 외의 귀국 후 활동은 전해지지 않는다. 『성유식론요집』과 같은 유식 계통 저술 이외에 『금강반야경소』·『반야이취분경소』 등을 저술한 것으로 보아, 원측과 마찬가지로 『반야경』 계통에도 포용적인 입장을 취한 것으로 보인다. 또한 인명학, 정토신앙 등에도 관심이 컸던 것으로 보인다.

신라 흥륜사 출신인 둔륜은 주로 중국에서 활동한 인물로 여겨진다. 왜냐하면 1933년에 발견된 둔륜의 『유가론기』 판본(705년경)에는 이 저술이 북송대까지 중국의 진정각산(眞定覺山)에 소장되어 있었고, 이후에 비로소 고려 의천(義天, 1055~1101)이 이 저술의 초본을 송에서 구해 갔다고 기록되어 있기 때문이다. 『유가론기』에는 『유가사지론』을 주석한 중국 및 한국 유식가들의 다양한 견해가 상세히 소개되어 있다. 『유가론기』에 등장하는 유식가들은 혜경·규기·원측 등을 포함하여 거의 50인에 이른다. 그중에는 혜경·원측·원효·순경·경흥(憬興, 7세기 후반) 등 다수의 신라 출신 승려들이 포함되어 있고, 따라서 이 문헌은 신라 고대 유식학의 중요한 연구 자료로 주목받고 있다.

승장은 원측의 제자로 알려져 있지만, 그에 대한 기록은 거의 전해지지 않으며 귀국 여부 또한 불분명하다. 다만 그는 여러 번역 사업에서 증의 등의 검수 임무를 맡은 것이 알려져 있다. 법상종의 중심 논서인 『성유식론』에 대한 주석뿐 아니라 여래장사상을 내포한 논서인 『대승기신론』의 주석으로 『기신론문답』 또한 저술했으며, 『불성론의』라는 저술도 남긴 것으로 전한다. 그 외에 『금광명경』과 『범망경』에 대한 주석 또한 전해오고 있다.

이 외에도 신라 출신 승려로 추정되는 다수의 인물들이 『유가론기』에 소개되고 있다. 예를 들면 '인법사(因法師)'는 영인(靈因) 혹은 지인(智因)으로 추정되고 있으며, '현사(玄師)', '범사(範師)', '달사(達師)'는 각각 승현(僧玄), 현범(玄範), 행달(行達)로 추정된다. 또한 '현응(玄應)'과 '곽사(郭師)'도 신라 승려일 가능성이 제기되고 있다.

한편 당에서 유학한 후 일본으로 건너가 활동한 신라 출신 승려들도 있다. 성덕왕 대 승려인 지봉(智鳳), 지란(智鸞), 지웅(智雄)은 왕실의 명으로 입당해(703) 혜소의 제자인 지주(智周, 668~723)에게 수학했고, 그 후 일본으로 건너가 원흥사(元興寺)에 머물면서 유식을 전했다고 한다.

한반도의 유식사상가들

(1) 원효

현장이 신역을 전한 7세기 중반 무렵에서 8세기 중반까지 한반도에는 유식사상이 융성했다. 신역 경론은 대부분 빠른 시일 내에 한반도로 수입되었고, 이에 따라 한국 승려들은 최신 유식사상을 신속히 접할 수 있었다. 예를 들어 648년에 번역된 『유가사지론』은 1년 만에 신라에 전해졌다고 한다. 이와 같은 중국과 한국 불교계의 밀접한 교류를 기반으로 당시 한국 승려들은 새로운 유식 문헌에 대한 연구를 활발히 진행했다. 이러한 시대적 흐름 속에서 앞서 언급했듯이 많은 승려들은 새로이 전래된 불교학을 배우려고 중국으로 유학을 떠나기도 했다. 신라의 원효(元曉, 617~686)는 당시 현장의 신역을 공부하기 위해 당나라로 유학을 떠나고자 한 승려들 가운데 한 사람이었다. 하지만 당으로 가던 도중 그는 깨달음을 얻었고, 이로 인해 결국 신라를 떠나지 않았다. 원효는 특정 학파에 소속되지 않는 포괄적 불교학을 전개했고, 이에 따라 그가 남긴 저술 또한 넓은 분야를 망라하고 있다. 이런 점에서 원효를 유식사상가로 한정지을 수는 없지만, 다른 한편 바로 이 이유로 인해 원효를 유식사상의 논의에서 배제할 수 없다. 즉, 원효의 사상 체계에는 다른 불교 사상들과 함께 유식사상이 중요한 부분을 차지하고 있는 것이다. 게다가 원효의 유식 이해는 구역과 신역의 이분법적 구분을 넘어선다는 점에서 새로운 사상 구도가 모색되고 있는 현재 동아시아 불교 연구에 중요한 시사점을 준다. 이런 점에서 신역 유식의 전래로 일어난 당시 불교계의 논쟁적 대립과 관련하여 원효의 유식관에 대해 기술해 보고자 한다.

원효의 사상은 기본적으로 『대승기신론』에 바탕을 둔다. 대승의 다양한 가르침들을 종합적으로 체계화하고 있다고 평가받는 『대승기신론』은 6세기 중반 북중국에서 등장했다. 하지만 약 100년 후 신역의 전래와 함께 논쟁이 일어나던 때에 원효에 의해 새로이 주목되기 시작했다. 이후 이 논서는 많은 불교 사상가들에 의해 중요시되었고, 마침내 동아시아불교 전통의 핵심 문헌 중 하나로 받아들여지게 되었다. 원효는 당시의 논쟁적 문제들을 『기신론』의 일심이문(一心二門) 이론을 통해 해결하려 했다. 일심이문이란 일심(一心)에 진여문(眞如門)과 생멸문(生滅門)의 이문(二門), 즉 두 측면이 갖춰져 있다는 것이다. 일심이란 실재(reality)를 가리키는 비유적 표현이다. 결국 일심이문이란 실재에 궁극적 측면(진여문)과 현상적 측면(생멸문)이 갖춰져 있음을 말한다. 궁극적 측면에서의 실재는 공이나 진여(眞如)로 논의되고, 현상적 측면에서의 실재는 중생의 생멸하는 근본식인 알라야식에 의해 나타난 이 세계를 가리킨다. 이 둘은 상반되는 것으로 여겨질 수 있지만, 근본적으로는 같지도 않고 다르지도 않은 관계를 지닌다. 왜냐하면 궁극적 진여와 현상의 세계는 같지도 다르지도 않은 상태로 결합되어 있기 때문이다. 『기신론』에서는 이 현상의 세계에 결합된 진여는 다름 아닌 중생에게 내재된 부처의 성품인 여래장이라고 한다. 즉, 여래장은 중생의 생멸하는 마음과 불이원(不二元)적으로 결합한 진여를 가리킨다. 결국, 『기신론』에서는 불이원적 성질을 지닌 여래장의 개념을 통해 궁극적 영역과 현상 세계가 서로 다르지 않음을 설하고 있다.

원효는 당시 전개되고 있었던 성상(性相)의 대립 및 공유(空有)의 대립을 『기신론』의 이론을 기반으로 해결하고자 했다. 그는 여래장이 중생의 생멸심과 같지도 다르지도 않은 상태로 결합하고 있다는 『기신론』 이론을 바탕으로, 여래장의 궁극적 성질과 생멸심의 현상적 성질 모두가 공존할 수 있다고 보았다. 즉, 원효는 한편으로는 여래장과 생멸심 간의 다르지 않은 상태의 결합을 통해 모든 것에 적용되는 여래장의 궁극적이고 보편적인 성질을 설명했다. 또한, 다른 한편으로 그는 이 둘 간의 같지 않은 상태의 결합을 통해 생멸심의 현상적이고 차별적인 성질을 설명했다. 다시 말해 원효는 여래장과 생멸심의 불이원의 결합을 불이(不異)의 결합과 불일(不一)의 결합 모두를 각각 인정하는 방식으로 해석했다. 여래장과 생멸심이 다르지 않음[不異]의 경우를 통해서는 여래장사상에서 주장하듯이, 중생의 마음에 보편적으로 내재하는 여래장 개념을 인정했고, 다른 한편 이 둘이 같지 않음[不一]의 경우를 통해서는 신역 유식에서 주장하듯이, 오염되고 차별적인 성질을 지닌 생멸심의 개념을 설명했다. 이 두 경우를 모두 인정함으로써 원효는 여래장사상과 신역 유식, 즉 성과 상이 상충되지 않음을 주장했다.

한편, 원효는 『기신론』의 여래장 개념을 바탕으로 공유의 대립 또한 해결하려 했다. 앞서 언급했듯이, 『기신론』은 현상의 생멸심과 같지도 다르지도 않은 상태로 결합한 진여로서 여래장 개념을 제시하여 궁극적 실재와 현상적 세계가 같지도 다르지도 않음을 설하고 있다. 이와 같이 이 두 영역을 연결하는 여래장 개념을 통해 원효는 궁극적 진여인 공을 강조하는 중관사상과 현상 세계의 차별성을 강조하는 신역 유식사상 간의 이론적 대립을 해결하려 했다. 신역과 구역의 이분법을 넘어선 포괄적 유식관을 바탕으로 그는 유식과 중관의 이론적 대립을 넘어선 공존의 대승관을 제시했다.

(2) 신라의 유식사상가들

유식사상의 융성과 함께 한반도에는 많은 유식사상가들이 출현했다. 잘 알려진 인물로서 백제 출신의 경흥(憬興, 7세기 후반)과 당에서 귀국한 순경 및 의적, 신라 유식학의 조사(瑜伽祖)로 전해지는 대현[大賢 혹은 태현(太賢), 8세기경], 실천 수행을 중시한 진표(眞表, 8세기경) 등이 있다. 앞에서 다룬 순경과 의적 이외 유식가들의 특징을 살펴보면 다음과 같다.

경흥은 삼장(三藏)에 통달한 고승으로서 신문왕 때 국로(國老)로 추대되었다. 원효 다음으로 많은 저술(총 47종)을 남겼지만, 현존하는 저술은 3종뿐이어서 그의 사상적 면모는 명확히 알려져 있지 않다. 그는 『해심밀경』·『성유식론』·『유가사지론』·『구사론』 등 유식 계통 문헌뿐만 아니라 『열반경』·『기신론』 등 불성 혹은 여래장사상 계통 문헌의 주석 또한 저술했다. 특히 많은 유식가들에 의해 주목된 『금광명경』에 대한 경흥의 주석은 다섯 종이나 된다. 그 외에 미륵신앙 및 아미타정토신앙과 관련된 다수의 주석 및 『약사경』에 대한 주석 또한 저술했다고 전해진다.

경덕왕 때의 승려 대현은 신라의 유식학 조사라는 기록이 있지만, 모든 중생에 내재한 보편적 불성 또한 인정했다는 점에서 중국 법상종 논사들과 구별된다. 즉, 대현은 이른바 성과 상의 두 사상적 성향을 모두 갖추고 있는 인물로 여겨진다. 그는 『성유식론학기』를 포함한 다수의 유식 관련 저술뿐 아니라 『화엄경』·『열반경』·『범망경』·『금광명경』·『기신론』·『약사경』 등의 주석 또한 남겼다. 이러한 대현의 복합적 사상 성향 때문에 그가 성종에 속하는가 혹은 상종에 속하는가와 같은 문제가 제기되기도 했다. 원효와 마찬가지로 대현은 유식, 중관, 여래장사상 간에 이론적 상충성이 있다고 여기지 않았고 대상의 차별성에 따른 각 가르침들의 개별적 의미와 가치를 인정했다. 다만 원효가 일승가(一乘家)로서 유식 및 중관의 가르침과 구분되는 별도의 여래장의 가르침을 인정했다면, 대현은 삼승가(三乘家)의 입장에서 유식 및 중관의 가르침의 구도 내에서 여래장의 가르침을 이해했다는 점에서 차별성이 있다.

대현과 마찬가지로 경덕왕 때 활동한 진표는 실천 및 신앙을 중시한 유식승이었다. 그는 『점찰선악업보경』에 바탕을 둔 점찰법회를 실시함으로써 일반 민중을 교화하는 실천수행운동을 펼쳤다. 진표의 노력으로 미륵불 및 지장보살 신앙, 그리고 점찰법회의 참회수행법이 옛 백제와 고구려 지방으로 확대되었다. 실천신앙을 중시한 진표의 활동은, 당시의 유식불교가 경주 왕실 및 귀족과 밀접한 관련을 가지고 교학 위주로 전개된 것과는 매우 대조적인 모습을 보여준다. 진표의 실천수행적 유식사상은 그의 제자들에게 계승되었고, 이후 고려시대까지 이어졌다.

이 외에도 명확한 행적이나 사상은 알 수 없으나 유식가로 알려져 있는 인물들이 있다. 의영(義榮)은 삼국통일 직후에 활동한 백제 출신 승려였다. 신역을 둘러싸고 논쟁이 일어났을 때, 그는 오성각별설을 비판한 영윤(靈潤, 7세기 중엽)을 옹호한 한편 영윤과 대립했던 신태(神泰, 7세기 중엽)에 대해서는 비판적 입장을 취했다고 한다. 의영의 저술로는 『약사론소』와 『유가론소』가 있다고 전해진다. 또한 『무량수경』의 주석을 저술한 인물들로서 영인(靈因)·법위(法位)·현일(玄一) 등이 있다. 영인에 대한 기록은 거의 남아 있지 않지만, 둔륜의 『유가론기』에 인용된 '신라인법사(新羅因法師)'가 영인일 것으로 추정된다. 한편 법위의 『무량수경』 주석인 『무량수경의소』는 경흥에 의해 인용되었고, 현일은 자신의 『무량수경』 주석에서 순경, 법위, 영인의 설을 다수 인용했다. 『성유식론』과 『유가사지론』의 주석을 남긴 것으로 전해지는 극태(極太)는 경흥의 『성유식론폄량』을 요약하여 『성유식론폄량초』 또한 저술했고, 『약사경』에 대한 주석으로 『약사경소』를 남겼다. 현륭(玄隆)은 일본 불교 문헌에서 분황사 출신으로 기술되고 있는 한국 유식 승려이다. 그는 오성각별설을 비판했기 때문에 구역 유식의 영향을 받은 인물로 추정되고 있다. 이상의 여러 유식사상가들의 활동을 통해 알 수 있는 것처럼 한국의 유식가들은 8세기 중반 무렵까지 당, 한반도, 일본에 이르는 광범위한 지역에서 활동을 펼치고 있었다.

한국 유식의 보편성과 차별성

고대 한국의 유식불교는 동아시아불교 사상계의 역동적 상황 속에 전개되어 왔다. 6세기 무렵 중국에서 유식불교에 대한 체계적 이해가 시작된 후 곧이어 한반도에 유식사상이 전해졌고, 7세기 중반경 신역 유식 문헌을 둘러싼 논쟁이 일어났을 때에는 한국 유식가들은 이 문제를 해결하고자 적극적으로 동참했다. 이처럼 한국 고대 유식불교는 당시 동아시아 불교계의 흐름의 일부로서 전개되어 왔으며, 따라서 이에 대한 이해는 그 흐름 속에서 이루어져야 한다.

다만, 동아시아 불교계의 상호 긴밀한 연관성에 대한 강조로 인해 한국 불교가 지닌 다양한 사상적 특질이 임의로 재단되어서는 안 될 것이다. 지금까지 한국 불교는 중국 불교의 학파적 구도나 사상적 틀 내에서 해석되어 온 경향이 있다. 이러한 접근 방식에는 한국 불교의 특징적 면모가 간과될 수 있다는 한계점이 내재되어 있다. 이것은 앞서 논의한 것과 같이 한국의 유식사상이 구역과 신역 유식이라는 중국 유식의 이분법적 구도로는 완전히 설명될 수 없다는 사실에서도 잘 드러난다. 이런 점에서 한국 유식불교, 나아가 동아시아 유식불교를 조명하는 앞으로의 노력은 다양한 사상적 가능성을 인정하는 열린 시각에서 이루어져야 할 것으로 보인다. 한편으로는 동아시아 불교 전체의 흐름을 고려하면서도, 다른 한편으로는 이 흐름 속의 다양한 사상적 특징들을 동시에 고찰할 수 있어야 할 것이다.

9 선의 수용과 선문의 형성

조명제 | 신라대학교 역사문화학과 교수

당대(唐代) 선의 흐름과 수용

신라 하대에 진골귀족체제의 모순이 드러나면서 왕위쟁탈전이 이어지고, 정치·사회적 혼란이 심화되었다. 이와 함께 지방 세력이 각지에서 대두해 새로운 사회 변화가 전개되었다. 이러한 변화와 함께 불교계에는 화엄학과 유식학을 중심으로 한 교학불교가 사상적 한계를 드러내고, 중국에 유학한 선종 승려들이 왕실, 지방 세력의 후원을 받으면서 각지에 선문을 개창했다. 이와 같은 현상은 8세기 후반 이후 당에 유학했던 승려들이 선을 배우고 9세기에 신라로 돌아오면서 비롯된 것이다.

신라 하대의 선종 수용에 담긴 역사적 의의는 1970년대에 역사학계에서 시대구분론과 관련해 주목하면서 부각되었다. 곧 신라 하대에 혁신적인 사상인 선종이 왕실 및 중앙귀족과 결합된 교종을 비판·대체했고, 독자적인 세력을 구축하던 지방 호족의 이념적 기반으로 수용되었다는 것이 주된 논지이다.

신라 하대 선종사에 대한 이해는 이후 연구에서 다양한 비판을 받고 새로운 성과가 축적되었지만, 여전히 해명되지 못한 영역과 한계가 남아 있다. 신라 선종사의 흐름은 당의 선종사와 밀접한 관계가 있지만, 선종사 전체를 아우르는 연구가 적은 데다가 선의 사상적 흐름을 정확히 반영하지 못한 한계가 있다.

대부분의 교과서와 개설서에 선종을 좌선에 의해 깨달음을 추구하는 종교라고 정의하거나 교종과 대비되는 불립문자(不立文字)·교외별전(教外別傳) 등으로 단순화해 선종의 특징을 설명하고 있다. 이러한 설명은 선에 대한 통념적인 이해에 불과하며 적절한 정의라고 할 수 없다. 불립문자라는 표현은 이론적 구속을 경계하는 것이며, 불교 교학을 몰라도 좋다는 통속적 의미가 아니다. 또한 교외별전이라는 용어는 선종의 종파적 우월성을 보여주는 표현에 불과하다.

물론 넓게 보면 선은 본래 인도문명이 원류인 수행법이며, 초기 불교 이래 다양한 선의 실천 방법이 제시되었다. 또한 부파불교·대승불교 등으로 이어지면서 선의 사상과 실천도 다양하게 발전했다. 이러한 흐름은 불교가 중국에 전래되면서 대체로 수용되었다. 그러나 중국 문화라는 풍토에서 형성된 선종은 당 대에 출현하며, 8세기 후반에 선의 실질적인 제창자인 마조 도일(馬祖道一)을 비롯한 선사들이 제시한 선은 인도불교에서 제시한 선의 흐름과 다르다.

통념적인 이해와 달리 좌선은 통불교적인 수행이고, 나아가 불교에만 존재하는 것도 아니다. 넓은 의미에서 보면 좌선은 일종의 명상 수행이라 할 수 있고, 어느 종교든 제시하고 있다. 오히려 선의 실질적인 제창자인 마조 도일은 좌선이 필요하지 않다고 강조했다.

마조의 선은 즉심시불(卽心是佛)·작용즉성(作用卽性)·평상무사(平常無事) 등으로 요약된다. 마조는 마음이 곧 부처(卽心是佛)이며, 수행으로 미혹한 마음을 부처의 마음으로 전환하는 것이 아니라 "일상의 있는 그대로의 마음이 도(平常心是道)"라고 강조했다. 마조는 가고 머무르고 앉고 눕는 일상의 모든 행위가 도라고 본다. 마조는 인간이 모두 각성한 세계에서 살아가고 있기 때문에 일상생활 속에 자족하면 좋은 것이며, 그 밖에 불법을 배우고 수행을 하고, 좌선을 해서 깨달음을 구할 필요가 없다고 본다. 이와 같이 수행이 필요 없고, 일상을 있는 그대로 긍정하는 사고는 그에 수반하는 실천의 형태로서 현실의 있는 그대로의 모습을 그대로 이상적 상태로 간주하는 평상무사(平常無事) 사상으로 이어졌다.

그런데 마조선이 성행하면서 선종에 다양한 현실적인 폐단이 생겨났다. 곧 안일한 현실 긍정 사고가 유행하면서 깨달음을 추구하는 선승 본연의 자세를 잃어버리게 된 것이다. 석두 희천(石頭希遷)은 마조선이 초래한 현실적인 폐단에 대한 비판을 제기한 대표적인 선사이다. 마조의 선이 있는 그대로의 자기를 부처로서 긍정하는 방향에 초점을 맞춘 것이라면, 석두의 선은 있는 그대로의 자기를 부정하고 부처로서의 본래의 자기를 찾는 방향에 초점을 맞춘다. 석두계의 선사들은 법성(法性)·불성(佛性) 등의 본래성과 모든 일상의 행위인 현실태(現實態)의 작용을 마음 아래에 무매개적으로 등치한 마조선을 비판했다. 이와 같이 당의 선종사는 크게 보면 마조계와 석두계로 나뉘어 전개되었으며, 이들 문하에 유학한 신라 선승들이 다양한 선문을 열어 신라 하대의 선종을 이끌었다.

한편, 선종은 붓다부터 중국에 선을 전한 보리달마 사이에 조사에서 조사로 가르침이 이어졌다고 주장했다. 이러한 주장은 선종에서 흔히 사자상승(師資相承), 이심전심(以心傳心)이라는 표현으로 제시된다. 다른 종파와 달리 선종은 법통(또는 법계, 법맥)이라는 특유의 전등 계보를 유독 강조한다.

그리하여 달마(達摩) 이후 2조 혜가(慧可)-3조 승찬(僧璨)-4조 도신(道信)-5조 홍인(弘忍)을 거쳐 6조 혜능(慧能)으로 이어지는 법맥을 정통이라고 주장한다. 선종이 제기하는 정통성은 사실과 관련 없이 선종의 형성과 전개에 깊은 영향을 미쳤다. 특히 하택 신회(荷澤神會)가 6조 혜능을 정통으로 표방하면서 제기한 남종 정통설은 이후 각종 계보가 육조-남악-마조 계보로 수렴되는 법통 투쟁의 흐름으로 이어졌다.

선문의 형성과 사회경제적 기반

8세기 후반 이후 신라 승려들이 선을 배우기 위해 당으로 유학하는 것이 유행했다. 그런데 회창 연간(841~846)에 당의 무제가 불교를 탄압하는 정책을 단행했고, 그에 따라 유학승들이 신라로 돌아오게 되었다. 선승들은 각지에서 선문(또는 산문)을 개창했는데, 이를 구산선문이라 한다. 구산선문은 수도 경주에서 거리가 먼 전라도·충청도·강원도 등 외곽 지역에 대부분 설립되었다.

구산선문은 도의를 계승한 보조 체징(普照體澄)이 개창한 가지산문, 증각 홍척(證覺洪陟)의 실상산문, 적인 혜철(寂忍惠哲)의 동리산문, 진경 심희(眞鏡審希)의 봉림산문, 철감 도윤과 그의 제자 징효 절중(澄曉折中)의 사자산문, 통효 범일(通曉梵日)의 사굴산문, 낭혜 무염(朗慧無染)의 성주산문, 지증 도헌(智證道憲)의 희양산문, 진철 이엄(眞澈利嚴)의 수미산문 등을 일컫는다.

구산선문 가운데 희양산문, 수미산문을 제외한 일곱 선문이 마조의 문하인 서당 지장, 장경 회휘, 마곡 보철, 염관 제안, 남전 보원 등의 법맥을 계승했으므로 마조선의 영향이 압도적이다. 이러한 선문 이외에 진감 혜소(眞鑑慧昭)가 개창한 쌍계사, 요오 순지(了悟順之)의 서운사, 보양(寶壤)의 운문사 등도 존재했다. 그러므로 구산선문은 9곳의 선문에 한정되지 않으며, 신라 하대의 선종을 이르는 상징적·관행적인 표현이라 하겠다.

9세기 말에 이르러 석두의 선을 계승한 선사들이 등장하면서 점차 구산선문에 사상적 변화가 나타났다. 예를 들어 찬유(璨幽)는 석두 희천-단하 천연(丹霞天然)-취미 무학(翠微無學)-투자 대동(投子大同)으로 이어지는 법맥을 계승했다. 행적(行寂)·현휘(玄暉)·경보(慶甫) 등도 석두의 법맥을 이었다. 수미산문을 개창한 이엄(利嚴)과 형미(逈微)·경유(慶猷)·여엄(麗嚴) 등 사무외사(四無畏士)로 불리는 선승들은 석두계 가운데 운거 도응(雲居道膺)의 법맥을 계승했다. 이와 같이 신라 선종에 마조의 선이 먼저 성행했고, 이어 신라 말에 석두의 선이 수용되고 확산되었다.

한편 선종이 신라 불교에 수용되는 과정에서 교종의 비판을 받거나 교와 선의 갈등이 나타났다. 선종은 교종에 대한 선의 우월성을 주장하는 언설을 제기했고, 교종 승려들이 선으로 나아가는 흐름이 성행했다. 또한 선종의 정통성을 확보하기 위한 참위설이 유행했다. 불법(佛法)이 동쪽으로 흘러간다는 구참설(鉤讖說)은 신라 선종이 중국 선종의 정통을 계승했다는 주장과 함께 신라 선종의 우월성을 내세우기 위해 제기된 예언이다. 남종선의 정통을 이었다는 주장은 혜소가 창건한 쌍계사에 육조 혜능의 영당(影堂)을 세운다든지, 육조의 정상(頂相)을 쌍계사에 갖고 와서 육조 정상탑에 봉안했다는 전승이 이어지기도 했다.

이러한 흐름과 달리 선사들 가운데 교와 선의 조화를 주장하는 경우도 존재했다. 이는 선승들이 화엄사상을 기반으로 선을 수용한 경향과 무관하지 않은 것으로 보인다. 선승들은 본래 신라 화엄학의 본산인 부석사·해인사·화엄사 등에서 화엄교학을 이수한 후에 선으로 나아갔던 경우가 적지 않다. 또한 보림사·도피안사 등을 비롯한 선종 사원에 『화엄경』의 교주인 비로자나불을 주불로 봉안하는 것이 유행했는데, 여기서 선종과 화엄의 관계가 잘 드러난다.

구산선문은 왕실, 귀족과 지방 호족의 후원으로 토지와 노비를 비롯한 경제 기반을 갖고 있었다. 봉암사의 경우 경문왕의 누이 단의장옹주가 토지와 노비를 후원했고, 도헌이 본래 소유한 500결을 절에 기증하기도 했다. 또한 태안사가 토지 494결, 시지 143결, 염전 43결, 식량 3000석, 노비 23명 등을 소유한 기록이 있을 정도로 선문은 커다란 경제력을 갖추고 있었다. 이와 같은 경제 기반을 토대로 선문은 수백 명 이상 대집단이 본사를 중심으로 거대한 세력을 형성했다. 예를 들어 보림사 체징 문하에 800여 명, 성주산문 낭혜 문하에 2000명, 흥녕사 절중 문하에 1000여 명이 있었다고 한다. 각 선문은 대체로 400~500명이 상주하고, 500결에 이르는 토지를 소유한 것으로 보인다.

또한 선문은 일정한 영역에서 독자적인 세력을 이루었던 것으로 보인다.

예를 들어 문성왕은 적인선사 혜철이 주석하던 태안사 사방에 살생을 금지하는 '금살지당(禁殺之幢)'을 세우도록 했다. 이는 태안사의 영향력이 배타적·독점적으로 미치는 영역을 표시한 것으로 보인다. 나아가 태안사는 진주·영광·나주·보성·승주 등 현재의 전라남도·경상남도 지역 여러 곳의 토지를 소유했다.

이와 같이 선문의 토지는 한 지역에 집중된 것이 아니라 여러 지역에 분산되어 있었고, 멀리 떨어진 지역의 토지를 관리하기 위한 조직으로 장사(莊舍)를 여러 곳에 설치했다. 예를 들어 수미산문의 이엄이 창건한 광조사는 장사를 한 곳에 두었지만, 늘어난 토지를 관리하기 위해 세 곳에 장사를 두었다. 희양산문의 경우에도 500결에 이르는 토지를 12구로 나누고 장사를 두어 경영했다. 각 선문에서는 장사의 경영을 담당하는 지장(知莊)을 파견해 관리했다.

사원경제의 경우 직세승(直歲僧)이 장원을 관리하고, 전조를 거두는 일을 담당했던 것으로 보인다. 사원 경제를 담당하는 직세는 유나(維那), 전좌(典座)와 함께 삼강(三綱) 직제의 하나로 선문 운영에서 중시되었다. 사원전 경작은 농민, 노비, 하급 승려 등이 담당했다.

한편 기존 연구에는 『백장청규』의 도입으로 선승이 농업 노동에 적극 참여한 것으로 이해하기도 한다. 중국에 불교가 수용된 이후에 유교 지식인들은 승려가 생산노동에 참여하지 않는 것을 무위도식으로 비판했다. 이러한 비판은 문화 전통의 차이를 감안하지 않은 일방적인 공격에 가깝지만, 승려들은 그에 대한 대응을 다양하게 제시했다. 그런데 마조 이후의 선종에서는 일상성을 중시하므로, 일반 사회생활에서 격리되어 수행공동체를 지향하는 계율에서 벗어나 독자적인 생활규범인 청규를 제시했다. 선종에서는 인도에서 금지된 농업 노동을 수행의 일환으로 긍정하여 작무(作務)·보청(普請)이라 하여 적극적으로 수용했다.

신라 하대에 선문이 형성되면서 청규가 도입되었을 가능성이 있지만, 선승의 노동은 제한된 범위에 그친 것으로 보인다. 예를 들어 낭혜가 대중보다 노역에 힘썼다는 표현이 그의 비문에 나오지만, 이는 선사 개인이 일상이나 노동을 중시하는 면모를 보여주는 것에 불과하다. 따라서 선승들이 노동을 수행의 일환으로 받아들였지만, 선승들이 선원의 생산노동을 전담하는 수준이었다고 보기는 어렵다.

한편 선문이 막대한 경제 기반을 갖추고 있었기 때문에 사회적으로 혼란했던 당시에 각지에서 일어난 초적이나 도적의 약탈 대상이 되기도 했다. 특히 진성여왕 대를 거치면서 사원에 대한 공격과 약탈이 늘어났다. 사굴산문의 개청이 초적의 습격을 여러 번 받았고, 성주산문의 현휘도 도적의 습격을 받았다. 초적과 도적의 침입은 사원에 적지 않은 피해를 미쳤다.

초적과 도적의 공격에 대비해 선문은 자체적으로 무력 기반을 갖추거나 지방 호족의 보호를 받았다. 예를 들어 낭혜 비문에는 그가 성주사에 침입한 도적 떼를 교화해 100여 명을 출가시켰다는 기록이 있다. 이는 비문의 주인공 낭혜의 종교적인 교화를 강조한 표현이기는 하지만, 무력으로 초적과 도적 세력을 물리치거나 포섭한 것으로 보인다.

이처럼 선종 사원의 경제 기반을 노린 도적·산적·농민군 등의 침입이 이어져 사원이 폐사되거나 안전한 곳으로 선승들이 떠나게 되었다. 선승들은 각지의 지방 세력들의 지원을 받았는데, 후삼국 전쟁이 격화되면서 고려·후백제 등 새로운 정치권력과 결합하는 방향으로 나아갔다.

신라 하대 사회와 선문

신라 하대의 선문은 왕실 및 귀족, 지방 호족의 후원을 받았으며, 선사들은 이들과 정치사회적으로 다양하게 교류했다. 초기 연구에서는 선종과 지방 호족의 결합이 강조되었지만, 선종이 수용되는 과정에서 선사들은 왕실의 후원을 받았다. 그들은 왕실에 초청되거나 정치에 대해 조언하는 등 다양한 관계를 맺고 있었다. 선종은 다른 종파와 마찬가지로, 기본적으로 국가권력과의 관계를 의식하지 않을 수 없었다. 비문 자료가 남아 있는 선승들의 3분의 1은 왕실과 관계를 맺었는데, 주로 문성왕·헌안왕·경문왕·헌강왕·정강왕 대에 집중되었다.

다만 선문과 왕실이 일방적으로 관계하지는 않았다. 예를 들어 범일·체징 등은 왕실의 초청을 거절했고, 혜철·낭혜 등은 왕실에서 정치적 자문을 구하자 그에 응했다. 혜소·낭혜·도헌 등은 상황에 따라 왕실의 초청에 응하기도 하고 거절하기도 했다. 선사들은 국왕이 정치적으로 자문을 구하면 구체적으로 조언하고 방향을 제시했다. 예를 들어 혜철은 문성왕에게 봉사(封事)를 올려 정치적으로 조언했고, 심희는 경명왕의 초청으로 918년에 왕실을 방문해 국가를 다스리고 백성을 편안하게 할 방법을 제시했다.

그 중에서도 낭혜 무염의 제안이 주목된다. 낭혜는 세 차례나 신라 왕실을 방문해, 국왕의 정치적인 자문에 적극적으로 응했다. 헌안왕이 즉위해 국정에 도움이 될 말을 요청하자 낭혜는 『예기』를 인용해 군주가 백성에게 충성과 공경을 얻으려면 예의와 충신, 정성으로 그들을 대해야 한다고 조언했다. 이뿐 아니라 육경(六經)과 삼경(三卿)을 활용할 것을 권하고 '능관인(能官人)'을 강조했다. 이는 관료를 활용해 좋은 정치를 하라는 권고였다. 또한 나라에 이익을 주는 것이 무엇인지를 묻는 헌강왕에게 낭혜는 하상지(何尙之)가 송의 문제에게 올린 상소문을 인용해 대답했다. 본래 하상지의 글은 불교의 오계(五戒)와 십선(十善)을 중시하면서 그에 의한 통치를 제안한 것이다. 즉, 하상지는 불교를 통해 선을 행하고 악이 사라지면, 형벌이 그치고 나라가 태평해진다고 보았다. 낭혜는 이처럼 신라 왕실에 대해 유교적 정치 이념을 제시하는 한편, 불교의 정치적 효용성도 강조한 것이라 하겠다.

낭혜가 선승임에도 불구하고 국왕의 정치 자문에 유교 정치 이념을 제시한 것은 출가 전에 수학한 유학 지식에서 비롯되었다. 또한 선종에서는 현실 정치에 대한 인식을 구체적으로 제시하지 않기 때문에 유교 정치 이념을 제시한 것으로 보인다. 낭혜는 정치 상황에 따라 정치권력에 대한 입장을 바꾸기도 했다. 신라 정강왕이 즉위해 낭혜를 초청했으나 그는 병을 핑계로 응하지 않았다. 낭혜의 문도는 신라 왕실보다 고려 왕실과의 관계를 중시했다.

신라 말에 사회적 혼란이 심화되고 지방 호족의 영향력이 확대되자 선문은 신라 왕실과의 관계에 거리를 두었다. 지방 호족들은 선문의 단월로서 선문을 적극적으로 후원했고, 도적과 초적 등의 위협에서 보호했다. 선문이 지방 호족과 결합되면서 풍수지리설은 호족들의 정치적 입지를 옹호하는 데에 활용되었다.

풍수(風水)는 땅의 기를 살펴 땅의 성격을 이해하고, 땅과 인간이 어떠한 관계를 맺는지를 이해하는 것으로, 도시, 촌락, 주거나 분묘 위치를 어떻게 선택하는지 가르쳐주는 해석 체계이다. 이론적으로 체계를 갖춘 풍수가 신라 중대 이후에 수용되어 신라 말 도선을 비롯한 선승들을 통해 널리 확산되었다. 선사들이 각지에 선문을 개창할 때, 풍수지리설에 따라 절터를 골라 결정한 사례가 적지 않았다. 선종 사원이 대부분 경주와 거리가 먼 지역에 위치하므로, 풍수를 통해 선문에 자리한 곳이 신라에서 뛰어난 곳(勝地)임을 표방해 선문의 위상을 확립하려 한 것으로 보인다. 이뿐만 아니라 선문은 현실적으로 수백 명에 이르는 집단을 수용하고, 도적의 침입을 막기에 유리해야 했다. 이러한 조건에 맞는 입지를 찾는 데에 풍수지리설을 활용한 것이다.

예를 들어 혜철은 동리산에 태안사를 개창하면서 그곳이 수많은 봉우리가 가리고 강이 맑게 흐르며, 용과 신이 상서와 신이를 나타내고 여름에는 서늘하며 겨울에는 따뜻해 삼한의 승지라고 했다. 수철(秀澈)의 비문에는 그가 『십지경(十地經)』을 지어 세 산을 진압했다고 할 만큼 풍수에 대한 조예가 깊었던 것으로 보인다. 요오 순지는 서운사(瑞雲寺)를 개창할 때에 길하고 상서로운 땅(吉祥之地)을 찾아 골랐다.

도헌은 심충이 기진한 희양산 땅의 풍수를 보고 봉암사를 건립했다. 그는 그곳에 사원을 짓지 않으면 도적의 소굴이 될 것이라고 하면서 기와로 인 처마가 사방으로 이어지도록 일으켜 지세를 진압하고, 쇠로 만든 불상 2구를 주조해 절을 호위하도록 했다. 이런 과정은 도헌의 비문에 비교적 자세히 서술되었는데, 이를 통해 봉암사 건립에 비보사탑설이 적용되었음을 알 수 있다.

비보사탑설은 어느 터에 허결(虛缺)이 있거나 지나칠 때 사찰, 탑, 불상으로 보완하거나 눌러 전체적 조화와 균형을 추구한 것이다. 곧 불보살의 힘으로 풍수적인 부족함과 모자람을 보완하고자 한 의도가 드러난다. 특히 도선의 비보사탑설은 거주의 '최적지'를 찾는 기존 명당론과 달리 주거의 최적지로 가꾸는 비보론으로 발전한 것이다. 나아가 도선은 풍수를 통해 국토 전체를 재편성하고자 한 의도가 담겼다. 이러한 풍수지리설의 제시는 경주를 국토의 중심에 둔 영토관에서 벗어나 지방 중심으로 변화한 현실을 반영한다. 나아가 한 지방을 명당으로 혹은 국토의 중심부로 설정함으로써 지방 호족 세력을 옹호하는 정치적 성격을 띤다.

불교는 종교적인 범위에 국한되지 않고 문화, 예술에도 폭넓은 영향을 미쳤는데 선종의 수용도 마찬가지다. 예를 들어 혜소가 당에 유학해 불교음악인 범패(梵唄)를 도입한다든지 선원의 일상에서 자리 잡은 차 문화가 수용되었다. 선종의 문화예술은 특히 승탑을 통해 잘 드러난다. 승탑은 선승이 입적한 후에 화장을 하고 수습한 사리(유골)를 안치한 묘탑이다. 신라 하대에는 팔각원당형 승탑이 유행했는데 진전사지 승탑, 염거화상탑, 쌍봉사 철감선사탑 등이 대표적인 승탑으로 남아 있다.

승탑은 주인공인 선사의 탑비와 함께 건립되는데, 국왕의 승인이 필요했다. 선사가 입적하면 제자가 스승의 행적을 정리한 행장을 작성하고 국왕에게 탑비와 승탑의 건립을 요청했다. 유명한 선사는 국사로 책봉되고 시호와 탑호가 하사되었다. 이어 왕명에 따라 비문이 작성되는데, 문장가로 알려진 최치원과 같은 인물이 사륙변려체(四六騈儷體)로 비문을 지었다. 비문의 글씨 역시 당대의 명필이 쓰게 했다. 따라서 승탑과 탑비는 신라 하대의 미술·서예 등 문화예술을 대표하는 문화유산이며, 선종사를 비롯한 하대 사회상을 이해하는 데에 1차 자료로서 중요하다.

신라 하대는 진골귀족체제라는 폐쇄적인 기득권 사회가 해체되고, 지방 호족이라 불리는 새로운 세력 계층이 성장함으로써 지방분권화, 지역사회의 성장과 분화가 이루어졌다. 이러한 정치사회적 변화에 맞춰 도당 유학생과 유학승들이 신라로 돌아와 지역사회에서 활동하면서 경주에 국한되었던 중국 문화가 지방으로 확산되었다. 선종은 지역사회에 중국의 고전문명을 확산시키는 역할을 수행했다. 같은 도당 유학생인 유교 지식인이 사회를 주도하지 못한 것에 비해 선문은 지방사회의 문화적 구심점 역할을 수행했다.

10 미륵신앙의 수용과 전개

정미숙 | 부경역사연구소 연구원

미륵신앙이란?

불교 교단은 석가모니가 입멸한 후 약 100년이 지나면서 교리와 계율에 대해 견해 차이를 드러내어, 상좌부(上座部)와 대중부(大衆部)로 분열되었다. 두 교단은 분열을 거듭해 400년 무렵에는 총 20부파로 나뉜다. 이를 '부파불교'라고 부르고, 이전의 불교를 '원시불교' 또는 '근본불교'라고 한다. 부파불교 시대의 각 부파는 전승되어 온 경장(經藏)을 기준으로 교법을 탐구해 체계적인 이론을 정립하는 작업을 했다. 그 연구 성과를 논장(論藏)이라 하며, 부처의 설법인 경장, 수행자가 지켜야 할 율장(律藏)과 함께 삼장(三藏)을 구성한다. 삼장의 성립은 부파불교의 가장 큰 업적이라 할 수 있으며, 이 시대 불교를 아비달마(阿毘達磨) 불교라고 부른다. 아비달마는 법(dharma)에 대한(abhi) 연구라는 것으로 대법(對法) 또는 승법(勝法)으로 번역한다.

부파불교의 중심은 출가 수행자로, 이들은 국왕이나 귀족 등 지배층의 지원을 받으며 세속을 떠나 승원에서 승단을 이루어 수행과 연구에 전념했다. 그러나 점차 불교의 교리가 복잡해지고 분파가 나뉘면서 서력기원 전후로 대승불교운동이 일어난다. 대승(大乘)은 어리석음과 번뇌의 이 언덕에서 깨달음과 열반의 저 언덕으로 실어 나르는 수레가 크다는 것이다. 더 많은 대중을 교화하고 인도하는 이러한 불교계의 움직임은 혁신적인 수행자들이 주도하고 재가인들이 적극적으로 참여했기에 가능했다. 이들은 열반을 추구하는 아라한의 길을 소승(小乘)이라 비판하면서, 자신의 깨달음을 구하면서 중생을 제도하는 자리이타(自利利他)적인 보살을 이상적인 인간상으로 부각시켰다.

보살은 보리살타(菩提薩埵, Bodhisattva)의 줄임말로 보리는 깨달음을, 살타는 중생이나 생명이 있는 존재를 뜻한다. 그러므로 보살은 육바라밀을 수행해 위로는 부처의 깨달음을 추구하면서 아래로는 중생들을 교화해 깨달음의 길로 나아가게 하는 대승불교의 수행자라고 정의할 수 있다. 대승의 경전에는 무수한 보살들이 등장하는데, 대표적으로 관세음·문수·보현·지장·미륵 등이 있다. 보살들은 모든 중생이 붓다가 될 수 있는 성품 곧 불성(佛性)을 가졌음을 인정하는 바탕 위에 중생이 현실적으로 쉽게 실천할 수 있는 수행법을 펼친다.

미륵보살은 인도 바라내국의 바라문 집안에서 태어나 부처의 교화를 받고, 미래에 성불하리라는 수기(受記)를 받아, 도솔천으로 올라가 그곳에서 천인들을 교화한다. 도솔은 범어 투시타(Tuṣita)의 음차로 환희나 만족을 뜻하고, 도솔천은 하늘 세상으로, 온통 즐거움이 가득한 천상 세계를 말한다.

미륵보살은 석가모니의 열반 후 56억 7000만 년 뒤 도솔천의 수명이 다할 때 하늘에서 인간이 사는 지상(閻浮提)으로 내려온다. 미륵은 바라문의 딸인 범마파제(梵摩波提)의 모습으로 태어나, 용화수 아래에서 세 번에 걸쳐 인연 있는 사람들에게 설법을 행하게 된다고 한다. 미륵을 믿고 수행하고 선근을 쌓아서 용화삼회의 설법에 참가하여 구원을 받으려는 것이 미륵신앙이라 할 수 있다.

중생과 미륵이 만나는 방법을 기준으로 미륵신앙은 상생과 하생으로 나뉜다. 상생은 신앙자가 죽은 후에 미륵보살이 현재 머물고 있는 도솔천에 태어나기를 원하는 것이고, 하생은 미륵보살이 인간으로 태어나 성불한 후 세 번의 설법을 통해 이 세상의 중생을 구제할 때 신앙자도 구제되기를 원하는 것이다. 또 미륵신앙에는 교화 대상인 중생을 근기에 따라 상·중·하 품(品)으로 나누고, 각 근기에 알맞은 신앙 방법을 설명한다. 중품의 근기를 위한 『미륵상생경』, 하품을 위한 『미륵성불경』과 『미륵하생경』, 상품을 위한 『관불삼매해경』과 『대방등다라니경』으로 나누었다. 원효는 『미륵상생경종요』에서 세 가지 경전의 같고 다름을 설명하면서 "옷을 꿰맬 때는 짧은 바늘이 필요한 것이니, 비록 긴 창이 있다고 해도 쓸 곳이 없다. 비를 피할 때는 작은 우산이 쓸모 있으니, 비록 온 하늘을 덮는 것이 있다 해도 도움이 될 것이 없다. 따라서 소승이라고 가볍게 여겨서는 안 된다. 그 근기와 성품에 따라 대승과 소승이 모두 보배가 된다"라고 했다. 그러므로 원효는 근기에 따라 신앙 방법은 다르지만 그 결과는 같다는 것을 설명했다고 볼 수 있다.

삼국의 미륵신앙

불교는 공식적으로 4세기 후반 즈음부터 삼국에 전해진다. 수용 단계에서 가장 쉽게 알려진 불교 교리는 '업설'이다. 업설은 불교의 복잡다단한 교리 중에서 가장 초보적인 단계로, 선업에는 반드시 좋은 과보가, 악업에는 나쁜 과보가 반드시 따른다는 것이다. 선업과 악업에 대한 대가를 반드시 각자가 책임져야 하며, 죽음 이후 태어나는 곳 또한 업에 의해 결정된다. 그곳이 천상, 인간, 아수라, 아귀, 축생, 지옥의 육도이다. 기존의 재래 신앙이 설명하지 못했던 죽음 이후를 외래 종교인 불교는 육도윤회라는 내용으로 선명하게 설명했다. 여기에 등장하는 천상이 이상세계인 정토(淨土)이다. 정토로는 미륵이 주재하는 도솔천과 아미타가 주재하는 극락이 대표적이다. 불교 신앙자의 궁극적인 목적은 윤회의 수레바퀴를 벗어나 열반에 드는 것이지만, 정토왕생 또한 불교를 신앙하는 이유라 할 수 있다.

삼국 가운데 신라는 업설을 적극적으로 수용했고, 이 업설은 전륜성왕설과 결부되어 불교 수용 초기부터 나타났다. 이로써 신라에서 왕실과 귀족의 지배를 조화롭게 뒷받침해 주는 관념으로 이해되었다. 전륜성왕은 통치의 수레바퀴를 굴려 세계를 통일해 지배하는 이상적인 제왕으로, 인도를 처음 통일해 전륜성왕 중 하나인 철륜왕(鐵輪王)이라고 칭송받았던 아소카왕이 좋은 예라 할 수 있다. 불교를 공인한 법흥왕에 이어 왕위에 오른 진흥왕은 정복전쟁을 벌여 영토를 크게 확장하고 전륜왕의 이름을 빌려 왕자의 이름을 동륜(銅輪)과 사륜(舍輪)으로 지었으며, 만년에는 스스로 출가하기까지 했다. 이러한 행적은 정법(正法)으로 세상을 통일하고 다스린다는 전륜성왕 이념에 따른 것이고, 그것은 미륵이 출현한다는 낙토와도 같은 새로운 왕국의 실현을 기대하는 것이다. 곧 이상적인 군주인 전륜성왕이 정법으로 세상을 통일하고 사문의 자문을 받으며 다스리는 세상이 되면 인간에게는 팔고(八苦)가 아닌 삼고(三苦)만 있고, 수명도 8만 세나 되며, 미륵은 이렇게 거의 낙토가 된 땅의 도솔천에서 하생한다. 바라문 가문에서 태어난 미륵이 출가·수행하여 용화수 밑에서 성도하고 세 차례 설법으로 모든 중생을 구제한다는 미륵신앙은 신라 화랑제도의 정신적 기반이 되었다.

진지왕 때 흥륜사에는 진자라는 승려가 있었다. 그는 항상 당주 미륵상 앞에 나아가 서원을 말하기를 "원컨대 우리 대성(미륵)께서는 화랑으로 화하시어 세상에 출현하셔서 제가 항상 거룩하신 모습을 가까이 뵙고 받들어 시중들 수 있도록 하시옵소서"라고 했다. 어느 날 밤 꿈에 어떤 승려가 웅천(현 공주) 수원사에 가면 미륵선화를 만날 수 있을 것이라 말했다. 그 말을 따라 수원사에 가서 아름다운 소년을 만났지만 그가 미륵인 줄 알아보지 못했다. 그 후 미륵인 줄 알게 되었으나 간 곳을 몰랐다. 그런데 진지왕의 말대로 그 소년을 경주에서 찾아내어 왕을 알현하게 했더니, 진지왕이 그를 국선으로 삼았다. 그가 바로 미시랑이다.

미륵이 하생한 미시랑을 화랑으로 받든 이래 화랑은 미륵의 화신으로 간주되었다. 화랑이 된 김유신의 무리를 용화향도라고 불렀던 것에서도 알 수 있다. 미륵이 하생하여 인간으로 태어나 용화수 밑에서 깨달음을 얻어 석가모니가 되는데, 미륵을 따르는 집단을 용화향도라 한다. 향도(香徒)는 예불향화지도(禮佛香華之徒)의 줄임말로, 풀이하면 미륵에게 향을 사르는 단체라는 뜻이다.

김유신은 용화향도의 화랑이 된 뒤 17세 때(611) 혼자 중악의 석굴로 들어가 재계하고, 하늘에 고하니 난승(難勝)이라는 노인이 나타나 비법을 전해주었다. 그 노인은 머무는 곳 없이 인연 따라 다닌다고 자신을 소개하는데, 이를 통해 그가 도솔천에 주재하는 난승보살임이 확인된다. 도솔천은 미륵보살이 머물고 있으면서 언제나 천왕을 비롯한 천중(天衆)을 위해 설법·교화하는 곳이다. 즉, 미륵향도 김유신의 간절한 기원에 감응해 미륵보살이 그 천왕인 난승보살을 내려 보내 비법을 전한 것으로 볼 수 있다.

또 김유신과 함께 삼국을 통일하고, 진덕왕부터 신문왕까지 4대에 걸쳐 활약한 화랑 죽지랑 역시 미륵신앙과 연관이 있다. 진평왕 대 술종공(述宗公)이 삭주도독이 되어 장차 임지로 가려 하는데, 죽지령의 한 거사가 죽어서 자기 집에 태어날 꿈을 꾸었다. 술종공은 군사를 보내 거사를 고개 위 북쪽 봉우리에 장사 지내고, 돌로 미륵불 한 구를 만들어 무덤 앞에 봉안했다. 그의 아내가 꿈을 꾼 날로부터 태기가 있었는데, 아이를 낳자 이름을 죽지(竹旨)라 했다. 이것은 거사가 죽은 후 미륵으로 환생하기를 염원했던 것이다.

신라에 미륵하생 신앙이 성행했다는 것은 『삼국유사』 「생의사석미륵」에서도 신라에 미륵이 직접적으로 하생하는 모습은 다양하게 확인된다. 선덕왕 대 승려 생의(生義)는 꿈에서 어떤 승려가 자신을 데리고 남산으로 올라가 자신이 이곳에 묻혔다며 표시하게 했다. 꿈에서 깬 뒤 친구와 함께 표시한 곳을 찾아가 땅을 파니 돌로 만들어진 미륵불상이 나오므로 삼화령 위에 안치했다. 선덕왕 12년(644)에 절을 세우고 머물렀으니, 후에 이름을 생의사(生義寺)라 했다.

고구려는 북중국을 통해 미륵신앙을 받아들인 것으로 보인다. 고구려에 불상과 불경을 보내 불교를 공식적으로 전한 것은 전진(前秦)의 왕 부견(苻堅)이었다. 부견은 늘 승려 도안(道安)을 만나고 싶어 하여, 7척 높이의 금박 의상과 진주로 장식된 미륵상 등을 그에게 선물했다. 도안은 불교의 중국화를 시도한 중앙아시아 출신 불도징의 제자로, 장안에서 역경승을 지도하며 미륵신앙을 수행하고 있었다. 도안은 죽음 전에 미륵상 앞에서 도솔천 왕생을 기원하고 관법(觀法)을 통해 서북쪽 하늘에서 도솔천의 아름다운 모습을 목격했다고 한다. 이와 같이 전진에서는 미륵신앙이 상당히 성행했다고 볼 수 있다. 전진의 영향으로 고구려에서 불교 수용 초기부터 미륵신앙과 도솔천에의 왕생 관념이 확립되었을 것이다.

고구려 지역에서 미륵신앙의 예를 찾아보면 다음과 같다. 1946년 평양 평천리의 고구려 시대 폐사지에서 발견된 불상 광배에 쓰인 명문에, 불상을 조성한 공덕으로 죽은 사람의 영혼이 도솔천에 올라가 자씨보살(慈氏菩薩), 즉 미륵의 설법에 참여하기를 기원하고 있다. '寧康七年次辛□'이라는 명문 중 영강 7년을 양원왕 7년(551)으로 보는 견해가 유력하다. 이 명문은 돌아가신 이의 신령이 도솔천으로 올라가 미륵이 행하는 세 차례 설법을 듣고 깨달음을 얻기를 발원한 것이다. 1988년 함경남도 신포시 고구려 절터 유적에서 발견된 금동판에는 탑을 건립한 공덕으로 죽은 국왕의 영혼이 도솔천에 올라가 미륵에게 참배하게 되기를 기원하고 있다.

백제의 미륵신앙은 무왕 때에 건립된 익산 미륵사지를 통해 확인할 수 있다. 무왕은 왕비와 더불어 사자사(師子寺)로 가고자 하여 용화산 아래 큰 못가에 이르렀는데, 미륵 3존이 못 가운데에서 출현했으므로 수레를 멈추고 경계했다. 왕비가 왕에게 말하기를 이곳에 큰 절을 이룩하는 것이 자신의 소원이라고 했다. 왕이 허락하고 지명(智明)에게 이르러 소임을 맡기니, 하룻밤에 산을 무너뜨리고 못을 메워 평지를 만들었다. 미륵삼존상과 회전·탑·낭무를 각각 세 곳에 세워 미륵사라 했다. 즉, 선화공주의 발원으로 미륵삼존이 출현하는 것을 경배하기 위해 용화산 아래에 미륵사를 건립한 것으로 볼 수 있다. 미륵사의 구조도 미륵의 용화회상을 상징했다. 배후의 산 이름이 용화산이고, 하생한 미륵의 3회 설법을 상징해 삼탑삼금당의 삼원 구조로 되어 있다. 그리고 무왕이 가고자 한, 이미 창건되어 있었던 사자사의 명칭은 도솔천 내지 사자상좌에서 유래한 것이다. 미륵보살은 상생하여 도솔천 칠보대 안의 마니전상에 있는 사자상좌에 앉아 마지막으로 설법하고 화생한다고 한다. 이로써 미륵하생신앙이 백제에 널리 유포되었음을 확인할 수 있다.

미륵사는 출토된 금제사리봉안기를 통해 건립 발원자가 좌평 사택적덕의 딸이며, 건립 연대는 기해년(639)임이 확인되었다. 이보다 앞선 성왕 4년(526)에도 미륵신앙의 흔적을 찾을 수 있다. 『미륵불광사사적기』에는 중인도 승려인 겸익이 중인도 상가라대율사(常伽那大律寺)에 가서 율문을 공부하여 율장을 가지고 돌아와 72권을 번역했다는 기록이 남아 있다. 또 위덕왕 31년(584)에 일본에 미륵상을 보낸 사실이 있다.

전륜성왕이나 미륵하생신앙이 백제와 신라에서는 구체적인 모습으로 현실에서 이루어지길 기대했던 것으로 보인다. 이 시기에 집중적으로 조성되기 시작한 반가사유상이 그 예이다. 반가사유상은 인도에서 처음 조성된 것으로 본래 석가가 구도에 나서기 이전에 고민과 사색하는 모습을 형상화한 태자사유상에서 비롯되었지만, 미륵신앙과 연결되면서 하생한 미륵이 성불에 나서기 이전 사색하는 모습으로도 조각되었다. 현재 우리나라에 남아 있는 반가사유상들의 경우 대부분 명문이 없어 이 상들이 석가의 태자사유상인지 미륵의 사생사유상인지 명확하지 않다. 반가사유상이 곧 미륵상이라고 이야기할 수는 없지만, 적어도 7세기를 전후한 시기에 한반도에서 제작된 반가사유상들은 미륵상으로 제작되었을 가능성이 높다고 생각한다.

6세기 말부터 신라와 백제에서 만들어진 반가사유상의 양식은 물론 중국을 통해 받아들여진 것이지만, 백제와 신라에서 반가사유상이 조성되던 시기에는 중국에서는 반사가유상의 조성이 일단락되어 크게 유행하지 않았다. 그럼에도 불구하고 백제와 신라에서 반가사유상이 열심히 조성된 것은 이 불상으로 표현되는 미륵신앙이 당시 사회에서 큰 의미가 있었기 때문으로 볼 수 있다.

통일신라의 미륵신앙

통일신라에서는 미륵보살이 현재 머무는 도솔천에 왕생하기를 기원하는 상생신앙이 주를 이루었다. 상생신앙은 미륵 불상을 만들거나 명호를 부르거나 오계 등의 계율을 지키는 것을 내용으로 한다. 비록 번뇌는 완전히 끊지 못해 해탈에 이르지는 못해도, 미륵을 부르면 도솔천에 태어날 수 있으며, 계를 범하거나 악행을 저질렀더라도 미륵에게 참회하면 모두 벗어날 수 있다고 한다.

진표는 경덕왕 때에 활동했는데, 그의 미륵신앙은 다른 승려들의 신앙과 차이가 있다. 그는 12세에 금산사에 출가한 후 순제에게서 『점찰경』과 『공양차제법』을 전해 받았다. 그 뒤 산에 들어가 온 몸을 던지는 참회 수행을 하다가 지장보살로부터 대국왕의 몸으로 태어나리라는 수기와 간자 189개를 받았다. 그런데 미륵은 제8간자와 제9간자는 자신의 손가락뼈라고 말했다고 한다. 이처럼 진표는 『점찰경』에 근거해 점찰법회를 열어 참회할 것을 강조하면서도 미륵을 중시했다.

진표는 미륵에게서 간자를 받은 후 금산사를 세우고 미륵장륙상을 만들어 봉안했으며, 또 미륵이 내려와 계를 주는 모습을 금당 남벽에 그리게 했다. 이는 미륵과 함께 도솔천의 성스러운 무리들이 내려와 진표에게 계를 주던 모습을 그린 것으로 보인다. 진표는 처음에 금산사와 속리산을 중심으로 지방민들에게까지 계를 주고 참회하는 수행을 하도록 하여 불교 이해를 심화시켰다. 그리고 고기잡이로 생계를 유지하던 명주(溟州, 현 강릉) 일대의 민들까지 교화했다. 이러한 진표의 활동은 왕실에까지 알려져 경덕왕에게 보살계를 주기에 이르렀다. 그리고 제자 영심과 그 제자 심지 등의 활동에 의해 진표의 미륵신앙은 신라 하대와 고려시대에까지 영향을 미쳤다.

이처럼 진표 등이 계율과 참회를 중시했다는 점은 『미륵상생경』에서 "비록 사람들이 계를 지키지 못하고 악업을 행했더라도 미륵보살의 대비(大悲)의 이름을 듣고 오체투지하여 성심으로 참회하면 곧 청정함을 얻게 될 것"이라고 한 것과 관계가 있다.

그리고 불교 교학 연구가 활발하던 신라 중대 초기에는 유식학 승려들이 미륵신앙에 대한 저술을 남겼다. 유식사상을 확립한 무착(無著)이 미륵보살의 가르침을 받아 『유가사지론』 등을 만들었다고 했다. 따라서 신라의 유식학 승려들은 미륵을 중심 신앙으로 삼았고, 『미륵상생경』·『미륵하생경』·『미륵대성불경』 등에 대한 주석서 등을 저술했다.

당으로 건너가 유식을 공부한 원측은 귀국하지 않았지만 그 제자 도증이 효소왕 때에 귀국한 이후 대현으로 이어졌다. 신라의 『미륵상생경』 주석서로는 원측의 『미륵상생경약찬』, 원효의 『미륵상생경종요』, 의적의 『미륵상생경요간』 등을 들 수 있다. 그러나 현재 남아 있는 원효의 『미륵상생경종요』와 아미타신앙 관련 경전 속에서 언급한 내용을 보면 미륵에 대한 세 종류의 경전이 당시 신라 사회에서 유통되고 있었음을 알 수 있다.

원효와 경흥은 미륵신앙에 대한 입장 차이를 보이기도 한다. 원효는 미륵신앙에 대해 비판적이었던 데 비해 문무왕-신문왕 대에 활동한 경흥은 미륵신앙을 긍정했다. 경흥은 극락정토가 도솔천보다 더 우월하다고 한 원효의 주장을 비판하고 도솔천도 아미타불의 극락에 못지않음을 강조하며 미륵신앙을 고취했다. 경흥은 『관미륵보살상갱도솔천경(미륵상생경)』을 상품인과 중품인을 위한 것으로, 『미륵하생경』과 『미륵성불경』을 출가 수행하거나 선행을 행할 수 없는 하품인을 위한 것으로 간주했다. 그리고 미륵이 성불하여 구제할 때의 제자는 소승과 대승 제자를 모두 포함하며, 미륵신앙을 고취한 『상생경』·『하생경』·『성불경』이 대승과 소승에 모두 해당한다고 했다. 이는 원효가 아미타신앙을 고취하면서 미륵 상생신앙과 하생신앙을 비판한 것과 대조된다.

미륵과 미타의 두 정토를 동시에 추구하기도 했다. 두 정토를 동시에 신앙하는 형태는 경덕왕 때 월명과 충담의 예를 들 수 있다. 월명이 경덕왕 19년(760) 해가 둘이 나타난 이변이 있자 「도솔가」를 지어 도솔천의 미륵보살에게 기원했고, 죽은 누이를 위해서는 향가를 지어 아미타정토 왕생을 기원했다. 「안민가」를 지은 충담은 남산 삼화령 미륵세존에게 중삼중구일에 차를 공양했는데 이 미륵상은 본존이 의좌(倚座)상 형식의 삼존상으로 현존한다. 의좌상은 도솔천의 주존인 미륵을 표현한 것이므로 충담의 신앙 역시 도솔정토임을 보여준다.

미륵정토가 우월한가 혹은 미타정토가 우월한가에 대한 논쟁은 중국에서도 있었고, 신라에서도 지속되는 등 상호 경쟁적인 측면이 있었다. 그런데 이 시기에 와서 미륵정토가 결국 우위를 점하게 되었음을 확인할 수 있다. 백월산 남사는 결국 미륵불을 주존불로 모시고, 아미타불을 부주존으로 삼은 사찰임을 알 수 있다. 현재 백월산에는 북사지와 남사지 두 개의 절터가 남아 있다. 경덕왕 14년(755)에 왕이 법상종승이었던 노힐부득과 달달박박의 성불 소식을 듣고 그들을 위해 남백월사를 짓게 했다. 『삼국유사』 「남백월이성」에는 미륵이 미타보다 우월하게 기록되어 있다는 사실이 주목된다. 백월산 남사가 창건된 이후 두 불상을 조성하는 과정에서 미륵존상은 금당에 안치되었지만, 아미타상은 본래 불상을 안치하지 않는 강당에 안치했다든가, 불상을 칠하는 과정에서 아미타상에 얼룩진 흔적이 남아 있다고 한 점 등은 명백히 미륵을 미타 위에 두려는 의도가 있었음을 보여준다.

태봉국을 세우고 미륵불을 자처했던 궁예를 통해 후삼국시대 미륵신앙에 대해 살필 수 있다. 궁예의 미륵신앙은 신라 하대의 혼란을 부각하면서, 혼란의 말법 시대를 개혁하고 이상사회를 건설하려는 의지를 뚜렷이 표방한 것이며, 당시 기층민의 신앙을 반영한 것으로 볼 수 있다.

11 아미타정토신앙의 확산과 불교 대중화

정미숙 | 부경역사연구소 연구원

아미타정토신앙이란?

아미타불은 아미타바 붓다(Amitābha Buddha)와 아미타유스 붓다(Amitāyus Buddha) 두 가지 범어의 한역이다. Amitābha는 a(부정접두사) + mita(측정·측량) + bha(빛)의 합성어로 '무량한 광명'이라는 뜻이므로, 아미타바 붓다는 '무량광불(無量光佛)'이라 한역한다. Amitāyus는 a(부정접두사) + mita(측정·측량) + yus(수명)의 합성어로 '무량한 수명'이라는 뜻이므로 아미타유스 붓다는 '무량수불(無量壽佛)'이라 한역한다. 이 두 가지 명칭을 중국에서 단어의 앞부분만 살려 아미타불이라 한 것이 현재 우리가 사용하는 아미타불의 어원이다. 북위 때에는 무량수불이라는 명칭이 많이 사용되었으나, 수당대로 오면서 아미타불이라는 명칭이 더 보편화되었다고 한다.

아미타불이 머무는 곳은 극락정토(Suhāmatī)로 이 사바세계에서 서쪽으로 10만 억 불토(佛土)를 지나간 곳에 있으며, 아미타불의 전신인 법장(法藏)비구의 이상(理想)을 실현한 곳으로 아미타불이 지금도 있어 항상 설법하며, 모든 일이 원만하고 구족해 즐거움만 있고 괴로움은 없는 자유롭고 안락한 이상향을 말한다. 한자로 안양(安養)·안락(安樂)으로도 쓴다. 극락에 사는 중생은 아무런 괴로움 없이 즐거움만을 누린다고 한다. 그곳의 모습은 일곱 가지 보배로 된 연못이 있고 연못 바닥에는 금모래가 깔려 있으며, 보배로 된 계단과 누각이 있고 온갖 보배로 된 나무와 연못이 있을 뿐 아니라 배가 고프면 온갖 음식이 나타나 먹지 않아도 저절로 배가 부른 곳이다. 인간이 생각할 수 있는 최상의 이상향이다.

아미타불의 신앙을 중심으로 한 정토경전은 『반야경』·『묘법연화경』·『대방광불화엄경』·『유마힐소설경』 등과 같이 초기 대승경전에 속하는 경전이다. 그 가운데 가장 대표적인 경전을 정토3부경이라 하는데 『무량수경』·『관무량수경』·『아미타경』을 일컫는다. 『무량수경』에 의하면 극락세계에 가려면 최소한 깨달음을 얻겠다는 마음을 일으키고(發心), 열 번이라도 아미타불을 지심으로 믿고 생각하는(十念) 두 가지 조건을 갖춰야 한다고 한다. 극락에 가는 방법은 의외로 쉽다. 『관무량수경』에 의하면 온갖 나쁜 짓을 한 사람조차도 죽기 직전 아미타불의 이름을 열 번 소리 내어 부르는 것만으로도 극락에 갈 수 있다. 따라서 '나무아미타불'이라고 소리 내어 염불하는 쉬운 행동으로 죽어서 극락에 갈 수 있다. 나무(南無)는 귀의한다 또는 맡긴다는 의미이다.

삼국시대의 미타신앙

불교 수용 이후 삼국에는 미륵신앙과 미타신앙이 혼재하는 모습이 보인다. 널리 알려진 금동신묘명삼존불입상은 1930년 황해도 곡산군 화촌면 봉산리에서 출토된 이 불상은 당시의 양상을 잘 보여준다. 하나의 커다란 광배에 본존인 무량수불과 두 보살상이 조각되었다. 광배 뒷면에는 5명의 도반(道伴: 함께 도를 닦는 벗)들이 그들의 스승과 부모를 위해서 아미타불상을 조성했으며 불상 제작을 발원한 자신들도 미래에 미륵불을 만나 깨달음을 얻기를 염원하는 내용이 새겨져 있다. 새겨진 인명이나 양식으로 보아 고구려 불상으로 판단되며, 글에 나타난 '신묘(辛卯)'는 고구려 평원왕 13년(571)으로 추정된다.

이 불상 제작을 발원한 사람들은 미래에 미륵이 성불해 설법하는 것을 듣고 깨달음을 얻기를 바랐던 것이다. 그런데 무량수불상을 만들면서 서방정토로의 왕생을 기원한 것이 아니라, 미륵불과의 만남을 염원하고 있는 점이 흥미롭다. 이러한 예는 북위 용문석굴의 조상명(造像銘)에서도 보이는데, 이에 대해 부처의 기능이 미분화되었음을 반영한다고 보는 견해도 있고, 궁극적으로는 서방정토에 왕생하기를 빌지만 죄가 많아 왕생할 수 없다면 미륵이라도 만나기를 바란다는 의미로 해석하는 견해도 있다. 이와 같은 신앙 형태는 전래 당시 불교 신앙이 경전에 대한 사상적 해석을 중시하기보다는 현세에서 복을 구하는 경향이 강했다고 볼 수 있다.

고구려 장천1호분 상단 벽과 천장에 그려져 있는 불·보살·비천·연화문 등은 불국토 정토를 표현한 일종의 만다라이다. 벽화의 중신이 되는 것은 전실 동면에 그려진 예불도이다. 정면 중앙에 여래가 결가부좌하고 대좌 위에 앉아 있다. 상하 3단으로 만든 방형의 수미좌에는 향로를, 그리고 좌우에 사자를 배치하여 일종의 사자좌를 구성하고 있다. 여래의 좌우 공간에는 고구려 벽화고분에서 공통적으로 보이는 고구려의 의상을 입은 남녀가 공양하는 모습이 보인다. 불상을 향해 오체투지로 절하는 남녀가 아마도 피장자일 것이다. 많은 천인과 천여가 음악을 연주하고 꽃을 뿌리고 있는 장천1호분 벽화에 묘사된 정토는 도솔천을 묘사한다. 도솔천에 왕생하여 "미륵을 만나 엎드려 예배·공경하고, 머리를 들기도 전에 법문을 듣고 물러남이 없는 무상도(無上道: 해탈의 경지)를 얻게 될 것이라고 하는 『미륵상생도솔천경』의 내용과도 부합된다.

아미타신앙이 언제 신라에 전해졌는지는 확인되지 않지만, 565년(진흥왕 26) 진(陳)에서 불경과 논서 1700여 권을 신라로 보냈다. 당시 중국에서 『무량수경』의 주석서들이 번역되어 유포되었으므로, 진에서 보낸 1700여 권의 많은 불교 서적 가운데에 미타정토 경전도 포함되어 있었을 가능성이 크다.

신라에 아미타신앙 성행과 관련해서는 원효가 활동한 7세기 중반을 주목해야 한다. 당시 일반 민중은 신라가 주도한 일련의 전쟁에 동원되었지만, 이들은 절을 짓거나 탑을 조성하는 등의 불사로 공덕을 쌓을 수 없었다. 원효는 그들에게 염불이라는 방편으로 정토에 갈 수 있다고 설명해, 지배층을 대상으로 했던 불교에 비해 훨씬 손쉬운 방법을 제시한 것이다. 『삼국유사』에 의하면 사람들이 원효 때문에 '나무(南無)'를 알게 되었다고 한다. 원효는 아미타신앙에 대해 극락이 도솔천보다 뛰어난 곳이며, 아미타불의 서원이 매우 뛰어남을 강조했다. 원효는 아미타불에 대한 믿음을 권장하고, 아미타불의 본원력에 근거해 칭명염불에 의해서도 극락에 왕생할 수 있음을 강조했다. 재산이 없어 공덕을 쌓을 수 없는 가난한 사람들도 극락에 왕생할 수 있으며, 극락에서 윤회를 벗어나 깨달음을 얻을 수 있다고 한 것이다. 이러한 원효의 활동은 모든 사람이 성불할 수 있다는 불성론과 당시 불교 교학 전반에 대한 치밀하고 정교한 이해가 바탕이 되었다고 할 수 있다.

통일신라의 미타신앙

문무왕 대에 활동한 광덕과 엄장은 친구 사이로, 누구든 먼저 왕생하게 될 때에는 꼭 알리기로 약속했다. 광덕이 먼저 왕생하면서 친구 엄장에게 알렸다는 기록에서 알 수 있듯이 왕생을 약속할 정도로 아미타신앙이 깊이 뿌리내리고 있었다. 광덕은 가족을 데리고 생업을 경영하면서 극락왕생을 바랐는데, 이를 통해 아미타신앙이 생활화된 모습도 확인할 수 있다. 광덕은 아내가 있는 사문으로, 밤마다 바르게 앉아 아미타불을 염하거나 16관행을 닦아 일심으로 왕생을 바랐다. 그 결과 구름 위에서 하늘의 음악소리가 들리고 밝은 빛에 싸여 아미타정토로 갔다. 엄장은 광덕과 달리 아내를 버리고 원효에게 가서 도 닦는 묘법을 간곡하게 물었다. 원효가 정관법(淨觀法)을 지어 그를 지도하자, 엄장은 그 가르침을 따라 한결같은 마음으로 도를 닦아 왕생할 수 있었다.

또 다른 사례는 문무왕의 동생 김인문이 당에 갔다가 투옥되었다. 신라에서는 그의 무사귀환을 기원하여 인용사(仁容寺)를 세우고 관음도량을 열었으나 김인문이 귀국 도중 해상에서 죽자 그 도량을 미타도량을 고쳤다. 여기서도 죽은 이의 극락왕생을 기원하는 아미타신앙의 모습을 볼 수 있다.

백월산 남사 창건 설화에서는 아미타 수행자가 스스로 아미타불이 되는 것을 볼 수 있다. 달달박박은 심곡으로 들어가 3년 동안 아미타불을 염불했다. 그는 사암에서 처자를 거느리고 생활하면서 수도를 하다가 홀로 더욱 깊숙한 정처를 찾아가서 수행했다. 그는 하룻밤 잠자리를 청하는 여인을 물리치고 청정한 수도자의 자세를 보였다. 오히려 여인을 재워준 이웃 암자의 친구 노힐부득이 먼저 성불해 미륵불이 되자 그의 도움을 얻어 무량수불로 성불하기에 이르렀다.

성덕왕 18년(719) 중아찬 김지성이 감산사를 세우고, 아미타불과 미륵불상을 조성했다. 그 명문에 대한 최근 연구에서는 김지성이 돌아가신 부모를 모두 화장해 동해 바닷가에 산골했기 때문에, 나중에 부모를 추모하려 해도 그 마음을 전할 물질적 표식이 없었다. 그래서 만년에 감산의 전장(田莊)을 희사해 절로 삼고, 여기에 돌아가신 부모님을 위해 돌로 부모의 실제 모습을 투영해 각각 아미타불상과 미륵불상을 조성했으며, 그 정혈(正穴)에 부모의 상징물을 안치했을 것으로 본다. 특히 돌아가신 아버지의 극락왕생을 바라며 아미타불을 조성했다.

경덕왕 때 삽량주(현 양산)의 포천산 석굴에서 이름이 알려지지 않은 다섯 비구가 함께 아미타불을 염해 서방왕생을 염원한 지 10년 만에 동시에 왕생했다. 다섯 비구는 각기 연대에 앉아 공중에 떠서 서쪽으로 가다가 통도사에 잠시 머물며 설법을 하고 육신을 버리고 큰 광명을 놓으면서 서방세계로 갔다.

또 경덕왕 때 현재 진주인 강주(康州)에서 선사(善士) 수십 명이 서방정토를 구하려는 뜻으로 주의 경계에 미타사를 세우고 만일(萬日)을 기약해 계를 만들었다. 그때 아간 귀진의 집에 한 여종이 있었는데 이름은 욱면이었다. 욱면은 주인을 따라 절에 가 마당에 서서 스님을 따라 염불했다. 주인은 그녀가 직분에 어긋남을 미워해서 매번 곡식 두 섬을 주면서 하루저녁에 찧게 했다. 여종은 일경(一更: 저녁 7~9시)에 찧는 것을 마치고 절에 가서 염불했는데 밤낮으로 게을리하지 않았다. 욱면은 마당의 좌우에 긴 말뚝을 세우고 두 손바닥을 뚫어 노끈으로 꿰고 말뚝 위에 매어놓고 합장했으며, 좌우로 움직이면서 스스로 격려했다. 그때 공중에서 "욱면 낭자는 법당에 들어가서 염불하라"라는 외침이 있었다. 절의 무리가 그것을 듣고 여종에게 법당에 들어가 예에 따라 정진하게 했다. 오래지 않아 음악 소리가 서쪽 하늘에서 들렸는데, 여종이 솟구쳐 집의 들보를 뚫고 나갔다. 욱면은 서쪽으로 가서 교외에 이르더니 육신을 버리고 부처의 몸으로 변해 나타났다. 이윽고 연화좌에 앉더니 큰 광명을 발하면서 천천히 떠났는데 음악 소리가 공중에서 그치지 않았다.

39대 효성왕이 사망하자 왕비가 매우 슬퍼하다가 "서방에 미타대성이 있어 지성으로 귀앙하면 곧 선치래영(善致來迎)한다"라는 말을 듣고 남편의 명복을 빌기 위해 명장에게 불상을 만들게 했다. 그것이 무장사 미타상이다.

통일신라의 미타신앙은 불상을 조성하거나 사찰을 짓는 것으로 나타나며, 현재의 사람 몸을 가진 채 극락에 왕생한다고 하는 현신성불(現身成佛)의 모습을 보여준다. 또는 몸을 버리고 왕생하는 그 순간을 보여줌으로써 중생들에게 정토왕생을 쉽게 설명했다.

불교 대중화

삼국의 불교 수용을 보면 모두 왕실이 주체적 역할을 했다. 국제관계 속에서 불교를 수용한 고구려와 백제는 비교적 평온한 과정을 거쳤다. 이에 비해 신라에서는 불교가 눌지왕 대(417~458)나 이보다 조금 이른 시기에 처음 들어온 이후 법흥왕 14년(527) 이차돈의 순교라는 사건을 겪고 수용되었다. 지배층 중심의 외래 사상인 불교를 왕실이 주도하여 대중이 직접 접하고, 신봉하고 유통하는 단계에 이르기까지는 많은 시간이 필요했다. 즉, 외래사상이었던 불교를 자기화하는 시간이 필요했던 것이고, 이를 '불교 대중화'라고 정의할 수 있다.

불교 대중화는 피지배층 또는 지방으로의 불교 확산을 의미한다. 이것은 사회 계층적인 측면과 지역성을 포괄한 개념으로서, 그 배경으로 두 가지 측면을 고려해야 한다. 하나는 지배층이 그들의 권력을 실현하는 과정에서 민을 파악하는 방식과 민에 대한 인식이다. 곧 신앙을 매개로 한 불교 대중화의 이면에는 사회경제적으로 일반 대중이 요구하는 사회적·신앙적 욕구를 지배층이 수용할 수밖에 없는 단계에 이르렀음을 말해주는 것이다. 또 하나는 불교계의 전반적인 현황, 즉 교학 체계의 양상, 신앙과 의식의 성격, 주도 승려층의 정치사회적 성향 등도 유기적으로 검토해야 한다.

원효는 통일적인 교리 체계를 확립했을 뿐만 아니라 불교 대중화의 선봉에서서 활약한 인물이라 할 수 있다. 개인적인 위대성을 인정해야 한다. 당시 원효가 출현할 수 있었던 것은, 불교를 수용한 지 200여 년이 흐르면서 중국에 유학했던 원광·자장·의상 등 승려들이 귀국해 교학불교의 틀을 본격적으로 자리 잡기 시작했으며, 이와 함께 혜공·혜숙·대안 등 교화 승들이 출현해 일반 대중이 불교를 접할 수 있도록 했기 때문이다.

선덕왕 대를 중심으로 활약한 혜공은 천진공(天眞公)의 집에서 고용살이하는 노파의 아들이었다. 천진공에게 신통력을 인정받아 출가하여 승려가 되었다. 그는 항상 작은 절에 머물렀는데, 매번 미친 사람처럼 크게 취해서 삼태기를 뒤집어 쓴 채 저자에서 노래를 부르고 춤추었기에 부궤화상으로 불렸다. 혜공은 출가하기 전부터 치병 능력과 독심술을 발휘했으며, 우물 속에서 몇 달을 지내다 나와도 몸이 젖지 않는다거나 구참공이 혜공의 썩은 시체를 길거리에서 보았으나 성안 저자에서 술 취해 춤을 추는 등 생사를 초월한 모습을 보였다. 혜공은 만년에 항사사(恒沙寺)에 머물면서 원효와 교류했다. 원효는 경전에 대한 주석서를 저술할 때마다 매번 혜공을 찾아와 의문점을 물었다고 하니 혜공의 수준 높은 교학 이해도를 짐작할 수 있다.

혜숙은 진평왕 대에 활동한 승려로, 당시 많은 승려들이 그랬듯이 깊이 있는 불교 공부를 위해 안함과 함께 중국 유학을 시도했으나 풍랑으로 좌절되었다. 이후 혜숙은 몸소 실천하며 불교를 설명했다. 예를 들면 사냥을 즐기던 국선(國仙) 구참공에게 더 맛있는 고기를 추천하겠다면서 자기의 넓적다리 살을 베어 바쳐 불교의 대표적 계율인 불살생을 강조했다. 혜숙이 입적하자 마을 사람들이 이현(耳峴) 동쪽에 묻었는데, 그때 이현 서쪽에서 오던 사람들이 도중에 혜숙을 만났다고 하기에 관을 열어 보니 시신은 없고 짚신 한 짝만 남아 있었다고 한다.

대안은 헤아리기 어려운 사람으로, 모습과 의복이 특이한 데다 항상 저자에서 구리로 된 바리때를 두드리며 "대안(大安), 대안"이라고 소리쳤기 때문에 대안으로 불린 인물이다. 대안은 일반 대중과 함께하는 모습을 보이지만, 용왕이 순서가 뒤섞인 『금강삼매경』을 주었는데 그 순서를 맞췄다는 기록도 있다. 교학적 이해가 높았음을 보여주는 사례이다.

원효는 당시 최신 불교학인 유식학을 배우러 당나라 유학을 시도했으나 포기하고 경주로 돌아왔다. 혜공·대안 등과 교류하면서 이들과 유사한 모습으로 대중에게 불교를 설명하기 시작했다. 『송고승전』에는 "하는 말은 상식과 도리에 어긋나고 드러난 행동은 거슬리고 거칠었다. 거사처럼 술집과 기생집을 드나들었고 지공(誌公)처럼 칼과 석장을 쥐었다. 소(疏)를 지어 『화엄경』을 강의하기도 하고, 사우(祠宇)에서 가야금을 타며 노래하기도 하고, 속인의 집에서 잠을 자기도 하고, 자연에서 좌선을 하는 등 마음 가는 대로 도무지 정해진 틀이 없었다"라고 기록되어 있다. 승(僧)과 속(俗)이 다르지 않음을 강조하는 거사불교의 모습이라 할 수 있다.

원효는 이미 계를 잃어 설총을 낳은 뒤로는 속인의 옷으로 갈아입고 스스로를 낮추어 소성거사(小姓居士)라고 했다. 우연히 광대가 춤출 때 사용하는 커다란 박을 얻었는데 그 생김새가 진귀하고 기이하여 그 형상 그대로 도구를 만들었다. 그리고 『화엄경』의 "일체에 걸림이 없는 사람은 한길로 생사를 벗어난다(一切無礙人 一道出生死)"라는 구절을 따서 그 도구의 이름을 '무애(無碍)'라고 짓고 노래를 지어 세상에 유포했다. 무지몽매한 무리들에게 부처의 이름을 알게 하고 모두 나무(南無)를 칭하게 했다. 즉, 중생 교화의 방법으로 박을 두드리며 노래와 춤을 선택한 것이다. 원효의 이러한 실천행은 대중을 바라보는 시각이 교학 중심 승려들과 달랐던 데에서 비롯되었다. 『금강삼매경론』에서 원효는 대중이라는 것은 바로 대승의 무리라고 했다. 큰 수레에 태울 수 있는 무리로, 널리 인간 전체를 구제한다는 의미를 강조한다. 즉, 성불의 가능성을 적극적으로 확대한 것으로 볼 수 있다. 원효는 이를 바탕으로 불교 대중화라는 불교의 질적 변환을 이룬 것이다.

12 관음신앙의 수용과 확산

배금란 | 서울대학교 종교문제연구소 연구원

관음보살, 대비로 모든 중생을 구제하는 신성

일체 제법의 공성(空性)을 관하는 반야바라밀로 열반조차 자성이 없음을 깨달아 거기에 안주하지 않고 중생을 제도하기 위해 끊임없이 세간으로 돌이키는 것이 대승불교의 보살이다. 이와 같은 보살의 원행(願行)은 중생을 내 몸과 같이 여기는 대자비에 근간한다. 그 대표적인 신성이 관음보살이다. 『반야심경』에서 관음보살은 오온(五蘊)의 공성을 관해 무상정득각을 성취한 성자로 나타난다. 『화엄경』 「입법계품」에서는 대비행문(大悲行門)을 증득해 보시(報施), 애어(愛語), 이행(利行), 동사섭(同事攝)으로 중생을 구호한다고 설한다.

관음보살이 중생세간에서 펼치는 구제 활동의 전범을 제시하는 경전은 『묘법연화경』(이하 『법화경』) 「보문품」이다. 일심으로 간절히 관음보살을 부르면 일체의 자연적·사회적 재난으로부터 구제해 주고, 자식을 얻게 하며, '나'라는 허구적 실재에 미혹되어 발생하는 탐진치(貪嗔癡) 삼독(三毒)에서 해탈케 한다고 설한다. 『능엄경』에서는 아내나 자식을 구하면 얻게 하고, 오래 살기를 구하면 얻게 하고, 삼매나 대열반을 구하면 얻게 한다고 설한다. 미타신앙에서 관음보살은 아미타불을 협시하는 보살로 등장한다. 특히 임종자를 서방 극락정토로 인도하는 역할을 수행한다.

관음신앙의 특징은 첫째, 무량한 화신(化身)을 나타내어 중생을 구제한다는 점이다. 『법화경』에서 화신의 유형을 서른세 가지로 제시하고 있는데, 이를 천태 지의(智顗)는 성인의 몸, 하늘 세계의 몸, 인간 세계의 몸, 사부대중, 부녀자, 동남동녀, 팔부대중, 집금강신의 여덟 가지로 범주화한다. 이는 다양한 세계의 다양한 중생들의 근기를 전제한 것으로, 중생이 살아가는 환경과 심식(心識)의 상태에 상응해 자유자재로 현신하여 구호한다는 관념을 보여준다. 변화관음 신앙이 전개되면서 십일면·천수천안 등 다면(多面), 다비(多臂), 다안(多眼)을 지닌 화려한 관음상이 조성되었는데, 중생을 구호하는 관음보살의 위신력에 대한 극단적 형상화를 보여준다.

둘째, '관음(觀音)'이라는 명호에서 드러나듯 소리를 듣고 구제한다는 것이다. '일심칭명'은 관음보살의 가피를 입는 가장 대표적인 행법으로 제시되고 있다. 현장(玄奘)은 관음에 해당하는 산스크리트어 '아발로키테스바라(Avalokiteśvara)'의 올바른 한역은 '관자재(觀自在)'라고 주장했는데, 이통현(李通玄)은 '관자재'는 관음의 구제행을 온전히 드러내지 못하는 한계가 있다고 지적하며, 큰 자비로 일체 세간을 관하며 일체 중생의 음성을 수렴하는 공능을 함의한 '관세음(觀世音)'이 바른 의역이라고 했다. 법운(法雲)은 '관세음'이라는 명호에는 중생의 구업, 신업, 의업에 따른 일체 업을 관찰해 해탈시킨다는 의미가 함유되어 있는데, 다만 이 세 가지 업 중에서 구업이 제일 행하기 쉬우므로 관세음이라는 명의(名義)를 갖게 되었다고 주장했다. 일반적으로 중국에서는 '관세음', 한국에서는 '관음', 일본에서는 '간논(かんのん)'으로 통용되고 있는데, 모두 소리와 관련된 구제 방편에 착안한 명칭이라고 하겠다. 또 베트남에서는 '세상의 주(Lokeśvara)'로, 미얀마에서는 '세상의 보호자(Lokanātha)'로, 티베트에서는 '눈으로 보는 자(spyan-ras-gziga)'로 번역되었는데, 이와 같은 명호들은 관음보살이 세상의 모든 중생을 구호하는 최고의 신격으로 자리매김했음을 보여준다.

삼국시대 관음신앙의 수용과 전개 양상

인연처를 찾아 도래한 외래의 신격

동아시아에서 관음신앙은 구마라집(鳩摩羅什)에 의해 『법화경』이 역출(406)되면서 본격적으로 중국 사회에 확산되기 시작했다. 양(梁) 대 승우(僧祐)가 찬한 『출삼장기집』에는 관음신앙이 대중화되면서 『법화경』의 「보문품」을 독립시켜 만든 『광세음경』과 『관세음경』이 유통되었다는 기록이 있다. 관음보살의 가피와 관련된 영험집도 창출되었는데, 가장 이른 시기의 작품은 동진(東晋)의 부량(傅亮)이 찬술한 『광세음응험기』이다. 이어 장연(張演)의 『속광세음응험기(續光世音應驗記)』와 육고(陸杲)의 『계관세음응험기(繫觀世音應驗記)』가 나왔다. 옥에 갇힌 사람이 『관음경』을 독송하거나 관세음보살의 명호를 불러 풀려나고, 물·불 등의 재난에서 구제받고, 질병이 치유되었다는 등 대체로 「보문품」 기반의 신앙 사례이다. 남북조 시대의 사회적 혼란과 맞물려 재난을 극복하는 현세 구호 신앙으로 전개되었음을 알 수 있다.

중국의 불교는 고구려, 백제, 신라에 많은 영향을 끼쳤지만, 삼국에 관음신앙이 수용·전개되는 양상을 확인할 수 있는 자료는 거의 찾아볼 수 없다. 다만 사찰의 건립 인연을 보여주는 사적이나 연기 설화를 통해 대략적인 유추가 가능하다. 고구려와 관련해서는 일본의 「정법사연기」에 쇼토쿠 태자가 "고려국광명사상(高麗國光明寺像)"이라는 글자가 적힌 여의륜관음상을 해안가에서 건져 올렸다는 기록이 유일하다. '고려'는 '고구려'를 지칭하며, 이를 통해 고구려의 광명사라는 사찰에 변화관음상이 봉안되어 있었던 정황을 알 수 있다. 침류왕 원년(384)에 동진을 거쳐 백제에 불교를 처음으로 전한 마라난타는 관음 신봉자였던 것으로 추정된다. 『해동고승전』 「석마라난타」에는 "부처

열반 후 600여 년이 지나 (삼한의 불교가) 시작되었다. 그중에 성인이 머무는 산(聖住山)이 있는데, 실리모달리라고 한다. …… 준봉이 높이 솟아 있고 관세음보살의 궁전이 그 산정에 있는데, 곧 월악(月岳)이다. 백제는 마한을 가리킨다" 라는 기록이 있다.

마라난타의 제자로 알려진 혜구 두타(惠丘頭陀)가 부안 능가산에 건립했다고 하는 내소사 역시 관음 사찰이었던 것으로 보인다. 조선시대에 내소사 법당이 중건되었는데, 이때 화공으로 현신한 관음보살이 직접 법당 단청 공사를 했다는 설화가 전한다. 혜구 두타는 내소사 인근의 실상사에 관음보살상을 봉안하기도 했는데, 이 상은 해안가에 표착한 석주(石舟)에 실려 있었던 것이라고 한다. 능가산 중턱에 위치한 월명암에도 관선불(觀仙佛)이라고 불리는 마을로 표류해 온 목선에 실려 있던 부처를 모셨다는 설화가 있다. 내소사, 실상사, 월명암이 위치한 현 능가산 주봉의 명칭이 관음봉이라는 점에서 이 지역 전체가 관음보살의 성지로 형성되었음을 알 수 있다.

해양을 건너 도래한 관음보살의 모티프는 전라북도 고창의 선운사 말사인 대참사(현 참당암) 사적에서도 확인된다. 산 아래 포구에 당도한 배에서 불상과 경전을 가져와 봉안했다는 기록이 있다. 당시 대참사 주지였던 의운(義雲)에게 불상을 싣고 온 금인(金人)이 현몽했는데, 현 선운사 영산전의 관음보살도에도 그 금인이 묘사되어 있다. 대참사가 관음사찰로 건립되었음을 시사한다. 전라남도 곡성 성덕산 관음사 창건 설화 역시 '해안 표착형' 서사를 보여준다. 옥과현 출신의 처녀 성덕이 낙안포에 표류해 온 배에서 관음상을 발견했고, 그것을 등에 지고 가던 중 현 위치에 이르러 갑자기 무거워져서 그곳에 사찰을 지어 봉안했다는 이야기다. 여기에는 심청전의 원형이 되는 맹인 원량과 딸 홍장의 설화가 함께 전하는데, 진국(晉國) 왕실에 팔려 간 홍장이 홀로 남은 눈먼 아버지를 위해 관음상을 조성해서 보냈다고 한다. 성덕과 홍장은 관음보살의 화신으로 비정되고 있다.

이처럼 해양을 통해 이 땅의 인연처를 찾아 도래하는 서사는 백제와 중국 남조 국가들 사이에 문화 교류가 활발했음을 보여준다. 변산반도는 중국을 오가는 배들의 기항지였으며, 이를 통해 중국과 서역에서 성행했던 관음신앙이 한반도로 유입되었을 것이다. 그 과정에서 백제 해안가를 중심으로 관음 사찰들이 건립되었고, 이를 거점 삼아 내륙으로 관음신앙이 확산되어 갔을 것이다. 삼국 중 다소 늦은 시기에 불교를 접한 신라는 고구려, 백제 불교의 영향을 받았지만, 점차 중국과의 교류도 활발해졌다. 관음신앙 수용의 초기양상을 확인할 수 있는 자료는 찾기 어려우나, 당대 동아시아에 확산되어 있던 「보문품」 기저의 신앙이 자연스럽게 유입되었을 것이다.

한반도에 불교가 전래되던 초기에 사찰의 창건이나 불보살의 봉안과 관련된 이와 같은 서사들은 후대에 견강부회된 측면을 배제할 수 없지만, 외래 신격인 불보살이 이 땅의 신성으로 내재화되는 과정을 보여준다. 관음보살 역시 이와 같은 연기 서사의 유통을 통해 외래 신격에 대한 생경함이나 부정합성을 상쇄시키고 이 땅 민중의 신앙 대상으로 자리매김해 갔을 것이다.

구고구난의 현세적 구원자

한반도 전래 초기에 관음신앙은 대체로 중국 불교의 영향을 받아 『법화경』 「보문품」 기저의 재난 구호 신앙으로 수용되었다. 고구려와 관련해 확인되는 관음신앙 기록으로 일본 승려 행선(行善)이 구법 유학 중 홍수에 휩쓸릴 위기에 처했는데 노인으로 현신한 관음보살의 도움으로 생명을 건졌다는 이야기가 있다. 육고의 『관세음응험기』에는 백제와 관련된 영험담 두 편이 수록되어 있는데, 하나는 백제 승 발정(發正)이 양나라에 유학했다가 귀국하는 중에 중국 월주 지역에 있는 관음굴을 방문했다는 이야기이다. 발정은 관음 신봉자였을 것으로 추정된다. 다른 하나는 무왕 때 불사리를 봉안한 제석사에 화재가 났는데, 관세음보살의 가피로 보호되었다는 이야기이다.

백제 땅이었던 태안 지역에 6세기 말경 조성된 것으로 추정되는 마애삼존상이 있는데, 좌우에 부처를 크게 배치하고 가운데 보주를 든 소형 관음보살상을 세운 독특한 양식이다. 이 삼존상이 위치한 산의 이름이 『화엄경』 「입법계품」에서 관음보살의 성지로 제시된 보타낙가(Potalaka)의 의역인 백화산(白花山)이다. 『화엄경』 기반의 성지 신앙이 건립되었던 정황을 보여준다.

『해동고승전』 「석마라난타」의 월악 관음천궁 이야기도 이러한 성지 신앙의 초기적 모습을 보여준다. 월악은 현재 영암 지역에 소재한 월출산으로 추정되는데, 이곳에서 관음신앙을 현창했던 인물은 백제 승려 혜현(慧顯)이다. 『속고승전』에는 혜현이 월출산에서 『법화경』을 독송하며 수행했다는 기록이 있다. 월출산 북쪽의 도갑사에는 1550년에 제작된 관음보살 응신도(應身圖)가 있는데, 여기에는 불·물·바람·독충·귀신·강도·전쟁·옥살이 등으로 고통받는 민중을 구호하는 관음보살 화신의 모습이 생생하게 그려져 있다. 월출산 남쪽 강진 무위사 극락전에도 15세기 후반에 제작된 대형 백의관음도가 있다. 모두가 이 산이 고대로부터 관음보살의 성지로 구현되었음을 보여준다.

백제의 관음신앙은 일본에 큰 영향을 끼쳤던 것으로 확인된다. 성왕 때에 『청관음경』 소의의 아미타여래삼존불상을 제작해 일본에 전했다는 기록이 있다. 백제의 승려 혜총(惠聰)·도흔(道欣)·관륵(觀勒) 등이 주석했던 일본 백제사(くだらじ)의 본존이 관음상이었다고 한다. 597년(위덕왕 44)에 일본으로 건너간 임성태자는 십일면관음상을 일본으로 가져갔다고 하는데, 백제 불교 안에서 변화관음 신앙 또한 유통되었던 정황을 보여준다.

뒤늦게 불교를 공인한 신라의 초기 관음신앙 역시 『법화경』 「보문품」을 바탕으로 한 구고구난(救苦救難)의 신앙 기제로 수용되었던 것으로 보인다. 김무림(金茂林)이 아들을 낳고자 하는 원력으로 천부의 관음상을 만들었고, 이러한 공덕으로 자장 법사를 낳았다는 『삼국유사』의 기사는 관음신앙에 대한 「보문품」적 이해가 자리매김했음을 보여준다. 신라 사회에서 관음신앙이 융성했던 정황은 통일 이전의 작품으로 명칭이 확인된 현전 불보살상 가운데 관음상이 가장 많다는 점에서도 확인된다. 소지 가능한 소형의 금동 독존상으로 조성된 것이 많은데, 관음보살이 개인적 차원의 수호신성으로 신앙되었던 정황을 보여준다. 후대에 아미타신앙이 확산되면서 점차 미타삼존상이 증가하는데, 미타신앙에서 관음보살이 정토왕생의 인도자라는 점에서 그 구제의 영역이 더욱 확장되었다고 하겠다.

통일신라시대 관음신앙

융성한 불교문화를 꽃피웠던 통일기 신라 사회에서 관음신앙은 왕실 귀족은 물론이고 일반 민중에 이르기까지 신라인들의 귀의처로 확고히 자리매김했다. 이와 같은 관음신앙의 양상을 『삼국유사』에서 구체적으로 확인할 수 있는데, 그 특징을 크게 두 가지로 요약할 수 있다. 첫째, 우리 땅에 사는 관음보살의 관념이 확고히 자리매김했다는 것이다. 둘째, 우리 민중의 모습으로 현신하여 구제하는 관음화신의 토착화가 이루어졌다는 점이다.

우리 땅에 사는 관음보살

『삼국유사』「낙산 이대성 관음 정취 조신」(이하 「낙산 이대성」)에는 의상이 신라 땅 동해 변에 관음보살의 진신(眞身)이 사는 백화정토가 있음을 증험하고 낙산사를 건립했다는 기사가 있다. 이처럼 신라 국토가 관음보살 진신이 사는 성지로 건립된 데에는 의상(義湘)과 그의 문도들에 의해 선양된 화엄세계관이 중요한 기반이 되었다. 이사무애(理事無碍), 사사무애(事事無碍)의 관점으로 존재와 세계를 이해하는 화엄일승(華嚴一乘)의 법계관(法界觀)에서 중생 세계와 불보살 세계는 차방과 타방의 이원적 구분이 없이 상즉상입(相卽相入)하는 진성연기(眞性緣起)의 연화장 세계다. 이러한 관점으로 의상은 신라 국토 내에 아미타불과 관음보살의 정토를 구현했는데 그곳이 바로 영주 부석사와 양양 낙산사이다.

낙산사의 건립에는 관음보살의 진신을 친견했다는 의상의 종교 체험이 바탕이 되었다. 대승불교 신앙에서 '부처나 보살을 보는 체험'이 차지하는 의미는 매우 크다. '염(念)'과 '관(觀)'의 대상으로서 부처와 보살은 수행자의 삼매 속에서 감득(感得)되기도 하고, 특정의 신행 안에서 경험되기도 한다. 이러한 불보살의 현신 양태는 크게 진신과 화신으로 구분된다. 화신은 신행자의 심식에 응해 나타난다는 의미로 '응신(應身)'이라고도 한다. 원효는 『기신론소』에서 범부와 이승(二乘)은 이 세계가 오직 식(識)의 전변임을 알지 못하고 바깥 경계에 휘둘리므로 거친 상인 응신을 보며, 대승의 수행자는 오직 마음일 뿐 바깥 경계가 없는 뜻을 알아서 진신인 보신(報身)을 본다고 했다.

그리고 대승불교 안에서 이러한 현신의 메커니즘이 가장 구체적으로 나타나는 것이 관음신앙이다. 법화·화엄·정토·밀교 등 대부분의 경전에서 관음 화신의 관념을 중생 구제의 대표적인 방편으로 제시하고 있기 때문이다. 이는 『삼국유사』의 신앙 기사에서 '현신'의 모티프가 가장 많이 나타나는 것이 관음영험담이라는 점을 통해서도 확인된다. 주목할 것은 관음보살 현신의 양태가 진신이냐 화신이냐에 따라 신앙의 내용과 성격이 다르게 나타난다는 점이다. 우선 진신 성현의 패러다임은 화엄법계관을 토대로 신라 국토를 불보살의 성지로 전화하는 기제로 작동한다. 「낙산 이대성」의 의상 대사 이야기가 대표적이다. 2·7일의 재계를 통해 의상은 동해안의 굴에서 관음보살의 진신을 감득함으로써 그곳이 곧 보타낙가산임을 증험하고 있다. 그리하여 낙산사는 타방이나 천계가 아닌 신라 국토 안에 구현된 정토로서 우리 땅에 사는 관음보살의 현재성을 담보한다.

낙산사는 신라 하대의 승려였던 범일(梵日)에 의해 새롭게 중창되는데, 범일은 기존의 관음보살 전각 옆에 정취보살을 봉안한다. 『화엄경』 「입법계품」에서 정취보살은 선재동자가 관음보살을 알현했던 보타낙가산으로 비천해 오는 동방의 신성이다. 따라서 정취보살의 봉안 역시 「입법계품」의 관음회상을 완성하는 서사임을 알 수 있다. 낙산사의 위상은 나말여초에 그 영향력이 크게 확대되었는데, 고려를 건국한 태조는 낙산사에서 봄, 가을에 정기적으로 재(齋)를 지내게 했다고 한다. 또 고려 헌종 대인 1095년에 송(宋)의 승려 혜진(惠珍)이 사신으로 와서 낙산사를 참관하고자 했으나 조정의 의론에 의해 허락받지 못했다는 기록이 있는데, 이미 낙산사가 중국에까지 알려져 있었음을 보여준다.

이처럼 진신 친견의 서사를 통해 관음보살 성지로 건립된 또 다른 공간은 강원도 오대산 동대(東臺) 만월산이다. 『삼국유사』「대산 오만 진신」에는 신문왕의 아들인 보천과 효명이 오대산에서 정업을 닦던 중에 동서남북 중앙의 각 봉우리에 수많은 불보살의 진신이 현현한 것을 보고 예경했다는 기사가 있다. 그 가운데 일만의 관음보살이 오대산 동대 만월산에 나타났고, 보천은 여기에 원통사(圓通社)를 건립해 매일 천수주 암송과 함께 관음예참을 하도록 규정했다. 또 호국경전인 『금광명경』과 『인왕경』을 강독하게 했는데, 관음보살에게 국가 수호의 원력이 투사되고 있음을 보여준다.

낙산사가 『화엄경』「입법계품」의 보타낙가산 회상을 구현하고 있다면, 오대산 신앙에는 금강계 밀교의 오방불 관념이 내포되어 있다. 불보살의 만달라적 총화를 보여주는 오대산 신앙결사에서 관음보살은 중대 비로자나불과 불이(不二)의 존격(尊格)으로 상정되고 있다. 이와 같이 의상·범일·보천 등 엘리트 수행자들의 진신 친견 서사를 매개로 신라 국토는 관음보살이 상주하는 정토라는 관념이 자리매김했다.

신라인의 모습으로 응현 구제

신라 관음신앙의 또 다른 특징은 신라인들에게 감득되는 관음보살 화신의 양태가 이 땅 기층민의 모습으로 나타난다는 점이다. 『삼국유사』에서 화신 성현의 모티프가 확인되는 관음보살 가피 사례들은 〈표 12-1〉과 같다.

표에서 볼 수 있듯이 신라인들에게 감득되었던 화신의 양태는 다양하다. 이러한 서사들에서 관음보살은 각종 재난의 구제자, 성도와 왕생의 조력자로 역동적인 역할을 수행한다. 그 가운데 가장 큰 비중을 차지하는 화신이 비구

〈표 12-1〉『삼국유사』 소재 관음 화신 성현의 유형과 특징

관련 인물	화신 양태	현신의 당체	출처
최은함, 성태	비구	중생사 십일면관음상	권3 탑상, 삼소관음중생사
부례랑, 안상	비구	백률사 본존관음상	권3 탑상, 백률사
장춘	비구	민장사 본존관음상	권3 탑상, 민장사
범일	비구	정취보살	권3 탑상, 낙산이대성
신효	노구	관음보살	권3 탑상, 대산오류성중
경흥	비구니	남항사 십일면관음상(圖像)	권4 탑상, 경흥우성
노힐부득, 달달박박	여인	관음보살	권3 탑상, 남백월이성
원효, 조신	여인	낙산 관음 진신	권3 탑상, 낙산이대성
광덕, 엄장	여인	분황사 관음	권4 탑상, 광덕엄장
욱면, 동량팔진	거사	관음보살	권5 감통, 욱면비염불서승

와 여인이다. 비구의 모습으로 나툰 화신은 여러 가지 재난 상황에서의 구제자로 등장하는 특징이 있다. 『삼국유사』 「백률사」에서 외적들에게 납치됐던 국선 부례랑(夫禮郞)과 안상(安常), 「민장사」에서 해상 조난을 당해 이국에 표류하여 어려움을 겪던 장춘을 구해준 것은 신라 비구의 모습으로 현신한 관음 화신이다. 「중생사」에서 주지 성태가 겪고 있던 사찰 운영난을 해결해 준 것 역시 비구로 화신한 관음보살이다.

여성 화신의 원형을 보여주는 사례는 「낙산 이대성」의 원효 기사이다. 관음보살의 진신을 친견할 목적으로 낙산으로 향하던 원효가 도중에 흰옷을 입고 벼를 베는 여인과 물가에서 빨래하는 여인을 만나게 되는데, 이들은 모두 낙산 관음보살의 화신으로 판명된다. 해동화엄의 종조인 의상이 진신 친견을 통해 신라 국토의 동해 변을 관음보살의 정토로 건립하고 있다면, 불교 대중화의 선봉장이었던 원효는 화신 관념을 토대로 신라인의 모습으로 나타나 구제 활동하는 관음보살의 공능을 매개하고 있다.

여성 화신 사례는 대부분 승려나 수행자와의 관계에서 등장한다는 점이 특징이다. 승려 조신(調信)의 꿈속에서 세속적 욕망에 취착된 삶의 무상함을 깨

닫게 해 준 여인은 낙산사 관음보살의 화신이다. 「경흥우성」에서는 십일면관음이 비구니로 현신해 경흥의 병고가 '진심(瞋心)'에서 비롯된 것임을 깨우쳐 준다. 「광덕엄장」에서는 광덕의 아내로 현신해 남편의 도반이었던 엄장이 음욕을 버리지 못한 것을 경계한다. 또 「남백월이성」에서는 낭자로 현신해 노힐부득과 달달박박의 성불을 돕고 있다. 이처럼 여성 화신은 수행자들이 벗어나야 할 불각(不覺)의 요인들을 도탈하는 역할을 수행하여 그들을 성도와 왕생으로 이끌고 있다. 이 수행자들이 대체로 남성이라는 점에서 특히 색탐을 제도하는 여성 화신의 역할이 강조된 것으로 보인다.

화신 현현의 메커니즘은 특정 공간이나 사찰에 봉안된 관음존상과 체용의 구조로 연동된다. 「낙산이대성」에서 원효가 만났던 여인들은 낙산사 관음보살의 화신이다. 부례랑과 안상을 구해온 비구는 백률사 관음보살의 화신이며, 해상에서 난파를 당해 이역에서 고생하는 장춘을 구해온 비구는 민장사 관음보살의 화신이다. 경흥의 병을 치유한 비구니는 남항사 십일면관음보살의 화신이다. 이처럼 체용 구조로 확인되는 현신의 메커니즘을 통해 특정 공간이나 사찰에 봉안된 관음상의 위신력을 부각하고 있다. 무엇보다 화신의 양태가 친근한 우리 민중의 모습으로 나타난다는 점에서 관음보살이 토착 신성으로 확고하게 자리매김했음을 알 수 있다. 나아가 더불어 살아가는 범속한 이웃이 곧 관음보살의 화현일 수 있다는 관념을 정초하고 있다.

신행의 특징

관음보살의 가피를 희구하는 가장 대표적인 신행은 역시 『법화경』 「보문품」에 제시된 '칭명'이다. 천태 지의는 관음신앙의 특징을 '감응도교(感應道交)'로 제시하며 중생이 음성으로 관음보살을 부르는 것이 '감(感)'이며, 이에 대해 관음보살이 답하는 것이 '응(應)'이라고 했다. 혜소(慧沼) 역시 '감'은 '중생이 부른다는 뜻'이며 '응'은 '불보살이 응현하는 것'이라고 했다. 『삼국유사』에서 확인되는 관음영험의 사례들 역시 이와 같은 감응 구조가 바탕이 되고 있다. 왕생이나 성도를 성취하고자 하는 출세간적 원력은 물론이고 치병, 득자, 위난 극복 등 현실적 차원에서 발현된 개인과 공동체의 다양한 염원에 감응한 관음보살 가피의 내용이 주를 이루기 때문이다. 소리 내어 관음보살의 명호를 부르는 것은 누구나 쉽게 할 수 있기에 기층민의 신행으로 널리 확산될 수 있었을 것이다. 불교 신행의 대중화를 선도했던 원효에 의해 무지몽매한 이들도 모두 부처의 명호를 알고 '나무(南無)'를 칭하게 되었다는 『삼국유사』의 기사는 칭명 신행이 널리 대중화되어 있었음을 확인시켜 준다.

칭명 외에 향가도 불보살의 가피를 희구하는 신행으로 원용되었던 정황을 볼 수 있다. 주지하는 바와 같이 『삼국유사』에는 13수의 향가가 수록되어 있다. 「도솔가」·「제망매가」·「원왕생가」 등에서 볼 수 있듯이 4구체, 8구체, 10구체로 정형화된 운율에 대체로 불교적 희원을 담고 있다. 관음신앙과 관련해서는 눈이 먼 희명의 딸이 분황사 천수관음보살에게 1000개의 눈 가운데 하나를 희사해 주기를 바라는 「도천수대비가」를 불러 마침내 눈이 밝아졌다는 기사가 있다. 이러한 자료들은 불교가 토착화되면서 불보살의 가피를 희구하는 신행으로, 향가가 불교 의례 안에 수용되었을 정황을 보여준다.

십일면관음이나 천수천안관음 등 밀교 신앙의 수용에 따라 진언, 다라니를 지송하는 것도 주요 행법으로 유통되었을 것이다. 오대산 신앙결사에서 보천은 동대 관음방의 신행으로 낮에는 천수대비주를 지송하고, 밤에는 관음예참을 하도록 규정하고 있다. 신주(神呪) 지송이 관음보살의 공능을 촉발하는 행법으로 두루 유통되었음을 보여준다. 천수대비주는 오늘날에도 한국 불교의 예불에서 필수적으로 낭송되고 있는데, 세상의 모든 병고를 치유하며 천마(天魔)를 굴복시키고, 외도(外道)를 제압하는 능력이 있는 것으로 알려져 있다.

또 『삼국유사』의 「광덕엄장」에서 볼 수 있듯이, 미타신앙이 대중화되면서 『관무량수경』에 바탕을 둔 관법(觀法)과 참법(懺法)이 유행했던 것으로 보인다. 이는 아미타불이나 관음보살을 예경하면서 죄업을 참회하며 극락정토에 왕생하기를 기원하는 행법이다. 관음신앙이 대체로 식재(息災), 항마(降魔), 증익(增益)의 현실적 구제 방편으로 전개되었지만, 성도와 왕생을 추구하는 불교 본령의 신앙 기제로도 작동했음을 보여준다. 고대 삼국 및 통일신라 불교 안에서 관음보살의 가피를 촉발하는 기제로 구축된 이와 같은 신행들은 고려, 조선을 거쳐 오늘날까지 한국 불교 관음신앙의 실천적 기반으로 전승되어 왔다.

3부

고대 문화와 불교

13 고대의 불상

서지민 | 충북대학교 고고미술사학과 교수

삼국시대의 불교는 종교적인 역할 이외에도 사회와 문화를 이끄는 주요한 사상으로 작용했다. 따라서 불상도 단순한 예배 대상이 아니라, 당시 동아시아 불교문화가 전파되는 과정을 살필 수 있는 주요한 자료이다. 다시 말하자면 고구려, 백제, 신라의 불상을 주변 국가들의 불상과 비교·고찰함으로써 삼국이 어떻게 나름의 불교문화를 형성하고 발전해 나갔는지 살펴볼 수 있다. 삼국은 선진의 불교문화를 재빨리 흡수하고 토착화해 나름의 창의적인 불상 양식을 완성했다. 즉, 인도에서 시작된 불교가 중앙아시아와 동남아시아의 여러 나라를 거쳐 중국으로 전해져 동아시아의 불교문화가 형성된 후 고구려, 백제, 신라로 전래되어 삼국 나름의 미감(美感)을 반영하면서 각국 특유의 불상 양식이 형성되었다.

고구려

고구려는 372년에 전진의 왕 부견이 승려 순도를 파견하면서 불교가 전래

〈그림 13-1〉 **장천1호분의 예불도**
고구려, 5세기, 중국 길림성 집안현.

되었다. 375년 수도 평양에는 초문사(肖門寺)와 이불란사(伊佛蘭寺)가 세워지고, 392년에는 9개의 사찰이 더 창건되었다고 한다. 그러나 이 사찰들에서 신앙되었던 불상은 현전하지 않는다.

중국 길림성 집안의 장천1호분에는 5세기 고구려에서 어떤 불상을 조성했는지 살펴볼 수 있는 벽화가 있다. 전실 동측 천장 부분에 그려진 〈예불도(禮佛圖)〉에는 선정인(禪定印)의 불상이 있다. 이 불상은 통견(通肩)의 대의를 입고, 두 마리 사자와 향로가 있는 수미단(須彌壇) 위에 앉아 있다. 부처의 주변에는 보살상과 연꽃에서 태어나는 어린아이(蓮花化生像), 하늘을 날면서 꽃을 뿌리거나 악기를 연주하는 천인(天人) 등이 그려져 있다. 이는 당시 고구려인들이 생각하던 불교적 내세관, 즉 정토왕생(淨土往生)에 대한 관념을 표현한 것이다(〈그림 13-1〉).

우리나라에서 제작된 불상 중에 가장 오래된 것은 서울 한강 뚝섬 출토 금동불좌상이다. 이 불상을 고구려에서 만든 것으로 단정할 수는 없지만, 장천1호분 〈예불도〉의 불상과 흡사해 5세기 고구려에서 제작된 불상도 같은 형식이었을 것으로 짐작된다. 뚝섬 출토 금동불좌상은 두 손을 배 앞에 포갠 채 선정인을 하고 대의는 양어깨를 완전히 덮은 채 목만 드러나 있다. 네모난 대좌에는 사자 두 마리가 정면을 향해 앉아 있다(〈그림 13-2〉). 이런 수인과 착의법, 대좌 형식은 중국 하북성 석가장(石家莊)에서 출토된 금동불좌상(미국 하버드 대학교 새클러박물관 소장) 등의 중국 5호16국 시대 금동불좌상의 영향을 반영한 것이다. 이를 볼 때 중국에서 유행하던 불상을 모방하여 고구려에서 불상을 제작했던 것으로 추정된다.

〈그림 13-2〉 뚝섬 출토 금동불좌상
삼국시대, 5세기, 국립중앙박물관 소장.

현전하는 고구려 불상 중에서 명문이 있어 조성 연대를 추정할 수 있는 예는 연가(延嘉)7년명 금동불입상이다. 광배 뒷면에 "연가7년 기미년에 고려국(고구려) 낙랑(평양) 동사(東寺)의 승려 연(演)이 사도(師徒, 門徒) 40명과 함께 현겁(賢劫)의 천불(千佛)을 조성하여 유포했는데, (이 불상은) 그중 29번째 부처인 인현의불(因現義佛)이다"라고 적혀 있다. 기미년이라는 간지와 불상의 양식을 함께 고려해 볼 때, 이 불상은 539년에 조성되었다고 추정된다. 연가7년명 금동불입상은 작은 얼굴에 늘씬한 체구이지만, 두꺼운 대의를 걸치고 있어서 몸매가 전혀 드러나지 않는다. 오른손은 두려움을 없애준다는 시무외인(施無畏印)을 하고 왼손은 소원이 이루어지게 한다는 여원인(與願印)을 했다. 시무외·여원인은 특정 부처만 하는 별인(別印)이 아니라 모든 부처가 할 수 있는 통인(通印)이므로, 수인을 근거로 이 불상이 어떤 부처인지 판정할 수는 없다. 이 불상은 통견 방식으로 대의를 걸치고 있는데, 가슴을 드러내면서 느슨하게 두른 대의 자락은 왼쪽 팔뚝 위로 걸쳐져 있다. 이런 착의법은 당시 중국인의 복식을 반영하는 것으로 인도에서 전래된 불상 양식이 중국화되었음을 말해주

〈그림 13-3〉 **연가7년명 금동불입상**
고구려, 539년 추정, 국립중앙박물관 소장.

〈그림 13-4〉 **계미명 금동삼존불상**
삼국시대, 563년 추정, 국립중앙박물관 소장.

는 증거이다. 연가7년명 금동불입상은 정면을 보며 움직임 없이 꼿꼿하게 서 있는 자세, 갸름한 얼굴 형태, 시무외·여원인의 수인, 대의 착의법, 날개처럼 펼쳐진 옷자락 등 정광(正光)5년(524)명 금동불입상(현 뉴욕 메트로폴리탄박물관 소장)을 비롯한 6세기 전반 북위 또는 동위의 불상들과 흡사하다. 그러나 부드러운 표정, 대의 속 내의를 묶은 옷고름이 없는 점, 도안화되지 않고 자유분방하게 표현된 광배의 문양, 도톰한 대좌의 연판 등을 볼 때 연가7년명 금동불입상은 중국 불상의 영향을 받았지만 그를 나름대로 소화하여 고구려 특유의 불상 양식으로 탈바꿈하고 있다. 명문에 따르면 이 불상은 현재(現劫)의 천불 중에 29번째 부처인 인현의불이라고 밝히고 있는데, 이는 과거, 현재, 미래에 수없이 많은 부처가 존재한다는 체계화된 불교 교학이 고구려에 수용되었음을 말해준다(〈그림 13-3〉).

6세기 후반에는 큰 광배 가운데 주존을 두고 좌우에 보살이 협시하는 일광삼존불상(一光三尊佛像)이 많이 제작되었다. 계미(563)명 금동삼존불입상과 경(景)4년 신묘(571)명 금동삼존불입상은 고구려에서 제작되었을 것으로 추정

〈그림 13-5〉 **경4년 신묘명 금동삼존불상**
삼국시대, 571년 추정, 국립중앙박물관 소장.

된다. 계미명 금동삼존불입상은 광배 뒷면에 "계미년에 돌아가신 아버지를 위해 보화가 만들었다"라는 명문이 있어서 자식이 아버지의 명복을 빌기 위해 발원했음을 알 수 있다. 불상은 육계가 동그랗고 얼굴은 긴 편이며, 두꺼운 대의를 입고 있어서 몸매가 드러나지는 않는다. 이런 불신의 표현이나 대의 착의법은 연가7년명 금동불입상과 유사하지만, 옷 주름이 평면적이고 대의 끝단은 'Ω' 형태로 주름져 있는 등 형식적으로 처리되어 있어 좀 더 늦게 제작되었다고 추정한다(〈그림 13-4〉). 한편 광배에 표현된 화염문(火焰文), 연화문(蓮華文), 당초문(唐草文)은 평양 평천리에서 출토된 영강(永康)7년 신미(551)명 금동광배와 흡사하다. 계미명 금동삼존불입상은 고구려에서 제작한 것이라고 단정할 수는 없지만, 연가7년명 금동불입상이나 영강7년명 금동광배와 양식적으로 유사해서 563년 고구려에서 제작된 불상으로 추정한다.

황해도 곡산군 화촌면 봉산리에서 전래되었다는 경4년 신묘명 금동삼존불입상의 광배에는 "무량수상(無量壽像)을 만들어 돌아가신 스승과 부모가 내세에 미륵의 가르침을 받기를 바란다"라고 기록되어 있다. 이 불상은 불신과 광배의 상태는 양호하나 대좌는 없어졌다. 불상과 협시보살상, 광배를 따로 주조하여 서로 결구하고 있어서 이전 시기의 불상과는 제작 방식이 달라졌음을 알 수 있다. 불상의 수인이나 착의법을 볼 때 계미명 금동삼존불입상과 같은 형식이지만, 신체에 비해 머리가 크고 얼굴에 살도 통통하게 올랐다. 대의 자락도 어깨 뒤로 넘기고, 옷 주름도 음각 선으로 처리되었다. 협시보살상의 보관도 각기 다르며, 광배의 문양도 도식화되었다. 이런 새로운 양식 특징을 볼 때 경4년 신묘명 금동삼존불입상은 계미명 금동삼존불입상보다 늦게 제작되었을 것이므로 571년의 고구려 작품으로 추정된다(〈그림 13-5〉).

백제

백제에서는 384년 동진에서 호승(胡僧) 마라난타가 오자 왕이 직접 그를 맞이해 대궐에 모시고 예를 갖추어 경배했다. 그리고 이듬해에 한산주에 절을 짓고 승려 10명을 배출했다고 한다. 불교를 수용한 바로 이듬해에 사찰을 지었다는 것은 백제가 사찰을 짓는 건축술과 예배 대상인 불탑을 비롯해 불상·불화 등의 불교 미술품을 제작할 수 있는 역량을 갖추고 있었음을 말해준다. 그리고 10명의 승려를 배출했다는 것은 당시 최고의 사상이었던 불교를 체계적으로 이해하고 수용할 수 있는 사회적인 토대도 마련되어 있었음을 나타낸다. 이러한 문헌 기록을 볼 때, 당시 제작되었을 불상은 뛰어난 작품이었을 것으로 짐작되지만 그 실체는 확인할 수 없다.

현전하는 백제 불상 중에서 가장 앞서 제작되었다고 추정되는 것은 충남 서산 보원사지에서 출토된 금동불입상이다. 이 불상은 갸름하면서 긴 얼굴, 세장한 불신, 두꺼운 대의, 오른쪽 어깨에서 내려온 대의 자락이 가슴을 드러내며 느슨하게 늘어졌다가 왼쪽 팔뚝에 걸쳐지는 착의법 등을 볼 때, 중국 남북조시대 불상의 영향이 감지된다. 그런데 보원사지 출토 금동불입상은 몸

〈그림 13-6〉
서산 보원사지 출토
금동불입상
백제, 6세기, 국립중앙박물관 소장.

〈그림 13-7〉
부여 군수리사지 출토
금동보살입상
백제, 6세기, 국립중앙박물관 소장.

〈그림 13-8〉
부여 군수리사지 출토
납석제불좌상
백제, 6세기, 국립중앙박물관 소장.

옆으로 뻗쳐 있던 대의 자락이 좀 더 차분하게 정돈되었고 온화한 인상이 두드러지는 등 부드러운 조형감이 두드러진다. 북조의 불상보다 대동(大同)3년(537)명 금동불입상 같은 남조 양나라 불상과 친연성이 짙다. 보원사지에서는 일광삼존불상의 잔편으로, 양나라에서 유행했던 둥근 보주형 지물을 들고 있는(捧寶珠) 보살상도 발견되어 당시 백제는 양나라와 교류하면서 불상 양식을 적극 수용했다고 추정된다(〈그림 13-6〉).

충남 부여 군수리사지 목탑지 심초석 아래에서 출토된 금동보살입상과 납석제불좌상은 6세기 후반 백제의 불상 양식을 살펴볼 수 있는 대표적인 예이다. 군수리사지 출토 금동보살입상과 납석제불좌상은 환하게 미소 짓는 온화한 표정에서 백제 특유의 부드럽고 친숙한 이미지가 잘 드러나고 있으며, 겹겹이 층단을 이루면서 흘러내리는 옷 주름 등 정교한 조각 수법을 볼 때 백제만의 불상 양식이 형성되었음을 알 수 있다(〈그림 13-7〉, 〈그림 13-8〉).

충남 부여 가탑리사지에서 출토된 금동불입상도 6세기 후반 백제 불상의

〈그림 13-9〉
부여 가탑리사지 출토 금동불입상
백제, 6세기 후반,
국립중앙박물관 소장.

새로운 불상 양식을 선보이는 예로 주목된다. 가탑리사지 출토 금동불입상은 장신형(長身形)의 몸을 살짝 틀고 서 있다. 통견 방식으로 걸친 대의는 왼쪽으로 추켜올려져 있고, 끝자락은 어깨 뒤로 넘겨졌다. 대의 속에 내의를 입고 있으며, 대의는 몸에 들러붙어서 몸매가 드러난다. 이런 특징은 인도 굽타시대 불상 양식을 반영하는 양나라 불상인 대통(大通)원년(529)명 석조여래입상과 유사하다. 이런 가탑리사지 출토 금동여래입상을 통해 백제는 양나라와의 교류를 통해 인도나 동남아시아의 국가들과도 연결되는 교역로를 확보하고 새로운 불교문화를 수용하고 있었음을 알 수 있다(〈그림 13-9〉).

6세기 후반 백제는 중국과 교섭하는 창구였던 태안반도 일대에 불상을 조성했다. 그중 가장 먼저 조성된 예산 화전리 석조사면불상은 석주 네 면에 불상이 새겨져 있지만, 불상의 크기나 형식이 제각각이라서 교의적 개념을 상징하는 특정한 도상 체계를 갖춘 사방불(四方佛)은 아니라고 판단된다. 규모가 가장 큰 남동향의 여래좌상은 대의를 편단우견(偏袒右肩) 방식으로 걸치면서 옷자락을 끌어당겨서 오른쪽 어깨를 덮었고, 대의 밑에 입은 옷으로 오른쪽 팔뚝과 가슴을 덮고 있다. 마치 통견 방식으로 대의를 착용한 것처럼 보이지만, 사실은 대의와 대의가 아닌 법의, 두 장의 옷으로 불신을 가리고 있는 것이다. 이렇게 길쭉하면서 편평한 불신이나 두 종류의 옷을 겹쳐 입은 착의법, 하의로 대좌를 덮은 상현좌(裳懸座) 등은 사천성 성도 만불사지 출토 양나라 석조불좌상과 비교된다. 한편 석조사면불상 중 여래입상의 장신형 체구에 몸매가 드러나는 불신, U 자형의 층단을 이루는 옷 주름, 왼쪽 어깨 쪽으로 치우친 옷자락 등도 양나라 불상 양식과 연관되는 가탑리사지 출토 금동불입상에서 이미 선보였던 바이다. 따라서 예산 석조사면불상은 양나라와의 교류를

〈그림 13-10〉 **예산 석조사면불상**
백제, 6세기 후반, 충남 예산군 봉산면 화전리.

〈그림 13-11〉 **태안 마애삼존불상**
백제, 6세기 말, 충남 태안군 태안읍 동문리.

통해 새로운 불상 양식을 적극적으로 수용했던 당시 백제 불교미술사의 추이를 살펴볼 수 있게 한다(〈그림 13-10〉).

태안 마애삼존불상은 납석제 돌기둥에 고부조로 조각된 예산 화전리 석조사면불상과는 달리 자연 암벽에 조각된 마애불상이다. 이 불상이 자리하는 백화산은 서해를 조망할 수 있는 천혜의 입지이다. 태안 마애삼존불상은 중앙에 보살상이 자리하고 그 양옆에 여래상이 있어서 교리에 입각한 정통의 삼존불상과는 다른 독특한 도상 체계를 보인다. 보살상은 둥근 보주를 받들고 있는데, 주변 국가에서는 관음보살을 이런 도상으로 형상화하므로, 태안 마애삼존불상은 백제 불교도들이 애호한 관음신앙을 표방하고 있다고 여겨진다. 보살상 좌우의 여래상들은 어깨가 넓고 각이 져 있다. 얼굴은 넓적하고 육계가 혹처럼 볼록 튀어나왔다. 대의는 가슴을 드러내면서 벌어져 있는데 굵게 도드라진 옷 주름이 층단을 이루고 있고, 양팔에 걸쳐진 대의 자락은 뻗치지 않고 축 늘어져 있다(〈그림 13-11〉).

태안 마애삼존불상보다 좀 더 늦게 조성되었다고 추정하는 서산 마애삼존불상은 시무외·여원인을 결한 주존을 중심으로 좌우에 봉보주보살상, 반가사

〈그림 13-12〉 **서산 마애삼존불상**
백제, 7세기 전반, 충남 서산시 운산면 용현리.

유상이 협시로 배치된 삼존불상이다. 지붕처럼 돌출된 암석 아래에 바위 면을 다듬어서 감실처럼 만들고 당시에 유행했던 불상들을 나름대로 조합해 백제 불교도들에게 친숙한 예배 대상을 나타낸 것으로 여겨진다.

주존은 어깨가 넓지만 각지지 않고 둥글며, 가슴과 팔뚝에 양감이 있는 건장한 체구이다. 자연스럽게 미소를 짓고 있는데 너그러우면서도 인자한 표정이다. 이런 특유의 친숙한 인상 때문에 '백제의 미소'로 불리고 있다. 주존 여래입상의 건장한 체구에 부드러운 양감이 드러나는 양식 특징은 북제나 수대 불상 양식의 영향을 받은 것이다. 우협시는 봉보주보살상인데, 같은 도상이 중국의 남조와 일본에서도 제작되고 있어서 당시 양, 백제, 왜가 같은 불교문화권을 형성하고 교류했음을 말해준다. 그러나 서산 마애삼존불상의 봉보주보살상을 태안 마애삼존불상의 봉보주보살상과 비교해 보면, 자애로운 표정, 입체감이 드러나는 불신의 표현, 유려하게 늘어진 천의 등에서 차이가 완연해 양식적으로 진전되었음을 알 수 있다. 좌협시 반가사유상도 상체와 하체의 비율이 적절하며 어깨와 가슴, 팔, 다리 등에 팽만감이 표현되고 있어서 이전 시기와는 다른 새로운 불상 양식이 간취된다(〈그림 13-12〉).

7세기 전반의 불상 중 충남 공주 의당면 송정리 절터에서 출토된 금동관음보살입상은 이전의 보살상과 전혀 다른 새로운 모습을 하고 있다. 보관의 가운데에는 화불(化佛)이 있어서 이 보살상이 아미타불을 보좌하는 관음보살임을 말해준다. 뺨에 살이 올라서 팽팽하며 친근하게 미소 짓고 있다. 배를 앞으로 내밀고 서서 오른손에는 연봉오리를, 왼손에는 정병을 쥐고 있다. 지물(持物)을 통해서도 관음보살임을 알 수 있다. 이처럼 화불이나 지물을 통해서 존명을 확인할 수 있는 점, 팔과 몸 사이에 공간이 생기는 등 신체 각 부위가 분리된 점, 불신의 동작이 느껴지는 점 등은 수나라 불상 양식을 수용한 결과 나타난 변화이다(〈그림 13-13〉).

〈그림 13-13〉
공주 송정리 출토 금동관음보살입상
백제, 7세기 전반, 충남 공주시 의당면 송정리 출토.

부여 규암리 출토 금동관음보살입상은 공주 의당면 송정리 출토 금동관음보살입상보다 더 최신의 불상 양식을 반영하고 있다. 이 보살상의 유연하면서 늘씬한 장신의 체형이나 팔이 상체에서 떨어져 옆구리에 틈이 생기면서 몸매가 드러나는 점은 수나라 말기 내지는 당나라 초기 불상의 영향에서 비롯된 것이다. 이 규암리 출토 금동관음보살입상과 함께 출토된 금동관음보살입상 1구는 이치다 지로(市田次郞)가 소장하다가 최근 국내 전시에 출품되었는데, 신체는 육감적이고 장신구나 천의의 장식이 더욱 화려해서 보다 진전된 양식을 보인다. 이 금동관음보살입상은 허리가 잘록하며 엉덩이를 왼쪽으로 내밀고 오른쪽 다리를 앞으로 딛고 서 있다. 천의는 왼쪽 어깨에서 내려오다가 복부에서 뒤집힌 뒤에 오른쪽 팔뚝에 걸쳐지고, 오른쪽 어깨에서 내려오는 천의 자락은 무릎에서 뒤집혔다가 왼쪽 팔뚝에 걸쳐졌다. 천의와 보관, 영락, 지물은 불신과 한꺼번에 주조된 것이 아니라 따로 제작한 뒤에 붙인 것으로 매우

〈그림 13-14〉
부여 규암리 출토 금동관음보살입상
백제, 7세기 전반, 개인 소장.

〈그림 13-15〉
익산 연동리 석조불좌상
백제, 7세기 전반, 전북 익산시 연동리 연화사 봉안.

정교하게 표현되었다(〈그림 13-14〉).

익산 연동리 석조불좌상은 백제 부흥의 기틀을 마련하고자 천도를 계획했던 무왕 대(640~642)에 제작되었을 것으로 생각되는 불상이다. 이 불상은 불전에 봉안되었던 주존으로, 드물게 광배와 대좌까지 갖추고 있는 대형의 불상이라는 점에서 그 가치가 매우 크다. 불두를 비전문가가 잘못 복원하면서 괴상망측해졌지만, 불두를 가리고 보면 백제 불상 특유의 아름다운 면모가 드러난다. 연동리 석조불좌상은 상반신과 하반신이 각이 져서 방형에 가깝고 체구가 장대하다. 이런 불신의 표현은 중국 하북성(河北省)이나 산동성(山東省) 지역의 북제 내지는 수나라 불상 양식과 상통하는 것이다. 그러나 두 장의 옷으로 몸을 가린 착의법, 결가부좌한 다리 사이에서 U 자를 이루면서 늘어지는 옷 주름이 대좌 아래까지 계속 이어지는 점, 거신주형광배(擧身舟形光背) 내부의 연화문과 화염문·보주문 등은 이전 시기 백제 불상 양식을 고수하는 전통적인 요소이다. 이러한 익산 연동리 석조여래좌상을 통해 당시 백제는 기존의 전통적인 불상 양식의 토대 위에 새로운 불상 양식을 취사선택해 나름의 불상을 완성했음을 알 수 있다. 한편 연동리 석조불좌상의 광배 형식과 문양이 일본 나라 호류지(法隆寺) 금당의 석가삼존불상 광배와 매우 흡사해서 백제 불상과 아스카 시대 불상의 교류 관계를 살펴볼 수 있다는 점도, 이 불상의 가치를 더욱 높여준다(〈그림 13-15〉).

신라

눌지왕 때(417~458)에 고구려의 묵호자(墨胡子)가 개인적으로 사찰을 짓고 불교 의례를 한 것을 신라 불교의 시작이라 할 수 있지만, 이차돈의 순교를 계기로 불교를 공인하게 된 것은 528년이므로 고구려나 백제에 비해서 100년 이상 늦다. 신라에서 가장 먼저 조성한 불상은 544년에 창건된 흥륜사 금당에 봉안되었던 불상일 것이나 그에 대해서는 아무런 정보도 알 수 없다. 그리고 황룡사 금당에 봉안하기 위해 574년에 조성한 장육존상은 『삼국유사』「황룡사 장육존상」에 "인도 아육왕(阿育王)이 배에 띄워 보낸 석가삼존상을 모형으로 진흥왕 35년(574)에 장육존상을 완성하여 금당에 모셨다"라는 기록만 전한다. 그런데 근래 중국에서 아육왕이 만들었다는 명문이 있는 불상이 출토되어 황룡사 장육존상의 형상을 추정하는 데 참고가 된다. 사천성 성도(成都) 서안로(西安路)에서 출토된 태청(太淸)5년(551)명 석조아육왕상은 이국적인 생김새에 곱슬머리, 통견 방식으로 입은 대의가 목만 드러낸 채 U 자형으로 층단을 이루면서 늘어져 있어서 인도 굽타시대의 불상 양식의 영향이 간취된다. 황룡사 장육존상도 이 불상처럼 아육왕이 제작한 불상을 모본으로 제작했다고 하므로, 비슷한 형상이지 않을까 추측된다(〈그림 13-16〉). 또 불상의 명칭 중에 장육(丈六)이라는 크기를 언급하고 있는데, 실제로 거대한 규모였다는 사실을 황룡사 금당 터에 남아 있는 대좌 하부와 황룡사지 발굴 조사에서 출토된 나발 편을 통해서 확인

〈그림 13-16〉 **태청5년명 석조아육왕상**(왼쪽), **황룡사 중금당의 석조대좌 하부**(오른쪽)
중국 양(梁), 551년, 사천성 성도 서안로 출토(왼쪽), 신라, 6세기 후반, 경북 경주시 구황동(오른쪽).

할 수 있다(〈그림 13-16〉).

현전하는 가장 이른 시기의 신라 불상은 황룡사에서 출토된 금동불입상이다. 이 불상도 고구려의 연가7년명 금동불입상과 같은 중국의 북위 내지는 동위 시대 불상 양식을 따르고 있다. 하지만 연가7년명 금동불입상보다 불신이 편평하고 옷 주름이 형식적으로 처리되어 있어서 제작 시기는 그보다 늦은 6세기 후반으로 추정된다. 한편 고구려의 연가7년명 금동불입상이 신라의 영토인 창녕 지역에서 출토되었다는 사실을 볼 때, 당시 신라는 중국과 직접 교류하지 못하고 고구려나 백제를 통해 불교문화를 받아들이면서 불상을 제작했을 것으로 생각된다(〈그림 13-17〉).

7세기가 되면서 신라는 통일을 이루면서 독자적인 대중국 교역로를 마련하고 이전보다 더 적극적으로 불교문화를 수용한다. 이 무렵 신라에서는 오른쪽 어깨를 드러내며 대의를 걸친 편단우견의 불입상이 유행한다. 이런 불상 형식은 경주 단석산 마애불상군, 숙수사지, 황룡사 등 신라 지역에서만 집중적으

〈그림 13-17〉
황룡사지 출토 금동불입상
신라, 6세기 후반, 동국대박물관 소장.

〈그림 13-18〉
황룡사지 출토 금동약사불입상
신라, 7세기, 국립경주박물관 소장.

로 분포하고 있다. 이 편단우견의 불입상은 병을 치료하고 소원을 성취하게 하는 보주를 들고 있는 경우가 많아 밀교적인 신앙과 관련된 약사불로 추정된다. 또 이 불상들은 엉덩이를 옆으로 내민 채 서 있으며, 대의는 몸에 밀착되어 있다. 이런 불신의 표현은 같은 시기 중국 불상보다는 인도나 동남아시아 불상들과 유사해 주목된다. 한편 인도 아육왕이 보낸 불상을 모본으로 조성했다는 황룡사 장육존상에 대한 설화나 『해동고승전』에서 안함이 인도 승려를 데려와 황룡사에 머물게 했다는 기록과 연계해 볼 때 신라가 불교문화를 수용했던 경로가 인도까지 연결되지 않았을까 생각된다(〈그림 13-18〉).

분황사 석탑 문비에 조각된 인왕상도 7세기 전반의 새로운 양식이 반영되어 있다. 이 인왕상은 634년 분황사가 낙성될 때 조성되었을 것이므로 제작 시기를 추정할 수 있는데, 석탑 네 면의 인왕상마다 자세나 천의의 표현 등이 다소 차이가 있지만, 대체로 작달막한 체구에 권법을 하는 자세가 자연스럽게 표현되어 기존의 신라 불상에서 볼 수 없던 북주나 수나라 불상 양식의 영향이

〈그림 13-19〉
분황사 석탑의 금강역사상
신라, 634년경, 경북 경주시 구황동.

〈그림 13-20〉 **경주 남산 장창곡 출토 석조미륵삼존상**
신라, 7세기 중반, 국립경주박물관 소장.

감지된다(〈그림 13-19〉).

경주 남산 장창곡 출토 석조미륵삼존불상은 『삼국유사』 「생의사석미륵(生義寺石彌勒)」에 언급된 승려 생의가 644년에 땅속에서 찾았다는 미륵세존으로 추정된다. 이 불상은 명상에 잠긴 듯 평안한 얼굴 표정이며 어린아이처럼 통통하게 살이 오른 자그마한 체구에 비해 머리가 큰 점이 특징적이다. 이렇듯

〈그림 13-21〉 **경주 남산 배동 석조삼존불상**
신라, 7세기 중반, 경북 경주시 배동.

순수한 동심이 드러나는 어린아이 같은 형상의 부처는 북주와 수나라의 수도인 장안에서 유행하던 불상 양식과 연관된다(〈그림 13-20〉).

경주 남산 배동 석조삼존불상도 장창곡 출토 석조미륵삼존불상처럼 앳된 인상에 4~5등신가량의 작달막한 체구이다. 본존불상은 U 자형 주름이 연속적으로 반원형으로 이루면서 늘어져 있다. 왼손에 연꽃봉오리를 쥐고 있는 우협시 보살상은 토실토실한 몸에 영락을 두르고 있어 몸매가 잘 드러나지 않지만, 정병을 들고 있는 좌협시 보살상은 허리가 잘록해서 유연해 보이고 천의도 2단으로 두르고 있는 등 좀 더 진전된 양식을 보인다(〈그림 13-21〉). 7세기 중반 경주 남산에 조성된 장창곡 석조미륵삼존불상과 배동 석조삼존불상에서 나타나던 북주부터 수대에 이르는 장안 지역 불상 양식은 경주 단석산 신선사 마애불상군과 선도산 마애아미타삼존불상으로 이어지면서 더욱 신라적으로 변화·발전한다.

한편 삼국시대 불상 형식을 대표하는 것은 반가사유상이다. 그중 고구려의

〈그림 13-22〉 **금동일월식삼산관 반가사유상**
삼국시대, 6세기, 국립중앙박물관.

〈그림 13-23〉 **금동연화관 반가사유상**
삼국시대, 국립중앙박물관.

금동반가사유상(평양 평천리 출토), 백제의 납석제반가사유상(부여 부소산성 출토)과 서산 마애삼존불상의 좌협시 반가사유상, 신라의 석조반가사유상(경주 송화산 출토)이나 석조반가사유상(봉화 북지리 출토) 등은 제작국이 분명하지만, 대표적인 반가사유상으로 널리 알려진 금동일월식삼산관반가사유상과 금동연화관반가사유상은 제작국을 단정하기 어렵다. 두 반가사유상 모두 단독으로 봉안해도 될 만큼 큰 편이다. 금동일월식삼산관반가사유상은 길고 매끈한 몸에 상체의 천의는 뻗쳐 있고, 대좌를 뒤덮은 하의의 옷 주름은 규칙적인 선으로 처리되어 있다(〈그림 13-22〉). 이런 양식은 6세기의 동위(東魏) 불상들과 친연성이 짙다. 금동연화관반가사유상은 탄력이 느껴지는 늘씬한 상체에 천의를 걸치지 않고 목걸이만 착용하고 있다. 이런 불신의 표현은 북제의 불상 양식에서 비롯된 것이므로 금동연화관반가사유상은 금동일월식삼산관반가사유상보다 늦은 7세기 전반에 제작되었을 것으로 추정된다. 한편 금동연화관반가사유상은 일본 고류지(廣隆寺)의 목조반가사유상과 유사해서 주목받고 있다. 고류지 목조반가사유상은 일본에서 자생하지 않는 적송으로 만들었고, 당시 일본의 목조 불상들처럼 조각조각 따로 제작한 뒤 짜맞추지 않고 통째로 깎아서 만들었기 때문에 『일본서기』에 기록된 신라 진평왕이 622년 일본에 보낸 진사(秦寺: 고류지의 전신)의 불상으로 보기도 한다. 이렇게 고류지 목조반가사유상이 신라에서 제작된 것이 맞는다면, 양식적으로 유사한 금동삼산관반가사유상이 7세기 전반에 신라에서 제작되었다고 볼 수 있는 주요한 근거가 될 것이다(〈그림 13-23〉).

통일신라시대

통일신라시대에는 삼국시대의 불상 양식이 계승되기도 하지만, 국제적 불교문화를 구축했던 당나라의 영향을 받아 다양한 형식의 불상들이 새로운 양식으로 조성되었다. 통일신라시대 전기에 해당하는 7세기 후반부터 8세기 중반까지는 삼국시대 불상을 계승하는 경향과 당나라의 새로운 불상 양식을 수용하는 경향이 함께 전개되다가, 8세기 중반에는 당시 동아시아의 국제적인 불교미술의 흐름을 공유하는 최고 수준의 불상이 조성되었다. 전성기를 구가한 8세기 중반 이후에는 주변 국가와 차별화된 독자적인 불상 양식을 완성하기에 이른다.

전기(7세기 후반~8세기 전반)

충남 세종시(구 연기군) 일대에서 발견된 납석제 불비상들은 백제 불상 양식의 전통을 간직한 사례로 알려져 있다. 일곱 구의 불비상 중에서 계유년 전씨아미타불비상의 명문에 적힌 발원자를 보면 백제의 관직을 지낸 인물들과 전씨·목씨 등 백제 성씨가 주목을 끈다. 이를 통해 이 비상이 삼국통일 직후인 673년에 조성되었지만, 백제 유민들이 제작한 까닭에 백제 불상의 전통이 반

〈그림 13-24〉 **계유명 전씨 아미타불비상**
통일신라, 673년, 국립청주박물관.

〈그림 13-25〉 **군위석굴 석조아미타삼존상**
통일신라, 7세기 후반, 경북 군위군 부계면.

영된 것으로 짐작된다. 주존이 시무외와 여원인을 한 불좌상이라는 점이나 보살상들의 신체가 길면서 영락(瓔珞)이 X 자형으로 걸쳐져 있는 점, 사자좌, 광배의 문양과 화불의 표현 등이 백제의 불상들과 유사하다. 즉, 이런 전통적인 도상 요소들을 바탕으로 점차 통일신라의 불상 양식을 형성해 나가는 과정을 확인할 수 있다(〈그림 13-24〉).

경북 군위 팔공산 자락 자연석굴에 안치된 석조아미타삼존불상은 삼국시대의 전통적인 불상 양식과 당대의 새로운 불상 양식이 혼합되어 나타난다. 각이 져서 네모난 본존의 괴체적인 불신, 몸에 비해서 큰 머리, 소발(素髮) 등은 삼국시대 불상 양식을 계승하고 있다. 반면 수인이나 근엄하고 중후한 인상 등은 이전 시기 불상에서 찾아볼 수 없던 새로운 당대 불상 양식을 반영하는 것이다. 특히 협시보살상의 균형 잡힌 늘씬한 몸매와 배를 내민 채 엉덩이를 빼고 서 있는 육감적인 자세는 새로운 당대 불상 양식을 반영하고 있는 점이다(〈그림 13-25〉).

경주 월지에서 출토된 금동판불은 당시 동아시아 불교문화권에서 유행하던

〈그림 13-26〉
경주 월지 출토 아미타판불상
통일신라, 7세기 후반, 국립경주박물관.

〈그림 13-27〉
경주 남산 칠불암 마애삼존불상
통일신라, 8세기 초반, 경북 경주시 남산동.

국제적인 도상과 양식과 일치한다. 주존은 인도 굽타시대에 유행했던 전법륜인을 결한 아미타불로 넓은 어깨와 튼실한 하체 등 몸이 풍만하며 대의는 목만 드러낸 채 양어깨를 덮고 있다. 이와 같은 도상과 양식은 중국 돈황석굴 제220굴 남벽 아미타정토도나 일본 호류지 금당벽화 중 아미타정토도와 유사하므로 당시 신라가 동아시아 불교문화권에 속해 국제적인 불교문화의 흐름 속에서 교류하고 있었음을 말해준다. 경주 사천왕사지에서 출토된 녹유신장상이나 감은사의 동·서 삼층석탑에서 출토된 금동사리함 외면의 사천왕상도 675년에 완성된 중국 용문석굴 봉선사동의 노사나불상 대좌 신장상이나 사천왕상들과 흡사하다. 이러한 예를 보더라도 당시 신라가 당나라와 교섭하면서 중국 불상의 도상과 양식을 적극적으로 수용해 불교문화를 발전시켜 나갔음을 알 수 있다(〈그림 13-26〉).

경주 남산 칠불암의 마애삼존불상과 감산사 석조아미타불상, 석조미륵보살상은 8세기 전반 통일신라시대 불상을 대표한다. 칠불암 마애삼존불상의 주존은 통일신라시대 이후 널리 유행하는 항마촉지인 불좌상의 시원작이라는 점에서 주목되는데 근엄한 인상, 건장한 체구, 편단우견의 착의법, 부채꼴로 펼쳐지는 대의 자락 등 새로운 불상 양식을 선보이는 작품이다. 항마촉지인 불좌상은 정각을 이룬 석가모니를 상징하는 것으로 인도 보드가야의 마하보디 사원(大覺寺)에 봉안되었던 금강좌진용상(金剛座眞容像)에서 비롯되어, 중국 용문석굴 뇌고대동(擂高臺洞)의 보리서상(菩提瑞像) 등 동아시아 불교문화권에서 유행한 불상 형식이다. 이런 불교조각사의 흐름을 통해 칠불암 마애삼존불상은 주변 국가의 불상 양식을 재빠르게 공유하고 있었던 8세기 전반 통일신라시대 불상의 특성을 살펴볼 수 있는 주요한 예라는 의의가 있다(〈그림 13-27〉).

감산사 석조아미타불상과 석조미륵보살상은 김지성이 돌아가신 아버지와 어머니를 위해서 조성한 것으로, 불상을 조성한 공덕으로 국왕과 가족, 친지가 성불하기 바라는 염원을 담고 있다. 석조아미타불상은 양감이 강조된 불신에 허리가 잘록하고 대의는 몸에 밀착되어 반원을 이루다가 다리에서 양 갈래로 나뉘어 흘러내린다. 이렇게 불신에 휘감겨서 촘촘하게 도드라진 옷 주름 표현은 인도 굽타시대 마투라 불상과 흡사하며, 두 다리에서 갈라지는 옷주름 표현은 중앙아시아 지역의 불상에서 나타나기 시작해 중국을 거쳐 신라로 전해진 것이다(〈그림 13-28〉). 석조미륵보살상은 삼곡(三曲) 자세를 취하고 가슴·팔뚝·배·허벅지 등에는 양감이 두드러져서 육감적인 자태가 한껏 드러난다. 그리고 화불이 있는 보관과 어깨에서 종아리까지 길게 드리워진 사괘(斜掛), 두 겹으로 늘어진 영락 등 화려한 장신구로 치장하고 있다. 또 상체에는 옷을 입지 않고 낙액(珞腋)만 둘렀으며, 하체에는 치마를 입고 허리에는 요포(腰布)를 착용했다. 이런 모습은 중국 서안의 칠보대 벽에 부착되었던 십일면관음보살상 등 당시 국제적인 불교문화의 중심지였던 당의 수도 장안의 불상 양식을 반영하는 것이다(〈그림 13-29〉).

통일신라시대 불상 양식의 완성을 말해주는 기념비적인 작품은 경주 토함산 석굴암에 봉안된 불상군이다. 석굴암은 돌을 쌓아 궁륭형의 천장이 있는 원형의 주실과 방형의 전실을 만든 석굴사원이다. 석굴암은 주변 국가에서

〈그림 13-28〉
경주 감산사 전래 석조아미타불입상
통일신라, 719년, 국립중앙박물관 소장.

〈그림 13-29〉
경주 감산사 전래 석조미륵보살입상
통일신라, 719년, 국립중앙박물관 소장.

볼 수 없는 이런 독특한 구조를 완벽한 비례에 기반하여 조성한 건축물로 내부에 38구의 불상들을 정연하게 배치하여 신라인들이 꿈꾸었던 이상적인 부처의 세계를 구현하고 있다. 석굴암의 중심에는 항마촉지인을 결한 주존이 대좌에 좌정하고 있는데, 근엄하면서도 자비로운 표정을 짓고 있으며 불신은 살아 있는 듯 생명력이 넘친다. 이 본존은 깨달음을 얻은 석가모니를 상징하는 인도 보드가야 마하보리사의 성도상(成道像)을 재현하고자 똑같은 크기로 제작하여 그 방향대로 안치한 것이다. 즉, 석굴암의 본존은 보리수 아래 금강좌에서 정각을 이루어 법신이 된 부처의 모습을 나타냈다(〈그림 13-30〉). 그 주위에는 본존을 대신해 중생들을 자비롭게 인도할 관음보살과 본존이 깨달은 바를 알기 쉽게 중생에게 전달하는 문수보살, 보현보살, 그리고 중생들처럼 본존의 설법을 듣고 깨달음의 세계로 정진하는 10명의 제자들이 배치되었다. 이 보살상들과 제자상들은 본존을 향해 몸을 틀고 있는데 자세가 자연스럽고

〈그림 13-30〉
경주 석굴암 본존 석조불좌상
통일신라, 8세기 중반, 경북 경주시 진현동.

생동감이 넘친다. 주실 천장부 벽감실 안에는 부처의 설법을 듣고 대담을 하거나 명상에 잠긴 8구의 보살상이 있다. 주실과 전실을 연결하는 연도 입구 양쪽에는 악귀를 밟고 서서 위엄스러운 풍모를 드러내고 있는 사천왕상이 있다. 그리고 전실에는 부처의 세계를 지키는 금강역사상과 팔부중상이 도열해 있다. 이렇게 팔부중상, 금강역사상, 사천왕상을 불교의 위계에 따라 순서대로 배치함으로써 마치 중생들이 여러 단계를 거쳐 마침내 깨달음을 얻어 불국토에 이르는 과정을 나타낸 듯하다. 석굴암은 흠잡을 데 없는 완벽한 기술력으로 인공석굴을 건축하고 내부에는 숭고하고 성스러운 이미지의 불상들을 질서정연하게 배치하여 경전에서 제시한 형언하기 어려운 심오한 부처의 깨달음을 구현하고 있다. 이렇게 종교성과 예술성이 조화를 이루는 석굴암은 여러 불교 교리에 대한 독창적인 해석과 사유를 통해 나름의 불교미술을 창출했던 신라 불교도들의 빼어난 역량과 위대한 수준을 유감없이 보여주는 걸작이다.

후기(8세기 후반~10세기 전반)

석굴암 본존불상은 이후 불상을 조성할 때 중요한 모본이 되었다. 즉, 최고 수준의 불상을 완성했던 8세기 중반 이후에는 선진의 불교문화로 동경했던 중국의 불상을 본뜨는 단계에서 벗어나게 되었다. 경주 안계리의 석조불좌상은 석굴암 본존불상을 축소한 듯 불상의 각 형식과 세부적인 표현이 거의 일치한다. 또 서산 보원사지에서 전래되었다고 하는 철조불좌상(현 국립중앙박물관)도 머리카락이 소발인 점만 다를 뿐 원만한 표정, 건장한 체구, 편단우단 방식으로 입은 대의, 사실적으로 주름진 옷 주름(翻波式), 양다리 사이에 부채꼴로 펼쳐진 옷자락이 유사하다(〈그림 13-31〉). 이 외에도 경주 남산 약수계의 석조불좌상이나 경주 이거사 석조불좌상(현 청와대) 등도 석굴암 본존불상보다 체구가 둔중하지만 조형감은 대체로 흡사하다. 한편 경주 남산 용장계에서 전래된 석조약사불좌상(현 국립경주박물관)이나 남산 삼릉계의 석조약사불좌상(현 국립중앙박물관) 등은 둥근 지물을 들고 있어 약사불로 추정하지만, 항마촉지인 도상을 신라적으로 변용한 불상 형식이다. 이렇게 8세기 이후부터 주변 국가에서는 볼 수 없는 신라적으로 재해석된 불상들이 대거 조성되며, 왕경을 벗어나서 지방으로 점차 확산되는 양상을 보인다.

〈그림 13-31〉
전(傳)서산 보원사지 출토 철조불좌상
통일신라, 8세기 후반~9세기 전반, 국립중앙박물관.

8세기 후반부터 조성되기 시작한 여래형의 지권인 비로자나불상은 80권본 『화엄경』의 법신불에 대한 교리를 나름대로 해석하여 창안한 도상이다. 여래형 지권인 비로자나불상의 시원작인 경남 산청 석남사의 석조비로자나불좌상은 대좌에 안치되었던 납석제사리호에 기록된 명문을 통해 766년(영태 2)에 조성되었고, 80권본『화엄경』의 주존인 비로자나불이라는 사실이 밝혀졌다. 원래 지권인은 중기 밀교 금강계 대일여래가 결하는 수인으로 인도나 중국에서는 장신구로 치장한 보살형의 금강계 대일여래상이 다수 조성되었다. 그러

〈그림 13-32〉 **대방광불화엄경변상도**
통일신라, 755년 완성, 삼성미술관 리움(LEEUM) 소장.

나 석남사 석조비로자나불좌상은 화엄의 법신불이며 도상적으로도 불신을 장신구로 장엄하지 않은 여래의 모습이라는 점에서 중기 밀교의 금강계 대일여래상과는 차별된다. 또 지권인도 인도나 중국의 금강계 대일여래상을 본뜬 것이 아니라 『제불경계섭진실경(諸佛境界攝眞實經)』 등의 중기 밀교 경전에서 설명한 내용에 따라 자체적으로 표현하고 있다.

한편 당시 당나라에서는 80권본『화엄경』의 주존인 비로자나불상을 지권인이 아니라 설법인 도상으로 형상화하고 있다. 따라서 80권본『화엄경』에서 추상적으로 언급할 뿐 구체적인 형상을 제시되지 않았던 법신을 최고의 깨달음을 성취한 존재라는 점에서 같은 존격이라 할 수 있는 중기 밀교의 금강계 대일여래상 도상을 빌려 독창적으로 표현하고 있는 점은 신라 불교계의 뛰어난 역량을 말해주는 것이라 하겠다. 한편 삼존불상·삼신불상·오방불상·삼천불상 등 주변 국가에는 없는 다양한 여래형 지권인 비로자나불상 형식이 조성되었다는 사실을 보더라도 여래형 지권인 비로자나불상은 종파를 초월해 통용되던 화엄 교리를 구체적으로 구현하기 위해 신라에서 창안했다고 파악된다(〈그림 13-32〉).

통일신라시대 후기에는 『화엄경』 교리에 대한 탐구도 심화되었지만, 한편으로는 이 경전의 영험한 힘에 의지해 화엄정토에 왕생하기를 바라면서 『화엄경』의 주존인 비로자나불상을 조성하는 화엄경 신앙결사도 유행했다. 법승과 법연의 두 승도가 자신들이 따르던 두온애랑의 명복과 성불을 빌며 석남

〈그림 13-33〉 **석남사 석조비로자나불좌상**
통일신라, 766년, 경남 산청군 삼장면 내원사 봉안.

〈그림 13-34〉 **실상사 철조불좌상**
통일신라, 9세기 전반, 전북 남원시 산내면 입석리.

사 석조비로자나불좌상을, 경문왕이 선왕인 민애왕을 추복하고자 원당인 동화사 비로암에 조성한 석조비로자나불좌상(863년경)을, 승려 언전이 진골 귀족인 어머니 명단(明端)의 안락과 정토왕생을 염원하고자 축서사 석조비로자나불좌상(867년경)을, 경문왕 대 최고위급 권력자인 대각간과 그의 아내가 등신(等身)이 되기를 서원하고자 해인사 법보전과 대적광전에서 전래된 2구의 목조비로자나불좌상(883)을 조성한 것은 당시 유행하던 화엄경 신앙결사에서 비롯되었다(〈그림 13-33〉). 이렇듯 화엄경 신앙결사를 통해서 화엄종뿐 아니라 다른 종파의 사찰에서도 추복과 성불을 위해 비로자나불상을 조성해 원당에 봉안했던 것이다. 이 비로자나불상들은 단아한 여성적인 인상으로, 체구는 아담하며 옷 주름은 도식적이고 반복적으로 처리되는 등 이전보다 신라적인 토착화가 더욱 진전되어 있다.

선종이 전래되어 교단을 형성하는 통일신라시대 후기에는 기존에 불상의 재료로 널리 사용되지 않던 철불이 지방을 중심으로 조성되기 시작하는 등 새로운 변화가 나타난다. 8세기 후반 왕경에서 조성되었던 불국사 금동아미타

〈그림 13-35〉
보림사 철조비로자나불좌상
통일신라, 859년, 전남 장흥군 유치면 봉덕리.

〈그림 13-36〉
도피안사 철조비로자나불좌상
통일신라, 865년, 강원도 철원군 동송읍 관우리.

불좌상, 불국사 금동비로자나불좌상, 백률사 금동약사불입상 등 귀금속인 금과 동이 대량으로 사용되는 금동불상은 9세기 이후에는 그리 많이 제작되지 않는다. 그 대신 지방의 선종 사원인 실상사와 보림사에서는 거대한 철불이 조성되었다. 실상사 철조불좌상은 원만한 상호, 장대하지만 안정감이 느껴지는 체구, 사실적으로 처리된 옷 주름 등 왕경 지역 불상들과 양식적으로 친연성이 짙다(〈그림 13-34〉). 보림사 철조비로자나불좌상은 실상사 철조불좌상과는 달리 실제 활동하던 승려를 모델로 한 듯 개성적인 상호와 사실적인 대의의 표현이 특징적이다. 하지만 당시 철은 국가적인 차원에서 생산·관리되었고 또 철조 불상을 제작하기 위해서는 막대한 경제력뿐 아니라 뛰어난 기술력까지 뒷받침되어야 하므로, 두 불상 모두 왕실의 후원 아래 조성되었을 것이다. 불교도들이 예배할 때 시선이 머무는 얼굴 등 주요 부위에는 철불을 주조할 때 생기기 쉬운 분할선이 드러나지 않게 고안되어 있다는 사실은 철불 제작에 숙련된 전문 기술자가 동원되었음을 말해준다. 또 보림사 철조비로자나불상의 조상기에는 후원자인 '정왕(헌안왕)'에 대한 존경의 의미로 빈칸(空隔)을 두고 있어서 공문서를 작성한 경험이 있는 조정의 관리가 불사에 동원되었음을 알 수 있기 때문이다(〈그림 13-35〉).

이런 왕실에서 발원한 대형의 철불 외에 도피안사 철조비로자나불상은 865년에 철원 지방의 신도 1500여 명이 합심하여 조성한 것이므로 불교가 지방의 기층민까지 퍼져 대중적으로 확산되면서 여러 계층에서 다양한 방식으로 불사를 했다는 사실을 알 수 있다. 그러나 불상의 얼굴 표정은 굳어 있고 옷주름도 형식적으로 처리되어서 그동안 화려하게 꽃피웠던 통일신라시대의 불교미술은 점차 쇠퇴의 길로 접어들기 시작했음이 감지된다(〈그림 13-36〉).

14 석조미술

엄기표 | 단국대학교 자유교양대학 교수

석탑

삼국은 불교가 전래하자 이를 공인하고 종교적인 활동을 위해 사찰을 창건했다. 사찰의 중심에는 탑파와 불상이 조성되었다. 이 중 탑파는 진신사리를 모신 조형물이자 최고의 예배물이기 때문에 사찰의 중심 공간에 배치되었다.

불교가 공인된 직후에 창건된 초기 사찰에는 대부분 목탑이 건립된 것으로 확인된다. 목탑은 부처님의 진신사리를 봉안한 기념적인 시설물로서 가람의 중심 공간에 세워져 신앙과 예배의 대상이 되었다. 그런데 목탑은 주재료가 나무이기 때문에 화재에 취약하고, 시간이 지나면 부식되거나 견고성이 떨어졌다. 또한 창건이나 중수에 드는 경제적 비용이 상당하여 재정적으로도 부담이 되었다. 그래서 삼국시대 사람들은 목탑을 대신하여 신앙의 중심적인 역할을 할 수 있는 새로운 재료의 창안물을 생각했다. 그 조형물은 부처님에 대한 신앙심을 누그러뜨리거나, 불교의 요체인 사리를 봉안하는 데 허술하지 않아야 한다는 돈독한 불심이 전제되었다. 그리고 나무보다 내구성이 강하고, 비용도 적게 들고, 제작하기에도 용이해야 했다. 이에 따라 기존 목탑이 출발점이 되었는데, 전체적인 조영 기법이나 양식, 세부적인 결구와 표현 기법 등을 그대로 본받거나 모방하려고 했다. 장인들은 시행착오를 거듭하면서 경제적으로 비용도 적게 들고 내구성도 강하며, 설계와 시공 면에서 발전된 구조물을 창안해 냈는데, 그것이 돌로 만든 석탑이었다.

백제의 장인들은 건축 기술이 앞서 있었고, 돌을 다루는 기술도 뛰어났다. 그러한 사실을 증명하는 백제의 초기 석탑이 익산 미륵사지와 부여 정림사지에 전한다. 기록상으로는 고구려에도 석탑이 있었다고 전하지만 실물이 확인되지는 않았다. 그래서 미륵사지와 정림사지에 남아 있는 석탑을 기준하여 삼국시대인 7세기 전반경을 우리나라 석탑의 시원 시기로 설정하고 있다. 석탑의 출현은 불교문화뿐만 아니라 국가·사회적으로 획기적인 전환을 의미했다. 이제 사찰의 중심에 나무로 만든 목탑이 아니라 돌로 만든 석탑이 자리하게 되었고, 한번 세우면 특별한 경우가 아니고서는 다시 손을 댈 필요가 없었다. 그리고 석탑은 목탑처럼 엄청난 공력과 비용도 들지 않았다. 그래서 그 이후에 만들어진 탑파는 대부분 석탑이었다.

현존하는 우리나라 초기 석탑은 목탑에서 유래했기 때문에 겉모습이나 세부적인 구성 기법이 상당 부분 목탑과 유사하다. 다만, 석탑은 나무와 달리 돌이라는 재료의 특수성과 섬세한 표현의 한계로 특정 부위를 생략하거나 간략화한 부분이 많아 목탑을 번안했다고 한다. 이러한 특징이 반영된 초기 석탑으로는 앞서 말한 백제의 미륵사지 석탑과 정림사지 오층석탑, 신라의 의성 탑리 오층석탑을 들 수 있다.

익산 미륵사지에는 동서로 2기의 석탑이 건립되었는데, 이 중에 동탑은 오래가지 못하고 어느 시기에 무너지고 말았다. 서탑은 상당 부분 붕괴되었지만, 그 원형을 살피기에 큰 문제는 없는 상태이다. 기단부와 탑신부의 전체적인 조영 기법뿐만 아니라 내부로 통하는 출입 시설과 한가운데에 심주석을 세워 사리 봉안 시설을 마련한 점 등이 목탑의 조영 기법과 양식을 충실하게 모방했음을 보여준다.

〈그림 14-1〉 **경주 감은사지 동서 삼층석탑**

정림사지 오층석탑은 표면에 새겨진 명문으로 보아 660년 백제가 멸망하기 이전에 건립된 것이 분명한데, 정림사를 창건할 당시부터 석탑을 세운 것인지, 아니면 처음에는 목탑을 세웠다가 어떤 이유로 파손되자 그 자리에 석탑을 다시 세운 것인지는 불분명하다. 이 석탑은 기단부를 낮게 구비했고, 탑신도 모서리에만 우주를 세워 1칸으로 구성했으며, 옥개받침도 간략하게 구성해 미륵사지 석탑보다는 전체적인 규모를 소형화했을 뿐만 아니라 구조와 결구 기법도 대담하게 간략화하거나 생략했다. 그래서 미륵사지 석탑이 목탑의 조영 기법과 구조를 충실히 반영한 건축적 측면이 강한 석탑이라면, 정림사지 오층석탑은 목탑의 외관과 구조를 기본적으로 유지하면서 미적 요소를 가미해 설계·시공함으로써 종교적인 예배의 대상을 예술적인 미술 작품으로 잘 승화한 석탑으로 평가받고 있다.

의성 탑리 오층석탑은 조영 기법과 양식 등이 목탑을 충실하게 번안했기 때문에 초기의 신라 석탑으로 추정되고 있다. 특히, 1층 탑신의 문비와 감실 마련 수법, 우주와 주두의 치석 기법, 옥개받침의 마련 수법 등이 목탑의 조영 기법과 유사하다. 한편 돌을 벽돌처럼 깎아 쌓아올린 분황사 모전석탑은 현재 3층까지만 남아 있고, 조선시대에도 여러 번 보수되어 전체적인 규모와 층수 등을 명확하게 알 수는 없다. 이 탑은 1층 탑신 사방에 감실을 마련했으며, 그 입구에 수호신장상을 배치했다. 이처럼 옥개받침을 비롯한 탑신부가 목탑의 조영 기법을 전체적으로 따르고 있어 분황사가 창건된 선덕여왕 때 건립되었을 것으로 추정되고 있다.

삼국시대에는 많은 석탑이 건립되지는 못했지만 목탑의 외관이나 구조를 충실하게 따르면서 전체 규모가 상대적으로 크고, 층수도 높고, 부재 수가 많은 점 등이 특징이다. 특히, 백제의 정림사지 오층석탑과 신라의 의성 탑리 오층석탑은 목탑에서 출발한 석탑이 목탑 양식에서 벗어나 석탑의 전형적인 양식을 완성해 나가는 모습을 보여준다. 이러한 변화는 석탑을 중심으로 한 통일신라시대 석조미술의 본격적인 발전을 견인했다고 볼 수 있다.

통일신라시대 석탑은 삼국시대 석탑의 조영 기법과 양식을 계승하여 한층 조화롭고 안정적인 모습으로 발전했다. 목탑을 모방하거나 번안하는 단계에서 벗어나 새로운 조영 기법과 양식을 갖춘 우수한 석탑을 창출해 한국 석탑의 모범적이고 전형적인 양식을 정립했다는 평가를 받고 있다. 통일신라시대의 석탑 조영 기법과 양식은 시기에 따라 변화하는데 초기, 중기, 말기로 구분해 볼 수 있다.

먼저 통일신라 초기에는 삼국시대 석탑의 조영 기법 등을 거의 그대로 계승해 큰 규모로 석탑을 건립했다. 경주 감은사지 삼층석탑과 고선사지 삼층석탑 등이 대표적인 사례이다. 이 석탑들은 탑신석과 옥개석 등 각 부위별 부재의 규모가 크기 때문에 여러 부재를 별도로 다듬어 짜맞추었다. 그래서 통일신라 초기 석탑은 전체적으로 웅장하면서도 강인한 인상을 준다.

통일신라 중기에 많은 사찰이 창건되면서 세워진 석탑의 수량이 증가했지만, 여전히 대부분의 석탑은 왕경 지역을 중심으로 건립되었다. 이러한 양상

〈그림 14-2〉 **경주 불국사 쌍탑**

으로 보아 통일신라 중기까지 불교 신앙이 먼 지방으로 확산되지 못했음을 짐작할 수 있다. 그리고 초기와 마찬가지로 호국적 성격이나 왕실의 기복을 비는 석탑이 많이 건립되었던 것으로 보아, 석탑의 건립 주체와 후원 세력이 왕실이나 특권 계층이었음을 시사한다. 또 다른 특징은 하나의 사찰에 동일하거나 서로 다른 양식을 함유한 2기의 석탑을 세우는 쌍탑 건립이 성행했다는 점이다. 이것은 석탑이 부처님의 사리를 모시고 있어 예배의 대상물이기도 하지만, 사찰을 장엄하는 조형물이자 불상처럼 존귀한 것으로 인식이 변화했음을 보여준다.

통일신라 중기에는 석탑의 기단부와 탑신부 등 각 부의 조영 기법과 양식 등에서 여러 변화가 있었다. 먼저, 전체적인 구조와 외관 등이 초기와 거의 동일한 양상을 보이면서도 세부적으로 부재의 치석 수법과 기교에서 차이가 있었다. 이 시기의 석탑은 규모가 작아지고, 층수가 낮아지는 경향을 보인다. 이처럼 석탑의 규모가 전반적으로 축소되면서 각 부위를 하나의 부재로 제작했다. 그리고 석탑의 상하 부재를 결구하는 부위에 괴임단이나 받침단을 만들

경우 초기에는 직각이나 직선적인 기법을 많이 활용했는데, 중기에는 직선적인 수법과 더불어 곡선적인 수법도 함께 적용했다. 옥개석의 처마부는 부드럽게 살짝 치켜 올린 반전 기법으로 다듬고, 낙수면은 가운데가 오목한 현수곡선 기법을 적용해 부드럽고 율동적인 느낌이 나도록 했다. 전체적으로 안정감 있고 유려한 균제미와 형식미를 추구한 석탑이 많이 세워졌다. 이것은 석탑을 제작하는 기술과 함께 예술적인 기교가 그만큼 향상되었음을 시사한다. 그래서 통일신라 중기는 우리나라 석탑의 전형이 완성된 시기로 평가받고 있다.

이 시기에 건립된 석탑들은 동일 석공이나 특정 장인 집단에 의해 설계되고 시공되었다고 할 수 있을 만큼 전체적인 조영 기법과 양식이 유사성을 보이는 경우가 많다. 당시 전형 양식의 석탑이 하나의 유행처럼 번졌던 것으로 보인다. 그리고 경주 창림사지 삼층석탑, 장항리사지 오층석탑, 원원사지 삼층석탑 등 통일신라 중기의 일부 석탑에서 사천왕상·인왕상·십이지신상 등 장엄 성격의 상을 조각하기 시작한다. 이러한 경향은 통일신라 말기에 이르러 석탑의 표면에 다양한 조각상을 새기는 계기가 되었다. 이것은 부처님의 사리에 대한 숭앙과 수호의 의미가 반영된 것이라 할 수 있다.

전형적인 조영 기법과 양식으로 건립한 석탑 외에도 전체적인 구조나 장식이 독특한 이형적인 석탑들이 만들어지기도 했다. 대표적으로 경주 불국사 다보탑을 들 수 있다. 이 석탑은 당시 주류를 이루었던 전형적인 석탑들과는 상당히 다른 이색적인 모습을 취하고 있는데, 기단부는 사각형, 탑신부는 팔각형을 기본으로 했고, 상륜부는 원형 등 다양한 평면을 부위에 따라 적절하게 적용했다. 기단부의 모서리마다 기둥석을 배치하여 절묘하게 탑신부를 받치도록 했으며, 난간 등 돌로 세밀하게 다듬은 구조물을 요소요소에 배치함으로써 석조지만 목조로 만든 것처럼 정교한 기법을 보여주고 있다. 탑신부는 수십개의 작은 부재들을 아래위로 짜맞추었는데, 하중을 빈틈없이 안정적으로 받치고 있어 구조적으로도 뛰어난 석탑이라 할 수 있다. 이처럼 불국사 다보탑을

〈그림 14-3〉 **경주 불국사 다보탑**

설계·시공한 장인은 밀가루 반죽처럼 돌을 다룰 줄 아는 석공으로, 인격을 가진 신이 아니라 신의 기량을 가진 뛰어난 인물이었던 것으로 짐작된다. 다보탑은 그 누구도 모방할 수 없는 기발한 착상에 의한 창의적인 석탑으로 종교를 넘어 예술과 감상의 대상으로 우리 현실 속에 와 있다는 것이 놀라운 따름이다.

그리고 통일신라 중기를 지나면서 석탑의 건립이 왕경이나 특정 도시 등 일부 지역에 편중되는 것이 아니라 지방의 여러 지역으로 확산하는 양상을 보인다. 통일신라 말기가 되면 사찰의 건립이 지방으로 확산되면서 석탑의 건립도 전국적으로 이루어졌다. 새로운 불교 사상이라 할 수 있는 선종이 전래해 구산선문 등 여러 지방과 산중에 많은 사찰이 창건되었다. 이에 석탑 건립이 지방으로 확대되면서 전국화되고, 건립 수량이 증가하는 배경이 되었다. 이러한 시대사조 속에서 건립된 통일신라 말기 석탑들은 이전 석탑이 함유한 기본적인 조영 기법과 양식은 유지하면서도 세부적으로 몇 가지 변화가 나타난다.

먼저 기단부는 2층 기단이 중심을 이루지만, 2층 기단과 함께 1층이나 3층 기단도 간헐적으로 활용되면서 기단부의 양식과 층수가 다양화되는 양상을 보인다. 그리고 기단부의 면석부에 모각한 탱주의 수량도 줄어든다. 즉, 석탑의 규모가 전체적으로 작아지면서 우주의 수량은 그대로이지만 탱주의 수량이 2~3개에서 1개로 줄어든다. 이러한 변화는 석탑의 구조적인 측면보다는 세부 표현 기법에서의 간략화 경향을 보여주는 측면이라 할 수 있다. 기단부의 면석부에 팔부신중·사천왕상·인왕상 등 다양한 조각상들이 배치되기도 하고, 안상을 표현하는 등 화려하고 장엄한 석탑을 건립하려는 경향이 나타난다. 이러한 변화는 석탑이 부처의 사리를 모신 기념적인 조형물이라는 인식이 강화되고, 장인들의 석탑 설계와 시공 기술의 향상에 따라 나타난 현상이라 할 수 있다.

〈그림 14-4〉 **보령 성주사지 서삼층석탑**

〈그림 14-5〉 **양양 진전사지 삼층석탑**

다음으로 탑신부에서도 몇 가지 변화가 나타난다. 먼저 1층 탑신석을 받치는 괴임단이 이전에는 각형 2단이 주류였는데, 각형 2단뿐만 아니라 호각형 2단, 각호각형 3단, 별석받침 등 다양화된다. 예를 들어 대구 동화사 비로암 삼층석탑이나 철원 도피안사 삼층석탑은 탑신석의 받침을 탁자형으로 만들었으며, 보령 성주사지 삼층석탑은 고려 초기 석탑에서 많이 적용된 별석받침을 삽입하여 1층 탑신석을 받치도록 했다. 이것은 사리를 모신 탑신부에 대한 공양의 의미라 할 수 있는데, 석탑 제작 기술이 발전함에 따라 석탑을 설계 시공한 장인의 예술적 기교에 따라 다양한 장식 기법이 적용되었음을 보여준다. 그리고 중기에 건립된 석탑들과 마찬가지로 탑신석과 옥개석을 각각 1석으로 마련했는데, 1층 탑신석의 높이를 2층 이상의 탑신석 높이와 비교해 상대적으로 높게 만들고, 1층과 2층 탑신석의 비율을 외관상 가장 안정된 3 대 1로 적용한 경우가 많다. 옥개석은 옥개받침을 각지게 다듬어 정교하고 깔끔하게 마무리했으며, 처마부는 균형 있게 수평을 유지하도록 치석했다. 또한 옥개석의 마루 끝은 합각부가 하늘을 향하도록 살짝 치켜 올린 반전 기법을 적용했다. 이러한 기법은 석탑의 전체적인 외관이 율동적이고 날렵한 이미지가 연출되도록 했다.

이처럼 통일신라 말기에는 석탑 건립이 일부 지역에 편중되지 않고 전국으로 확산되면서 석탑의 전체적인 조영 기법이나 양식이 다양화하기도 하지만, 한편으로는 매너리즘에 빠졌다고 할 만큼 이전의 석탑 양식을 거의 그대로 모방해 건립하는 경향이 있기도 했다. 즉, 석탑의 세부적인 치석 수법이나 장식 기법 등이 부분적으로 변하기도 했지만, 전체적인 조영 기법이나 양식에서는 창의적인 측면보다 이전 석탑의 모방과 답습이라는 한계를 보여주기도 한다.

승탑과 탑비

승탑은 승려가 입적한 직후 장례 절차가 마무리되면 그의 사리나 유골 등을 봉안하고 추복하기 위해 건립한 기념적인 조형물로 부도라고도 한다. 우리나라는 삼국시대부터 승탑이 건립되기 시작한 것으로 기록이 있지만 실물 자료는 전하지 않는다. 그 건립이 본격화된 것은 불교 신앙이 지방까지 널리 보급된 신라 말기부터이다. 이는 불교계의 변화와 밀접한 관련이 있는데, 그중에서도 중국에 유학했던 승려들의 견문과 선종의 확산이 결정적이었다고 할 수 있다. 중국은 오래전부터 선종이 널리 보급되어 유력한 고승의 사리탑을 건립해 추모하고, 사찰의 위상을 선양하는 것이 중요한 문화로 자리 잡고 있었다. 이 시기 중국에 유학한 신라 승려들은 당시의 시대상을 몸소 체험했고, 그러한 견문을 갖춰 신라로 귀국했다. 한편 신라 땅에도 일찍이 선종이 전래했는데, 신라 말기에 이르러 왕실이나 호족 세력들의 후원으로 유력한 여러 선문이 지방을 중심으로 형성되면서 크게 성행했다. 각 선문은 개산조를 중심으로 계보를 이었고, 스승으로부터 법인(法印)을 이어받는 사자상승(師資相承)을 중시했다. 이에 따라 각 선문을 중심으로 개산조 승려의 묘탑(墓塔)이라 할 수 있는 승탑을 건립하는 전통이 본격화되었으며, 선문의 위상을 높이는 대표적인 선양 사업으로 자리 잡았다.

그런데 중국과 마찬가지로 우리나라도 부처님의 사리를 모신 조형물과 승려의 유골이나 사리를 모신 조형물의 전체적인 구조나 양식이 구분되기도 하지만, 그렇지 않은 경우도 있는 것으로 파악되고 있다. 따라서 승려의 유골이나 사리를 모신 것이 분명한 경우에만 승탑이라는 용어를 사용해야 한다. 이러한 승탑은 기능적으로는 승려의 유골을 포함한 사리를 안치하기 위한 시설물이며, 사상적으로는 입적한 승려의 열반을 추모하고 극락왕생을 염원하는 조형물로 묘와 탑의 성격을 동시에 갖고 있다고 할 수 있다.

이처럼 신라 말기 선종의 사상과 문화는 각 선문의 개산조나 법인을 이은 유력한 고승들을 추모하고, 스승이 설법한 내용이나 교훈을 어록으로 남겨 널리 선양하고자 했다. 그래서 이 시기에 승탑과 함께 탑비가 하나의 세트처럼 건립되었다. 탑비는 입적한 승려의 살아생전 행적을 기록으로 남기고 후세에 전해 선문의 위상을 높이려는 기념비라 할 수 있다. 그런데 신라 말기에는 모든 승려가 승탑과 탑비를 세울 수 있었던 것은 아니었다. 당시 승려로서는 최고의 직책이라 할 수 있는 왕사나 국사를 지냈거나, 그러한 지위에 상응하는 예우를 받았던 유력한 고승들을 중심으로 세워주었다. 그러나 왕사나 국사를 지냈던 모든 승려에게 승탑과 탑비를 세워준 것도 아니었으며, 당대의 정치적인 상황에 따라 달라지기도 했다. 분명한 것은 승탑과 탑비가 국왕의 허락이 있어야만 세울 수 있었으며, 왕실이나 정부 차원의 지원을 받아 문도들이 주도했고, 입적한 고승의 살아생전 행적과 밀접한 연관이 있는 사찰이나 하산소

〈그림 14-6〉
양양 진전사지 도의국사 영탑

〈그림 14-7〉
원주 흥법사지 염거화상탑

〈그림 14-8〉
화순 쌍봉사 철감선사 징소탑

에 건립하는 것이 일반적이었다.

현존하는 신라 말기의 승탑 중에서 가장 오래된 것은 양양 진전사지에 세워져 있는 것으로 관련 기록과 양식 등 여러 정황으로 보아 도의국사의 것이 확실시된다. 그리고 건립 시기를 알 수 있는 승탑 중에서는 염거화상탑(855)이 가장 오래되었다. 또한 신라 말기의 승탑과 탑비로는 남원 실상사의 증각대사를 위한 응료탑과 탑비, 구례 연곡사의 주인공을 알 수 없는 동승탑과 탑비, 곡성 태안사의 적인선사를 위한 조륜청정탑과 탑비, 화순 쌍봉사의 철감선사를 위한 징소탑과 탑비, 장흥 보림사의 보조선사를 위한 창성탑과 탑비, 양양 선림원지의 홍각선사를 위한 선감탑과 탑비, 하동 쌍계사의 진감선사를 위한 대공탑과 탑비, 문경 봉암사의 지증대사를 위한 적조탑과 탑비, 제천 월광사지의 원랑선사를 위한 대보선광탑과 탑비, 보령 성주사지의 낭혜화상을 위한 백월보광탑과 탑비, 창원 봉림사지의 진경대사를 위한 보월릉공탑과 탑비 등이 각 세트로 전한다. 이들은 국가적 차원에서 당대 최고의 장인들이 설계·시공한 걸작품이자, 종교에 바탕을 둔 예술 작품으로서 당대의 문화를 반영하고 있어 역사적 가치가 높다고 할 수 있다. 또한 관련 기록에 따르면 신라 말기에 통효대사 범일, 선각국사 도선, 양부선사 등을 위한 승탑과 탑비도 건립되었던 것으로 전하고 있다. 한편 남원 실상사에는 수철화상을 위한 승탑은 원래의 것이지만, 탑비는 어떤 이유로 파손되자 조선 후기에 중건했다. 이처럼 상당량의 승탑과 탑비가 처음 건립된 이후 파손되는 등 여러 우여곡절과 알 수 없는 사연을 담고 있다. 그리고 파손 또는 반출되었거나, 주인공을 특정할 수 없는 승탑 또는 탑비의 부재도 전하고 있어 지속적인 조사와 연구가 필요하다.

신라 말기에 건립된 승탑들은 기본적으로 탑신을 받치는 기단부, 사리가 안치되는 탑신석과 옥개석으로 이루어진 탑신부, 남아 있는 경우가 많지는 않지만 화려하게 장엄한 상륜부로 구성되었다. 이러한 승탑은 핵심부라 할 수 있는 탑신부를 어떻게 구성하느냐에 따라 양식이 분류되는데, 신라 말기에 건립된 승탑은 대부분 팔각형 전각의 목조건축물을 번안한 팔각당형 양식을 취하고 있다.

그리고 승탑 표면에는 다양한 조각이 생동감 있게 표현되었는데, 그 의미와 위계에 따라 위아래로 배치되었다. 먼저 기단부의 제일 하부에 새겨진 구름과 용은 사바와 극락세계를 연결하여 주고, 고승의 유골이나 사리를 수호한다는 의미가 반영된 것으로 추정되고 있다. 그리고 사자가 불가에서는 불법을 수호하는 상징적인 동물인 것으로 보아 승탑에 표현된 사자상은 고승의 유골이나 사리를 보호한다는 의미가 있었다. 가릉빈가상은 사람의 머리에 새의 몸체를 가진 형상에 용의 꼬리가 달린 극락조로 미묘한 소리를 내며 극락정토를 장엄하는 상상의 새이다. 가릉빈가상은 보통 악기를 연주하는 모습으로 표현되는데, 이는 고승의 사리를 봉안한 승탑 자체가 현실 속에 있는 극락세계임을 나타내려는 의도라 할 수 있다. 탑신부에는 사천왕상이나 공양비천상 등이 조각되는데, 모두 입적한 승려를 수호하고 공양하며, 극락왕생하기를 염원하는 의미가 있다. 이처럼 승탑은 입적한 고승을 추모하고, 고승의 유골이나 사리가 극락정토의 전당에 안치되어 있다는 의미가 함축되어 있다고 할 수 있다.

〈그림 14-9〉 **화순 쌍봉사 철감선사 징소탑비**

또한 신라 말기에 승탑과 세트로 건립된 탑비는 일반적으로 거북이의 몸체에 용의 머리를 달고 비신을 받치도록 한 귀부, 주인공의 살아생전 행적을 기록한 비신, 용이 구름 속에 표현되어 비신을 덮고 있는 이수로 구성되었다. 이처럼 탑비를 구성하고 있는 주요 도상은 거북이와 용이다. 동양 사상에서 거북이는 장수의 상징이며 용은 상상의 동물로서 오래전부터 수호의 상징으로 불가에 수용되어 다양한 형상으로 표현되었다. 이처럼 거북이 형상의 귀부를 마련해 비신을 받치도록 한 것은 탑비에서 핵심부라 할 수 있는 비신이 영원히 전승되라는 의미가 반영되었다고 할 수 있다. 그리고 비신 위에 용이 표현된 이수를 올린 것은 주인공의 행적이 기록된 비신을 수호하라는 의미가 있다. 따라서 거북이와 용의 상징성과 신령스러움을 통해 탑비를 후세에 영원히 전하고자 하는 조형적 의도가 반영된 것이라 할 수 있다. 한편 신라 말기에 조성된 귀부와 이수의 조각 기법은 승탑과 마찬가지로 생동감 있고 사실적이다. 특히, 구례 연곡사 동승탑 탑비의 귀부, 화순 쌍봉사 철감선사 징소탑비의 귀부는 꼬리가 돌돌 말려 있고, 오른발을 살짝 치켜들어 마치 살아 움직이는 듯한 생동감 있는 조각으로 주목된다.

석등

우리나라에서 석등이 언제부터 조성되었는지 명확하지는 않지만, 현존하는 유적과 유물로 보아 사찰이 창건되기 시작한 삼국시대부터로 확인된다. 백제는 익산 미륵사지의 중금당 앞에 석등을 세웠음을 알 수 있는 유적과 유물이 확인되었다. 그리고 공주 대통사지, 부여 가탑리사지, 익산 제석사지에서도 백제시대 석등 부재가 수습되었다. 이 중에 익산 미륵사지에 조성되었던 석등은 파손되었지만, 사각형의 지대석 위에 연화문이 장식된 하대석을 마련해 간주석과 상대석을 차례대로 결구한 후, 그 위에 화창을 뚫은 화사석과 옥개석 등을 올려 마무리했다. 이러한 조영 기법은 양식적으로 손색없는 구조이며, 미적으로도 조화로운 모습으로 우리나라 석등 양식의 모범이라 할 수 있다. 그리고 고신라의 경우는 현존하는 유적이나 유물이 확인되지 않아 석등의 시원 시기가 명확하지 않지만, 백제와 거의 동시기에 동일한 수준과 유형의 불교문화가 전개된 것으로 보아 일찍부터 석등이 조성되었을 것으로 추정된다. 따라서 고신라 사찰에도 중요 금당이나 탑 앞에 석등이 배치되었을 것이다.

통일신라시대에는 석등 제작 기술이 발전했을 뿐 아니라 예술적 역량도 한층 더 높아졌다. 석등은 기능적인 측면에서 불을 밝히는 기구이지만, 종교적으로는 석등에서 널리 퍼져 나오는 불빛이 부처님의 지혜와 광명을 의미하며 많은 중생을 구제하는 자비의 상징으로 이해되었다. 그래서 석등도 부처님의 진리를 담고 있어 예불의 대상이기도 했다. 이처럼 석등은 기능적인 측면을 넘어 부처님의 자비가 온 세상으로 퍼져 나가 중생들을 자비로 감싸 구제한다는 신앙적인 의미가 담겨 있기도 하다. 이러한 이유로 석등은 독립 공간에 세워지기도 하지만, 일반적으로 주요 법당이나 불탑 앞에 배치되어 불교 신앙을 높이는 역할을 했다.

통일신라시대에 조성된 석등은 아래에서부터 지대석-하대석-간주석-상대석을 순서대로 구성하며, 그 위에 불을 밝히는 화사석과 옥개석을 올리고, 꼭대기는 보개석이나 보주석을 올린 상륜부로 마무리했다. 통일신라시대 석등은 구조상 핵심부는 아니지만 가장 차별화된 부위가 간주석이기 때문에 간주석의 조영 기법에 따라 팔각 간주석형, 고복형, 쌍사자형 석등으로

〈그림 14-10〉 **보은 법주사 쌍사자 석등**

양식을 분류한다.

먼저 팔각 간주석형 석등은 우리나라 석등의 기본적인 양식으로 삼국시대에 이어 통일신라시대까지 가장 일반적으로 건립되었다. 이러한 양식의 석등은 영주 부석사, 경주 불국사, 장흥 보림사 등을 비롯해 전국 각지의 여러 사찰에서 확인할 수 있다. 그리고 고복형 석등은 장구를 엎어서 세워놓은 것처럼 간주석을 마련한 것으로 기본적으로 규모가 커서 외관이 웅장하고, 간주석 표면에 연화문과 연주문 등 화려한 문양을 장식한 점이 특징적이다. 대표적인 석등이 남원 실상사, 임실 진구사지, 양양 선림원지 등에서 확인되고 있다. 쌍사자형 석등은 두 마리의 사자가 상대석과 화사석을 받치고 있는 형상을 취하는데, 불가에서 수호적 의미가 있는 사자상을 조형물에 채용했다는 점에서 기발한 착상을 보여준다. 현재 합천 영암사지와 보은 법주사를 비롯해 광양 중흥산성 쌍사자 석등이 확인되고 있다. 그리고 전국의 여러 사찰과 사지에서 석등 부재의 일부로 보이는 석조 사자상이 확인되고 있는 것으로 보아, 통일신라시대에 쌍사자 석등이 상당량 조성되었음을 짐작할 수 있다. 이처럼 쌍사자 석등은 두 마리의 사자를 간주석 부분에 사실적이고 입체감 있게 조각하여, 당대 석공들의 우수한 역량과 격조 높은 석조미술의 수준을 보여주는 대표적인 조형물이기도 하다. 이러한 쌍사자 석등은 고려와 조선시대까지 계승된다.

한편 발해 석등이 오늘날 중국 흑룡강성 흥륭사(興隆寺)에 유존되어 있는데, 그 규모가 상당히 커서 웅장할 뿐만 아니라 세부적인 조영 기법과 양식도 뛰어나다. 특히, 기단부와 상대석에 볼륨감 있는 연화문을 여러 겹으로 장식했으며, 상대석 위에 팔각으로 구성된 별석형 받침대를 마련하고, 그 위에는 상하부에 화창이 뚫린 팔각 화사석을 올렸다. 또한, 옥개석은 서까래와 기왓등이 섬세하게 표현된 전각형을 올리고, 상륜부는 여러 단으로 구성된 보륜형 부재를 올려 마무리했다. 이처럼 발해 석등은 돋보이는 조영과 치석 수법을 보여주면서도 웅장하며, 전체적인 양식과 조영 기법 등이 통일신라시대 석등과 강한 친연성을 보이고 있어 주목된다.

〈그림 14-11〉 **발해 석등**

당간지주와 수조

통일신라시대의 다른 석조물에 비해 예술적인 기교나 장식성은 다소 떨어지지만, 사찰 가람의 주요 석조미술로 당간지주와 수조가 있다. 당간지주는 사찰 입구에 당간을 견고하게 고정하기 위해 세운 두 개의 기둥 형태의 석조물이다. 두 지주 사이에는 별도로 간대석을 마련하고, 그 위에 나무·철·돌 등으로 제작한 당간을 세웠다. 그리고 당간의 꼭대기에 깃발 형태로 만든 당을 걸었다. 우리나라는 당이나 번이 남아 있지 않지만, 관련 기록과 다른 나라의 사례로 보아 배너처럼 기다란 형태로 사찰을 장엄하거나, 종파적 성격을 나타내거나, 경계를 표시하는 등 여러 가지 의미와 상징이 있었던 것으로 추정되고 있다.

〈그림 14-12〉
경주 보문동 연화문 당간지주

통일신라시대 당간지주는 일반적으로 높은 사각 석주 형태인데, 경주 삼랑사지 당간지주처럼 지주 외곽부에 일정한 너비의 장식 띠 형태로 윤곽대를 두거나, 바깥면의 한가운데에 돋을 띠를 세로로 길게 장식하기도 했다. 그리고 경주 불국사나 대구 동화사 당간지주처럼 지주의 꼭대기를 부드럽게 굴곡을 주어 깎는 등 장식적인 기법을 적용하기도 했다. 또한 두 지주의 안쪽 면이 맞닿으면 상단부가 연화문의 일부가 되도록 기교 있게 치석하기도 했다. 경주 보문동 연화문 당간지주는 보기 드물게 바깥 면 상부에 연화문을 장식했다. 이처럼 통일신라시대 당간지주는 고려시대에 비해 치석 수법이 정연하고, 장식적인 기교가 세련된 양상이다. 풍기에서 출토된 통일신라시대의 금동 당간 용두에 의하면, 당간의 꼭대기가 용의 형상을 취하도록 한 경우가 있었음을 알 수 있다. 이는 당간과 당간지주가 깃발 형태의 당이나 번을 거는 기능적인 측면도 있었지만, 종교적으로 불법을 수호하고 부처의 공덕을 찬양하기 위한 의미도 있었음을 짐작할 수 있다. 한편 여러 사찰과 사지에 당이나 당간은 없지만, 상당량의 당간지주가 남아 있는 경우가 많다. 이러한 당간지주는 깊게 매몰해 세웠기 때문에 원위치에 원형을 유지하고 있는 경우가 많다. 그래서 당간지주는 원래의 사찰 가람의 배치와 중심축선, 진입과 중심 공간의 위치 등을 파악하는 데 유용한 근거를 제공해 주기도 한다.

한편 수조(水槽)는 큰 돌의 내부를 파서 물을 담아 쓰도록 한 일종의 물 저장 그릇으로 대부분 돌로 만들어지기 때문에 석조(石槽)라고도 한다. 이것은 우물가에 두고 물을 담아두었다가 큰일을 전후해 쌀이나 그릇 등을 씻을 때 사용되었다고 한다. 큰 수조는 당시 많은 사람이 사찰에서 활동했음을 짐작케 한다. 이러한 수조는 나무로 제작한 경우도 있지만, 물이 새거나 내구성이 떨어지는 단점이 있어 대부분은 통돌로 만들었다. 통일신라시대 제작한 수조들은 대부분 사각형으로 만들어졌으며, 물이 빠질 수 있도록 배수구(水口)가 있어 물의 수량을 조절하도록 고안되었다. 경주 불국사 수조처럼 연화문 등을 표면에 화려하게 장식하기도 하며, 제작 시기나 후원자를 알 수 있도록 명문을 새기기도 했다. 통일신라시대 수조는 세련되고 정연하게 제작되었다.

〈그림 14-13〉
경주 보문사지 석조

이처럼 우리 역사에서 삼국과 남북국시대는 종교성과 예술성이 뛰어난 불교 관련 석조미술이 상당량 제작되었으며, 통일신라시대는 우리나라 석조미술사에서 문화적으로 가장 융성했던 시대였다. 이러한 석조미술은 내구성이 뛰어나 오랫동안 우리 역사와 함께 질곡을 같이하여 기록으로 전하지 않는 고대의 역사와 문화를 간직한 귀중한 유산이라고 할 수 있다. 우리는 고대의 석조미술을 통해 역사와 문화에 대한 정보를 얻기도 하지만, 선조들이 추구했던 삶을 발견하기도 하고, 선조들의 생활상을 추정하는 근거 자료로 삼기도 한다. 그래서 석조미술은 조형언어로서 기록물이자 자료라고 할 수 있다.

15 고대인의 생사관과 불교

채미하 | 한국교통대학교 강사

계세적 내세관, 순장과 후장

불교 수용 이전 한국 고대 사회에서는 '사자(死者)에 대한 경외와 신앙'이 의식으로 광범위하게 행해졌다. 순장(殉葬)과 후장(厚葬)이 대표적인 예이다. 순장은 현실에서 권력과 부를 가졌던 사람이 사후에도 안락한 생활을 누리도록 산 자들이 많은 부장품과 시종들을 함께 묻는 것이며, 죽은 자와 산 자가 이별하는 의식인 장례도 성대하게 행해졌다. 이것이 현재와 명계(冥界)를 잇는다는 계세사상(繼世思想)이다.

『삼국지』 동이전의 한국 고대 상장(喪葬: 상례와 장례 의식)과 관련된 기록에 따르면 부여에서는 사람을 죽여서 순장을 하는데, 많을 때는 100명가량이나 되었다고 한다. 동옥저에서는 죽은 사람의 숫자대로 살아 있을 때와 같은 모습으로 나무로 모양을 새기는데, 이것은 순장당하는 사람을 대신해 사용한 목각 인형인 용(俑)으로 여겨진다. 고구려에서는 동천왕이 248년에 세상을 떠나자 가까운 신하 중에 순사(殉死)하여 같이 묻히기를 원하는 사람이 많았는데, 중천왕은 이를 예(禮)가 아니라 하여 금지했다고 한다. 신라에서도 지증마립간 3년(502)에 순장을 금지했는데, 그 이전에는 왕이 죽으면 남녀 각 5명을 순장했다고 한다.

부여에서는 장사를 후하게 지낸다고 했고 정상(停喪) 기간에 상주(喪主)는 빨리 장사 지내지 않으려고 하지만, 다른 사람이 강권하기 때문에 언제나 실랑이를 벌이는 것을 예절로 삼는다고 했다. 고구려에서도 장례를 후하게 지내며 금은의 재물을 송사(送死)에 소비했다고 한다. 마한에서는 소와 말을 탈 줄 모르기 때문에 송사와 송장(送葬), 즉 장례에 쓴다고 했다.

이처럼 순장과 후장을 하는 한국 고대인들이 거주하는 사후 세계는 다양했는데, 무덤은 그중의 하나였다. 무덤 내부 시설과 관련해서 부여와 한에서는 장례에 곽(槨)은 사용하나 관(棺)은 쓰지 않으며, 동옥저에서는 장사를 지낼 때 큰 나무 곽을 만드는데 길이가 10여 장(丈)이나 된다고 했다. 고구려의 경우는 "돌을 쌓아 봉분을 만든다고 했고, 『삼국지』에는 보이지 않지만 『양서』와 『남사』에서는 "죽은 사람을 장사할 때 곽은 쓰지만 관은 사용하지 않는다(其死葬有槨無棺)"라고 했다.

이와 같이 『삼국지』 단계인 3세기의 한국 고대인은 죽은 자를 위해 산 자를 순장했을 뿐만 아니라 경비를 많이 들여 그 사회의 중요한 자산을 무덤에 후장했음을 알 수 있다. 이것은 사자의 다음 세상을 위한 것으로, 사람의 영혼이 사후에 재생하더라도 그의 신분과 지위를 다시 누린다고 생각하는 계세사상 때문이었다. 그리고 사자가 영원한 안식을 누리기 위해서는 시신을 매장해 영원히 보존해야 한다고 생각했다. 이처럼 한국 고대인들은 사후에도 매장된 지하에서 현세와 같은 물질적·정신적 생활을 계속하며 사후의 세계도 현세와 큰 차이가 없다고 여겼던 것이다.

이것은 산 자들이 죽은 자를 위해 행한 장송 의례를 통해서도 생각해 볼 수 있다. 우선 동옥저에는 와력(瓦鑩: 질솥)이 있는데, 그 안에 쌀을 담아서 곽의 호(戶: 출입구) 옆에 엮어 매달았다고 한다. 와력의 쌀은 죽은 자의 양식으로, 그것을 뼈를 안치한 출입구 옆에 매단다는 것은 음식물을 제공하는 의례로서 영혼의 편의를 위한 것으로 이해하고 있다. 또한 이것은 볍씨가 발아하여 새로운 생명으로 탄생하는 신비한 힘과 같이 사자에게도 생기를 불어넣기를 바라는 기원의 산물이기도 했다.

고구려에서는 돌을 쌓아서 봉분을 만들고 소나무·잣나무를 그 주위에 벌려 심었다고 한다. 적석총 주위에 송백을 심었다는 기록은 『삼국사기』 동천왕 8년(234)에서 찾아볼 수 있다. 이처럼 무덤 주위에 송백을 심는 것은 중국 진·한 대의 일반적인 경향이었다. 고구려의 '능전식송(陵前植松)'이 중국 무덤 건축의 영향인지는 잘 알 수 없으나, 무덤에 상록수를 심는 것은 죽음을 재생으로 전환하고 그 삶을 영원토록 한다는 관념을 반영한 것이다. 변진에서는 큰 새의 깃털을 사용해서 장사를 지냈는데, 그것은 죽은 사람이 새처럼 날아다니라는 뜻이라고 한다. 이것은 고대인들이 새를 영혼의 운전자로 이승과 저승을 연결시킨다고 인식했기 때문이다.

이와 같이 『삼국지』 단계의 한국 고대인들은 계세사상에 따라 사자를 위해 순장과 후장을 했고, 사후 세계의 거주지로 무덤을 축조했다. 고구려 고국천왕의 사후 생활처는 그의 무덤이었으며 고구려 서천왕, 가야 수로왕, 신라 미추왕, 김후직, 김유신 등의 예에서 무덤 안에는 사자의 영혼이 있다고 했다. 이것은 한국 고대인들이 삶과 죽음을 뚜렷하게 구분하지 않았음을 보여주는 것이다. 주몽과 혁거세가 죽은 후 자신들의 생명의 근거지로 돌아갔다든가, 고구려에서 고국천왕·산상왕과 태후 우씨(于氏)의 관계가 사후에까지 이어진다는 생각도 이와 관련 있는 것이다. 동천왕 8년(234) 고국천왕과 산상왕의 왕비였던 태후 우씨는 죽기 전에 유언으로 자신이 도의에 어긋난 행동을 해서 고국천왕을 볼 면목이 없으니 고국천왕릉이 아닌 산상왕릉에 장사 지내 달라고 했다. 이와 같은 유언에 대해 무당이 동천왕에게 와서 고국천왕이 동생과 우씨가 합장된 것에 대해 크게 화냈고, 세상 사람들 보기가 부끄러우니 무덤을 가려달라고 했다고 한다. 이에 동천왕은 고국천왕릉 앞에 소나무를 일곱 겹으로 심었다고 한다.

그리고 『삼국지』 동이전을 보면 고구려에서는 남녀가 결혼하면 수의를 미리 만들어둔다고 한다. 이것은 결혼과 동시에 죽음을 준비하던 습속으로, 이 역시 계세적 내세관에 바탕을 둔 관념의 반영이라고 할 수 있는 것이다. 고구려의 계세적 내세관은 고분벽화를 통해서도 알 수 있다. 고분벽화를 채운 생활풍속도(3세기 후반~5세기 초)는 죽은 자의 생전의 공적 생활 가운데 기념할 만한 것과 사적 생활의 풍요로움을 무덤 안에 그림으로써 내세에도 이와 같은 삶을 살기를 기원한 것이다

산 자의 죽은 자에 대한 추숭, 조상숭배

조상숭배란 주로 조상의 영(靈)이나 사자(死者)의 영(靈)에 대한 제사를 가리키며 숭배의 대상인 조상(祖上)은 시조, 조상신, 죽은 자, 사령(死靈) 등이다. 한국 고대인들의 조상숭배는 조령(祖靈, 死靈)숭배에서 그 원형을 찾을 수 있으며, (시조, 조상신)제례는 조상(시조, 조상신)에 대한 숭배를 잘 보여준다.

『삼국지』 동이전을 보면 고구려에서는 거처하는 곳의 좌우에 큰 집을 세워 귀신을 제사 지냈고 또 영성과 사직에도 제사 지냈다고 하며, 본래 나라의 주인이었던 연노부 또한 종묘를 세우고 영성과 사직에 제사를 지냈다고 한다. 여기에서 '거처하는 곳의 좌우에 큰 집'은 종묘이고, '귀신'은 왕실의 조상(시조)신이다. 종묘·사직·영성은 당시 중국의 예제를 수용한 것으로 이해하기도 하지만, 이는 중국인들이 이민족의 신앙을 자신들의 예제적 용어로 표현한 것이다. 이로 볼 때 고구려에서는 중국의 제사 제도를 수용하기 이전부터 조상신에 대해 제사를 지내고 있었음을 알 수 있다. 이와는 별개로 고구려에서는 시조묘에 대한 제사도 있었다. 고구려의 시조묘는 대무신왕 3년(20)에 졸본에 세워졌고 신대왕 4년(168) 9월, 고국천왕 2년(180) 9월, 동천왕 2년(228) 2월, 중천왕 13년(260) 9월, 고국원왕 2년(332) 2월, 안장왕 3년(521) 4월, 평안왕

2년(560) 2월, 건무왕 2년(619) 4월에 시조묘에 제사 지냈다고(祀始祖廟) 한다. 이러한 시조묘 제사의 주신은 주몽이다.

백제의 경우 온조왕 원년(기원전 18)에 동명왕묘를 세웠고 다루왕 2년(29) 정월, 책계왕 2년(287) 정월, 분서왕 2년(299) 정월, 비류왕 9년(312) 4월, 계왕 2년(345) 4월, 아신왕 2년(393) 정월, 전지왕 2년(406) 정월에 시조묘에 제사 지냈다고 한다. 백제 시조묘의 주신은 백제 왕실의 실제 건국 시조가 아닌 지배 집단과 공유되는 부여의 공동 시조 동명이다. 백제 한성 시기의 지배 세력은 왕족인 부여씨를 비롯해 진씨·해씨 등 부여계가 정치의 중심을 이루었다. 그렇기 때문에 이 시기 백제 왕실은 범부여계의 공동 조상인 동명을 국가제사의 대상으로 삼았던 것이다.

신라에서는 남해왕 3년 '시조' 혁거세묘를 세운 이후 소지왕 대까지 대부분의 왕이 즉위한 그다음 해 정월이나 2월에 시조묘에 친히 제사 지냈다. 소지왕 대에 설치된 신궁은 지증왕이 처음으로 신궁에서 즉위의례를 행한 이후 예외가 있기는 하지만, 중고기 대부분의 왕들은 즉위 다음 해나 그다음 해에 신궁에서 친히 제사를 지냈다. 이와 같은 신라의 시조묘와 신궁에는 시조 혁거세를 모셨다.

삼국의 시조묘 제사는 국가와 왕실에서 가장 중시하는 제사이자 신왕의 즉위 의례였고, 특정 왕계의 혈연적 계보 관념에 의한 직계 조상이 아니라 전(全)국가적 '시조' 왕을 제사한다는 점에서 공통점이 있다. 이는 연맹체적 질서를 극복하지 못한 정치 상황을 반영한 것으로 이해되며, '시조' 왕은 하늘의 자손으로 천신과 연결되어 있다. 이로 볼 때 시조묘 제사에서 시조는 혈연적 계보를 초월한 자연신적인 성격이 있다고 할 수 있다. 그렇지만 왕권의 강화와 왕실의 가계 인식에 따른 직계 조상을 제사 지내는 중국 제사제도의 수용으로 시조에 대한 인식도 변했다.

『삼국사기』에 따르면 고구려에서는 고국양왕 9년에 국사(國社)를 세우고 종묘를 정비했다고 한다. 고국양왕 9년은 392년으로 광개토왕릉비에는

392년이 광개토왕 2년으로 나온다. 국사를 세우고 종묘를 정비한 것은 광개토왕 초의 사실로 볼 수 있을 것이다. 고구려의 시조묘 제사는 고국원왕까지 행해지다가 광개토왕, 장수왕, 문자명왕 대에 걸쳐 약 200여 년간 보이지 않는다. 이것은 당시 시조묘 제사의 변화 내지는 재편과 관련이 있을 것으로 여겨진다. '종묘'는 중국 제사제도에 입각한 것으로, 종묘에는 가장 먼 시조와 가까운 조상들을 함께 모셨다. 『주서』 백제조에 따르면 시조 구태묘에 1년에 4번 제사를 지낸다고 했다. 이는 한성 시기의 동명묘 제사가 사비 시기에 왕실의 직계 시조인 구태에 대한 제사로 변화한 것으로 이해된다. 이로 볼 때 구태묘는 종묘로서의 성격을 띠고 있다고 할 수 있다.

『삼국사기』에는 신라의 조상제사제도로 시조묘와 신궁, 오묘가 나온다. 이 중 오묘제는 자기 세계(世系)의 조상을 제사하는 가묘제로서 가조적(家祖的) 성격을 띤다. 신라의 오묘제는 늦어도 신문왕 대에는 시정(始定)되는데, 신문왕 7년(687) 4월 오묘에 태조대왕과 신문왕의 고조인 진지대왕, 증조인 문흥대왕, 조(祖)인 태종대왕, 고(考: 아버지)인 문무대왕의 신위를 모신 데에서 알 수 있다. 이와 같은 오묘제는 혜공왕 대에 개정(改定)되어 태조대왕 대신 미추왕을 오묘의 수위(首位)로 모셨으며, 태종대왕과 문무대왕의 신위는 '불훼지종(不毁之宗)'으로 삼고 직계 2조의 신위를 모셨다. 혜공왕 대의 오묘제는 애장왕 2년(801)에는 태종대왕과 문무대왕의 신위를 따로 세우고 시조대왕과 애장왕의 고조, 증조, 조, 고의 직계 4조를 모시는 오묘로 바뀌었다.

이와 같이 고대 한국에는 실질적인 시조와 직계 조상을 모시는 제사가 시행되었음을 알 수 있다. 이는 중국 가묘제의 영향을 받은 것으로 『예기』의 '제후오묘(諸侯五廟)'에 해당되며, 그 구조는 태조묘와 4친묘로서 가장 먼 시조와 가까운 조상들을 함께 모시는 것이다. 이와 같은 한국 고대의 조상제사제도, 특히 가묘제는 불법(佛法)의 진흥과 같은 의미여서 사찰과 관련된 장소에 조상의 진영을 모시기도 했다.

광개토왕 2년(392)에 국사를 세우고 종묘를 수리하기에 앞서 관리들에게

"불교를 숭상하여 복을 받게 하라"고 명했다고 전하며, 평양에 9사를 창건하는 등 전국적으로 불교를 진흥하는 데 힘썼다. 불법의 숭신(崇信)과 종묘 및 사직에 대한 제사를 같은 의미로 인식한 것으로 미루어 불교의 진흥을 국가 정책의 하나로 추진하고 있었음을 알 수 있다. 백제에서도『주서』백제조에 따르면 구태묘에 대한 제사에 앞서 백제에 승니(僧尼)와 사탑(寺塔)이 많다고 기록되어 있다. 이로 볼 때 한국 고대 불교 역시 조상 제사에 일정 정도 영향을 미쳤을 것이다.『삼국사기』「직관지」등에 나오는 신라시대의 성전사원인 사천왕사성전, 봉성사성전, 감은사성전, 봉덕사성전, 봉은사성전, 영묘사성전, 영흥사성전, 황룡사성전은 왕실의 원당으로 기능하기도 했다. 신라에서는 국왕의 원찰에 별도의 당우를 만들어 국왕의 진영을 봉안하고 예배했다. 이는 고려 진전사원의 기원으로 볼 수 있는데, 신라 성전사원 중 하나인 영묘사에 선덕여왕의 소상 내지 진영을 모신 것이 최초의 사례이다. 국왕에 한정되었던 진전사원의 조영은 신라 하대에는 귀족까지 확대되었는데, 김유신이 흥무대왕으로 추봉된 이후 김유신의 원찰인 취선사는 진전사원의 성격을 지녔을 것이다.

불교의 내세관, 윤회와 연화장 세계

한국 고대인은 죽음은 끝이 아니라 또 다른 삶의 시작이고, 삶은 죽음을 맞이하는 과정이라고 생각했다. 그렇지만 한국 고대 사회에 들어온 불교는 이러한 생각에 변화를 주었다. 불교의 내세관은 생(生)과 사(死)의 절대성을 부정한다는 점에서 계세적 내세관과 분명하게 구별되지는 않지만, 생과 사의 순환에 응보의 원리를 적용함으로써 이전과는 다른 내세관을 전개했다. 즉, 불교의 내세관에 의하면 사람이 죽으면 육신을 떠난 영혼이 전생에 지은 업(業)에 따라 지옥·아귀·축생·아수라·인간·천상의 6도(道) 중 한 곳에서 다시 태어나는 윤회를 되풀이한다고 한다. 이것은 사람이 죽으면 그 영혼이 내세의 삶을 살아간다는 계세사상과 동일하지만, 계세사상은 현세에서 살아가던 모습 그대로 이어진다는 것으로 불교의 내세관과는 차이가 있다. 불교의 내세관은 『삼국유사』 「사복불언(蛇福不言)」에서 알 수 있다.

사복(蛇福)은 어머니가 사망하자 원효와 함께 장례를 치렀는데, 원효는 시신에게 계(戒)를 주면서 "나지 말지니 그 죽음이 괴롭다. 죽지 말지니 그 남이 괴롭도다"라고 했고, 사복은 이를 고쳐 "죽고 나는 것이 괴롭다"라고 하여 윤회하는 생사의 괴로움을 말하고 있다. 그리고 사복 어머니에게는 삼생(三生)의 모습이 나타난다. 전생에는 경(經)을 실어 나르던 소였다가, 그 공덕으로 금생(今生)에 사람으로 태어났고, 죽은 후에는 연화장 세계로 열반하는데 그 "(연화장)세계는 황랑(晃朗: 밝게 빛나다)하고 청허(淸虛: 잡된 생각 없이 마음이 깨끗하다)하며 칠보로 장식한 난간과 누각이 장엄하여 인간세상이 아니었다"고 한다.

전생에 축생인 소가 선근공덕(善根功德)에 힘입어 금생에서 사람의 몸으로 태어났다는 설화는 불교의 업보윤회설(業報輪回說)에 토대를 둔 것이다. 신라사회에 업설과 윤회사상에 입각한 내세관이 정착하는 데에는 원광의 점찰법회가 중요한 역할을 했다고 한다. 점찰법회란 점찰법(占察法)을 행하는 법회로, 나무패를 이용해 개인의 과거 업보를 알아봄으로써 현재의 길흉화복을 점치고 그 결과에 따라 참회를 행하는 의식이다. 불교에서 영혼은 불멸이며 윤회를 거듭하고 죽은 후 내세에서는 현세와는 다른 삶을 살게 된다. 이처럼 현재의 모습이 아닌 다른 모습으로 내세를 살아간다는 윤회사상에 근거해서 불교에서는 화장을 했다. 우리나라에서 처음으로 불교식 화장을 한 인물은 자장으로 "화장하여 유골을 석혈 속에 모셨다"고 하며, 화장을 한 최초의 왕은 문무왕이다. 이 외에 『삼국사기』에는 효성왕·선덕왕·원성왕이, 『삼국유사』에는 진성왕·효공왕·신덕왕·경명왕이 화장을 했고, 유해 처리 방식은 산골(散骨) 또는 장골(藏骨)이었다. 이 중 원성왕은 장법으로 화장을 택했지만, 숭복사 비문과 『삼국유사』에서 확인되듯이 왕릉을 조영했다고 한다. 그리고 화장한 뼈를 가루 내어 보관한 장골용(藏骨用) 토기는 대체로 7세기를 기점으로 나타난다.

윤회설에 바탕을 둔 불교의 화장은 죽은 후 영혼의 지위가 현재와 같다거나 무덤에 머문다는 전통적 관념을 변화시켰다. 앞서 언급한 사복은 어머니와 함께 연화장 세계에 들어갔는데, 이때 현세와 내세를 연결해 주는 매개물은 모경(茅莖: 띠풀)이었다. 사복이 뽑은 띠풀의 자리는 현세와 타계를 연결하는 통로가 되는 지점 곧 우주 중심의 자리이고, 띠풀은 이른바 '우주의 나무(cosmic tree)'의 변형으로 설명하고 있다.

이처럼 현세에서 내세로 가는 통로가 전통적인 방법과는 달라졌음을 알 수 있다. 하지만 원광이 죽자 교외에서 장사를 지내는데, 나라에서 우의(羽儀)와 장구(葬具)를 내려 임금의 장례처럼 치렀다. 우의는 장례 의식에 장식으로 사용하던 새의 깃으로, 이로 미루어 불교 수용 이후에도 전통적 관념은 여전히 남아 있었음을 알 수 있다. 화장은 불교 수용 이전에도 있었다. 진주 상촌리 신석기 시대 주거지 안의 옹관에서 화장한 뼈가 발견되었고, 청동기 시대 요동성의 강상묘와 누상묘에서도 화장한 흔적이 보인다. 이는 뼈(骨) 숭배의 일환이었고, 복차장(復次葬)과도 관련이 있다. 불교의 화장이 인공적으로 살을 없애는 것과는 달리 한국 고대의 복차장은 자연적으로 살을 없애는 것으로, 대체로 매장했다. 그리고 『삼국유사』에 따르면 원광과 혜숙은 화장이 아닌 풍장을 했으며 원효(元曉)·염불사(念佛師)·선율(善律) 등은 소상을 만들거나 매장 후 봉분을 조성했다.

고구려 고분벽화(5세기 중엽에서 6세기 초)의 연꽃무늬는 중국 등 동아시아에서는 천제(天帝)를 나타내는 표지이기도 했으며, 여래나 정토의 상징이었다. 5세기 전후 고구려가 불교를 이데올로기화하기 위해 제반 시책을 내놓은 점을 염두에 둘 때 연꽃무늬는 불교의 정토를 상징하는 무늬, 죽은 자의 정토왕생을 희구하는 표현으로 이해된다. 고구려의 국가 권력이 주도한 불교 수용과 불교 신앙의 확산이 죽은 자의 쉼터에 대한 인식과 표현에도 영향을 미친 것이다.

한국 고대 사회에 불교가 수용된 후 살아서 선인(善因)을 쌓지 못했거나 악행을 행한 경우에는 죽은 후의 추선(追善)에 의해 천상에 태어나거나 극락에 왕생할 수 있다고 생각했는데, 진흥왕 대 시작된 팔관회에서 그 시원을 찾아 볼 수 있으며, 『범망경(梵網經)』이 널리 유포되면서 추선 공양은 널리 시행되었다고 한다. 그러면서 점차 신라인들은 죽은 가족의 사후를 위해 기도하고 독송해 주는 풍속이 자리 잡게 되었다고 한다. 성덕왕 대 이래 조령(祖靈) 추복을 위해 극락세계를 지향하는 정토계 사상이 담긴 『무구정광대다라니경』을 탑 안에 안치하는 신앙이 확산되었다.

불교에서는 불사에 보를 설치해서 제사 비용을 마련했다. 점찰법회에 드는 비용은 점찰보를 세워 충당했는데 『삼국유사』 「원광서학」에는 단월이었던 비구니가 점찰보에 밭 100결을 바쳤다고 하며, 『삼국유사』 「죽엽군」에 따르면 혜공왕이 김유신을 위해 공덕보(功德寶)를 세우고 그 밑천으로 밭 30결을 취선사에 내려 김유신의 명복을 빌게 했다고 한다. 『삼국유사』 「명랑신인(明朗信印)」에는 고려 태조가 광학 대덕(廣學大德)과 대연 삼중(大緣三重) 형제에게 태조를 수종한 노고를 포상해 부모의 기일보(忌日寶)로 돌백사에 전답 몇 결을 지급했다는 내용이다. 그렇지만 불교에서의 제사 내지 추선공양에서는 사자와 생자가 혈연관계가 아닌 경우도 있었다. 일례로 『삼국유사』 「선율환생」을 보면 선율은 죽었을 때 만난 사량부에 살던 여인의 명복을 빌었다고 한다.

죽음의 문제는 유교의 내세관으로 대표되는 『논어』, 선진(先進)조의 "자로가 귀신을 섬기는 일에 대해 여쭸다. 공자가 말씀하시길 사람을 능히 섬기지 못하는데, 어찌 능히 귀신을 섬기겠는가? 감히 죽음에 대해 여쭸다. 공자가 말씀하시길 생을 모르는데 어찌 죽음을 알겠느냐?"와는 달리 유교에서 중요한 문제였다. 따라서 한국 고대 계세적 내세관의 변화에 유교도 영향을 미친 것으로 생각한다. 한국 고대 묘제는 동향과 남향이 침향(枕向)이었고, 특히 동향이 압도적이었다. 이것은 대개 '해 뜨는 방향'이 모든 생명을 소생·부활시킨다는 관념에서 비롯되었다. 이후 한대에 널리 행해진 북침(北枕)의 영향을 받아 고구려나 백제의 침향은 차츰 북향으로 바뀌었다. 『예기』「단궁」의 "머리를 북쪽으로 향하게 하는 것은 삼대(三代)의 통례이다. 유계(幽界: 저승)로 가기 때문이다"라는 문구를 참고할 수 있다. 덕흥리고분 묵서명(408)에는 "주공이 땅을 잡고 공자가 날을 가렸으며 무왕이 시간을 선택했다"라고 하여 무덤을 쓰는 일에 고구려에서는 유교 성현의 권위를 빌리고 있다. 그리고 『맹자』「양혜왕(상)」에서 공자는 "처음으로 용(俑)을 만든 사람은 그 후손이 없을 것이다"고 하여 장례 때 용을 함께 묻는 것을 용납하지 않았다. 중국에서 박장(薄葬)의 지표로 거론된 것은 '불봉불수(不封不樹)'로, 이것은 위진남북조 시대에 홍기했다. 수(隋)대 이후의 상장령에서는 관(棺)에 금은보화를 넣지 못하게 했다.

이와 같이 한국 고대 불교와 유교의 영향으로 계세적 내세관이 변하면서 무덤의 구조와 매장 방법도 바뀌어갔다. 고구려에서는 돌을 쌓아 봉분을 만드는(積石爲墳) 장례 풍습이 점차 변했는데, 평양 천도 후에 유행한 봉토분의 존재에서 알 수 있다. 그리고 『북사』 고구려조에 따르면 고구려 사람들은 매장이 끝난 뒤 죽은 자가 생존에 썼던 의복, 수레, 말을 모두 거두어 무덤 옆에 두는데, 장례에 모였던 사람들이 앞을 다투어 가져간다고 한다. 이것은 기왕에 부장품으로 넣었던 물건을 부장하지 않았음을 보여준다. 이는 후장 풍습이 현실적으로 변화된 것으로 도굴 등에 의한 분묘의 훼손을 예방하려는 적극적인 방책으로 보기도 하고, 상·장례를 통해 죽은 자와 그 가족의 경제력을 과시함으로써 사자가 남긴 힘을 보여주어 산 자(특히 죽은 자의 신분과 경제적 상속에 직접 관련되는 가족)의 사회적 지위를 확인시키려는 의미도 있다. 신라에서는 지증왕 3년(502)에 순장이 금지되었으며 6세기 전반에는 적석목곽분 대신 횡혈식석실분이 나타난다. 이것은 묘제 자체만의 변화뿐만 아니라 박장에 따른 장례의 간소화를 의미하기도 했다.

16 고고학으로 본 고대의 불교 사원

이병호 | 동국대학교 문화유산학과 교수

불교 전래와 사원의 건립

불교 교리와 신앙 체계가 유지되기 위해서는 불사리나 불상, 불교 경전 등이 구비되고 비구와 비구니가 있어야 하며, 신앙을 실천하기 위한 공간인 사원이 건립되어야 한다. 고구려의 경우 소수림왕 2년(372) 전진에서 순도가 건너올 때 불상과 경전을 가져왔으며, 375년에 성문사와 이불란사가 건립된다. 백제의 경우에는 침류왕 원년(384) 동진에서 마라난타가 건너오자 왕이 그를 맞아 궁전에 모시고 예의를 갖추어 경배했으며, 이듬해 한산(漢山)에 절을 짓고 열 사람을 승려로 만들었다. 이렇듯 불교를 수용한 직후부터 불상이나 경전, 승려가 활동할 수 있는 사원이 마련되었음을 확인할 수 있다.

불교 전래 초기에는 신앙의 중심이 사리를 봉안한 불탑이나 불상을 모시는 불전이었다. 인도나 중국의 초기 불교에서 불교 의례가 베풀어지는 중심에는 사리를 모시는 스투파(stupa), 즉 탑이 있었다. 인도의 초기 불교에서는 불상에 대한 숭배가 없었으나 기원후 1~2세기 무렵 간다라와 마투라 지역에서 처음 불상이 만들어졌다. 중국에서는 4세기 이후에야 금동불이 본격적으로 제작되고 이를 봉안하는 불전이 건립된다.

우리나라의 경우, 인도가 아닌 중국화된 불교를 받아들였다. 서역 계통의 승려가 건너와 불교를 전파했으나 한역된 경전이나 중국화된 불상이 도입되었던 것이다. 사원 역시 중국 전통의 궁전이나 관아, 제사 건축의 영향을 받아 다층누각식 목조물로 건축하거나 중심축 선상에 주요 건물을 배치했다. 북위의 대표적인 사원인 낙양 영녕사(永寧寺)는 문과 목탑, 불전이 남향으로 배치되고 이를 회랑이 감싸는 형식이다. 『낙양가람기』에는 영녕사 불전의 모양이 태극전과 같고, 남문이 왕궁 정문인 창합문과 유사하며, 담장의 형태 역시 궁궐의 담장과 같다고 기록되어 불교 사원과 궁전 건축의 연관성을 잘 보여준다.

삼국의 사원이 처음부터 불탑과 불전이 일정한 형식을 갖추고 계획적으로 배치된 것은 아니다. 귀족의 저택 일부를 불전으로 전용하거나 누각형 불탑 한 동으로만 구성된 절도 있었다. 다만 현재 삼국시대 사원으로 알려진 유적들은 도성의 중심지나 교통의 요지에 입지하면서 튼튼한 기초 위에 기단이나 초석을 갖추고 기와를 지붕 재료로 사용한 경우가 많았다. 불교의 수용 과정에서 왕권이나 귀족, 국가 차원의 적극적인 지원이나 후원이 반영된 결과일 것이다. 고대 사원에 관한 연구는 주로 고고학 발굴 성과를 기초로 이루어지지만, 문헌사나 불교사·건축사·미술사 등 여러 학문 분야의 학제적 연구가 필요하다. 다음에서는 삼국 주요 사원의 가람배치와 기와 및 소조상을 비롯한 주요 출토 유물을 소개하면서 고대 사원의 특징과 의의에 대해 살펴보기로 하겠다.

고구려의 사원과 출토 유물

고구려의 경우 백제나 신라에 비해 알려진 절터의 수가 적은데, 이는 발굴이 미진하기 때문이다. 평양 청암리사지는 대동강을 바라보는 언덕 위에 자리한다. 대지 중심부에는 팔각형 건물지가 있다(〈그림 16-1〉). 한 변이 약 9.5미터로 바깥 둘레 각 변에는 5~6개의 작은 초석이 배치되어 있어 이 건물지는 목탑지였을 것으로 추정된다. 팔각형 건물지의 동서쪽과 북쪽에는 대형 기와 지붕에 초석을 사용한 건물 세 동이 확인되는데, 금당지로 생각된다. 탑의 남쪽에는 중문 터가 있고, 그 좌우로 나 있던 회랑의 흔적도 확인되었다. 이 절터는 출토 유물을 근거로 문헌에 498년 창건되었다고 기록된 금강사(金剛寺)로 추정되며, 전기 평양성의 왕성으로 생각되는 청암리토성 내부에 자리한다. 이 토성이 고구려의 왕성이라면 그 안에 계획적으로 사원을 건립한 것이라고 할 수 있고, 백제나 신라에서도 이와 유사한 양상이 확인되었다. 청암리사지가 청암리토성의 중심부를 차지한 점에 주목하면 이 사원은 왕실 사원으로서 중요한 기능을 했을 것이다.

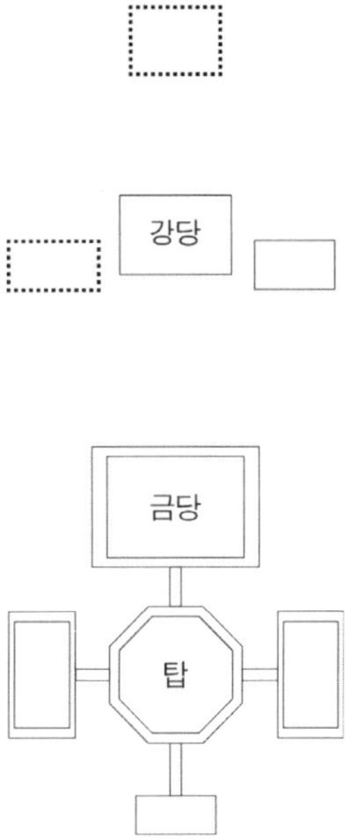

〈그림 16-1〉
청암리사지 가람배치도

정릉사지는 중국 집안에서 평양으로 이전한 것으로 추정되는 전(傳)동명왕릉 앞에 세운 절터이다. 정릉사지는 남북 방향으로 난 회랑을 따라 5개 구역으로 나눌 수 있는데 중앙을 제1구역으로 부른다(〈그림 16-2〉). 가람의 중심인 중문지(4호)로 들어서면 목탑지인 팔각 건물지(1호)가 있고, 그 북쪽(6호)과 동서쪽(2·3호)에 금당지가 자리한다. 북쪽 금당지로 추정되는 6호와 목탑지(1호) 사이에는 동서 방향의 회랑이 나 있는데 이는 후대에 증·개축한 것으로 생각된다. 북쪽 금당지의 북쪽에는 강당지가 자리하고 그 뒤쪽에는 정원으로

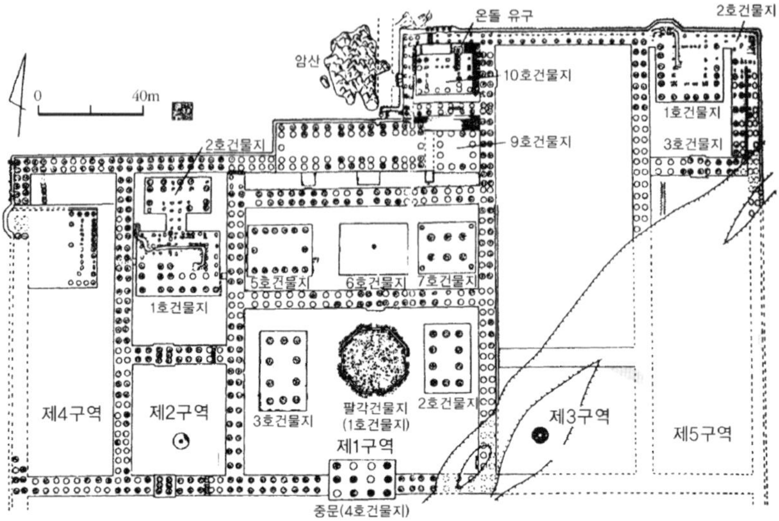

〈그림 16-2〉 **정릉사지 가람배치도**

보이는 바위산이 있다. 9호와 10호 건물지 내부에서는 온돌 시설이 확인되어 승방이었을 것으로 추정된다. 제1구역의 동쪽에는 3·5구역, 서쪽에는 2·4구역이 회랑으로 나누어져 위치하고 있지만, 훼손이 심해 일부 건물지의 흔적만 확인된다. 발굴자는 승방이나 주방과 같은 승려들의 생활공간이었을 것으로 보고 있다.

유물로는 '정릉(定陵)'·'능사(陵寺)'·'중승(衆僧)'·'구려(句麗)' 등이 음각된 토기편과 수막새를 포함한 기와류, 철정·철모, 청동제 손칼집, 벼루 등이 출토되었다. 북한 학자들은 '정릉'과 '능사'를 연결시켜 이 절이 '정릉사'였을 것으로 추정한다. 이 절터에서 북쪽으로 150미터 떨어진 곳에 전동명왕릉과 진파리고분군이 자리하고 있어, 전동명왕릉과 관계가 깊은 능사일 가능성은 인정된다. 다만 북한 학자들이 주장하는 것처럼 정릉사가 427년 평양 천도 직후 동명왕릉과 동시에 창건된 사원인지에 관해서는 좀 더 검토해 봐야 한다.

평양이 아닌 지방에서도 원오리사지나 토성리사지 같은 고구려의 절터가 확인되었다. 원오리사지는 만덕산 서남록에 반반하게 고른 평지에 자리한다.

절터는 상하 이단으로 축조되었는데 상단 중앙부만 발굴되었다. 하지만 훼손이 심해 가람배치나 유구의 성격을 밝힐 수 없었다. 이곳에서는 흙으로 만든 보살입상과 불좌상, 이 두 종류의 소조상이 발견되었다. 200여 점이 넘는 소조상은 모두 같은 틀에서 찍어낸 것으로, 연가7년명 불상의 명문에 나타난 것처럼 천불 조성 신앙이 유행한 고구려의 신앙 형태를 보여주는 것으로 해석되기도 한다. 토성리사지는 황해북도 봉산군 토성리에 자리한다. 여기에도 팔각 건물지가 발견되었는데 내부에는 아무것도 남아 있지 않았다. 그 북쪽과 동서쪽에서 금당으로 추정되는 장방형 건물지가 확인되었다.

고구려 사람들은 산골짜기에 살면서 이엉을 엮어 지붕을 덮었지만, 오직 사원과 제사 시설 및 왕궁·관청에서는 기와를 사용했다고 한다. 고구려의 수막새는 평양 천도를 전후하여 문양에서 큰 차이를 보인다. 초기에는 권운문 수막새가 제작되지만, 점차 연화문이 주류를 이룬다. 고구려의 연화문수막새는 구획선 안에 꽃봉오리 모양을 볼록하게 표현한 것이 특징인데, 후기가 되면 꽃의 형태가 은행 알 모양으로 단순화되고 보상화문이나 수면문 등 다양한 무늬가 함께 사용된다.

고구려 절터에서 출토된 수막새들은 구획선 연화문과 귀면문·당초연화문·복합연화인동문·보상화문 등이 확인된다. 그중 금강사로 추정되는 청암리사지 출토 수막새가 가장 이른 시기에 속하며, 그 뒤 정릉사지·원오리사지·토성리사지 등이 조영된 것으로 보기도 한다.

고구려 사원의 기본적인 가람배치는 팔각형의 목탑을 중앙에 두고 그 북쪽과 동서 양쪽에 세 동의 금당을 두는 일탑삼금당식이다. 하지만 팔각형 건물지 내부에서 불탑을 확정할 만한 사리장엄구가 발견된 사례가 없고, 탑을 향해 세운 동서 건물지를 금당으로 추정할 만한 근거도 아직 없다. 중문이나 강당, 회랑과 다른 건물의 배치 관계가 좀 더 명확하게 밝혀져야 한다.

백제의 사원과 출토 유물

백제의 경우, 한성 시기 절터에 관해서는 알려진 것이 없고 본격적인 가람은 대통사 건립에서 시작된다. 공주 반죽동 일대에는 통일신라시대에 만들어진 대통사지 당간지주와 석조가 남아 있어 그 부근에 대통사가 있었을 것으로 추정되어 왔지만, 그동안 단서를 찾지 못했다. 하지만 2018년 반죽동 197-4번지와 그 주변에서 웅진 시기 기와에 속하는 연화문수막새를 비롯해 불에 탄 소조상 파편, '대통(大通)'명 문자기와 등이 발견되어, 이 일대에 불전과 목탑이 정연하게 배치된, 일정한 형식을 갖춘 가람이 존재했을 가능성이 높아졌다.

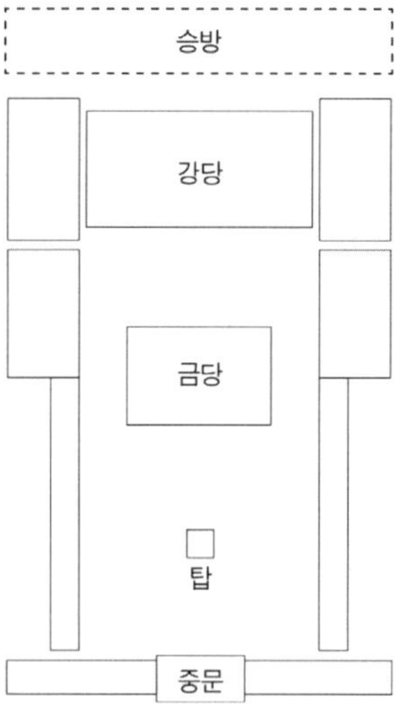

〈그림 16-3〉 **정림사지 가람배치도**

백제에서 본격적으로 사원을 건립한 것은 537년 사비 천도 이후부터이다. 『주서』 백제전에는 "스님과 사원, 불탑이 매우 많다(僧尼寺塔甚多)"라고 표현했다. 사비 시기 사원 가운데 정림사지는 부여 시가지 중심부에 자리하며 오층석탑이 남아 있다. 정림사지의 가람배치는 남에서부터 중문, 석탑, 금당, 강당을 일직선상에 세우고 그 주위를 회랑으로 감싸는 이른바 일탑일금당식이다(〈그림 16-3〉). 오층석탑의 하부에서는 불탑의 기초를 마련하기 위해 흙과 모래를 넣어 견고하게 다진 판축(版築)의 흔적이 발견되었다. 이러한 기단 구축 방법은 석탑에서는 보이지 않는 목탑의 기단부 구축 방법과 유사하므로, 이 절의 창건 시에는 석탑이 아닌 목탑이 건립되었다가 7세기 중엽에 석탑이 다시 조영된 것으로 생각한다.

출토 유물로는 납석제삼존불 파편과 대·중·소형의 소조상이 대표적으로, 100여 점이 넘는 소조상들은 창건할 때 목탑에 봉안된 것으로 추정된다. 창건 시기에 대해서는 소조상이나 중국제 청자 편 등 내부에서 발견된 자료에 근거하여 사비 천도 직후, 특히 541년 양 무제가 공장(工匠), 화사(畵師)를 파견했다는 『삼국사기』 기록과 연계해 그 무렵에 창건되었다고 보는 견해가 유력하다. 백제 멸망기에 당나라의 전승기념문이 이곳 오층석탑에 새겨진 것은 이 사원의 위상을 보여주며, 도성의 랜드마크로 기능했음을 짐작케 한다. 정림사지처럼 중문과 불탑, 불전, 강당이 남북 일직선상에 위치하고 그 주위를 회랑이 감싸는 가람은 일본 오사카의 시텐노지(四天王寺)에서도 동일한 모습이 확인되어, 이른바 정림사식 가람배치가 일본 초기 사원의 모델이었을 것으로 생각한다.

능산리사지는 사비기의 왕릉군인 능산리고분군과 도성의 방어시설인 나성 사이의 계곡에 자리한다. 정림사지처럼 중문과 목탑, 금당, 강당이 남북 일직선상에 배치되었다. 목탑지 한가운데서 발견된 석조사리감에는 "백제 창왕 13년(567)에 매형공주가 사리를 공양했다"라는 명문이 남아 있다. 서회랑 북쪽 공방지에서는 유명한 백제금동대향로가 발견되었다. 뚜껑과 몸체, 받침으로 구성된 금동대향로는 백제의 사상이나 조형 예술, 금속공예 기술의 정수를 보여준다. 중문지 남쪽의 저습지에서는 묵서가 남아 있는 31점의 목간과 100여 점의 목간 부스러기가 발견되었다. 목간에는 물건을 보내면서 적은 짤막한 기록, 주술적인 내용, 절이나 불교와 관련된 글, 쓰기 연습 등이 확인되어 백제 당시 사원의 모습을 이해하는 데 큰 도움을 준다.

왕흥사지는 백마강 건너편 산록에 위치하며 목탑과 금당, 강당이 남북 일직선상에 배치되었다(〈그림 16-4〉). 중문이 위치하는 장소에는 T 자형의 석축이 있고, 사역(寺域)의 서쪽 경계로 생각되는 지점에서는 배수로와 진입 시설이 확인되었다. 목탑지에서는 청동, 은, 금으로 만든 사리 용기가 발견되었다. 청동제 사리병은 원통형으로 보주형 꼭지가 달린 뚜껑이 있다. 그 겉면에

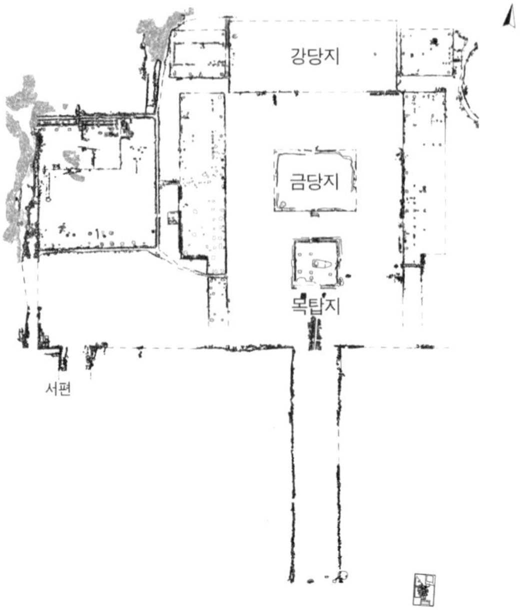

〈그림 16-4〉 **왕흥사지 가람배치도**

는 "577년 2월 15일에 창왕이 죽은 왕자를 위해 이곳에 사리를 공양하고 사원을 건립했다"라는 명문이 남아 있다. 심초석 주변에서 8000점이 넘는 사리공양구가 발견되었는데, 이는 사리 봉안 의례에 참석했던 왕족을 비롯한 귀족들이 공양한 물건으로 생각된다. 왕홍사지는 그보다 10년 뒤에 건립된 일본 최초의 사원 아스카데라(飛鳥寺)와 유사한 점이 많다. 두 사원은 목탑 심초석의 안치 방식이나 사리공양품의 양상, 창건기 수막새의 조합이나 기와 수급 방식 등이 매우 비슷하다. 그로 인해 왕홍사지가 아스카데라의 원류나 모델이었을 것으로 여겨진다.

미륵사지는 전라북도 익산에 위치한 백제 최대의 사원이다. 『삼국유사』에는 백제 무왕이 왕비의 청을 받아들여 축조한 절로 전해진다. 중앙에 목탑과 중금당을 두고, 그 양쪽에 석탑과 동서 금당이 나란히 배치된 삼원병렬식(三院竝列式) 가람배치를 보여준다(〈그림 16-5〉). 미륵사지 석탑은 목조 건축 형식을

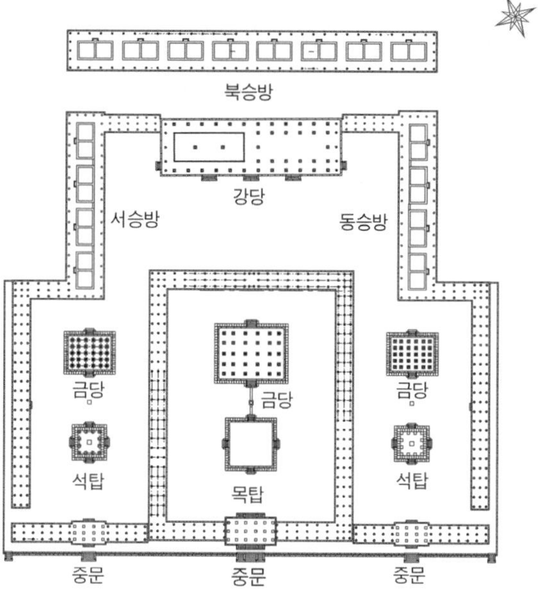

〈그림 16-5〉 **미륵사지 가람배치도**

돌로 그대로 옮겨놓은 듯한 외형인데 우리나라에서 가장 오래된 석탑이라는 점에서 그 의의가 크다.

석탑 1층 심주석의 작은 구멍에서는 639년 백제 사택적덕의 딸이 사원을 발원했다는 내용이 적힌 사리봉안기를 비롯해 다량의 사리장엄구가 발견되었다. 특히 금동제 사리외호, 금제 사리내호, 유리제 사리병 등 3중으로 구성된 사리 용기는 백제의 독특한 사리 봉안 방식을 알려준다. 또한 금제 소형판과 은제 관식, 장신구 등 다양한 유물은 백제의 우수한 공예 기술을 확인시켜 주었다. 미륵사지는 중생을 구원할 미륵의 출현을 기원하는 한편, 미륵이 출현했을 때 정법을 펼칠 수 있도록 준비된 도량이라 할 수 있다.

백제에서는 풍납토성이나 몽촌토성, 석촌동 고분군 등 한성기부터 기와를 사용한 흔적이 확인되며, 초기에는 초화문이나 전문(錢文) 수막새가 제작되다가 웅진기부터는 점차 연화문으로 일원화된다(〈그림 16-6〉). 백제의 전형적인

초화문 전문 연화문

〈그림 16-6〉 **백제의 각종 수막새**

연화문수막새는 웅진기 대통사를 건립할 때부터 제작되며 사비기를 거쳐 멸망기까지 계속된다. 백제 연화문수막새들은 활짝 핀 연꽃잎에 아무런 장식이 없지만, 끝부분이 살짝 올라가게 만들어 세련된 느낌을 준다. 회백색 계통의 연질기와가 많고, 6세기 대에는 주로 8엽이 많지만 7세기 대에는 6엽이나 7엽 등으로 다양해진다. 녹유를 입혀 장식하는 사례도 확인된다.

신라의 사원과 출토 유물

신라 최초의 사원으로 알려진 흥륜사지는 남천 근처에 위치하며 남문과 금당, 회랑과 연못이 있었다는 기록은 있지만, 구체적인 모습은 알 수 없다. 다만 경주공업고등학교 일대에서 '왕(?)흥(王(?)興)', '사(寺)'가 새겨진 문자기와가 발견되는 것으로 보아 이 일대에 '대왕흥륜사(大王興輪寺)'가 존재했을 가능성이 높다. 이곳에서는 백제의 영향을 짙게 받은 암키와와 수키와, 연화문수막새가 발견되어 흥륜사의 조영이 백제 사원과 긴밀하게 연관되었음을 알려준다.

황룡사지는 월성에서 동북쪽으로 약 700미터 떨어진 곳에 자리한다. 진흥왕은 553년 신궁(新宮)을 조영하려 했지만 그곳에서 황룡이 출현했으므로 이를 고쳐 절을 만들고 황룡사라고 이름 붙였다. 일단 공사는 569년에 완료되었다. 574년에는 장륙존상을 주조하고 이를 안치하기 위한 중건금당이 584년

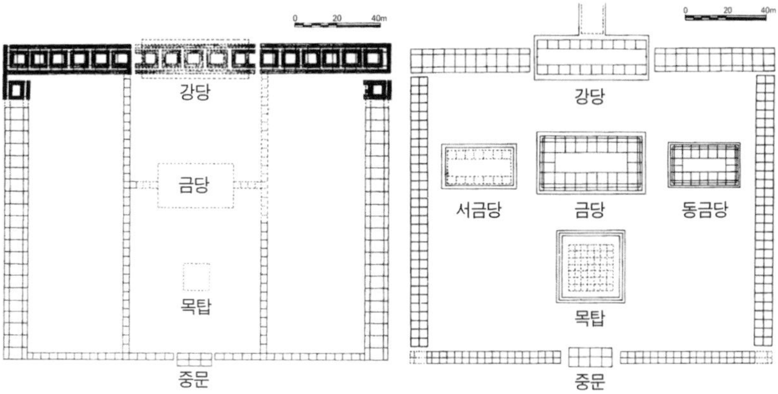

〈그림 16-7〉 **황룡사지 가람배치도**
창건가람(왼쪽), 중건가람 이후(오른쪽).

에 완성된다. 645년에는 9층 목탑이 완성되어 신라 불교의 상징물이 되었다. 9층 목탑은 중국·일본·말갈·거란 등 주변 아홉 나라의 항복을 받는다는 자장의 건의로 세워진 만큼 국가불교적인 색채를 강하게 띠었다.

황룡사의 가람배치는 목탑 1개소, 금당 3개소의 일탑삼금당식으로 비정된다(〈그림 16-7〉). 그러나 창건가람과 중건가람, 3차 가람 등 각 단계에 따라 약간의 변화를 보인다. 창건가람은 553년부터 574년까지로 중심 영역을 3분할하는 회랑이 확인된다(〈그림 16-7〉). 창건 금당지와 목탑지의 존재는 명확하지 않지만, 일탑일금당식이었을 것으로 추정되고 있다. 중건가람은 장육존상이 조성되어 금당에 모셔지는 시기로 574년부터 645년까지이다. 이때 중금당 동서쪽에 동서 금당이 새로이 추가되며 중문과 복랑으로 된 남회랑이 완성된다. 황룡사지가 일탑삼금당식 가람이 된 것은 장륙존상이 조성되는 중건가람 이후부터이다(〈그림 16-7〉 오른쪽).

구층목탑이 있던 탑지는 사방 29.5미터의 정방형으로 정면과 측면에 7칸의 초석을 배치하고 한가운데 심초석을 두었다. 심초 하부에는 진단을 겸해 다양한 사리장엄구가 출토되었다. 탑지는 9세기 경문왕 때 수리하면서 새로 만들어 안치한 것이지만, 금동제 태환이식을 비롯해 곡옥, 유리구슬, 운모 편,

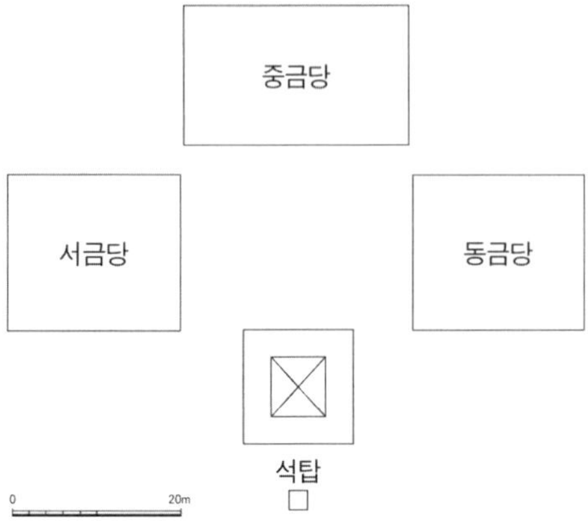

〈그림 16-8〉 **분황사지 가람배치도**

청동거울, 금동제 용기류, 백자소호 등이 있다.

634년에 창건된 분황사는 신라의 고승 원효와 자장이 머물던 곳이며, 솔거가 그린 관음보살상 벽화와 755년 주조된 금동약사불상이 있던 곳으로도 유명하다. 이 절터의 남쪽에는 황룡사지, 동쪽에는 구황동 원지(園池)가 자리하며 모전석탑과 당간지주, 종각, 17세기에 건립된 보광전 등이 현재 전해진다. 금당지에 관한 발굴에 의해 절이 최소 세 차례 이상 중건된 것을 알게 되었으며, 창건 당시의 가람배치는 석탑을 남쪽 중심축상에 두고 북쪽에 중금당과 동서 금당을 품(品) 자형으로 배치한 일탑삼금당식이었음이 드러났다(〈그림 16-8〉). 『삼국유사』에는 "분황사 왼쪽 금당 북쪽 벽에 그려진 천수대비 앞에 나아가 빌었다"라는 기록이 있어 8세기 중엽까지는 삼금당이 존속한 것을 짐작할 수 있다.

신라는 삼국통일 이후 사천왕사지, 감은사지를 조영하는데, 기존과 달리 2기의 탑을 세운다. 문무왕은 670년경 당나라 군사의 침입을 막기 위해 명랑법사의 건의로 낭산에 임시로 절을 지었다. 명랑이 이곳에서 문두루법을 행하자 서해에서 갑자기 풍랑이 일어 당군을 태운 배가 침몰했다. 그 뒤 문무왕

〈그림 16-9〉 **사천왕사지**

은 679년 이곳에 절을 세우고 사천왕사라 했다고 한다. 사천왕사지에서는 금당지와 목탑지·강당지·부속건물지·회랑지 등이 확인되었다(〈그림 16-9〉). 그중 목탑지는 동편과 서편에 대칭으로 쌍탑을 세웠는데 정면과 측면 3칸의 정방형 구조였다. 기단은 가구식(架構式) 구조를 하고 있지만, 기단 면석을 녹유신장벽전(綠油神將甓塼)과 당초문전(唐草文塼)을 사용해 더욱 화려하게 장식했다.

감은사지는 동해 변에 자리하며, 문무왕이 왜병을 진압하려고 이 절을 짓기 시작했지만 완성하지 못하고 죽자 아들인 신문왕이 682년에 완성했다. 이 절은 금당을 중심에 두고 양쪽에 3층 석탑을 배치했다. 금당지의 바닥은 장대석을 마루처럼 설치하여 하부에 빈 공간을 두었는데, 익산 미륵사지의 동서 금당지의 구조와 유사하다.

신라는 고구려나 백제보다 늦은 5세기 말이나 6세기 초부터 기와를 제작·사용했다. 초기 기와는 문양이나 제작 기법이 백제나 고구려와 유사하지만, 황룡사지 중건가람 단계부터는 점차 신라의 독자적인 문양과 형태를 가진 기와를 제작한다. 통일신라시대가 되면 문양이 화려해지는데, 연화문 말고도 당초문이나 보상화문과 같은 다양한 종류의 무늬가 사용되는 등 새로운 단계로 접어든다. 이 시기에는 두 개의 연꽃잎이 겹쳐서 표현된 복판(複瓣)이나 두 세 겹의 연꽃잎이 있는 중판(重瓣)이 유행한다. 통일신라시대의 기와 무늬는 사원마다 다르고, 사원의 건물마다 달리하는 등 변화무쌍한 모습을 보인다.

고대 사원의 위상

삼국의 사원은 도성의 중요한 위치에 자리하면서 왕권의 상징이자 도성의 랜드마크가 되었고, 왕릉군 주변에도 설립되어 무덤을 유지·관리하는 역할을 했으며, 중요한 교통로에 입지하여 역원과 같은 기능을 하고, 국가적인 제의도 담당했다. 지금까지 고대 사원에 관한 연구는 절터 발굴로 드러난 유구와 유물에만 집중해, 건물의 배치나 형식론에서 벗어나지 못하고 불탑이나 불전과 같은 가람 중심부를 위주로 함으로써 승려의 생활공간 같은 부분은 검토하지 않는 한계가 있었다. 고구려 사원은 일탑삼금당식, 백제는 일탑일금당식, 신라는 양자가 공존하다가 삼국통일 이후에 쌍탑일금당식으로 변화했다는 사실은 일반화되었지만, 그에 관한 불교 사상적인 접근이나 공간론적 접근, 중국이나 일본 등 주변국과의 비교, 승방이나 식당·창고 등 생활공간과의 관계 등에 관해서는 연구가 미진한 편이다. 한편 고령이나 김해 지역에서는 가야의 기와나 벽돌로 추정되는 자료들이 조금씩 증가하고 있어 가야 지역에도 가람이 존재했을 가능성이 제기되지만, 아직까지 이를 확정할 만한 자료는 발견되지 않았다.

보론

보론 1

고대 승정의 양상과 특징

신선혜 | 호남대학교 교양학부 교수

승정(僧政)이란 승려 혹은 불교와 관련된 행정 전반을 말한다. 이를 승관제(僧官制)라는 용어로 통용하기도 하지만, 이럴 경우 승려 관리, 즉 승관과 관련된 관사(官司) 내지 관직만을 의미하는 협의의 용어로 이해될 가능성이 크다. 승려 혹은 불교와 관련된 행정은 승관만이 아니라 속관 역시 담당했으므로 승정이라는 용어로 승관제도와 승정기구 등에 대한 포괄적 설명이 가능하다.

다만 고대의 승정이라고 해도 고구려 및 백제의 승정과 관련된 흔적을 찾기는 쉽지 않다. 신라의 승관제도가 망명한 고구려 승려 혜량(惠亮)에 의해 처음 시작되었다는 점에서 고구려에도 승관이 있었을 것으로 짐작할 수 있을 뿐이다. 백제의 경우에도 백제 승려 관륵(觀勒)이 일본 최초의 승관, 즉 승정(僧正)이 되었던 점을 통해 백제에서도 승관제도가 시행되었을 것으로 볼 수 있다. 이렇듯 고대 승정에 대해 논의할 때 신라를 중심으로 볼 수밖에 없는 것은 사료의 부족 때문이라 하겠다.

승관제도

신라에 불교가 전래된 후 진흥왕 대가 되면 왕실은 승관을 설치해 불교계 전반을 체계화하기 시작한다. 승관 설치에 대한 기록은 『삼국사기』 직관지와 『삼국유사』 「자장정율」에서 찾을 수 있는데, 진흥왕 11년(550)에 대서성(大書省), 소서성(小書省)의 설치를 시작으로 12년(551)에는 국통(國統), 도유나랑(都唯那娘), 대도유나(大都唯那) 등이 설치되었다. 승관의 설치에는 가장 먼저 국통으로 임명된 고구려 승려 혜량의 영향이 컸을 것으로 보인다. 나아가 당시 고구려가 중국 불교계의 영향을 받고 있었던 점에서 신라 승관 설치에 중국, 특히 북조계 승관의 영향을 상정할 수 있다. 다만 중국과 신라의 승관 설치 배경을 비교해 보면, 중국의 승관은 승려들의 비행에 따른 통제를 목적으로 시작된 반면, 신라 불교계에서는 승관 설치의 배경으로 언급될 만한 통제의 필요성이 드러나지 않아 중국과는 달리 불교를 확산시키기 위해 혹은 영전적(榮典的)인 의미에서 승관이 설치된 것으로 파악할 수 있다.

각 승관의 성격은 중국의 그것과 비교하여 대체적인 파악이 가능하다. 신라 승관은 크게 -통 계열, -유나 계열, -서성 계열로 나뉘는데, -통 계열에서 중국 북조계 승관의 영향이 가장 크게 드러난다. 중국 북조인 북제(北齊)에는 사문통(沙門統), 대통(大統), 통통(通統)과 같은 -통 계열 승관이 설치되었는데, 그들은 모든 승려를 통괄하고 교화하는 역할을 했다. 특히 신라의 국통은 대개 황룡사의 주지가 임명된 점에서 황룡사가 승정의 중추를 담당하고 있었음을 알 수 있다. 이후에 설치되는 주통(州統)·군통(郡統) 등은 주·군의 등 지방 승려를 통괄하는 것을 임무로 하는데, 이는 지방제도가 정비되는 신문왕 대에 들어 -통 계열 승관이 세분되었음을 보여준다.

중국 승관의 영향은 -유나 계열에서도 보인다. 다만 양상에서는 신라와 다른 측면이 발견된다. 즉, 중국의 유나는 설치 초기부터 중앙과 지방에서 모두 나타나는 승관인 반면, 신라의 경우 중고기에는 주로 공사 감독 혹은 공사의 필요성을 강조하고 필요한 경비와 노동력을 희사하도록 불교 신자들에게 권유하는 일 등을 하는 중앙 승관으로 존재했다. 이 중 도유나랑은 신라에서만 보이는 승관으로, 여성 승관이다. 승관제도가 시행된 초기부터 여성 승관이 설치되었다는 점은 신라 초기 불교에서 여성이 차지하는 위상을 대변한다.

한편 진흥왕 대에 가장 먼저 설치되는 승관은 -서성 계열이다. 혜량이 국통에 임명되는 시기가 진흥왕 12년인 데에 반해 대서성은 그보다 1년 먼저 설치되었다. 그렇다면 -서성 계열은 고구려적인, 혹은 중국적인 승관과는 다른 성격을 띤 것으로 생각해 볼 수 있다. 서성이라는 명칭에서 비문과 문서의 작성, 각자(刻字)나 문한(文翰) 등을 담당한 승관으로 보기도 하지만, 처음 대서성에 임명된 승려 안장(安藏)이 법흥왕 대부터 활동하면서 당시의 불사(佛事)를 감독한 사실을 통해 불교 전래 초기에 본격적인 불사 활동이 시작되면서 이를 감독·관리하기 위해 설치한 것으로도 파악할 수 있다. 이렇듯 진흥왕 대에 설치된 승관은 명칭 면에서는 중국의 영향을 다분히 받았지만, 설치 배경과 기능에는 신라 불교계의 필요성이 반영된 양상을 보인다.

선덕여왕 대에 들어서면서 불교계는 비약적으로 확대된다. 이는 당시 건립된 사찰의 수가 이전 시기에 비해 현저히 증가하고 있다는 점을 통해 알 수 있다. 특히 왕실이 주체가 되어 건립된 사찰뿐만 아니라 승려들의 사찰 건립 사례가 다수 보인다는 점이 흥미롭다. 이는 선덕여왕 대를 전후해 불교 신자가 늘어났을 뿐만 아니라 사찰의 건립과 함께 안정적인 운영이 보장될 만큼 불교계가 확대되었음을 보여준다.

이러한 흐름 속에서 승려 자장이 등장하며 왕권 강화와 관련한 일련의 불사들과 정책이 진행되는데, 이때 그가 대국통이라는 승관에 임명된 점이 주목된다. 대국통은 국통에서 한 단계 높은 승관으로, 마치 대각간 위에 태대각간이 있는 것과 같아 상시 있었던 승관은 아니었다. 자장이 대국통으로 승진한 뒤 국통에는 황룡사 주지였던 혜훈(惠訓)이 임명되었다. 이렇게 보면 자장의 대국통 임명은 국통이 증치된 것으로 볼 수 있는데, 당시 확대된 불교계를 정비하고 운영할 필요에서 시행된 것으로 보인다.

이후 진덕여왕 대에 대도유나와 대서성이 증치되면서 승관제도는 또 한 차례 변화를 겪는다. 선덕여왕에서 진덕여왕 사이의 이러한 승관 증치는 자장에 의해 시행된 것으로 보인다. "승니오부(僧尼五部)로 하여금 각기 구학(舊學)을 더 익히게 하고 반월(半月)마다 계를 설했으며 봄과 겨울에 시험하여 지키고 어기는 것에 대해 알게 하고 관원을 두어 이를 유지해 나가게 했다"라는 『삼국유사』「자장정율」에 따르면 자장의 승관 증치는 불교계의 통제와 운영을 위한 승정책의 일환임을 알 수 있다.

신라 중대로 넘어오면서 문무왕 9년(669)과 14년(674) 두 차례에 걸쳐 대서성이 임명되고, 지방제도가 정비되는 신문왕 대에는 주통 9인, 군통 18인의 지방 승관이 설치되었는데 그 시기는 9주 5소경제가 실시된 신문왕 5년(685) 전후로 판단된다. 지방 승관은 지역에 직접 설치해 운영했다기보다는 중앙에 설치되어 있다가 일정 지역에 업무가 생길 때 이를 맡아보았다.

신라 하대 승관의 양상은 「황룡사 구층목탑 금동찰주본기」·「숭복사비」 등에서 단편적으로나마 탑이나 불상 및 비문 조성과 같은 불사에 참여한 사례를 찾을 수 있어 승관이 신라 전 시기에 걸쳐 존재했던 것을 알 수 있다. 다만 여기에는 앞서 살핀 『삼국사기』 직관지나 『삼국유사』「자장정율」에는 보이지 않는 승관도 등장하는데, 대표적으로 대통·승정 등이 그것이다. 이들의 성격은 구체적이지 않으나, 대통의 경우 중국 북위에서는 사문대통(沙門大統) 또는 소현대통(昭玄大統)이라 하여 승관의 최고위직으로 나타난다는 점이 참고된다. 그러나 신라에서는 기록의 순서상 국통의 하위라는 점에서 -통 계열 승관의 분화와 증치 사례로 볼 수 있다.

승정기구

승관에 대한 사료가 대부분 중고기에서 중대 초에 집중된 것과 달리 승정기구는 중대 이후 다양한 양상으로 나타난다. 이에 승정기구에 대한 논의는 중고기 불교계에서 승정기구의 출현을 인정하느냐를 기준으로 나뉜다. 즉, 하나는 진흥왕 대 이래 승관만으로 승정이 이루어졌다는 견해로, 승정과 관련한 별도의 기구가 출현하지 않고 중대 이후에나 승정기구가 등장한다는 것이다. 다른 한편으로는 중고기에 이미 승관과 속관으로 구성된 승정기구가 출현한다는 것으로 대도서(大道署)·정관(政官)·정법전(政法典) 등이 이에 해당된다고 본다. 다만 당시 주도적인 기구가 무엇인지의 문제와 설치 시기 및 기능에 대해서는 다양한 견해가 있다.

설치 시기를 알 수 있는 가장 이른 기구로 대도서가 있다. 대도서는 진평왕 대인 624년에 설치되는데, 사전(寺典) 혹은 내도감(內道監)이라고도 불렸다. 구체적인 기능에 관한 기록이 없어 중국 승정기구인 소현시(昭玄寺) 등과의 비교를 통해 불교 통제를 위한 기구로 해석되었다. 그러나 진평왕 대에 왕권 전제화를 반대하는 유력 귀족층이 왕권과 밀착된 사찰과 승려를 통제하고자 설치한 승정기구로 보거나, 당시 궁중 중심으로 치러진 불사나 이를 담당하던 가승(家僧)들을 관리하고자 설치한 것으로 파악하기도 한다. 진평왕 대에 천주사(天柱寺)라는 궁중 내 사찰이 건립되고, 관제 발전상으로도 관원의 측근화, 근시기구의 확장 등이 진행되었던 점은 대도서 설치의 배경과 기능을 파악하는 데에 시사하는 바가 크다.

한편 앞서 문무왕 대에 대서성 2인이 임명된 사례를 언급했는데, 그중 한 사례에 정관이라는 명칭이 등장해 주목된다. 정관이 대서성이 속한 관부, 즉 승정기구로 등장하는 것이다. 『삼국사기』 직관지에도 국통 이하 승관 기록의 표제로 정관이 등장하고, "혹은 정법전이라고 불렀다"라는 세주가 있어 정관은 관부를 지칭하는 것으로 파악된다. 정관은 설치 초기에는 대사(大舍)와 사

(史)의 하급 관리로 구성되었으나 원성왕 원년(785)에 승관을 두었다고 하여 속관에서 승관으로 구성원의 성격이 변화했음을 알 수 있다. 정관이 설치된 시기를 진흥왕 대 혹은 선덕여왕·진덕여왕 대 등 중고기로 보기도 하지만, 문무왕 대에 처음 등장한 기록을 존중하여 이때를 전후해 설치된 것으로 보기도 한다. 대서성을 포함한 정관이 국통 이하 승관과 속관인 대사 및 사로 구성되었다가 원성왕 대에 이르러 하급 관리의 직무까지 승려가 대신함으로써 승정 운영이 모두 승려에게로 이양되었고, 명칭 역시 정법전으로 바뀌게 되었다는 것이다. 정관에 국통 이하 승관이 포함되었음은 『삼국사기』 직관지를 통해 알 수 있다. 실무진인 하급 관리들의 상황을 먼저 기록하고 국통 등 승관에 대한 설명을 그 아래 기록해 소속 관계를 밝힌 것이다. 이렇듯 국통 이하의 승관과 속관이 포함된 승정기구가 중대에 들어 성립된 것은 이미 상당한 수준의 불교 문화를 접한 고구려와 백제 유민들이 복속되면서 확대된 불교계를 통제하기 위한 정책으로 볼 수 있다.

신라 하대에는 155년간 20명의 왕이 교체될 정도로 치열한 왕위쟁탈전이 일어난다. 그런 만큼 각 왕들은 권위를 인정받고 왕권을 안정시키기 위한 방법으로 불교를 활용했다. 원성왕 대 정법전 개편 역시 이러한 배경에서 단행되었다. 특히 정법전의 개편으로 새롭게 설치된 승관에 임명된 승려는 재행(才行)이 있어야 했다. 이때 재행의 의미는 정법전의 승관으로 임명된 승려들의 저술을 통해 그들이 공통적으로 화엄에 밝았다는 점에서 착안해서 화엄종을 말하는 것으로 보기도 하고, 계율에 뛰어난 승려를 가리킨다고 보기도 한다. 원성왕은 즉위 초부터 불교계에 관심을 기울였는데, 이는 중대 말엽 중앙 귀족들이 행한 불사가 정치·사회적으로 여러 문제를 일으켰기 때문이다. 이를 극복하기 위해 원성왕은 불교계 정비를 단행했다. 그중 첫 번째가 정관을 정법전으로 개편한 것이다. 관부의 명칭을 바꿔 불법의 의미를 강조한 것은 원성왕이 정법으로써 왕실에 대한 권위를 인정받고 이후 불교계와의 원만한 관계를 추구하기 위함이었다.

한편 정관이 설치된 신라 중대에는 속관만으로 구성된 승정기구로 사원성전(寺院成典)이 등장한다. 이는 문무왕 대에 사천왕사 건립을 전후한 시기부터 나타나므로 동 시기에 성립된 정관과 어떠한 차이점이 있는지 살펴볼 필요가 있다.

성전은 신라 고유의 명칭으로, 『삼국사기』 직관지에 따르면 경주를 중심으로 한 7개의 특정 사원인 사천왕사, 봉성사, 감은사, 봉덕사, 봉은사, 영묘사, 영흥사에 설치되었다. 기록에는 구성원에 대한 정보만 있어 자세한 기능을 알 수 없지만, 성전이라는 명칭이 '수영(修營) …… 사원(使院)'으로 변경된다는 점에서 주요 사찰에 설치되어 사찰의 수리 등 운영을 담당한 것으로 보인다. 이뿐만 아니라 성전은 정관과 달리 고위직인 속관으로 구성된 점으로 볼 때 속관에 의한 불교계의 통제를 담당했음을 알 수 있다. 이렇듯 신라 중대에는 정관이 불교계의 자치적인 운영을 담당하고, 기존에 설치되어 있던 대도서는 궁중 불사와 측근 승려를 관리했으며, 왕권이 강화되면서 전 불교계를 통제하기 위해 주요 사찰에 성전이 설치되었다. 특히 성전이 설치된 이후 국통 이하 승관의 임명이나 활동상을 찾기 어려워진 점은 신라 중대에 주요 사찰을 중심으로 속관에 의한 불교계 통제가 이뤄졌음을 말해준다.

『삼국사기』 직관지에는 보이지 않지만, 신라 하대 황룡사에도 성전이 설치되었다. 「황룡사 구층목탑 금동찰주본기」에는 성전과 함께 정법전 등의 관부와 정법전 소속 승려가 기록되어 있어 하대 승정의 일단을 살필 수 있다. 앞서 언급했듯이 신라 중대에 성전이 담당했던 불사와 관련 실무는 하대에 들어 정법전이 담당하게 되었다. 그럼에도 여전히 성전이 설치되고 유지된 이유는 하대에도 여전히 왕권을 대표하는 고위직 관원들의 관부라는 상징적 의미가 남아 있었기 때문이다. 그러나 체계적인 관부라기보다는 불사와 관련된 의미만 있었으므로 『삼국사기』 직관지에는 포함되지 않은 것으로 볼 수 있다.

신라 하대에는 정법전의 존재와 함께 소현정서(昭玄精署)라는 관부와 소현대통(昭玄大統)과 같은 소속 관원도 보인다. 소현정서는 앞서 언급한 바 있는 중국의 북위와 북제에 설치되었던 소현시와 같은 관부로 불교계를 장악하면서 대통 1인, 통 1인, 도유나 3인과 함께 공조(功曹), 주부원(主簿員)을 둠으로써 모든 주와 군의 불교계까지 관리했다고 한다. 이는 속관과 승관이 함께 속한 승정기구라는 측면에서 원성왕 대 정법전 개편 이전의 신라 승정기구와 유사한 구성을 보인다. 소현정서가 실제로 있었던 것이 아니라 중국 승관제도의 영향을 받아 신라의 정법전이 소현정서로 아화(雅化)한 것으로 이해해, 두 관부를 동일하게 파악하기도 한다. 그러나 하나의 사료에 별개의 관부로 기록되면서 정법전은 왕의 구법 의지를 승려에게 전달하고 이를 습득하게 하는 일 등을 담당했고, 소현정서는 승려를 기용하거나 입적과 관련된 일을 담당한 것으로 나타난다. 다만 정법전이 원성왕 대에 개편된 것과 달리 소현정서는 9세기에 들어서야 보이는데, 이는 이 시기를 전후해 정법전의 기능을 보완할 승정기구가 필요했기 때문이다. 정법전의 불교계 통제 기능이 약해지자 이를 보완하기 위해 중국의 승정기구인 소현정서의 이름을 빌려 별도의 관부로 삼았던 것이다.

정법전을 비롯한 승정기구는 신라 말로 갈수록 그 위상이 약화되고 이를 대신해 승록사(僧錄司)가 등장한다. 이는 중국에서 당 중엽부터 승정기구를 점차 폐기하고 양가승록(兩街僧錄) 및 양가공덕(兩街功德) 등을 설치하는 것과 유사한 양상이다. 승정기구는 이전 시기와 달리 기능이 축소되어 인사 행정만 담당하게 된 것이다. 승록사 역시 소현정서와 마찬가지로 중국의 명칭이 신라에서 동일하게 사용된 사례이다. 승록사는 고려에도 이어져 승적을 보관하고 승관을 선발하는 등의 업무를 담당했다.

보론 2

사리신앙

주경미 | 충남대학교 고고학과 강사

불교의 사리신앙(舍利信仰)은 석가모니 붓다가 열반한 후 남겨놓은 성물(聖物)인 사리(舍利)를 존숭하고 공양을 드리는 과정에서 발전했다. '사리'는 고대 인도의 산스크리트어 단어인 '사리라(śarīra)'를 음역한 한자어로, 원래의 뜻은 '몸이나 뼈, 유골(遺骨), 시신'이다. 인도에서는 성인이나 성왕(聖王)이 죽으면 그의 유해를 화장하고 남은 유골을 안치하는 탑을 세워서 공양하는 풍습이 있었으나, 중국을 비롯한 동아시아 문화권에서는 죽은 사람의 몸이나 뼈를 꺼리는 풍습이 있었기 때문에 '사리라'라는 말을 '유골'이나 '유해(遺骸)'로 번역하기 어려웠다. 그리하여 옛날 중국 승려들은 붓다나 불교 성인들의 특별한 유골을 지칭할 때에 인도 말을 그대로 따라서 '설리라(設利羅)'·'실리(實唎)'·'사리'라고 부르고, 불교적 성물이나 성보(聖寶)로 귀하게 여겼다. 사리신앙에서는 사리를 공양하고 장엄하는 의례가 행해졌으며, 특히 사리를 탑에 매납하는 과정에서 다양한 사리장엄구가 사용되었다. 이러한 사리장엄구는 탑을 건립할 당시의 사리신앙을 이해하는 데에 중요한 물질문화적 자료이자 귀중한 불교 미술품이다. 이 글에서는 먼저 사리신앙의 기원과 사리장엄구에 대해 살펴보고 삼국시대, 통일신라, 발해의 사리신앙에 대해 서술하겠다.

사리신앙의 기원과 사리장엄

불교의 사리신앙은 기원전 6세기 석가모니 붓다의 열반과 함께 본격적으로 발전했다. 초기 불교 경전에 의하면 열반한 석가모니 붓다의 장송 의례는 전륜성왕(轉輪聖王)의 장법(葬法)을 따라서 거행되었다. 붓다의 시신은 화장되었고, 남겨진 유골은 공양 의례를 거행한 후 탑 안에 모셔졌다. 이때 시신과 유골이 모두 사리에 해당한다. 화장 후 수습된 붓다의 사리는 드로나 존재의 중재로 여덟 나라로 나누어 보내졌고, 각 나라에서 탑을 건립해서 모두 8개의 탑이 세워졌다. 이 탑들이 석가모니 붓다의 진짜 몸인 진신사리를 봉안한 근본팔탑(根本八塔)이다. 이때 진신사리를 숭앙하기 위해 거행된 모든 공양 의례와 관련해 제작된 조형물들이 사리장엄구의 시작이다. 불교에서는 석가모니 붓다의 진신사리가 붓다와 동일한 존재로 인식되었으며, 진신사리가 행하는 기적, 즉 신이(神異)가 붓다의 영험함을 드러내는 증명이라고 여겨왔다. 그러므로 사리신앙의 발전에서는 사리의 신이 유무가 매우 중요한 역할을 했다.

아쉽게도 초기 경전들에 나오는 석가모니의 장송 의례는 경전마다 조금씩 다르고, 근본팔탑의 위치도 불확실한 점이 많다. 현존하는 인도 불교 유적 중에서 근본팔탑지로 알려진 곳은 석가의 고향 카필라바스투로 알려진 인도 피프라와(Piprahwa) 대탑과 바이샬리(Vaiśālī)의 근본팔탑지 유적 등 두 곳뿐이다. 여기에서 발견된 사리장엄구들은 모두 활석으로 만든 둥그스름한 합 형태의 사리기이며, 그 안에서는 불에 탄 인골 형태의 사리와 각종 공양구가 발견되었다. 이와 같이 사리를 탑에 모실 때에 사용하는 그릇이나 함께 봉안하는 각종 공양구를 비롯한 사리장엄구들은 일정한 불교 의례에 따라 만들어졌다.

석가모니의 근본팔탑은 기원전 3세기 인도 아대륙을 통일한 아소카(Aśoka, 阿育)왕에 의해 훼손되었다. 아소카왕은 훼손한 근본팔탑에서 발굴한 진신사리들을 인도 전역으로 나누어 보내어 팔만사천탑을 건립했다. 붓다의 진신사리를 모신 아소카왕의 팔만사천탑은 동아시아에서 아육왕탑으로 알려졌다.

아소카왕의 팔만사천탑 건립은 붓다의 진신사리를 공양함으로써 그 권위를 빌려 전륜성왕으로서의 자신의 권위를 드러내기 위한 정치적 선전 행위에 가까웠다. 이와 같은 정치적 성격의 진신사리신앙은 아소카왕 이후 아시아 전역으로 퍼져나갔다. 불교의 전래와 함께 사리신앙을 받아들인 아시아의 여러 고대 제왕들은 아소카왕의 선례를 따라 붓다의 진신사리를 공양하고 거대한 탑을 세움으로써, 자신들이 붓다로부터 인정받은 불교적 성왕(聖王)임을 드러내고자 했다. 그리하여 오래된 탑을 발굴하여 그 안에 봉안된 붓다의 진신사리를 꺼내어 공양을 올린 다음 새 탑을 건립해 사리를 재봉안하는 의례는 지배계층의 후원을 받아 꾸준히 거행되었다.

제왕을 비롯한 지배계층의 사리신앙 후원은 정치적 선전으로 이용되는 경우가 많았으며, 그와 함께 사리신앙의 세속화 경향과 사리 탈취 같은 행위도 일어났다. 불교계에서는 이러한 사리신앙에 대한 반작용으로, 붓다의 가르침에 대한 근본적인 종교적 성찰과 함께 진신사리 대신 붓다가 남긴 말씀, 즉 법(法, Dharma)의 유산인 경전에 대한 존숭과 신앙을 강조하기 시작했다. 그리하여 탑 안에 사리 대신 경전이나 다라니 등을 법사리(法舍利)로 봉안하는 법사리신앙이 발전했다. 『도행반야경』·『법화경』 등의 경전에는 사리보다 경전이 중요하고 경전만으로도 탑을 건립하는 것이 가능하다는 내용이 나오므로, 법사리신앙도 이미 인도에서부터 시작했다.

지금까지 아시아 지역에서 발견된 사리장엄구에 봉안되어 있는 사리들은 물질적 성격에 따라 크게 신사리(身舍利)와 법사리(法舍利)로 나뉜다. 그중에서 신사리는 석가모니 붓다의 몸에서 나온 것으로 알려진 진신사리와 고승들의 사리를 포함한다. 이 신사리들은 다시 인체의 일부에 해당하는 이빨이나 머리뼈, 손가락뼈 등의 형태인 골아형(骨牙形) 사리와 신비하게 빛나는 작은 구슬 모양의 보주형(寶珠形) 사리 등 두 종류로 나뉜다. 인도와 동남아시아 지역의 옛 탑에는 골아형 사리가 봉안된 경우가 많지만, 동아시아 지역의 탑에는 보주형 사리를 봉안한 경우가 많다. 법사리는 대체로 경전이나 다라니 혹은 게송(偈頌) 등의 형태로 탑 안에 봉안되었지만, 중국에서는 독특하게 법사리탑이나 경당(經幢)이라는 석조물로 조형화되기도 했다.

문헌 기록에 의하면, 동아시아에 사리신앙이 처음 전해진 것은 기원후 2~3세기경이다. 동아시아의 사리 전래 기록 중에서 특히 주목되는 것은 247년 중국 강남의 오나라 손권(孫權)에게 불교를 전한 서역 승려 강승회(康僧會)의 사리 감득(感得) 고사이다. 강승회는 중국 남경(南京)에서 붓다의 신통력으로 보주형 사리를 구하는 신이를 보이면서 사리신앙을 전래했다. 이후 다양한 종류의 사리가 중앙아시아와 동남아시아를 통해 중국으로 전래되었다.

동아시아에 처음 전래된 사리들은 대부분 신이, 즉 기적을 일으키는 구슬 모양의 보주형 사리였지만, 5세기 이후 인도와 서역을 직접 방문한 동아시아 구법승들에 의해 점차 골아형 사리도 전래되었다. 7~8세기경 인도를 다녀온 구법승들은 당시 인도에서 유행하던 새로운 경전과 함께 연기법송(緣起法頌)과 『무구정광대다라니경』(이하 『무구정경』)의 의례와 같은 독특한 법사리신앙을 동아시아로 들여왔다. 8세기 이후에는 밀교 의례가 발전하면서 의례에 사용하기 위한 각종 인조 사리가 또 다른 의례를 통해 만들어지기도 했다. 한편 선종(禪宗)의 발전과 함께 고승들의 사리, 즉 승사리(僧舍利)도 붓다의 사리와 같은 진신사리로 여겨지기 시작했고, 고승의 육신 자체가 사리로 여겨지는 신앙도 나타났다. 이렇듯 다양한 사리신앙이 발전하면서 각 지역에서는 사리신앙의 성격을 반영한 갖가지 사리장엄 방식이 나타났다. 현존하는 사리장엄구들은 그러한 당시 사리신앙의 물질문화적 증거물이다.

삼국시대의 사리신앙

『삼국유사』와 『삼국사기』에 의하면 한반도에 사리가 처음 전래된 것은 신라 진흥왕 연간인 549년이었다. 그렇지만 현존하는 유물을 통해 고구려와 백제에서도 일찍부터 왕실을 중심으로 사리신앙을 받아들인 것으로 볼 수 있다. 삼국시대의 사리신앙은 불교 전래 과정과 마찬가지로 불교적 제왕을 상징하는 왕실이 주도했으며, 처음 전래된 사리는 대부분 신사리였던 것으로 추정된다. 중국 문헌인 『광홍명집(廣弘明集)』에서는 중국 남북조시대를 통일한 수나라의 문제(文帝)가 601년 아육왕 고사를 따라서 전국 각지에 인수사리탑을 건립할 때에 고구려, 백제, 신라의 사신들이 사리 1과씩을 받아갔다고 한다. 이러한 예로 볼 때, 중국의 불교적 제왕들이 거행한 사리신앙과 장엄 의례는 삼국시대에 큰 영향을 미친 것으로 보인다.

한반도의 사리신앙과 관련된 가장 오래된 현존 유물은 함경남도 신포시 오매리 절골유적인 고구려 시대 목탑지에서 출토된 금동명문판이다. 길이 42센티미터인 이 명문판의 기록에 의하면, 여기에는 546년, 즉 고구려 양원왕 14년경에 대왕을 위해 오층탑을 세웠다고 한다. 이는 문헌 기록에 남아 있는 신라 진흥왕의 사리 전래보다 3년 빠른 시기에 이미 고구려의 왕이 탑을 세웠음을 알려준다. 이와 함께 『삼국유사』에는 고구려 요동성의 아육왕탑 아래에서 범서(梵書)가 발견되었다는 기록이 있어, 고구려에 일찍부터 법사리신앙이 전래되었음을 알 수 있다. 다만 흙으로 만든 탑이었다는 요동성의 아육왕탑은 현재 위치가 불분명하고, 범서의 발견 시기도 불확실해 고구려 어느 왕 때의 일이었는지는 알 수 없다.

백제의 사리신앙에 대한 문헌 기록도 거의 남아 있지 않다. 『일본서기』에 의하면 백제 승려 혜총(惠聰)이 588년 일본에 사리를 전래했다고 하므로, 백제의 사리신앙은 위덕왕 연간인 6세기 후반에 크게 발전해 있었음을 알 수 있다. 위덕왕 연간의 사리신앙과 관련된 유물은 고고학적 발굴을 통해 알려지기 시작했다. 1995년 부여 능산리사지에서는 567년 제작된 백제 창왕명석조사리감(昌王銘石造舍利龕)이 발견되었고, 2007년 부여 왕흥사 목탑지에서는 백제 창왕이 577년에 발원해 제작한 사리장엄구 일괄품이 발견되었다(〈그림 2-1〉). 왕흥사 목탑지 출토 사리장엄구는 창왕, 즉 백제 위덕왕이 죽은 왕자를

〈그림 2-1〉 **부여 왕흥사지 출토 사리장엄구 일괄품**

금병, 은호, 청동합, 백제 577년. 국립부여문화유산연구소 소장.

〈그림 2-2〉 **익산 미륵사지 서탑 출토 사리장엄구 일괄품**

금동호와 금병, 각종 구슬과 사리, 백제 639년, 국립익산박물관 소장.
자료: 국립문화유산연구원.

위해 발원한 탑에 봉안한 것으로, 명문에 의하면 매납 당시에 사리가 2개에서 3개로 스스로 나뉘는 '자분(自分)'의 신이를 보였다고 한다. 사리장엄구는 금병·은호·청동합 등 3중으로 구성되었으며, 아쉽게도 내부에서 사리는 발견되지 않았다. 그 외에 1935년에는 부여 군수리 목탑지에서 불상과 보살상이 사리장엄구의 일부로 봉안되었음이 확인되기도 했다.

백제의 사리신앙 관련 유물로 가장 중요한 것은 2009년 발견된 익산 미륵사지 서석탑(이하 서탑)에서 출토된 사리장엄구이다(〈그림 2-2〉). 사리공 내에서 발견된 금제 명문판에 따라 639년 백제 무왕의 왕후가 발원한 사리장엄구

임이 확인된 미륵사지 사리장엄구는 유리병, 금호, 금동호의 3중으로 구성되었다. 유리병 내부에 봉안되어 있던 사리는 보주형 사리 1과이며, 금호와 금동호 내부에서는 다수의 구슬이 발견되었다. 미륵사지 사리장엄구는 탑 창건 시 봉안 상태 그대로 발견된 삼국시대의 유일한 예로서, 당시 왕실과 귀족 계층에서 공양한 각종 금은제·진주·유리 등 귀중한 공양구들이 사리공 안에서 함께 발견되었다. 이러한 공양품들은 당시 백제 왕실의 생활문화를 이해하는 데에 중요한 자료가 된다. 한편 미륵사지 서탑의 기단부 아래에서는 은제 손톱 두 점과 토제 나발(螺髮) 71점이 함께 발견되어 당시 중국 남조 양나라와 남방 불교에서 유행하던 조발사리(爪髮舍利) 신앙의 흔적도 찾아볼 수 있다. 미륵사지 서탑 출토 사리장엄구의 독특한 양식과 봉안 방식은 이후 일본의 사리신앙에도 큰 영향을 미쳤다.

신라는 문헌 기록에서 가장 일찍 사리를 받아들였다고 알려진 나라이지만, 현존하는 고신라시대의 출토 유물은 많지 않고 오히려 고구려나 백제보다 늦게 받아들였을 가능성도 있다. 신라는 549년 진흥왕 연간에 중국 남조 양나라에서 처음으로 사리를 가져왔다. 이 사리가 전래된 시기는 중국의 유명한 불교적 제왕인 양 무제(武帝)가 패망하던 때이므로, 이 사리의 전래 기록은 양 무제가 존숭하던 붓다의 진신사리가 신라 진흥왕에게 전해져 진흥왕이 새로운 전륜성왕이 되었음을 상징하는 사건으로 해석할 수 있다. 당시 왕이 사리를 직접 맞이해 흥륜사 탑에 봉안했다고 하는데, 현재 흥륜사의 위치와 사리의 행방은 불확실하다.

현존하는 신라 사리장엄구 중에서 가장 오래된 예는 634년 선덕여왕의 발원으로 건립한 경주 분황사 모전석탑 출토 사리장엄구 일괄품이다. 신라의 사리신앙은 선덕여왕 연간에 본격적으로 발전했다. 선덕여왕은 634년 분황사 석탑을 창건했고, 645년에는 자장(慈藏)이 중국에서 가져온 붓다의 사리를 봉안하기 위해 황룡사 목탑을 창건했다. 경주 황룡사는 진흥왕 14년(553)에 창건되어 고려 고종 25년(1238) 몽골의 침입으로 불에 타버릴 때까지 약 700년

〈그림 2-3〉 **경주 황룡사지 출토 금동제 방형함 측면부**
「황룡사 구층목탑 금동찰주본기」, 통일신라 872년, 국립경주박물관 소장.

가까이 존속했던 신라 최대의 사찰이자 신라 왕실의 원찰로서 중요한 곳이다. 황룡사 목탑은 창건 이후 고려시대까지 왕실의 후원을 받으며 여러 차례 중수되었으나, 몽골 침입 시에 불에 타서 폐허가 되었다.

1960년대에 도굴꾼들이 폐허로 남은 황룡사 목탑지 중앙 심초석(心礎石) 안에 봉안되어 있던 사리장엄구들을 도굴하면서, 황룡사 목탑지 사리장엄구의 존재가 세상에 알려졌다. 이후 진행된 목탑지 발굴 조사 과정에서는 심초석 하부에 봉안된 창건 시의 공양품들이 다수 발견되었으며, 도굴되었던 사리장엄구들도 회수되었다. 그중에서 창건 시의 사리장엄구로 추정되는 것은 목탑지 아래쪽에서 발견된 중국 당나라 백자 사리호와 사리공의 가장 바깥쪽 외함(外函)인 청동제 방형함 파편들이다. 청동함의 표면에 신장상들이 선각(線刻)되어 있다. 한편, 그 청동함 안에 봉안되었던 것으로 추정되는 금동제 방형함은 통일신라시대 경문왕 연간인 872년에 탑을 중수하면서 봉안한 것이다. 이 방형함의 사방벽에는 탑의 중수와 관련된 명문인 「황룡사 찰주본기(刹柱本記)」가 새겨져 있는데, 황룡사 목탑의 창건과 중수 과정에 대한 구체적인 기록으로서 중요하다(〈그림 2-3〉). 「찰주본기」의 기록에 따르면 원래 창건 당시에 봉안한 사리기는 금과 은으로 만든 높은 대좌가 있고 그 위에 유리제 사리병이 있었다고 하며, 9세기에는 『무구정경』을 비롯한 각종 법사리장엄이 함께 거행되었다. 그 외에 황룡사 목탑지 심초석 하부에서 발견된 각종 금속제 그릇들과 구슬, 청동 거울, 금동제 태환이식, 금동제 허리띠, 동제 가위, 동제 방울,

팔찌를 비롯한 금속제 장신구, 곡식류, 철기 등은 목탑 창건기의 공양품으로, 당시 사리장엄 의례에 참석했던 후원자들이 실제로 사용했던 것을 매납한 것으로 추정된다.

삼국시대의 사리신앙은 대체로 왕실에서 주도했으며, 현존하는 사리장엄구 대부분이 왕실에서 발원한 당시 최고 수준의 공예품들이다. 이 시기의 사리신앙은 인도 아소카왕과 중국 남조의 양 무제, 그리고 남북조를 통일한 수 문제 등과 같은 불교적 제왕들의 정치적 사리신앙에 영향을 받았다. 이러한 불교적 제왕사상과 정치적 사리신앙은 백제 위덕왕 연간에 먼저 발달하기 시작했으나, 선덕여왕 연간부터는 신라 왕실에서도 중요하게 여겼던 것으로 보인다.

통일신라의 사리신앙

통일신라 초기의 사리신앙은 삼국시대와 마찬가지로 왕실이 주도했으며, 사리장엄구들 가운데 가장 화려하고 독창적인 양식은 통일 직후인 7세기 후반부터 8세기 초반경 왕실의 후원을 받아 발전했다. 이 시기의 사리장엄구는 고신라의 문화적 전통과 새로이 전래된 당나라 문화의 영향, 그리고 삼국통일에 따른 문화적 융합의 영향 등으로 인해 매우 새롭고 독창적인 양식을 보여준다. 통일신라 초기의 사리장엄구 중에서 가장 대표적인 것은 682년 창건된 경주 감은사 동서 삼층석탑 출토 사리장엄구 일괄품이다. 감은사는 삼국통일의 위업을 달성한 문무왕을 위해 그의 아들인 신문왕이 세운 사찰이다. 창건기에 세워진 쌍탑 중에서 서삼층석탑(이하 서탑)은 1959년 해체·조사되어 3층 탑신 윗면에 마련된 사리공에서 사리장엄구 일괄이 수습되었으며(〈그림 2-4〉), 동삼층석탑(이하 동탑)은 1996년에 해체·조사되어 역시 같은 위치의 사리공에서 사리장엄구 일괄이 수습되었다(〈그림 2-5〉). 쌍탑의 사리장엄구는 기본적

〈그림 2-4〉 **경주 감은사지 서삼층석탑 출토 사리장엄구 일괄품**
수정병, 내함, 외함, 통일신라 682년경, 국립경주박물관 소장.

〈그림 2-5〉 **경주 감은사지 동삼층석탑 출토 사리장엄구 일괄품**
금동제 내함, 금동제 외함, 통일신라 682년경, 국립중앙박물관 소장.

으로 금동제 외함, 금동제 내함, 수정제 병의 3중 구성으로, 서로 상당히 유사한 양식이다. 외함으로 사용된 방추형의 뚜껑이 달린 금동제 방형함에는 사천왕상이 각각 배치되어 있는데, 이는 『금광명경(金光明經)』의 유행 및 호국불교 사상과 관련된 도상이다.

외함 안에 들어 있는 독특한 내함은 기본적으로 수미좌 형태의 기단부와 사방의 기둥, 꼭대기의 천개(天蓋)로 이루어진 '보배로운 장막', 즉 '보장(寶帳)' 형태를 따른 형식이다. 장막의 중앙에는 보주형 구조물이 놓여 있고, 그 안에 수정병을 안치하여 사리를 봉안하고, 그 주위는 천인이나 승려 등이 호위하고 있다. 서탑에서 출토된 내함은 보장형 사리기의 위쪽 천개 부분이 복원되어 있지 않고 사방의 주악천(奏樂天)만 남아 있지만, 동탑 출토품은 천개 윗부분까지 완전히 복원된 상태이다. 이러한 형태는 관(棺)을 옮기는 상여나 고귀한 인물을 모시는 장막, 혹은 사리를 이운할 때 사용하는 장막을 덮은 가마의 형태에서 기원을 찾을 수 있다. 이와 같은 형식의 사리기는 경전이나 중국 명문에 나오는 명칭을 따라서 '보장형'이라고 하는데, 이전에는 '전각형(殿閣形)'·'상여형(喪輿形)'이라고도 불렀다. 내함은 사방에 기둥만 있고 벽이 없어서 내부가 환히 보이는 열린 구조가 특징이다. 감은사 사리장엄구들은 다양한 금속 재질과 정교한 금속공예 기법으로 만든 우수한 작품이다. 사리를 직접 봉안한 가장 안쪽 용기인 수정병은 전통적인 수정 구슬 제작 방식과 금공 기법을 사용해 만들었다. 수정은 삼한시대부터 영남 지역에서 위세품으로 애호되던 중요한 보석으로, 수정병의 제작 방식과 금속제 사리기의 제작 방식에서 보이는 공예 기술적 특징은 고신라시대와 백제시대의 전통적인 공예 기법을 따르고 있다. 그렇지만 보장형 내함이나 사천왕상을 조형화한 외함에 보이는 조형적 특징은 당에서 전래된 새로운 미술 양식의 영향을 받아들이면서도 통일신라만의 독특한 미술 양식으로 발전했음을 보여준다. 전통 기술과 새로운 미술 양식의 결합은 7세기 후반 통일신라 왕실의 후원을 받아 이루어진 것으로, 감은사지 사리장엄구들은 통일신라시대 왕실 공예품이자 불교 공예품을 대표한다. 감은사지 사리장엄구와 유사한 예는 경북 칠곡 송림사 전탑에서도 발견되었다.

8세기 이후가 되면 점차 사리신앙이 보편화되어, 사리신앙과 장엄 의례가 다양한 계층의 발원자에 의해 거행되기 시작한다. 당나라에서 새로 번역된 경전들의 전래는 통일신라시대 사리장엄구의 발전과 다양화에 큰 영향을 미쳤다. 그중에서도 특히 『무구정경』은 통일신라시대 사리장엄구의 제작 의례

〈그림 2-6〉 **경주 황복사지 삼층석탑 출토 사리장엄구 일괄품**
통일신라 706년, 국립중앙박물관 소장.

를 크게 변화시킨 중요한 경전으로 주목된다. 이 경전은 704년 중국 당나라의 수도였던 장안에서 서역 승려 미타산(彌陀山)과 당나라 화엄종의 유명한 승려 법장(法藏)이 번역한 경전으로, 번역 직후 통일신라로 전래되었다. 『무구정경』에는 탑을 세우는 데에 사용하는 다라니 6종류와 그 다라니를 행하는 의례 방법을 기술한 '작법(作法)'이 기록되어 있다. 그에 의하면 경전에 나오는 6종류의 다라니를 99번 혹은 77번 써서 진흙으로 만든 소탑(小塔)에 넣은 후, 새로 건립하거나 중수해야 하는 오래된 탑에 그 소탑들을 모아 봉안하는 법사리장엄 의례를 거행할 수 있다. 실제로 8세기 이후 통일신라시대 불교계에서는 『무구정경』의 법사리장엄 의례가 자주 거행되었으며, 다수의 관련 유물이 발견되었다. 이러한 법사리장엄은 경전 필사 및 소탑 제작과 같은 불교 의례 중심의 법사리신앙을 바탕으로 발전한 통일신라 불교계의 독특한 특징이며, 법사리신앙의 발전과 함께 값비싼 재질로 만든 화려한 사리장엄구의 제작은 점차 줄어든다.

8세기 전반의 대표적인 사리장엄구는 경주 황복사지 삼층석탑 출토 사리장엄구(〈그림 2-6〉)와 경주 불국사 삼층석탑(일명 석가탑) 출토 사리장엄구

〈그림 2-7〉 **경주 불국사 삼층석탑 출토 사리장엄구 일괄품**
통일신라~고려. 불국사박물관 소장.

(〈그림 2-7〉)이다. 1942년 발굴·조사된 경주 황복사지 삼층석탑 출토 사리장엄구는 금동제 방형함, 은제 방형합, 금제 방형합 등 총 3중으로 구성되었으며, 외함인 금동제 방형함 안에는 금제 불상 2점, 금은제 고배, 각종 구슬 등의 공양구들이 함께 봉안되어 있었다. 외함 뚜껑에 새겨진 명문에 의하면 이 사리장엄구는 706년 통일신라 왕실에서 발원했으며, 불사리와 금제 불상, 『무구정경』을 탑에 매납했다고 한다. 또한 명문에는 성덕왕이 그의 부모인 신문왕과 신목태후, 그리고 형인 효소왕을 위해 중창한 것이라고 하여, 통일신라 왕실에서 선왕들을 위해 옛 탑을 중수하면서 『무구정경』에 기록된 법사리장엄 의례를 처음으로 거행했음을 알려준다. 이는 동아시아에서 『무구정경』을 소의경전으로 한 법사리장엄 관련 유물 중에서 가장 이른 시기의 작품으로서 중요하다. 아쉽게도 사리기 안에 봉안했다는 『무구정경』의 실물은 현전하지 않지만, 금동제 방형함의 표면에 점열문으로 새겨진 99개의 소탑은 『무구정경』의 다라니 작법에서 설하는 99개의 소탑 장엄을 표현한 것이다. 이와 유사한 8세기 전반의 『무구정경』 관련 사리장엄구로는 경주 나원리 오층석탑 출토품이 있다. 나원리 출토품에는 외함으로 사천왕을 새긴 금동제 방형함을 사용했

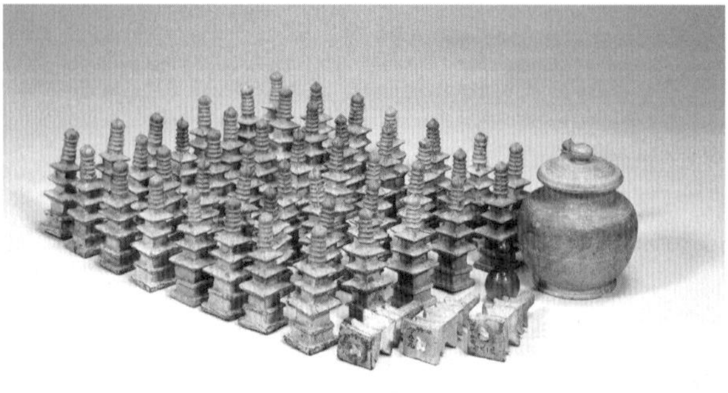

〈그림 2-8〉 **봉화 서동리 삼층석탑 출토 사리장엄구 일괄품**
유리병, 석제 항아리, 토제 소탑 99기, 통일신라 9세기, 국립대구박물관 소장.

고, 외함 내부에 목조탑과 금동탑, 금동불상과 함께 종이에 먹으로 쓴 『무구정경』의 다라니들이 봉안되어 있었다. 이러한 예로 볼 때 『무구정경』에 의거한 법사리장엄 의례는 경전의 전래와 함께 통일신라 왕실에서 창안해 발전시킨 독특한 사리신앙이자 장엄이라고 생각된다.

1966년 발견된 불국사 삼층석탑에서 출토된 사리장엄구는 창건된 742년과 11세기 전반에 중창된 유물들이 복합적으로 봉안되어 있다(〈그림 2-7〉). 이 중에서 외함에 해당하는 금동제 방형함은 내부가 개방된 방추형 투각 방형함 형식인데, 이는 감은사지 사리장엄구의 형식을 변형해 발전시킨 8세기 양식을 따르고 있다. 이와 유사한 사리장엄구로는 전(傳)남원 출토 금동제 사리기, 의성 빙산사지 오층석탑 출토 사리기 등이 있다. 불국사 삼층석탑에서는 창건기에 봉안된 것으로 추정되는 『무구정경』의 목판 인쇄본과 목탑들이 발견되었으며, 내부에서는 창건기의 유리제 사리병과 고려시대에 다시 만들어 봉안한 은제 사리기 등이 함께 발견되었다. 8세기 이후 제작된 사리장엄구들에서는 사리를 직접 봉안하는 가장 안쪽 용기가 대부분 초록색 유리병이다.

8세기 이후 새로 전래된 『무구정경』에 의한 법사리장엄은 9~10세기경까지 한반도에서 크게 유행했다. 특히 99개의 소탑을 조형하는 사리장엄 방식은 봉화 서동리 삼층석탑 출토품을 비롯해 다수가 발견되었으며(〈그림 2-8〉),

고려시대까지 꾸준히 이어진다. 한편 통일신라시대 사리장엄구에서는 법사리인 다라니와 다라니 소탑만 봉안하는 것이 아니라, 신사리를 봉안한 사리기를 함께 봉안하는 것이 일반적이었다. 9세기 이후의 사리장엄구들은 유리병과 석제 혹은 토제 항아리, 99개의 석제 혹은 토제 소탑 등으로 구성되는 것이 보편적인데, 이렇게 법사리와 신사리의 공동 봉안은 통일신라 특유의 사리장엄 방식으로 창안되어 고려시대까지 지속된다. 『무구정경』에 의한 법사리장엄 방식은 9세기에 왕실에서 중창한 황룡사 목탑에도 행해졌다. 『무구정경』에 의한 법사리장엄 방식이 발전하면서, 점차 사리장엄구의 제작은 간소화되었다. 이는 공예 기술적 측면의 쇠퇴로 나타난 현상이 아니라 붓다의 가르침을 따르고자 한 법사리신앙의 본질을 근본적으로 성찰하고 이해함으로써 나타난 필연적인 불교문화적 양상으로 해석할 수 있다.

통일신라시대의 법사리장엄 관련 경전이나 게송으로는 『무구정경』 이외에도 『조탑공덕경』이나 『연기법송』과 같은 예가 알려져 있다. 10세기 이후가 되면 중국 오월국을 통해서 전래된 새로운 경전인 『보협인경(寶篋印經)』이 들어오면서 점차 『보협인경』의 봉안과 불복장의 봉안 의례로 변화하게 된다.

발해의 사리신앙

고구려 멸망 이후 세워진 발해 왕실에서도 불교를 숭앙해 사리신앙을 받아들이고 여러 곳에 탑을 세웠던 것으로 보이지만, 현존하는 문헌 자료와 사리장엄구는 많지 않다. 발해의 사리신앙과 관련된 유물 대부분은 중국에서 출토되었기 때문에 중국 당(唐)대 유물로 알려진 경우도 많고, 요(遼)대 유물들과 혼동되는 경우가 있어서 이와 같은 유물에 대해서는 향후 심도 깊은 연구가 필요하다.

발해의 사리장엄구 중에서 특히 주목되는 것은 발해의 수도로 알려진 중국 흑룡강성 상경성 유적에서 발견된 사리장엄구 일괄품이다. 칠기(漆器) 편을 포함하여 총 7중으로 추정되는 방형 사리함들과 유리병으로 구성된 사리장엄구는 당나라 황실에서 발원한 중국 서안 법문사(法門寺) 지궁(地宮)에서 출토된 9세기 사리장엄구 양식과 상통하는 부분이 있다. 지금까지 발견된 발해의 사리장엄구들은 대부분 8~9세기에 제작된 것으로, 방형 사리기와 유리병을 사용하는 것이 특징이다. 그러나 발해에서는 중국 당나라에서 유행했던 관곽형(棺槨形) 사리기 형식이 거의 없어서 당나라의 사리장엄구와는 다른 양식을 보여준다.

아직까지 발해의 법사리장엄 관련 유물은 거의 확인되지 않았다. 그러나 발해에서 『불정존승다라니경(佛頂尊勝陀羅尼經)』과 같은 경전이 유행했던 점으로 볼 때, 중국 당나라의 경당(經幢) 건립과 유사한 법사리장엄 방식이 발전했을 가능성은 높다.

8세기 중반 이후 발해의 사리신앙 중에서 독특한 것은 묘상수탑(墓上樹塔)의 유행이다. 이는 승려가 아닌 일반 불교 신도의 무덤 위에 탑을 세우는 불교적 매장 의례로서, 8세기 이후 당나라와 발해에서 유행한 독특한 사리신앙이자 매장문화이다. 특히 792년에 죽은 발해 정효공주의 무덤과 길림성 훈춘시 마적달탑, 길림성 영광탑은 모두 내부에 지궁을 마련해 시신을 봉안하고 그 위에 전탑을 세웠다. 이는 9세기 이후 사리의 개념 확장 및 불교적 장송 의례의 발전과 함께 나타난 발해의 고유하고 독특한 불교문화이자 사리신앙으로 볼 수 있다.

보론 3

밀교의 수용과 전개

김연민 | 국민대학교 교양대학 강사

밀교의 개념

밀교는 비밀불교의 약칭으로 불교의 한 갈래이다. 부처의 진실한 깨달음인 '비밀'을 전승했다고 내세우는 불교가 밀교이다. 일반적으로 비밀스럽고 신이한 경향이 강한 주술 중심의 불교를 밀교라고 인식한다. 그런데 이 신비주의적 성격은 밀교를 연구하는 데 어려움을 주기도 한다. 왜냐하면 비밀이나 주술의 구체적인 실체가 무엇인지 선뜻 이해하기 어렵기 때문이다. 가령 신라 화엄과 유식을 대표하는 의상과 태현은 각각 허공을 밟으며 황복사 탑을 돌거나 금광정의 우물을 솟게 했다.

불교는 오랜 역사만큼 다양한 이론을 발전시켰다. 불교를 삼교(三教)로 구분할 때, 밀교는 현교(顯教)와 심교(心教)에 대응되는 개념이다. 현교가 제승(諸乘)의 경·율·논이고, 심교가 선법(禪法)이라면, 밀교는 유가(瑜伽)·관정(灌頂)·오부(五部)·호마(護摩)·삼밀(三密)·만다라법(曼拏羅法)을 뜻한다. 밀교를 규정짓는 이 요소들은 모두 수행과 공양을 위한 실천법에 해당한다. 곧 현교가 교학 중심의 불교, 심교가 선종인 데 비해 밀교는 의례 중심의 불교이다. 다라니를 독송하는 작은 행위도 근거 경전과 규칙을 갖춘 하나의 불교 의식이다. 밀교의 신비주의적 성향은 바로 이 의례를 통해 발현된다.

밀교는 사상 변화에 따라 크게 초기 밀교, 중기 밀교, 후기 밀교로 구분한다. 밀교 의례의 기원은 불교 출현 시기까지 소급된다. 관정은 인도 국왕의 즉위 의례를 전법 의례로 수용한 것이고, 호마는 본래 브라만교의 의식이다. 만다라도 종래 인도 고대의 제단에서 유래했다. 기존의 여러 의례가 불교에 받아들여지면서 부파불교 시기에는 주장(呪藏)이 등장해 밀교 발전의 밑바탕이 되었다. 동아시아에서는 이른 시기 한역 경전 중 이른바 신주경(神呪經), 즉 다라니 경전류가 초기 밀교에 해당한다. 남북조시대에 주로 번역된 이 경전들은 난해하고 복잡한 철학보다 다라니 독송이나 도량 건립 같은 신앙 행위를 통해 제재 구복이라는 현세 이익을 추구하는 경향을 보인다.

현세 이익을 주목적으로 했던 초기 밀교는 7세기경 점차 정각과 성불을 추구하는 방향으로 변화한다. 또한 그간 경전별로 다양하게 설해지던 의례들도 집대성되기 시작했다. 이런 초기 밀교의 발전은 중기 밀교의 성립으로 이어진다. 중기 밀교는 『대일경』과 『금강정경』을 근본 교전으로 삼는 밀교이다. 이 경전들은 7세기 중후반 인도에서 차례로 출현했고, 8세기 전반 당에서 한역이 이뤄졌다. 이로써 밀교는 법신불인 비로자나불을 주존으로 삼고 일관된 교의 체계를 완성한다. 제각기 작용했던 다라니·인계·관법은 삼밀(三密)이라는 조직화된 수행법으로 정비되고, 관정을 통한 핵심 교의의 전수가 제도화된다. 밀교를 규정하는 유가 이하의 개념들은 중기 밀교에서 완성된 것이다. 곧 밀교의 사상은 중기 밀교 단계에서 화엄이나 유식과 대등한 수준으로 올라섰다.

한편 동아시아에서 중기 밀교가 유행하기 시작한 8세기 중엽 이후 인도에서는 후기 밀교가 등장했다. 동아시아 밀교에서 『대일경』과 『금강정경』을 같은 비중으로 취급했던 것과 달리 인도에서는 『대일경』은 비교적 짧게 유행했고, 『금강정경』 계통이 성행했다. 후기 밀교는 『금강정경』을 계승한 밀교로써 이른바 탄트라 불교(Tantric Buddhism)를 말한다. 당 말, 송 초에 중국에도 후기 밀교 경전이 소개되었으나 크게 주목받지는 못했다. 반면 티베트에는 이 후기 밀교가 큰 영향을 미쳤다.

이렇듯 고대 동아시아의 밀교는 초기 밀교와 중기 밀교가 중심이다. 대체로 『대일경』과 『금강정경』이 한역된 8세기 전반을 기점으로 두 밀교를 구분할 수 있다. 8세기 이전은 다라니 경전류 중심의 초기 밀교, 그 이후는 『대일경』과 『금강정경』을 기반으로 한 중기 밀교에 해당한다. 초기 밀교는 의례를 통해 현세 이익을 추구하는 성격을 지녔다가 점차 성불을 성취하려는 경향으로 발전했다. 이와 같은 초기 밀교의 발전상은 중기 밀교의 토대가 되었다. 중기 밀교는 일생 안에 빠른 성불을 목적으로 한 체계적인 이론과 수행법을 완비했으며 그 핵심 요의가 만다라로 집약되었다.

밀교의 수용과 정착

불교를 처음 공인한 것은 고구려의 소수림왕이다. 372년 전진(前秦)에서 불상·불경과 함께 순도가 입국하고, 2년 뒤 아도가 입국했다. 그리고 375년 수도 국내성에 성문사와 이불란사를 창건하면서 불교가 최초로 공인되었다. 비슷한 시기 백제의 침류왕도 불교를 공인했다. 384년 마라난타가 동진을 거쳐 들어오고, 385년 수도 지역인 한산에 사찰을 창건한 후 10명의 백제인 승려를 만들어 백제가 자체적으로 승려를 배출할 수 있는 기반을 놓았다. 불교는 사찰 창건으로 공인되었다. 사찰 건립은 금당에 안치할 주존이 필요하다. 곧 신앙을 위한 불상 제작과 그에 대한 공양 및 도량 건립의 소의경전이 요구될 것이다.

이때 어떤 불경이 들어왔는지는 불분명하나 중국 남북조에서 유행했던 경전일 것은 쉽게 예상할 수 있다. 남북조시대는 대승불교의 확산과 더불어 다양한 경전이 활발히 한역되었다. 이미 3세기 등장한 『화적다라니신주경(華積

陀羅尼神呪經)』·『마등가경(摩登伽經)』·『사두간태자이십팔숙경(舍頭諫太子二十八宿經)』 등은 밀교의 성격을 띤 초기 한역 경전이다. 중국에서 밀교 초전자로 인식했던 백시리밀다라(帛尸梨密多羅)는 동진 초반 『공작왕경(孔雀王經)』을 번역하고 남조에 주법(呪法)을 유행시켰다. 고구려와 백제는 남북조 국가와 긴밀한 외교 관계를 유지했다. 초기 밀교의 다라니 경전류가 불교 공인과 함께 계속 유입되었을 것이다. 삼국시대 불교는 기존의 토착신앙을 대체하는 양상을 보이는데, 다라니 경전의 현세 이익적인 성격은 여기에 충분히 부합한다. 초기 밀교의 가르침을 담은 경전 유입은 밀교가 정착할 수 있는 기초가 되었을 것이다.

다만 여러 영험을 보인 불도징이나 대주사로 불린 담무참을 반드시 밀교 승려로 보기 어렵듯이 불교 공인 초반의 신이한 사례들을 밀교와 관련된 것으로 단정하는 데는 신중할 필요가 있다. 이 시기 밀교의 독립된 흐름을 파악하기란 쉽지 않다. 애초 인도에서도 밀교의 성립 과정이 분명하지 않다. 그 이유는 밀교만의 독자적인 이론이 정비되지 못했기 때문이다. 밀교의 발전이란 다라니 경전류의 여러 실천법이 불교 사상의 성숙과 함께 체계화되는 과정이다.

신라에서는 6세기에 법흥왕이 불교를 공인했다. 그 과정에서 나타난 아도의 치병 행위나 이차돈의 순교를 밀교와 관련해 이해하는 경우도 있다. 이들의 신이한 행적은 불교 도입기의 신성을 강조하려는 것이다. 주술에 의한 신비주의가 밀교의 특징인 것은 사실이나 그것이 꼭 밀교만의 전유물은 아니라는 점을 유념할 필요가 있다. 한편 565년 진(陳)의 사신 유사(劉思)와 승려 명관(明觀)이 불교 경론 1700여 권을 가져왔는데 여기에는 그간 한역된 다라니 경전도 있었을 것이다. 신라는 북조와 밀접한 고구려에서 불교를 수용했고, 이후로는 남조에서 불사리와 불경을 들여왔다. 이를 바탕으로 7세기에 이르면 밀교가 신라 사회에 뚜렷한 존재감을 드러냈다.

밀본(密本)은 선덕왕과 어린 김양도의 병을 치료했던 밀교 승려이다. 밀본은 『약사경』 독송 중심의 밀교를 선양했다. 그가 지닌 밀교사상의 성격은 선덕왕의 치료를 통해 살펴볼 수 있다. 치병에 먼저 나선 것은 흥륜사의 법척(法惕)이었다. 하지만 효험이 없자 밀본이 그를 대신해 『약사경』 독송으로 왕을 치료했다. 그 과정에서 법척은 여우와 함께 밀본에게 제거되었다. 신라의 여우 설화는 토착신앙과 밀접하게 연결된다. 원광의 유학을 지원한 삼기산신이나 귀신의 무리였던 길달은 모두 여우였다. 법척은 여우와 같은 성향의 존재이다. 그는 불교 수용 이전 왕실의 치료를 담당한 무의(巫醫)를 연상하게 한다. 신라 토착신앙을 가진 법척은 무격과 구별되지 않는 불교 승려이다.

반면 밀본의 치병 주술은 『약사경』이라는 대승경전에 근거한 정법의 불교 신앙이다. 그는 법척보다 불교의 본질에 더 충실한 승려이다. 밀본의 밀교사상은 보편성이 강한 『약사경』을 내세워 무격신앙과 혼재된 불교를 배척하려는 성향을 지녔다. 이는 불교 공인 후 정법불교 정착을 위해 노력했던 당시 신라 불교의 분위기를 담는다. 원광은 본격적인 교학불교 시대를 알렸고, 자장은 계율 보급에 힘썼으며, 혜숙과 혜공은 불교의 대중화에 나섰다. 원광의 부도가 있었다는 금곡사는 밀본과 관련된 유일한 사찰이다. 양자 간의 교류를 짐작할 수 있다. 『약사경』은 어느 한쪽 사상에 치우치지 않고 시대와 국가를 초월해 중시된 대승경전이다. 밀본은 『약사경』에 의거한 보편적인 불교 신앙을 바탕으로 신라 사회에 밀교를 정립하고자 했다.

7세기 삼국통일전쟁이 격화하는 가운데 명랑(明朗)은 호국신앙을 내세워 밀교가 신라 사회에 뿌리내리도록 했다. 명랑은 자가 국육(國育)인데, 사찬 재량과 남간부인 소생 삼형제 중 셋째이다. 어머니 남간부인은 잡찬 무림의 딸이자 대국통 자장의 누이다. 명랑의 두 형제도 출가했다. 첫째는 국교대덕(國教大德)이고, 둘째는 의안대덕(義安大德)이다. 명랑을 포함한 삼형제는 모두 대덕을 지냈다. 남간부인도 법승랑(法乘娘)으로 불렸다. 명랑은 불교 신앙이 깊었던 유력한 진골 귀족 출신이다. 명랑은 632년 당으로 유학을 떠나 635년 신라로 돌아왔다. 귀국길에 용왕의 요청으로 비법을 전해 황금을 보시받고 자택을 희사해 금광사를 창건했다고 한다.

명랑의 밀교사상은 사천왕사 창건의 밑바탕이 되었다. 나당전쟁이 발발하자 당 고종은 사신 김흠순과 김양도를 감금하고 신라 정벌을 준비했다. 이때 김인문은 유학 중이던 의상을 불러 신라에 이를 알리도록 조치했다. 김흠순은 문무왕의 외숙이자 김유신의 동생이고, 김인문은 문무왕의 동생이자 무열왕의 둘째 왕자이다. 방비를 고심하던 문무왕은 각간 김천존의 추천을 받은 명랑에게 자문을 구했다. 명랑은 문무왕에게 낭산 신유림에 사천왕사 창건과 도량 개설을 건의했다. 그리고 채색 비단으로 사찰을 짓고 오방신상을 풀로 엮어 유가명승(瑜珈明僧) 12원과 문두루 비밀지법을 행했다.

명랑의 문두루법은 『관정경(灌頂經)』 제7권 불설관정복마봉인대신주경(佛說灌頂伏魔封印大神呪經)에 의거한다. 문두루법은 오방신의 이름과 그 권속을 원목에 새기면 위태로움을 벗어날 수 있다는 밀교 주술이다. 오방신은 중앙의 오달라내(烏呾羅妳), 동쪽의 단차아가(亶遮阿加), 서쪽의 이도녈라(移兜涅羅), 남쪽의 마하기두(摩呵祇斗), 북쪽의 마하가니(摩訶伽尼)이다. 모두 활과 화살을 지니고 투구와 갑옷을 입은 형상으로 각기 오방색을 발하며 7만 권속을 거느린다. 문두루법을 개설한 낭산 신유림에는 사천왕사가 세워졌다. 경전에서 제석천은 석가모니로부터 문두루법을 전수받고 사천왕에게 이를 보좌토록 명한다. 한편 사천왕신앙의 기본 소의경전은 『금광명경』이다. 금광사라는 이름은 명랑이 『금광명경』도 수용했음을 알려준다. 명랑의 문두루법은 전란을 배경으로 사천왕신앙을 포섭해 강한 호국신앙으로 나타났으며 사천왕사로 구현되었다. 사천왕사에는 신라 멸망기까지 오방신 소상(塑像)이 안치되어 있었다.

『관정경』은 관정 수법과 그에 따른 다라니법을 결집한 대표적인 초기 밀교 경전이다. 신유림의 문두루법은 밀단법(密壇法)으로 설행되었다. 명랑은 밀교의 작단 의례를 수용했다. 전불칠처 가람터 중 하나인 신유림은 선령이 노닐던 복지로 여겨져 벌목이 금지된 곳이었다. 사천왕사는 흥륜사처럼 신라 토착신앙의 성소에 들어섰다. 하지만 문두루법 개설과 사찰 건립에는 이차돈의 순교와 같은 마찰이 발생하지 않았다. 명랑은 밀교의 작단 의례로서 신라 토착신앙을 포용했다. 명랑은 밀본의 토착신앙을 대체하는 성향을 계승하면서도 밀교 본연의 모습에 더 충실했다. 명랑의 밀교사상이 밀본보다 성숙했음을 의미한다.

낭산에는 제석천을 자처한 선덕왕릉이 있다. 그 아래 사천왕사가 세워지면서 낭산은 도리천과 사왕천을 갖춘 수미산으로 상징된다. 신라 수도는 세상의 중심이 되고, 신라 국왕은 사방을 망라한 천하의 지배자가 되는 셈이다. 즉, 679년에 낙성된 사천왕사는 신라의 삼국통일과 나당전쟁의 승리를 기념하는 사찰이다. 그렇기 때문에 사천왕사는 신라 중대 성전사원 중 위상이 가장 높았다. 이를 계기로 명랑은 신인종(神印宗)의 종조가 되었다. 신인종은 경주 원원사(遠源寺)를 중심으로 안혜(安惠)와 낭융(朗融)을 거쳐 광학(廣學)과 대연(大緣)으로 이어졌다. 그리고 광학과 대연은 문두루법을 내세워 고려 태조의 후원을 받았다. 태조 왕건은 개경에 현성사를 창건해 고려 신인종의 근본도량으로 삼았다. 신인은 문두루의 한역이다. 신인종은 조선 전기 불교 종파 통폐합 때까지 한국 불교의 일익을 담당했다.

혜통(惠通)은 총지종(摠持宗)과 연관해 주목받는 승려이다. 가문은 자세히 알 수 없지만, 왕경 출신으로 당으로 유학을 떠나 밀교를 익혔다. 3년의 수행과 화분(火盆)을 머리에 이는 용맹정진 끝에 스승의 인결을 전수받았고 이때 입은 이마의 흉터로 인해 왕화상(王和尙)이라고 불렸다. 이후 당 고종의 명을 받은 스승을 대신해 당실의 공주를 치료했고, 665년에 신라 사신 정공을 따라 귀국했다. 혜통은 신주(神呪)를 매개로 한 치병과 설원에 나섰다. 신문왕은 등창 치료를 계기로 혜통의 제안에 따라 신충봉성사(信忠奉聖寺)를 세웠는데 발병 원인이었던 신충과 맺은 숙세의 원한을 풀기 위해서였다. 685년 낙성된 봉성사는 중대 왕실에서 창건한 두 번째 성전사원이며, 그 위상도 사천왕사 다음이었다. 명랑에 이어 밀교 승려가 성전사원 창건에 간여한 두 번째 사례가 혜통이다. 하지만 혜통은 신문왕릉 조성을 방해한 정공 사건에 연루되어 효소왕의 박해를 받기도 했다. 신술로 위기를 벗어난 혜통은 그 후 왕녀의 병을 치료하는 공을 세워 정공의 억울함을 풀어주고, 효소왕에 의해 국사로 책봉되었다.

혜통은 신주, 곧 다라니 중심의 밀교사상을 내세웠다. 혜통의 다라니신앙은 단순한 다라니 독송에 그치는 것이 아니었다. 당실 공주를 치료할 때 혜통은 별처에 머물며 백두와 은기, 흑두와 금기를 이용한 주술로 발병 원인인 독룡을 물리쳤다. 비록 설화로 윤색했으나 별도의 공간을 마련하고 여러 도구를 갖춰 신주 독송을 병행한 행위는 다라니와 결합한 조직적인 밀단 의례를 반영한다. 그가 유학했던 7세기 중반은 그간 흩어져 있었던 밀교의 여러 실천법이 집대성되던 시기였다. 그 대표적인 결과물이 654년 아지구다(阿地瞿多)의 『다라니집경』이다. 이 책에서 소개한 작단법은 8세기 전반 중기 밀교와 대등한 수준이며, 속질성불(速疾成佛)이라는 중기 밀교의 성불 관념도 엿보인다. 『다라니집경』은 교학적 발전이 뚜렷이 담긴 초기 밀교 경전이다. 혜통의 유학은 이렇게 중기 밀교의 성립을 목전에 두고 초기 밀교의 발전이 절정일 때 이뤄졌다.

혜통이 스승에게 인정받는 과정도 이런 정황을 담는다. 화분에 갈라진 혜통의 정수리를 만지며 인결을 전수하는 모습은 관정 상승을 상징한다. 혜통이 처음부터 법기로 인정받은 것은 아니다. 하지만 관정 의식을 받은 이후 스승을 대신한다. 이 모습은 전법관정에 의해 아사리위(阿闍梨位)를 갖추는 중기 밀교의 사자상승과 매우 비슷하다. 중기 밀교의 공식 사제 관계는 반드시 관정을 전제하며, 교학의 전수는 전법관정을 통과한 아사리만 가능했다. 이런 관정 의식은 준비된 호마단에서 행해졌다. 혜통이 정수리에 올린 화분은 여기에 쓰이는 호마로를 떠올리게 한다. 곧 혜통은 유학을 통해 중기 밀교의 성격을 보이기 시작하는 7세기 중후반의 발전된 초기 밀교를 수용했다.

이 점은 신라 토착신앙과의 관계에서도 살필 수 있다. 당에서 쫓겨난 독룡은 신라로 건너와 문잉림(文仍林)에 숨었다가 다시 기장산의 웅신(熊神)이 되었다. 혜통은 웅신을 불살계로써 교화했다. 밀본이 법척과 여우를 제거했던 것과 사뭇 비교된다. 이렇게 토착신앙을 포용하는 모습은 혜통의 밀교가 이전보다 조금 더 발전했음을 뜻한다. 이를 바탕으로 혜통은 대중교화에 나섰다. 혜통의 밀교가 신주 독송이라는 소박한 모습으로 나타난 이유는 그 목적이 대중 교화에 있었기 때문이다. 기장산은 동래군 기장현과 관련 있어 보이고, 혜통의 밀교는 천마의 총지암과 무악의 주석원으로 계승됐는데, 모두 지방이었다. 혜통이 원한을 풀어준 신충도 신분이 평민이다. 신인종 사찰이 왕경에 집중되었던 것과 대비된다. 『삼국유사』는 혜통이 세속에서 교화를 펼쳐 밀교의 교풍을 크게 떨쳤다고 평가했다. 혜통에 의해서 밀교가 신라 사회로 확산되기 시작했음을 알려준다.

7세기 신라에서 밀교가 뚜렷하게 부각되었다. 밀본, 명랑, 혜통은 약간의 선후 차이는 있지만, 모두 7세기를 살아갔다. 초기 밀교의 전개에서 7세기는 중요한 시기였다. 그 전까지 다라니 경전마다 독립적이었던 밀교의 주요 의례들이 집대성되었고, 그 목표 또한 현세에서의 이익 성취를 넘어 본격적으로 정각과 성불을 추구하기 시작했다. 이때는 8세기 전반, 중기 밀교 출현을 눈앞에 둔 시기였다. 밀교 교학의 완성을 앞두고 초기 밀교의 발전이 현저했던 때가 바로 7세기다. 명랑과 혜통의 밀교가 신인종과 총지종으로 면면히 계승될 수 있었던 원인은 중기 밀교에 근접했던 7세기 초기 밀교를 바탕으로 했기 때문이다. 한국 밀교의 토대는 이 시기에 갖춰졌다.

밀교의 발전과 확산

8세기 전반 동아시아 밀교에 큰 변화가 일어났다. 『대일경』과 『금강정경』을 근본으로 삼는 중기 밀교가 성립된 것이다. 이 단계에서 밀교는 화엄이나 유식과 견줄 수 있는 대등한 사상 체계를 구축했다. 법신불 중심의 일정한 세계관을 갖추고 초기 밀교의 여러 실천법을 일관된 수행 체계로 정비했다. 밀교의 핵심 요소인 다라니·인계·관법은 삼밀로 조직했고, 삼밀겸수로 일생 안에 빠른 성불이 이뤄진다는 속질성불의 성불관을 수립했다. 이런 중기 밀교의 교의는 『대일경』의 대비태장생만다라와 『금강정경』의 금강계만다라로 집약되었다. 그에 따라 『대일경』의 태장법과 『금강정경』의 금강계가 밀교의 양부교학을 이뤘다. 그리고 양부교학은 관정에 의한 엄격한 사자상승을 상례화해 전승했다. 『대일경』은 선무외(善無畏)가 724년 복선사에서 한역했고, 『금강정경』은 금강지(金剛智)가 723년 자성사에서 역출한 『금강정유가중약출염송경(金剛頂瑜伽中略出念誦經)』이 첫 번째 한역본이다.

716년 입당한 선무외는 중기 밀교 초전자로 평가한다. 그의 문하에는 현초(玄超), 의림(義林), 불가사의(不可思議)라는 신라인 제자들이 있었다. 우선 현초는 767년 장안 보수사에서 『대일경』의 태장법과 『소실지갈라경』의 소실지교를 혜과(惠果, 746~805)에게 전수했다. 혜과는 8세기 후반 당 밀교를 이끌던 승려로서 중국 밀교의 사실상 3조에 해당한다. 그는 본래 불공(不空, 705~774)의 6대 제자로서 금강계의 계승자였다. 여기에 현초로부터 태장법을 사사받아 양부상승을 이룩했다. 이후 혜과의 문도가 번성하면서 양부상승은 동아시아 중기 밀교의 전통으로 자리 잡았다. 따라서 밀교의 1조가 금강지와 선무외라면 현초는 불공과 나란히 2조의 위상을 지닌다.

의림은 순효(順曉)에게 태장법을 전했다. 805년 일본 승려 사이초(最澄, 766~822)는 월주 용흥사에서 순효에게 전법관정을 받았다. 의림은 일본 천태종의 밀교 법맥과 닿아 있다. 이때 순효가 징표로 써준 부법문에 따르면, 당시 의림은 103세의 고령으로 신라에서 대법륜을 전하고 있었다. 즉, 의림은 신라로 중기 밀교를 수용해 온 밀교 승려이다. 그는 선무외가 입당한 716년에 14세, 『대일경』을 번역한 724년에 22세, 선무외가 천화한 735년에 33세였다. 의림을 통해서 신라가 새로운 밀교를 곧바로 수용했음을 알 수 있다.

불가사의는 선무외의 구술을 바탕으로 『대비로자나경공양차제법소(大毘盧

遮那經供養次第法疏)』를 저술했다. 『공양차제법』은 한역 『대일경』의 마지막 제7권 5품을 일컫는다. 『대비로자나경공양차제법소』는 일행(一行, 683~727)의 『대일경소』와 함께 『대일경』의 1차 주석서이다. 『공양차제법』은 『대일경』 예경을 위한 공양의례에 해당한다. 성격이 다른 『공양차제법』을 합해 전 7권 36품으로 1부를 완성한 점이 한역 『대일경』의 특징이다. 『대일경소』는 본편 부분인 전반 6권 31품의 주석이다. 따라서 불가사의의 논소는 한역 『대일경』의 주석을 마무리하는 의미가 있다. 그는 신라국 영묘지사(零妙之寺)의 승려였다. 영묘사는 성전사원 중 하나인 영묘사(靈廟寺)의 이칭이다. 불가사의는 새로 출현한 중기 밀교에 대한 신라 불교의 높은 이해도를 증명한다.

한편 인도 순례를 마친 혜초는 733년 천복사에서 금강지의 『대승유가금강성해만수실리천비천발대교왕경(大乘瑜伽金剛性海曼殊室利千臂千鉢大教王經)』 한역에 필수를 맡았고 8년 동안 그를 섬겼다. 안녹산의 난이 발발한 후 밀교의 위상이 달라졌다. 숙종이 금강지의 제자인 불공에게 관정을 받으면서 전성기가 열린 것이다. 불공은 황제의 관정사로서 역경 사업과 왕실 불사를 주도했다. 혜초도 여기에 참여했다. 774년 내도량 소속으로 기우제를 주관했고, 흥선사의 관정도량에 상주하기도 했다. 불공은 유서를 남겨 6대 제자에게 전법을 당부했는데, 혜초가 함광(含光)에 이어 두 번째로 지목됐다. 칙명으로 불공을 계승한 혜과가 세 번째, 사서에서 밀교 3조로 기록한 혜랑(慧朗)이 네 번째로 언급된 사실을 보면 당시 혜초의 입지가 상당했음을 알 수 있다. 이후 780년 혜초는 오대산의 건원보리사(乾元菩提寺)에 머물렀다.

이들의 유학 시기나 귀국 여부 등은 정확히 전해지지 않는다. 선무외와 금강지의 중국 활동은 모두 8세기 전반이다. 초전자인 선무외는 716년 입당해 735년 입적했고, 양부 경전은 723~724년 한역됐다. 신라 유학승들이 중기 밀교를 접한 시기도 이를 기준으로 살필 수 있다. 그들은 최소 735년 이전 유학을 떠나 중기 밀교를 습득했다. 곧 신라 불교가 새로운 밀교사상 출현에 기민하게 반응한 셈이다. 8세기 전반 단일 교학의 유학승으로서 4명은 적은 숫자가 아니다.

신라 승려들이 빠르게 중기 밀교를 수용한 배경에는 첫째, 8세기 전반의 변화된 국제관계가 있다. 나당전쟁(670~676) 후 공식 외교를 단절했던 양국 관계는 성덕왕(재위 702~737)이 즉위하면서 회복되었다. 신라 승려의 유학은 통상 사신단과 동행해 이뤄졌다. 성덕왕 대 빈번한 사신 왕래는 유학승이 늘어날 수 있는 사회적 배경이 된다. 둘째, 새로운 불교 사상에 대한 신라 사회의 관심을 지적할 수 있다. 삼국통일 이후 신라 유학승은 일정한 목표 아래 유학을 시도했다. 특히 중기 밀교는 비로자나불을 본존으로 삼았고, 『대일경』과 『금강정경』은 법신불의 교설임을 전격적으로 표방했다. 이는 화엄사상이 성행했던 당시 신라 불교의 관심을 끌 만하다.

셋째, 신라 밀교의 내재적 발전을 들 수 있다. 신라 밀교는 이미 7세기 후반에 그 토대를 갖췄으며, 명랑과 혜통은 모두 입당 유학승이기도 하다. 밀교에 대한 신라의 관심도 꾸준했다. 700년 이무첨(李無諂)의 『불공견삭다라니경』 번역은 신라 승려 명효(明曉)의 요청으로 이뤄졌다. 명효는 총지문(總持門)과 비교(祕敎)에 관심이 있었다고 한다. 704년 번역한 『무구정광대다라니경』은 2년 만에 황복사 탑에 봉안됐고, 705년 오대산 진여원을 개창한 보천(寶川)은 수구다라니를 수행했다. 신라 밀교는 중기 밀교라는 새로운 사상을 바로 수용할 수 있는 역량을 충분히 마련하고 있었다.

중기 밀교의 수용은 8세기 전반에만 그치지지 않았다. 781년에는 혜일(惠日)과 오진(悟眞)이 혜과를 사사했다. 혜과가 칙명에 따라 불공의 계승자로 공인된 지 3년 만이었다. 같은 해에 같은 스승을 모신 이 둘은 목적과 행적에서 차이가 보인다. 혜일은 태장법·금강계·소실지교와 제존유가 30본을 전수받아 귀국했다. 양부교학과 소실지교를 모두 아우른 것은 혜과가 지닌 밀교사상의 핵심이다. 혜과는 태장법과 금강계를 하나로 보는 양부회통적인 밀교사상을 지니고 있었다. 그는 현초에게 전수받은 『소실지갈라경』의 실천법으로 양부교학을 아우르고자 했다. 혜과는 중기 밀교의 새로운 변화를 선도했다.

〈그림 3-1〉 8~9세기 신라 밀교유학승 법맥

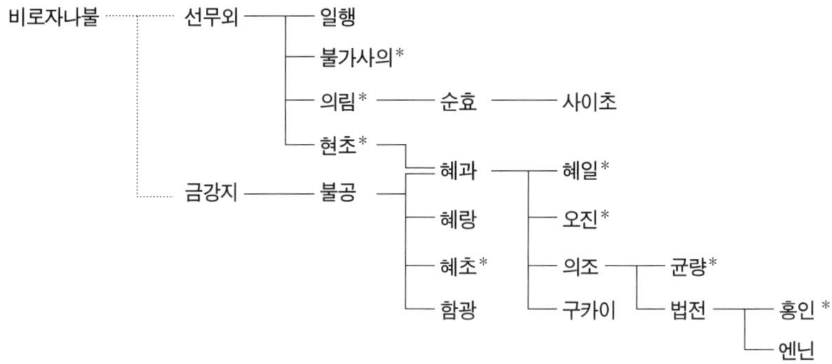

주: *는 신라 승려이다.

혜일은 이 회통적인 성격의 새로운 중기 밀교를 신라로 수용해 온 것이다. 이는 혜과 이전의 양부교학을 신라불교가 이해하고 있었음을 전제한다.

이와 달리 오진은 태장법을 전수받고 중천축국 순례에 나섰다. 혜일과 오진의 선택적인 모습은 그들의 유학이 뚜렷한 목적의식 아래 이뤄졌음을 반증한다. 오진은 중천축국에서 범본 『대일경』과 여러 경전을 얻었다. 태장법만 상승한 오진은 애초 『대일경』에 더 관심을 가졌다. 중인도에는 인도 밀교의 중심지이자 선무외와 금강지가 머물기도 했던 날란다사원이 있었다. 그는 『대일경』의 원전과 근원을 찾고자 중인도로 향했을 것이다. 그 후 오진은 789년 티베트에서 입적했다. 그 까닭은 티베트의 불교 진흥과 연관될 법하다. 8세기 후반 티베트는 한때 장안을 점령할 정도로 전성기를 누렸다. 이를 이끈 티쏭데짼(赤松德贊)은 불교 공인과 사원 건립을 추진했는데 그 과정에서 산타락시타(寂護)나 파드마삼바바(蓮華生)와 같은 유수의 인도 승려를 초빙해 중요한 역할을 맡겼다. 이때 티베트의 초청을 받은 인도 승려들은 대개 날라다사원 소속이거나 밀교 승려였다. 오진도 이런 분위기 속에서 티베트를 방문했을 것이다. 오진은 중국의 오백나한 가운데 한 분으로 모셔진다.

9세기는 균량(均亮)과 홍인(弘印)이라는 신라 유학승이 있었다. 회창사에 머물며 청룡사의 의조(義操)에게서 금강계 관정을 받은 균량은 귀국했던 것으로 보인다. 왜냐하면 태화 연간(827~835) 춘추지사(春秋之社)를 주관한 균량(均諒)과 동일인으로 여겨지기 때문이다. 당의 밀교 법맥에서 '均亮'은 '均諒'으로도 나온다. 춘추지사는 현준이 주관한 『화엄경』 사경회의 전범이므로 화엄결사일 가능성이 높다. 그렇다면 균량은 밀교 승려로서 화엄불사를 주관했거나 화엄 승려로서 밀교아사리 지위를 취득한 셈이다. 어느 쪽이든 균량은 밀교와 화엄을 겸학했다. 그는 양부상승이 일반화된 시점에도 금강계만 상승했다. 『금강정경』은 의궤에 가까운 경전이다. 균량이 실천 의례에 관한 전문 지식을 습득하기 위해 유학했음을 시사한다.

홍인은 밀교법맥도에 등장하는 신라 승려이다. 그는 혜과의 법손인 법전(法全)에게서 양부관정을 받았다. 840년 일본 승려 엔닌(圓仁)이 장안에 입성했을 때 현법사의 법전은 태장법·금강계·소실지교의 권위자로 명성이 높았다. 그를 비롯한 여러 일본 승려들이 법전을 사사했다. 불공 때 정점에 올랐던 당 밀교는 혜과 이후 9세기 들어 가중되는 사회 혼란 속에서 내리막길을 걸었다. 여전히 수도 지역에 밀교도량이 개설되고 혜과의 법손들도 활동하고 있었지만, 그 세력은 예전만 못했다. 9세기의 신라 밀교 유학승을 찾아보기 어려운 정황은 이러한 당 밀교의 위상 저하와 관련 있을 것이다.

그런데 홍미로운 사실은 신라 유학승 자체가 감소하지 않았다는 것이다. 9세기는 입당 유학승이 가장 많은 때였다. 이들 대다수는 선종 승려이다. 9세기 신라 불교의 관심은 세련된 선종으로 기울었다. 8세기는 신라 불교의 교학이 난숙한 수준으로 올라선 시기이다. 이때 존재했던 다수의 밀교 유학승은 신라 불교의 발전을 투영한다. 선무외 문하에 가장 많은 신라 승려가 있었던 것은 새로운 사상이 출현한 데 대한 8세기 신라 불교의 관심을 보여준다. 9세기 그 숫자가 줄어든 것도 신라 불교의 관심이 선종으로 전환했기 때문이다.

8~9세기 중기 밀교를 수용한 이들 8인은 관정을 통해 아사리위를 성취한 정식 밀교 승려들이다. 선무외 문하가 많은 점이 눈에 띈다. 금강지는 선무외보다 겨우 3년 늦게 입당했고, 오히려 『금강정경』 한역은 『대일경』보다 조금

더 빨랐다. 중기 밀교가 처음 등장했을 때 신라 밀교는 『대일경』에 더욱 관심을 갖았다. 절대적 차이는 아니지만 『대일경』이 『금강정경』보다 더 이론적이다. 신라 승려를 제외한 선무외의 유력한 제자로는 일행(一行)이 눈에 띈다. 그런데 일행은 스승보다 먼저 사망했고, 밀교사상만 가졌던 인물도 아니다. 인도와 비교할 때 고대 동아시아 중기 밀교의 특징은 태장법이 금강계와 나란히 양부를 이뤘다는 점이다. 『대일경』은 동아시아 밀교의 양부대전으로서 『금강정경』과 대등한 가치를 지닌다. 고대 동아시아 밀교의 양부상승은 선무외 문하의 신라 승려들 덕분에 가능했다. 태장법의 융성까지는 아니더라도 밀교의 유전에서 그 의미가 작다고 할 수 없다.

중기 밀교는 8세기 중후반 신라로 수용됐다. 이 시기 제작한 〈대방광불화엄경변상도〉(754~755)에는 사자좌에 앉아 지권인을 취한 비로자나불의 흔적이 있다. 무형무설의 『화엄경』과 달리 양부대전은 비로자나불의 교설이다. 말을 할 수 있기에 형상도 존재한다. 〈대방광불화엄경변상도〉의 비로자나불은 금강지의 『금강정유가중약출염송경』과 대략 일치한다. 중기 밀교가 유입된 8세기 중반 이후 신라에서 비로자나불상이 만들어지기 시작했다. 이 무렵 진표는 금산사의 순제에게 『점찰경』과 『공양차제법』을 받았다. 경덕왕 대(742~765)에 『대일경』이 신라에서 유행했음을 알려준다. 진표는 중기 밀교의 계승법인 전법관정을 통해 점찰법을 전했다. 심지(心地)가 세운 대구 동화사 비로암 삼층석탑(863)에 안치된 금동사리함에는 금강계만다라의 오방불이 새겨졌다. 신라 오대산신앙도 나름 변용이 있기는 하지만, 밀교의 영향을 받아 오방불이 갖춰진 것으로 이해된다. 신라 불교는 사상의 차이에 구애받지 않고 중기 밀교를 하나의 수단이자 방법으로 폭넓게 받아들였다.

당과 일본에서는 중기 밀교를 기초로 밀교 종파가 세워졌다. 관정도량을 상설한 불공의 종단과 일본 진언종 및 천태종이 그것이다. 반면 신라에서는 이런 모습이 보이지 않는다. 사례가 한정되기는 하지만, 신라 승려의 양부상승은 선택적이었다. 양부상승을 위해 노력했던 일본 승려들과 대비된다. 신라 승려들은 법맥 계승을 새로운 사상 수용보다 우선하지 않았다. 선무외의 제자가 많았던 것이나 양부회통적인 혜과의 사상을 빠르게 들여온 것을 통해서 이를 알 수 있다.

선택적인 법맥 상승은 그들이 기존 신라 밀교에 속해 있었음을 시사한다. 신라 신인종은 소박하지만 뚜렷한 법맥을 남겼다. 신인종이라는 명칭은 『관정경』에 근거한다. 『관정경』은 관정 의례를 담은 경전이다. 신인종에도 나름의 관정 전법이 있었음을 짐작하게 한다. 신인종은 용수로부터 명랑까지 9조의 법맥을 세웠다. 용수는 금강계 법맥에 등장한다. 불공에게 이어진 금강계 법맥은 중국 밀교의 정통 법맥이다. 신인종의 9조는 금강계 법맥을 유념한 설정이다. 마찬가지로 혜통의 스승으로 선무외를 부회한 것도 중기 밀교의 초전자이자 태장법의 기원이라는 상징성이 영향을 미쳤을 것이다. 혜통의 교풍 역시 총지암과 주석원으로 이어졌다. 마침 주석원이 입지한 김제 무악산에는 금산사가 있으며, 『공양차제법』이 유행하고 있었다. 신라의 중기 밀교 수용은 새로운 종파 창설보다 기존의 국내 밀교를 발전시키는 방향으로 이뤄졌다. 신인종이라는 명칭이 변경되지 않고 고려로 계승되어 장시간 존속할 수 있었던 이유는 새로운 밀교사상을 유연하게 받아들였기 때문이다.

9세기에 이르면 밀교의 핵심 방편인 다라니가 신라 사회 전반으로 파급된다. 불탑에는 다라니 중심의 밀교경전인 『무구정광대다라니경』 봉안을 일반화했고, 그 의례를 주관하는 전문 단사(壇師)까지 활동했다. 또 신라 대덕의 선발 요건에는 총지가 포함됐다. 특정 종파를 넘어 신라 불교계 전체에서 다라니가 중요하게 취급된 것이다. 882년에는 진성왕의 실정을 비방하는 글이 저잣거리에 등장했는데, 나무로 시작해 사바하로 끝맺는 다라니 은어로 만들어졌다. 이는 다라니가 민간에서도 일상적으로 사용되었음을 보여준다. 사회 혼란에 대한 불만을 그들에게 익숙했던 다라니로써 표출한 것이다. 이처럼 신라 말에는 다라니 신앙이 광범위하게 유행했다. 후고구려의 수도에 있었던 발삽사에는 밀교의 부처인 치성광여래를 모셨는데, 치성광여래 신앙도 다라니를 중심으로 한다. 곧 궁예도 다라니 중심의 밀교 신앙을 수용했다.

한편 신라의 정통 밀교는 왕건에게 수용되어 고려로 이어졌다. 신인종 승려였던 광학과 대연은 과거 나당전쟁 때 종조 명랑이 그랬듯이 후백제와 전쟁을 치루는 고려 태조를 위해서 문두루법을 개설했다. 그 공로로 936년 고려 신인종의 근본도량인 현성사가 수도 개성에 세워졌다. 이로써 신라 밀교는 고려 밀교로 면면히 계승되었다.

보론 4

가야 불교를 둘러싼 논쟁

박미선 | 명지대학교 사학과 객원교수

건국신화 속 두 가야

가야는 기원전 1세기부터 기원후 6세기까지 한반도 남부에 위치했던 여러 나라들의 총칭으로 고구려, 백제, 신라와 같이 하나의 고대국가가 아니라 여러 나라가 연합한 연맹체였다. 이와 같은 가야의 특징은 건국신화에서도 확인할 수 있다.

『삼국유사』에 전하는 건국신화에 따르면 하늘에서 내려온 6개의 알에서 태어난 이들이 가야 제국(諸國)의 왕이 되었다. 그중 처음으로 태어난 아이를 수로(首露)라 했는데, 그가 대가락 또는 가야국, 즉 금관가야를 세웠다고 한다. 이 신화는 수로를 내세우므로 김해 금관가야의 건국신화를 기록한 것이다.

한편 『신증동국여지승람(新增東國輿地勝覽)』 고령현에서는 가야 산신인 정견모주(政見母主)가 천신 이비가지(夷毗訶之)에 감응해 첫째 뇌질주일(惱窒朱日)과 둘째 뇌질청예(惱窒青裔)를 낳았는데, 형 뇌질주일은 대가야의 왕이 되고 동생 뇌질청예는 금관가야의 왕이 되었다고 한다. 대가야 왕이 형으로 등장하는 것으로 보아 이는 고령 대가야의 신화를 적은 것으로 볼 수 있다.

이렇게 두 가지 신화가 전승되어 왔던 것은 가야연맹의 맹주가 금관가야와 대가야였음을 시사한다. 이에 일찍부터 전기 가야연맹의 맹주를 금관가야, 후기 가야연맹의 맹주를 대가야로 이해해 왔다. 1990년 중후반부터 고고 자료가 풍부해지면서 그 자료의 출토 범위를 근거로 가야에 복수의 '지역연맹체'가 존재했다고 보는 견해도 제기되었다. 가야가 연맹체였고, 금관가야와 대가야가 가야 제국 중에서 두각을 드러낸 것은 분명하다.

특히 금관가야의 경우 532년 구해왕이 신라에 나라를 바친 뒤 진골로 편입되었다. 그 후손인 김유신은 삼국을 통일하는 데 큰 공을 세웠고, 그 여동생 문희가 김춘추, 즉 무열왕과 혼인하여 그 후손이 왕위를 계승함으로써 금관가야계는 신라 왕실의 일원이 되었다. 그 결과 무열왕과 문희의 아들인 문무왕은 661년 3월에 "(가락국) 시조 수로왕은 나에게 15대조가 된다. 그 나라는 이미 망했으나 그를 장사 지낸 묘가 지금도 남아 있으니 종묘에 합해 계속 제사를 지내게 하라"라는 조서를 내렸다(「가락국기」). 이때 금관가야의 왕계와 가야사에 대한 정리가 이루어졌을 것으로 짐작된다. 이후 고려 문종 때 금관주지사를 지낸 사람이 「가락국기」를 편찬했으며 그 요약된 내용이 『삼국유사』에 수록되어 가야사와 가야 불교 연구의 기초 자료가 되고 있다.

금관가야의 불교 관련 기록

가야에 대해서는 여전히 밝혀지지 않은 역사적 사실이 많으며 가야 불교도 그중 하나다. 가야 불교 관련 연구는 자료의 한계로 금관가야에 집중되고 있으며, 전래와 수용 시기, 수용 주체, 어디에서부터 전해졌는지 등 많은 부분이 여전히 논쟁으로 남아 있다.

『삼국유사』에는 「가락국기」를 비롯해 「금관성 파사석탑」와 「어산불영(魚山佛影)」 등에서 금관가야의 불교에 대해 전한다. 이 기록들을 중심으로 금관가

〈그림 4-1〉 **파사석탑**
자료: 국가유산포털.

야의 불교에 대해 살펴보자.

「가락국기」에 전하길, 수로왕은 즉위한 지 2년째 되는 기원후 43년에 신답평(新畓坪), 즉 지금의 김해 지역을 도읍지로 선정하면서 "16나한(羅漢)과 7성(聖)이 살 만한 곳"이라고 했다. 나한은 불교에서 번뇌를 없애 존경받을 만한 자를 말하며, 7성 또한 불교의 성인을 가리킨다. 수로왕이 불교 용어를 사용해 도읍지의 타당성을 설명하고 있어, 이를 근거로 수로왕이 이미 불교를 접했다고 보기도 한다.

이뿐만 아니라 「어산불영」에서는 『고기(古記)』를 인용하며 만어산의 다섯 나찰녀(羅刹女)가 옥지(玉池)의 독룡과 사귀어 4년 동안 오곡이 익지 않아 수로왕이 주술로 이를 금하려 했으나 할 수 없었고, 머리를 조아리며 부처께 청해 설법을 한 후에 재해가 없어졌다고 한다. 이 기록 또한 수로왕이 재해를 없애기 위해 부처에게 설법을 청했다는 점에서 이미 불교를 알고 있었다고 주장하는 근거가 된다.

이러한 견해를 뒷받침하는 것이 허황옥과 파사석탑의 존재이다. 『삼국유사』 「금관성 파사석탑」에 따르면, 수로왕비 허황옥이 기원후 48년에 아유타국에서 파사석탑을 싣고 왔다고 한다. 현재 이 탑은 김해 수로왕비릉 앞에 있으나 고려시대까지도 호계사(虎溪寺)에 있었으며, 1873년(고종 10)에 김해부사였던 정현석이 현재 자리한 수로왕비릉 앞에 옮겨놓았다고 한다.

『삼국유사』의 찬자 일연(一然)은 "탑은 네모진 4면으로 5층이고 조각이 매우 기이하다. 돌은 약간 붉은빛 무늬가 있고, 그 질이 무르니 우리나라에서 나는 것이 아니다"라고 했다. 2019년 국립중앙박물관이 고려대학교 산학협력단에 탑의 성분 분석을 의뢰한 결과 한반도에서는 나지 않는 엽랍석 성분의

'사암'으로 밝혀졌다.

그렇다면 기록대로 이 탑은 허황옥의 고향인 아유타국에서 가져온 것으로 볼 수도 있다. 아유타국은 어디인가? 인도 갠지스강 중류에 있는 아요디아로 비정하기도 한다. 수로왕릉 정문에는 두 마리의 물고기, 활, 연꽃봉오리, 남방식 불탑이 조합된 장식이 단청에 그려져 있고, 능의 중수기념비 이수에는 태양 문장(紋章)이 새겨져 있는데, 이러한 문장들은 아요디아 건축에 흔히 쓰이는 장식 혹은 조각으로, 수로왕 재위 전후에 아요디아풍이 가야로 유입된 결과라는 것이다. 따라서 금관가야의 불교는 허황옥의 도래와 함께 전래되었고, 인도 불교의 영향을 받았다고 주장한다.

하지만 허황옥의 출신지와 관련해서는 중국 또는 낙랑에서 온 것으로 보는 견해도 있다. 허황옥을 수행한 잉신(媵臣)으로 천부경(泉府卿) 신보(申輔)와 종정감(宗正監) 조광(趙匡) 두 사람이 보이는데, 천부경과 종정감이라는 고대 중국의 관직명과 중국식 이름을 사용했으며, 허황옥 일행이 가져온 물건이 '한사잡물(漢肆雜物: 중국의 여러 가지 물건)'이었다는 점, 타고 온 배를 돌려보내면서 선원들에게 쌀과 포목을 주었다는 점 등에서 허황옥을 중국 출신으로 보기도 한다. 당시 가야와 중국의 교역은 낙랑을 통해 이루어졌기 때문에 낙랑계 이주 집단일 가능성을 제기하기도 한다.

허황옥의 출신지와 함께 무엇보다 파사석탑을 불탑으로 볼 수 있는가 하는 의문이 있다. 허황옥은 "바다를 건너 동쪽으로 가려고 했으나 큰 풍파를 만나 못 가고 돌아와 아버지에게 아뢰니, 그가 탑을 싣도록 했고 이후 편하게 올 수 있었다"라고 말한다. 파사석탑의 목적은 파도 신의 노여움을 피하기 위한 것이므로, 불탑이라고 단정하기 어렵다.

물론 지금은 불탑으로 보고 있다. 파사석탑은 한때 호계사라는 사찰에 있었으며, 파사석탑 속에 사리공이 조성되어 있어 불탑으로 인식되어 왔다. 이 사리공에 대해서는 『삼국유사』 편찬 이후, 여말선초의 한 시기에 조성됐을 가능성이 높다고 한다. 지금의 파사석탑은 매우 훼손되어 원형과는 많이 달라졌기 때문에 처음부터 불탑이었다고 단정할 수 없다는 것이다. 파사석탑이 언제 어떻게 불탑으로 인식되었는지도 여전히 의문이다.

파사석탑의 원형에 가까운 모습을 직접 본 일연 또한, 파사석탑의 유입이 곧 가야의 불교 수용을 뜻하는 것은 아니라고 보았다. “수로왕이 허황옥을 맞이하고 함께 나라를 다스린 것이 150여 년이었다. 이때에 해동에 아직 절을 세우고 불법을 받드는 일이 없었다. 대개 불교가 아직 들어오지 못해 토인(土人)들이 신복하지 않았으므로 본기에는 절을 세웠다는 기록이 없다”라고 했다. 즉, 수로왕 통치 시기에 한반도에 불교가 전해지지 않았고, 가야 사람들도 불교를 몰랐다는 것이다. 이를 통해 허황옥의 도래를 가야 불교의 전래와 직접적으로 연결시킬 수 없다고 본다.

앞서 서술한 수로왕이 도읍을 정하면서 16나한과 7성과 같은 불교 용어를 사용한 것은 후대에 기록되는 과정에서 부기되었을 가능성이 있다. 신라의 문무왕은 어머니 문명왕후를 거론하며 금관가야의 제사를 계속 지내도록 했는데, 이때 가야사와 가야왕계에 대한 정리가 이루어졌을 것이고 이 과정에서 불교 용어가 사용되었을 가능성이 있다. 680년 김해 지역에 금관 소경이 설치되면서, 이 금관 소경을 부각시키기 위해 16나한설, 7성이 머무는 불연국토설이 정착되었을 것으로 보기도 한다. 「가락국기」가 고려 문종 때의 기록이고, 이를 『삼국유사』에 수록했기 때문에 기록과 전승 과정에서 불교 용어를 사용하는 것이 자연스러웠을 것이다.

가야 불교와 장유화상

한편 최근에 가야불교의 수용과 관련하여 ‘장유화상(長遊和尙)’이 주목을 끌고 있다. 장유화상은 속명이 허보옥(許寶玉)이며 수로왕비 허황옥의 오빠 또는 남동생으로, 허황옥과 함께 가락국에 와서 불법을 전했다고 한다. 부귀를 뜬 구름같이 보고 속세 초연하여 불모산(佛母山)으로 들어가 오래 머물며 나오지 않았기 때문에 '장유(長遊)'화상이라고 했다.

그런데 장유화상은 「가락국기」를 비롯한 『삼국유사』 기록에는 전혀 보이지 않으며, 조선 후기 김해 지역 사찰 기록에 등장한다. 장유화상이 등장하는 가장 이른 시기의 기록이 「명월사 사적비문」(1708)이다. 명월사는 현재 김해 지역의 흥국사이며, 경내에 비가 세워져 있다. 이 비문에는 "절을 중수할 때 '건강원년갑신삼월남색(建康元年甲申三月藍色)'의 글자가 새겨진 기와를 발견하였는데, 여기에서 장유화상이 서역으로부터 불법을 가져오자 (수로)왕이 중히 여겨 숭불했던 것을 증명할 수 있다"라고 했다. 여기서 말한 '건강 원년'은 144년이며 수로왕이 재위한 지 103년이 되는 해로 수로왕의 통치 시기에 해당한다. 다만 이 비문에서는 장유화상과 허왕후의 관계를 언급하지 않았다. 또 「은하사 취운루 중수기」(1812)에는 "가락국의 왕비 허왕후가 천축국에서 올 때 오빠 장유화상과 함께 왔으며, 장유화상이 수로왕의 명을 받아 명월사와 은하사(일명 서림사)를 창건했다"라고 하여 장유화상과 허왕후가 남매 관계임을 처음으로 언급했다. 이어 「가락국사 장유화상 기적비」(1915)에서는 장유화상은 허황옥의 '남동생'으로 함께 가락국에 도래하여 장유산에 연화도량을 열고 불법을 전했으며, 만년에 가락국의 7왕자와 함께 방장산(현 지리산 칠불암)에 들어가 수도하다 입적했다고 한다.

이러한 기록에 근거해 명월사(현 흥국사)·은하사 등의 사찰뿐 아니라 불모산 등 김해 여러 곳이 장유화상과 관련된 곳으로 언급되며, 가야 불교의 수용이 허황옥과 장유화상 남매의 도래에서 시작한다고 주장한다. 그러나 장유화상과 허황옥의 관계가 남매라는 설정은 동일하나 오빠 또는 남동생으로 기록에 따라 혼란이 있고, 수로왕 때 창건했다는 서림사는 『신증동국여지승람』에 보이지 않는다. 장유화상이 7왕자와 함께 수도했다는 지리산 지역은 당시 가야의 영토도 아니었다. 장유화상이 조선 후기 기록에 처음 등장한 점을 볼 때 장유화상에 관한 전승은 조선 후기에 가락국 신화를 왕후사 창건에 덧붙여 형성된 듯하다. 따라서 장유화상을 가야에 불교를 처음으로 전한 인물로 보는 것에 좀 더 신중을 기할 필요가 있으며, 나아가 장유화상 관련 유적·유물에 대해서도 면밀한 검토가 요구된다 하겠다.

금관가야의 불교 수용 시기

그렇다면 금관가야에 불교가 수용된 때는 언제일까?

「가락국기」에는 "수로왕의 8대손 김질왕(金銍王)이 시조모 허황후의 명복을 빌고자 452년에 수로왕과 허황후가 혼인한 곳에 절을 세우고 절 이름을 왕후사(王后寺)라고 했다"라고 전한다. 「금관성 파사석탑」에서도 "제8대 질지왕(銍知王) 2년(452)에 이르러서야 이 땅에 절을 세웠다. 왕후사를 창건해 지금까지 복을 빌고 아울러 남쪽의 왜를 진압하고 있다"라고 하여 질지왕 때 왕후사를 창건한 사실을 말해준다.

여러 사료에서 사찰의 명칭과 건립 주체, 건립 연대가 일치하므로 이 기록이 후대의 윤색일 가능성은 매우 낮다고 본다. 허왕후의 명복을 빌고자 했다는 창건 이유는 '왕후사'라는 사찰명과도 맞아떨어진다. 452년에 질지왕이 사찰을 건립했다는 것은 이때 불교 공인이 이루어진 것으로 볼 수 있다. 물론 불교 전래는 이보다 앞설 가능성이 있으나 앞서 살펴본 것처럼 400년 전의 수로왕 대로 보기에는 무리가 있다. 다만 질지왕이 왜 수로왕을 위한 사찰이 아닌 허왕후를 위한 사찰을 창건했을까 하는 의문이 든다. 이 점은 가야의 불교 수용 경로와 관련이 있다.

일연은 452년이 "신라 눌지왕 때이며 법흥왕 이전"이라고 주를 덧붙였는데, 이는 곧 가야의 불교 공인이 신라보다 앞섰다는 것이고, 가야가 신라가 아닌 다른 나라를 통해 불교를 수용했음을 짐작케 한다. 가야는 일찍이 근초고왕 때 백제와 통교했으므로 이후 백제와의 교류 관계 속에서 불교도 전해졌을 가능성이 크다. 백제의 경우 384년 호승(胡僧) 마라난타에 의해 불교가 전해졌다. 백제의 영향을 받은 가야 또한 백제 근초고왕 때 가야, 왜와 통교했으므로 백제와의 교섭 체계가 형성된 시기에 불교도 전래했을 것이다. 백제 불교가 호승 마라난타에 의해 전해졌기 때문에 가야 또한 허황옥이 가져온 파사석탑을 불탑으로 인식하면서 서역에서의 불교 전래를 강조하고자 허왕후를 위한 왕후사를 먼저 창건한 것이 아닐까? 왕후사를 창건해 복을 빌 뿐만 아니라 왜의 침략도 막아주었다고 했는데, 이는 허왕후가 파도 신의 노여움을 다스리기 위해 파사석탑을 싣고 왔던 목적과도 유사하다. 파사석탑이 가진 영험함이 왕후사를 창건하게 한 이유이기도 할 것이다.

〈그림 4-2〉 **장유화상사리탑**

자료: 국가유산포털.

한편 「가락국기」에는 왕후사가 폐지된 이유도 적었다. "이 절이 생긴 지 500년 후에 장유사(長遊寺)를 세웠는데, 장유사의 삼강(三綱: 사찰의 관리와 운영의 임무를 맡은 세 가지 승직)은 왕후사가 장유사의 밭 동남쪽 표(標) 안에 있어 왕후사를 폐하고 장사로 만들었다"고 했다. 즉, 장유사가 10세기 무렵인 고려시대에 창건되었음을 말해준다.

그런데 장유사 측의 기록에 따르면 48년에 인도 아유타국의 태자이자 승려인 장유화상이 가락국 수로왕의 왕후가 된 누이 허씨를 따라 이곳에 와서 최초로 창건한 사찰이라고 한다. 현재 장유사에는 장유화상사리탑이 있는데, 질지왕 때 세웠으나 임진왜란 때 파손되어 후에 복원한 것이라고 한다. 그러나 「가락국기」에서 볼 수 있듯이 질지왕 때 세운 사찰은 왕후사이지 장유사가 아니며, 현존 사리탑은 그 양식으로 볼 때 고려 말, 조선 초에 건립된 것으로 여겨진다. 이로써 수로왕 대 장유화상에 의한 불교 전래 및 사찰 건립을 가야 불교의 시작으로 보기 어려우며, 질지왕이 왕후사를 창건한 452년을 가야에 불교가 수용된 시기로 볼 수 있다.

대가야와 기타 가야의 불교

562년 신라가 대가야를 공격할 때 신라 화랑 사다함은 5000여 명의 기병을 이끌고 대가야 왕성의 '전단문(栴檀門)'으로 들어갔다고 한다. '전단'은 인도 등에서 자라는 향나무로, 왕성으로 들어가는 문에 불교적 색채가 짙은 용어를 사용했다는 것은 대가야에도 불교가 수용되었음을 말해준다.

대가야의 불교 수용을 알 수 있는 또 하나의 사례로 월광태자(月光太子)를 들 수 있다. 522년 대가야 이뇌왕(異腦王)이 신라에 혼인을 요청하자 신라 법흥왕은 이찬 비조부(比助夫)의 누이[「석순응전(釋順應傳)」에서는 이찬 비지배(比枝輩)의 딸이라고 한다]를 보냈다. 이들 사이에 태어난 아들이 월광태자인데, '월광'은 석가모니가 과거세에 국왕의 아들로 태어났을 때의 이름이기도 하다. 『신증동국여지승람』에는 이 월광태자가 결연한 '거덕사'와 창건한 '월광사'가 있었다고 전한다. 또한 대가야의 후예인 우륵이 지은 12곡 중 「사자기(師子伎)」가 있는데, 이는 불교와 관련된 춤인 사자무를 출 때 연주된 음악으로, 불교가 대가야 사회에 영향을 끼쳤음을 방증한다.

고고 자료에서도 고령 송림리 대가야 토기 가마에서 연꽃무늬로 장식한 벽돌이 출토되었고, 고령 지산리 2-4번지 유적과 고아리 158-2번지 유적, 고령 연조리의 전(傳)대가야 궁성지에서도 연꽃무늬 수막새가 여러 차례 수습되었다. 지산리 2-4번지 출토 수막새는 제작 시점이 대가야 멸망 이전인지 이후인지 불분명하지만, 그 외에는 6세기 전반으로 편년이 된다.

그 밖에 고아리 벽화고분의 무덤방과 널길의 천장에서도 연꽃무늬가 확인

〈그림 4-3〉 **고령 고아리 벽화고분 천장벽화**
자료: 국가유산포털.

되었다. 이 고분은 굴식돌방무덤(횡혈식석실분)으로 가야의 전통적인 무덤 양식인 구덩식돌덧널무덤(수혈식석곽묘)과는 다르다. 이 고분은 백제 웅진 시기 고분 구조의 영향을 받아 6세기에 축조된 것으로 추정되기 때문에 연꽃무늬 또한 백제의 영향을 받았다고 볼 수 있다. 또한 고령 지산동 일대의 연꽃무늬 수막새는 신라 흥륜사를 창건할 때 사용한 기와와 유사하다고 한다. 이와 같이 고분을 비롯한 고고 자료를 통해 볼 때 대가야에는 늦어도 5세기 후반에서 6세기 전반에 불교가 전해져 신봉되었음을 알 수 있다.

대가야 불교의 전파 경로는 중국 남제, 백제, 신라 등 다양하다. 『남제서』에서 "건원 원년(479)에 (가라)국왕 하지(荷知)가 사신을 보내와 방물을 바쳤다"고 한다. 이때 가라국은 대가야이며, 남제를 다녀온 사신에 의해 남조의 불교문화가 가야에 전해졌을 가능성이 있다. 금관가야에서 질지왕이 사찰을 건립한 452년과도 시기적으로 유사하다. 522년 대가야가 신라와 혼인동맹을 맺었으나 529년에 결렬되었으며, 532년에는 신라가 금관가야를 통합하자 압박을 느낀 대가야는 친백제 정책을 펴게 되었다. 이처럼 대가야는 6세기 접어들어 신라, 백제와의 외교 관계 속에서 적극적으로 불교를 접하게 되었을 것이다.

이 외 합천 옥전고분과 함안 도항리 8호분에서 금동제 연화무늬 장식이 출토되었는데, 5세기 후반에 조영된 것으로 보고 있다. 합천은 다라국 즉 다라가야가 있었던 곳이고, 함안은 안라국 즉 아라가야 지역이다. 5세기 후반에는 가야 제국에 불교가 두루 전해졌음을 알 수 있다. 한편 6세기 전반 안라국은 가야 제국 대표자들을 모아 백제와 교섭했는데, 백제는 544년과 548년 두 차례 '오(吳)의 재물'을 보냈다. 오의 재물에는 불교 관련 물건도 포함되었을 가능성이 높다.

이처럼 고고 자료를 통해 볼 때 5세기 후반에 불교가 가야 제국에 전해졌고, 6세기 접어들면서 외교 관계 속에 다양한 경로로 불교문화를 접하고 있었음을 확인할 수 있다.

가야 불교에 관한 기록이 『삼국유사』에 집중되고, 지역 사찰에 전하는 기록은 조선 후기의 것이 많으므로, 사료에 대한 비판적 시각이 필요하다. 사료상의 한계에 기인하는 것이겠으나 가야 불교에 대한 연구는 금관가야 그중에서도 특히 불교 수용 시기에 집중되고 있다.

앞으로 고고학적 성과가 더욱 축적되어 가야에 대한 연구가 활발해지면, 금관가야 이 외 가야 제국의 불교도 연구 대상이 되리라 기대한다.

보론 5

고구려 불교를 계승한 발해 불교

박미선 | 명지대학교 사학과 객원교수

고구려가 멸망한 지 30년이 되는 698년에 고구려 유민 대조영(大祚榮)이 발해를 건국했다. 초기 국명은 진국(振國 또는 辰國)이었는데, 713년 당 현종이 발해군왕(渤海郡王)으로 책봉하자 국명을 발해로 바꾸었다. 2대 무왕(武王)이 일본에 국서를 보내면서 "고(구)려의 옛 땅을 회복하고 부여의 습속을 가지고 있다"라고 천명했듯이 대외적으로는 고구려 계승을 표방했다. 3대 문왕(文王)도 국서에 "고려국왕 대흠무(高麗國王 大欽茂)"라고 칭했다. 발해는 9세기 들어 '해동성국'으로 불릴 만큼 번성했다.

발해가 대외적으로 고구려 계승을 천명한 만큼 발해의 불교문화와 고구려 불교문화의 연관성을 충분히 짐작해 볼 수 있다. 발해의 불교 관련 문헌 자료가 거의 남아 있지 않아 그 실상을 파악하기란 쉽지 않다. 다행히 발해 유적들이 조사·발굴되면서 절터, 탑 터, 불상 등의 발해 유적·유물을 통해 발해불교의 면모를 가늠할 수 있게 되었다.

발해 왕실의 불교 신봉

『책부원귀(冊府元龜)』에 의하면 713년 개원 원년 12월에 말갈 왕자가 당나라에 와서 조공했는데 시(市)에 나가 교역하고 "사찰에 가서 예불하기를 청했다"라고 한다.

여기서 말갈 왕자는 발해 왕자를 가리키는 것으로 볼 수 있다. 713년은 당나라에서 사신을 보내 대조영을 발해군왕으로 책봉함으로써 양국 사이에 공식적으로 외교 관계가 맺어진 해이다. 그에 대한 답례로 발해 왕자가 이끄는 사신 일행이 12월에 당의 수도 장안에 도착한 것이다. 발해 왕자가 사찰에서 예불하기를 요청하는 모습에서 발해 왕실에 이미 불교가 알려져 있었음을 알 수 있다.

발해의 초기 중심지로서 '구국(舊國)'으로 불린 길림성 돈화시 지역에는 성산자산성, 육정산 고분군과 함께 '묘둔절터'가 있다. 이 절터에서 수집된 기와 조각들은 육정산 고분군에서 발견된 것과 유사해 동일한 시기, 즉 발해 초기의 것으로 여겨진다. 다만 첫 도읍지였던 이곳에서 절터가 하나밖에 발견되지 않은 것은 아직 건국 초기라 불교를 크게 진흥시키지 못했기 때문으로 짐작된다. 남송의 홍호(洪皓, 1088~1155)가 쓴 『송막기문(松漠紀聞)』에 "그 나라[발해]는 초기에 당나라를 모방하여 관사를 두었고, 나라에 부도씨(浮圖氏) 즉 불교도가 적었다"고 하여 발해 건국 초기 불교의 양상을 보여준다.

대조영을 이은 2대 무왕 대무예(大武藝) 때에는 영역을 크게 확장했다. 3대 문왕 대흠무는 이러한 선왕(先王)의 업적을 배경으로 내치에 힘을 기울였으며, 당과 친선 정책을 강화해 당 문화의 유입을 적극적으로 추진했다. 발해 불교도 이 시기에 크게 발전했다.

749년경 구국에서 중경현덕부(현 길림성 화룡)로 수도를 옮긴 것을 시작으로, 756년경에는 상경용천부(현 흑룡강성 영안)로 천도했고, 785년에는 상경에서 동경용원부(현 길림성 훈춘)로 옮겼다가 793년에 다시 상경으로 천도했다.

수도였던 상경, 동경, 중경 부근에서 절터가 열 곳 넘게 발견되는 등 통치의 중심지였던 5경에 불교 유적이 집중적으로 분포하는 것으로 보아 발해 왕실이 중심이 되어 적극적으로 불교를 신봉했음을 짐작할 수 있다.

발해 왕실은 사찰 건립뿐만 아니라 정치 이념으로 불교를 활용하기도 했다. 문왕의 딸인 정혜공주와 정효공주 무덤에서 발견된 묘비명에 의하면, 문왕의 존호가 '대흥보력효감금륜성법대왕(大興寶歷孝感金輪聖法大王)'이었다. 대흥과 보력은 문왕 대 사용된 연호로, 738년부터 대흥이라는 연호를 사용하기 시작했고, 774년에 보력으로 연호를 바꾸었다. 774년은 당나라에서 발해 왕을 발해군왕에서 발해국왕으로 진봉한 해인데, 이것이 연호를 바꾸는 계기가 되었을 것이다. 그런데 「정효공주묘지명」에 공주가 대흥 56년인 792년에 사망했다고 기록되어 있어 대흥 연호가 다시 사용된 것으로 보인다. 이에 대해서는 문왕이 당의 문화를 적극 수용하면서 수 문제가 건설한 수도 대흥성(大興城)과 대흥선사(大興善寺)의 '대흥'을 의도적으로 사용한 것이라 보기도 한다.

이뿐만 아니라 정효공주묘 위에 묘탑이 세워졌는데 이는 발해의 전통적인 관습이 아니라 당나라에서 성행한 묘탑장의 영향을 받은 것으로 짐작된다. 즉, 당 문화를 수용하는 과정에서 이와 같은 불교식 장례 문화도 채택된 것이다.

'효감(孝感)'은 효행과 관련된 의미로 유교적 덕행과 연결된다. 당 현종의 존호에도 효감이 사용되었다. 반면에 금륜과 성법은 불교 용어로서 금륜은 금륜왕 즉 전륜성왕을 가리키며, 성법은 부처가 설한 가르침을 의미한다. 전륜성왕은 인도와 불교의 제왕관으로서 무력이 아닌 정법(正法)으로 세계를 통일해 지배한다는 이상적인 왕이다. 이 전륜성왕은 왕 또는 통치권을 상징하는 '윤보(輪寶)'를 굴린다고 하는데, 윤보에 따라 금륜, 은륜, 동륜, 철륜의 4왕이 있다. 문왕은 그 첫 번째인 금륜왕을 표방한 것으로, 아버지 무왕이 정복으로 이룩한 넓은 영토를 불법으로 통치하고자 하는 문왕의 목적이 담겨 있다. 문왕이 발해국왕으로 진봉되고, 보력으로 연호를 바꾼 774년에 금륜왕을 채택했을 것으로 보기도 한다. 이처럼 발해에서 불교는 정치 규범으로도 중시되었음을 볼 수 있다.

현재 길림성 방백현에 남아 있는 발해 탑인 영광탑(靈光塔)에는 1층 사면에 각각 '王', '立', '國', '土'로 판독될 수 있는 벽돌 문양이 있다고 한다. 이를 이어서 읽으면 '왕립국토(王立國土)' 또는 '국립왕토(國立王土)'가 되는데, 불교가 발해 왕실과 밀접하게 관련되었음을 나타낸다.

이렇듯 발해 건국 초기부터 왕실에서 불교를 신봉한 것은 고구려에서 그 연원을 찾을 수 있다. 그 예가 함경남도 신포시 오매리 절골 유적이다. 발해 5경 중 남경으로 추정되는 청해토성(青海土城) 부근에 위치한 이 유적에서 고구려 문화층과 발해 문화층이 함께 나타났다. 이는 고구려 절터를 발해 시기에 사용했다는 의미인데, 발해 문화층에서 고구려 때 만든 금동판이 발견된 것이 이를 증명한다. 특히 이 금동판 말미에 "□和三年歲次丙寅二月卄六日□戌朔記首"라고 새겨져 있다. '□和三年'는 '태화 3년'으로 추정되어 고구려 양원왕(陽原王) 2년인 546년으로 추측하고 있다. 6세기 고구려의 불교 유물이 발해까지 전승되었음을 보여준다.

발해 귀족과 승려들의 활동

발해 왕실뿐만 아니라 귀족층에서도 불교를 신봉해 융성했음을 승려와 사신들의 활동을 통해 살펴볼 수 있다.

문왕 대인 762년 일본에 사신으로 갔다가 다음 해에 귀국한 왕신복(王新福) 일행은 763년에 도다이지(東大寺)에서 예불했다고 한다. 800년을 전후해서는 발해 사신이 일본에 빈번히 파견되어 일본 측 기록에 그들의 불교 관련 활동이 전해진다.

814년(희왕 3) 일본에 사신으로 간 왕효렴(王孝廉, ?~815)은 일본 승려 구카이(空海, 744~835)와 시문을 주고받으며 교유했다. 일본인 안길인(安吉人)은 발해 사신이 예불했다는 소식을 듣고 이에 감응해 7언시를 남겼다고 한다. 이때 발해 사신이 누구였는지는 알 수 없다. 또한 같은 해 정월에 당나라에 사신으로 갔던 고예진(高禮進) 등 37명이 조공하며 금은 불상 각 1구를 헌상했다고 한다.

860년에 발해를 출발해 861년 정월 일본에 도착한 사신 이거정(李居正) 등은 『불정존승다라니경(佛頂尊勝陀羅尼經)』을 전해주기도 했다. 이 다라니경 발문에는 '당 대중 6년(852) 10월 28일에 제자 은상(殷裵, 또는 段表?)이 필사한 것으로, 조간(貞觀, 일본) 3년(861) 4월 14일에 발해 사신 이거정이 가지고 온 것이다'라고 적혀 있다. 이 『다라니경』은 원래 당에서 필사한 것이 발해로 유입되었다가 다시 일본에 전해진 것이다. 다라니경은 밀교 경전이므로 발해에 밀교가 전해졌음을 알 수 있으며, 발해 귀족이 불경을 소지할 정도로 불교를 신봉한 사실도 확인할 수 있다.

일본 오하라 미술관에 소장된 함화4년명 오존비상(五尊碑像) 아래에 명문이 새겨져 있는데, 이에 따르면 함화 4년(834) 윤5월 8일에 조문휴(趙文休)라는 사람의 어머니 이씨가 아미타불과 관음·세지 두 보살을 조성했다고 한다. 이를 통해 발해 귀족의 불상 조성 활동과 아미타신앙을 엿볼 수 있다.

이렇게 불교를 신봉하는 층이 확대되었다는 것은 그만큼 불교가 융성했다는 것이고, 승려들도 많았다는 것이다. 석인정(釋仁貞)은 제8대 희왕(僖王, 재위 812~817) 대 인물로, 대사 왕효렴을 따라 일본에 사신으로 갔으나 귀국하지 못하고 병사했다. 그리고 희왕 대부터 선왕 대까지 활동한 승려로 석정소(釋貞素)가 있다. 그는 813년 당나라 장안에서 일본 유학승 료센(靈仙)과 만나 의기투합한 후 중국 오대산으로 들어간 료센과 일본 조정 사이를 왕래하면서 중개자 역할을 수행했다. 즉, 825년 일본에서 보내온 백금과 편지를 오대산에 머물던 료센에게 전달했고, 료센이 사리 1만 립, 새로운 경전 2부 등을 석정소에게 맡기면서 일본에 직접 전해주기를 청하기도 했다. 이에 발해로 돌아간 뒤 사신들을 따라 826년 3월 일본에 도착한 석정소는 료센이 맡긴 사리와 경전을 전해주었다. 석정소가 귀국할 때 일본 측에서 료센에게 황금 100냥을 전해줄 것을 부탁해 귀국 후인 827년 사신을 따라 당으로 들어가 828년 4월 7일 료센이 머물던 사찰에 도착했으나 그는 이미 독살된 뒤였다. 정소는 사신을 따라 귀국하다가 풍랑을 만나 사망했다고 전한다. 정소의 활동은 당, 발해, 일본으로 이어지는 9세기 동아시아 불교의 흐름과 교류 양상을 잘 보여준다.

그 외 살다라(薩多羅)는 12대 왕 대건황(大虔晃) 초기에 당나라 장안에 들어가 활동했고, 대원화상(大圓和尙)은 선왕 대인 826년에 용강성 해성사와 금강곡 칠보산에 개심사를 창건했다.

발해 불교 유적과 유물의 특징

현재까지 발견된 발해 절터로는 구국(1곳), 상경(10여 곳), 중경(12곳), 동경(10곳), 남경(2곳), 솔빈부(4곳) 등 40여 곳이다. 이 수치는 연구자마다 조금씩 차이가 있다. 사원은 대개 통치의 중심이 된 5경에 집중되어 있는데, 왕실과 귀족층에서 적극적으로 불교를 신봉했음을 알 수 있다.

발견된 탑터도 여러 곳인데 정효공주 무덤탑, 마적달탑(馬滴達塔), 영광탑(靈光塔) 등이 대표적이다. 이 중 영광탑만이 온전하게 남아 있다. 이 탑들은 모두 벽돌 탑이며, 사리탑이 아닌 무덤 탑의 성격을 띠고 있다. 탑 아래 지궁(地宮)에 무덤 공간을 만들고 그곳에 시신을 안치한 것이다. 이는 무덤 위에 시설물을 설치하던 전통이 불교와 만나 나타난 것으로 여겨진다.

팔련성 제1절터에서 사리 장치의 일부로 보이는 심초석이 발견되었고, 대성자고성에서는 금동제 사리함이 출토되었으며, 상경성 토대자촌에서도 일곱 겹으로 된 사리함이 발견되었다. 이를 통해 발해 사리탑의 존재를 확인할 수 있다. 특히 토대자촌에서 출토된 사리함에 새겨진 사천왕상 도상은 일본 헤이안 시대 전기에 그려진 것으로 전하는 사천왕 도상 및 구도, 인물 배치와 상통하며, 당이나 신라에는 이와 유사한 예가 전하지 않는다. 이는 발해의 독자성을 보여주는 것으로 발해에서 일본으로 전해졌을 가능성도 있다.

불상도 많이 제작되었는데, 대표적인 것이 전불(塼佛)이다. 전불은 틀에 찍어 구워 만든 것이다. 상경성, 팔련성의 절터에서 다량 발견되었다. 이 불상들의 대좌 바닥에는 깊은 구멍이 뚫려 있거나 철심이 꽂혔던 흔적이 있어 원래 법당의 벽이나 불단에 고정한 천불상이나 화불로 추정된다.

양식을 살펴보면 관음보살입상·선정인여래좌상·미타정인여래좌상·이불병좌상·삼존불·오존불 등 매우 다양하다. 분포 양상을 보면 오랫동안 수도 역할을 한 상경용천부 지역은 관음상이 주류를 이루고, 동경용원부 지역은『법화경』에 근거한 석가모니불과 다보불이 나란히 앉아 있는 이불병좌상이 주류를 이룬다. 이를 통해 상경 지역에는 관음신앙이 성행했고, 동경 지역에서는 법화신앙이 성행했음을 짐작할 수 있다.

특히 동경 팔련성에서 출토된 이불병좌상은 도상과 양식에서 가장 두드러진 특징을 보인다. 양손을 무릎 위에 올려놓고 두 부처가 손을 잡고 있는 수인(手印)은 중국이나 신라에서는 물론이고, 발해의 다른 지역에서도 거의 확인되지 않는 이 지역만의 특징이다. 또 두 불상의 두광과 광배 일부가 겹쳐진 형식도 이 지역의 이불병좌상에서만 보인다. 무엇보다 발해 불상 중 고구려의 특징을 가장 잘 유지하고 있다. 〈그림 5-1〉 이불병좌상의 광배 화불에 보이는 연잎과 본존 두광의 연잎은 모두 날카롭게 모가 나서 양감이 넘친다. 이는 〈그림 5-2〉 연가7년명 불상의 좌우로 퍼진 대의(大衣) 및 대좌 연꽃의 표현과 매우 유사하다. 이처럼 발해 불상들은 북위 양식이 주를 이루고 있는데, 이는 당에서 받아들였다기보다 전 시대인 고구려에서 계승된 것으로 볼 수 있다.

발해의 동경 지역은 8세기부터 일본과의 교류의 거점이 되었으며, 785년부터 793년까지 수도였다. 고구려 광개토왕이 이 지역을 복속한 이래 줄곧 고구려의 영토였던 곳이다. 그러므로 이 지역에서는 고구려의 전통이 발해로 잘 전승될 수 있었다.

이처럼 고구려 영역에 속했던 발해 동경과 남경 지역에서는 고구려 이래

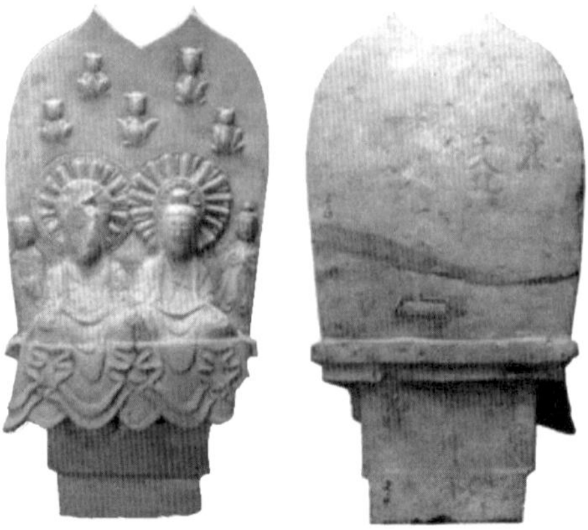

〈그림 5-1〉 **이불병좌상**
복제품.
자료: 국립중앙박물관.

〈그림 5-2〉 **연가7년명 금동여래입상**
자료: 국립중앙박물관.

그 지방의 불교 전통이 그대로 계승되었다. 반면에 고구려 영토 밖이었던 구국과 상경 지역은 발해 건국과 함께 고구려 불교가 전해지면서 불교문화가 새롭게 싹튼 곳이다. 상경성 일대에서 다양한 재료의 불상이 발견되는데, 이중에는 소조 불상이 가장 많으며 거의 소형이다. 이 소조 불상들은 기본적으로 당나라 이전의 옛 양식을 바탕으로 당나라의 사실적이고 세속화된 요소를 담고 있다고 평가된다. 현재 도쿄 대학 문학부에 대다수의 불상이 소장되어 있고, 일부는 서울대학교 박물관에 소장되어 있다.

상경 제4사지에서 출토된 소조보살입상 중 보관의 중앙에 화불(化佛)이 뚜렷하게 남아 있는 관음보살상이 비교적 많다. 이와 함께 출토된 머리를 한쪽으로 기울이고 오른손을 뺨에 대고 무언가 생각하는 자세를 취하고 있는 '소조사유보살입상'이 있다. 이 사유보살의 형식은 통일신라나 일본 헤이안 시대 조각에 보이지 않아 당나라 불교문화의 영향에 무게를 두고 있다. 즉, 돈황 막고굴의 〈아미타정토변상도〉나 〈관무량수경변상도〉와 같은 정토계 변상도 속에 사유보살상이 등장하고 있어 발해 상경의 사유보살입상도 정토계 변상이 조각으로 묘사되었을 가능성이 있다.

한편 상경 지역에서 '금동육비보살입상'이 출토되었는데, 얼굴이 하나에 팔이 여섯인 1면6비보살상으로 밀교적 요소를 강하게 띠는 변화관음으로 여겨지고 있다. 정소와 같은 승려가 밀교가 융성했던 중국 오대산에 자주 왕래했고, 발해에서 일본으로 『불정존승다라니경』이 전해졌던 사실로 미루어 볼 때 발해에 밀교 도상이 알려졌을 것으로 생각된다. 다만 1면6비의 보살상은 중국이나 일본의 조각에서는 찾아보기 어렵다. 앞서 언급한 상경성 토대자촌 출토 사리함의 사천왕 도상이 발해의 독자적인 도상이었던 것처럼 1면6비 보살상도 발해의 독자적인 요소가 덧붙여진 것으로 볼 수 있다. 이처럼 상경 지역에서는 당나라의 도상을 다양하게 수용하면서 발해의 독특한 도상을 형성하고 발전시켰다.

발해 불교는 고구려 불교에 그 뿌리를 두고 있었다. 건국 초기부터 불교가 왕실과 밀접한 관련을 맺은 사실에서 고구려 전통의 계승을 엿볼 수 있다. 이뿐만 아니라 고구려 영역이었다가 발해 영역으로 편입된 동경과 남경 지역은 고구려 불교문화의 영향이 강하게 지속되었고, 고구려 영역 밖이었던 상경 지역은 발해 건국으로 불교가 전해진 후 당의 영향을 다양하게 받아들여 독자적인 도상을 형성하는 등의 지역적 차이를 보였다. 그럼에도 발해 불상들은 당나라 이전의 옛 양식을 전통으로 삼고 있었다는 점에서 고구려 불교에 뿌리를 두었음을 알 수 있다.

발해 불교에 관한 문헌 자료는 매우 적을 뿐 아니라 흩어져 있어 기록만으로는 그 실상을 파악하기는 어렵다. 고고학적 발굴 자료에 의존해야 하는 상황 속에 중국, 일본, 러시아, 북한에서 발해 유적이 발굴되면서 발해사와 발해 불교 연구도 진척되어 왔다. 사찰 건축을 비롯해 불상에 대한 개별적 검토와 분류 체계화를 시도하면서 발해 불교의 면모와 특징을 살펴볼 수 있었다. 나아가 불상을 통해 발해에도 법화신앙, 관음신앙, 밀교 등 다양한 불교 사상과 신앙이 있었음을, 그리고 지역별로 신앙의 종류에 차이가 있었음을 밝혀낼 수 있었다.

참고문헌 ●●

1부 고대 불교사의 동향

1장 고구려 불교사의 흐름과 문화

김동화. 1959. 「고구려시대의 불교사상」. ≪아세아연구≫, 2(1).
김두진. 2011. 「고구려 초전불교의 공인과 그 의미」. ≪한국학논총≫, 36.
김상현. 2007. 「고구려의 불교와 문화」. 『고구려의 문화와 사상』. 동북아역사재단.
김성철. 2007. 「삼론가의 호칭과 승랑의 고유사상」. ≪불교학연구≫, 17.
김영태. 1986. 「고구려 불교전래의 제문제」. ≪불교학보≫, 23.
남무희. 2017. 「고구려 승랑이 중국불교에 미친 영향」. ≪한국불교사연구≫, 11.
문명대. 1991. 「장천1호묘 불상예배도벽화와 불상의 시원문제」. ≪선사와 고대≫, 1.
서영대. 1998. 「신라의 불교수용과 천신관념」. ≪한국사상사학≫, 10.
신동하. 1988. 「고구려의 사원조성과 그 의미」. ≪한국사론≫, 19.
신종원. 2006. 「삼국의 불교 초전자와 초기불교의 성격」. ≪한국고대사연구≫, 44.
안계현. 1974. 「고구려불교의 전개」. 『한국사상사』(고대편). 법문사.
이기백. 1954. 「삼국시대 불교전래와 그 사회적 성격」. ≪역사학보≫, 6.
정선여. 2007. 『고구려 불교사 연구』. 서경문화사.
조우연. 2011. 「4~5세기 고구려의 불교 수용과 그 성격」. ≪한국고대사탐구≫, 7.
채인환. 1990. 「고구려불교 계율사상 연구」. ≪불교학보≫, 27.
門田誠一. 2001. 「高句麗の初期佛教における經典と信仰の實態: 古墳壁畵と墨書の分析」. ≪朝鮮史研究會論文集≫, 39.
田村圓澄. 1982. 「古代朝鮮の彌勒信仰」. ≪朝鮮學報≫, 102.

2장 백제 불교사의 흐름과 영향

가마타 시게오(鎌田茂雄). 1996. 『중국 불교사』 3. 장휘옥 옮김. 장승.
길기태. 2006. 『백제 사비시대의 불교신앙 연구』. 서경문화사.
김복순. 2002. 『한국고대불교사연구』. 민족사.
김수태. 2000. 「백제 법왕대의 불교」. ≪선사와 고대≫, 15.
김영태. 1985. 『백제불교사상연구』. 동국대학교 출판부.
노중국. 2010. 『백제사회사상사』. 지식산업사.

소현숙·길기태·이병호·최연식·조경철·주경미·강희정. 2022.『백제의 불교 수용과 전파』. 한성백제박물관.

신종원. 2007.「불교의 수용과 그 전개」.『백제의 제의와 종교』. 충남역사문화연구원.

이도학. 2010.『백제 사비성 시대 연구』. 일지사.

이장웅. 2012.「백제의 마한 서동(武康王) 신화 수용과 익산 미륵사」. ≪역사민속학≫, 38.

_____. 2016.「백제 동악 계람산과 현광의 웅산 범찰」. ≪한국고대사탐구≫, 23.

_____. 2016.「백제 서악 단나산과 혜현의 수덕사·달라산사」. ≪한국고대사연구≫, 84.

_____. 2017.「백제 오악 제사와 불교사원: 북악 오함사(烏會寺·烏合寺)와 남악 지역을 중심으로」. ≪백제연구≫, 66.

_____. 2018.「백제 법왕의 정치와 불교」. ≪지방사와 지방문화≫, 21.

_____. 2018.「백제 법화신앙과 점찰참회」. ≪한국고대사연구≫, 92.

_____. 2021.「백제 불교의 일본 전파와 역병」. ≪동아시아고대학≫, 63.

정선여. 2007.『고구려 불교사 연구』. 서경문화사.

조경철. 2015.『백제불교사 연구』. 지식산업사.

조원창. 2013.『백제사지 연구』. 서경문화사.

최광식. 2007.『한국 고대의 토착신앙과 불교』. 고려대학교 출판부.

최연식. 2007.「백제 찬술문헌으로서의 <대승사론현의기(大乘四論玄義記)>」. ≪한국사연구≫, 136.

_____. 2011.「백제 후기의 불교학의 전개과정」. ≪불교학연구≫, 28.

3장 신라 중고기의 불교와 왕권

김복순. 2008.『신사조로서의 신라 불교와 왕권』. 경인문화사.

김상현. 1999.『신라의 사상과 문화』. 일지사.

김영미. 1994.『신라불교사상사연구』. 민족사.

김영태. 1990.『삼국시대 불교신앙 연구』. 불광출판부.

김용태. 2012.「한국불교사의 호국사례와 호국불교 인식」. ≪대각사상≫, 17.

동국대학교 불교문화연구원 HK연구단. 2013~2021.『테마 한국불교 1~10』. 동국대학교 출판부.

박미선. 2015.「신라 불교 수용기 왕실여성의 역할」. ≪인문학연구≫, 29.

신선혜. 2016.「신라 중고기 불교교단 연구」. 고려대학교 박사학위논문.

신종원. 1992.『신라초기불교사연구』. 민족사.

조경철. 2009.「신라의 여왕과 여성성불론」. ≪역사와현실≫, 71.

_____. 2014.「고대 삼국의 불교와 정치」. ≪백제문화≫, 51.

최광식 외. 2018.『삼국유사의 세계』. 세창출판사.

최광식. 2007.『한국 고대의 토착신앙과 불교』. 고려대학교 출판부.

해주. 2001.「삼국의 불교사상 수용과 그 특징」. ≪한국불교학≫, 30.

4장 신라 중대 불교의 확산과 기능

곽승훈. 2019.「열반을 미룬 원효보살」.『문화로 읽는 신라·고려시대의 인물』. 다운샘.

_____. 2014.「신라 경덕왕대 보현행원신앙과 비로자나불 조성」. ≪신라사학보≫, 30.

김두진. 1995.『의상: 그의 생애와 화엄사상』.민음사.

김복순. 1990.『신라화엄종연구』. 민족사.

김상현. 1991.『신라화엄사상사연구』. 민족사.

문명대. 2003.『원음과 고전미』. 예경.

이기백. 1974.『신라정치사회사연구』. 일조각.

_____. 1986.『신라사상사연구』. 일조각.

_____. 1996.『한국고대정치사회사연구』. 일조각.

이기영. 1982.『신라불교연구』. 한국불교연구원.

정병삼. 1998.『의상화엄사상연구』. 서울대학교 출판부.

최재석. 1998.『고대한일불교관계사』. 일지사.

학담(鶴潭) 연의. 1988.『화엄법계와 보현행원』. 큰수레.

5장 신라 하대의 사회 변화와 불교계의 동향

강호선. 2021.「고려불교사에서의 구산선문 개념 검토」. ≪한국사상사학≫, 69.

고익진. 1989.「신라하대의 선전래(禪傳來)」.『한국선사상연구』. 동국대학교 불교문화연구원.

김두진. 1973.「낭혜(朗慧)와 그의 선사상」. ≪역사학보≫, 57.

_____. 1997.「신라하대 선종(禪宗) 사상의 성립과 그 변화」. ≪전남사학≫, 11.

_____. 2007.『신라하대 선종사상사 연구』. 일조각.

김상현. 1989.「신라하대 화엄사상과 선사상: 그 갈등과 공존」. ≪신라문화≫, 6.

정동락. 2011.「신라 하대 선종사(禪宗史) 연구동향」. ≪한국고대사탐구≫, 7.

정병삼. 2014.「9세기 신라 화엄의 추이」. ≪불교학보≫, 69.

조범환. 2013.『나말여초 남종선(南宗禪) 연구』. 일조각.

최병헌. 1972.「신라하대 선종구산파(禪宗九山派)의 성립: 최치원의 사산비명(四山碑銘)을 중심으로」. ≪한국사연구≫, 7.

_____. 1975.「나말여초 선종의 사회적 성격」. ≪사학연구≫, 25.

최인표. 2007.『나말여초 선종정책 연구』. 한국학술정보.

추만호. 1992.『나말여초 선종사상사 연구』. 이론과 실천.

한기문. 2001.「신라 말 선종 사원의 형성과 구조」. ≪한국선학≫, 2.

허흥식. 1986.「선종 구산파설(九山派說)의 비판」.『고려불교사연구』. 일조각.

2부 고대의 불교 사상과 신앙

6장 불교 수용과 토착종교

동북아역사재단 엮음. 2007.『고구려의 문화와 사상』. 동북아역사재단.

신라 천년의 역사와 문화 편찬위원회. 2016.『신라의 불교 수용과 확산』. 경상북도문화재연구원.

_____. 2016.『신라의 토착종교와 국가제의』. 경상북도문화재연구원.

신종원. 1992.『신라초기불교사연구』. 민족사.

이기백. 1986.『신라사상사연구』. 일조각,

채미하. 2008.『신라 국가제사와 왕권』. 혜안.

충청남도역사문화연구원 엮음. 2007.『백제의 제의와 종교』.

7장 화엄사상의 수용과 전개

고익진.1989.『한국고대불교사상사』. 동국대학교 출판부.

김복순.1990.『신라화엄종연구』. 민족사.

_____. 1993.「신라하대 선종과 화엄종 관계의 고찰」. ≪국사관논총≫, 48.

김상현. 1991.『신라화엄사상사연구』. 민족사.

김천학. 2013.「의상 후기사상의 실천론: 내 몸을 중심으로」. ≪한국선학≫, 35.

_____. 2015.「의상의『법계도』에 수용된 중국불교 사상과 전개」. ≪한국사상사학≫, 49.

남동신. 1993.「나말여초 화엄종단의 대응과 화엄신중경의 성립」. ≪외대사학≫, 5.

사토 아쓰시(佐藤 厚). 2001.「의상계 화엄학파의 사상과 신라불교에서의 위상」. ≪보조사상≫, 16.

석길암. 2006.「나말여초(羅末麗初) 불교사상의 흐름에 대한 일고찰: 선의 전래와 화엄종의 대응을 중심으로」. ≪한국사상사학≫, 26.

_____. 2010.「의상계 화엄의 선적(禪的) 경향성에 대하여」. ≪한국고대사탐구≫, 4.

_____. 2013.「한국 화엄사상의 성립과 전개에 보이는 몇 가지 경향성: 지엄과 원효, 지엄과 의상의 대비를 통해서」. ≪동아시아불교문화≫, 13.

전해주. 1992.『의상화엄사상사연구』. 민족사.

전호련. 1995.「한국 화엄선의 형성과 전개」. ≪한국사상사학≫, 7.

최연식. 2005.「8세기 신라 불교의 동향과 동아시아 불교계」. ≪불교학연구≫, 12.

石井公成. 1996.『華厳思想の研究』. 春秋社.

8장 유식사상의 수용과 전개

고익진. 1989.『한국고대불교사상사』. 동국대학교 출판부.

기츠카와 토모아키(橘川智昭). 2001.「일본의 신라유식 연구동향」. 한국유학생 인도학불교학연구회 엮음. 『일본의 한국불교 연구동향』. 장경각.
이만. 1990.「법상관계 논소와 신라인의 찬술서」. ≪불교학보≫, 27.
이수미. 2015.「공유논쟁(空有論爭)을 통해 본 원효(元曉)의 기신론관(起信論觀) 재고: 법장과의 비교를 중심으로」. ≪한국사상사학≫, 50.
_____. 2019.「원측」. 『테마한국불교』 7. 동국대학교 출판부.
_____. 2021.「『대승기신론(大乘起信論)』의 불이원론(不二元論)에 대한 두 가지 해석: 법장과 원효의 주석을 중심으로」. ≪불교학보≫, 97.
최연식. 2013.「신라 유식학 연구의 현황과 과제」. 『한국불교사 연구 입문』(상). 지식산업사.
吉村誠. 2009.「唐初期の唯識学派と仏性論争」. 『駒沢大学仏教学部研究紀要』, 67.
平川彰·梶山雄一·高崎直道 編. 1993. 『唯識思想』(講座·大乘仏教 8). 春秋社.

9장 선의 수용과 선문의 형성

고익진. 1984.「신라하대의 선 전래」. 『한국선종사상연구』. 동국대학교 출판부.
김두진. 2006. 『고려전기 교종과 선종의 교섭사상사 연구』. 일조각.
_____. 2007. 『신라하대 선종사상사 연구』. 일조각.
이병희. 2002.「고려전기 선종사원의 경제와 그 운영」. ≪한국선학≫, 4.
정성본. 1995. 『신라 선종의 연구』. 민족사.
조범환. 2001. 『신라선종연구: 낭혜무염과 성주산문을 중심으로』. 일조각.
_____. 2008. 『나말여초 선종산문 개창 연구』. 경인문화사.
추만호. 1992. 『나말여초 선종사상사 연구』. 이론과실천.
최병헌. 1972.「신라하대 선종구산파의 성립: 최치원의 『사산비명』을 중심으로」. ≪한국사연구≫, 7.
_____. 1975.「도선의 생애와 나말여초의 풍수지리설」. ≪한국사연구≫, 11.
최창조. 1984. 『한국의 풍수사상』. 민음사.
허흥식. 1986. 『고려불교사연구』. 일조각.
忽滑谷快天. 1930. 『朝鮮禪教史』. 春秋社.
小川隆. 2011. 『語錄の思想史』. 岩波書店.

10장 미륵신앙의 수용과 전개

김남윤. 1993.「신라 미륵신앙의 전개」. ≪역사연구≫, 2.
김재경. 2007. 『신라의 토착신앙과 불교의 융합사상사 연구』. 민족사.
정예경. 1998. 『반가사유상 연구』. 혜안.
창원시·창원대학교박물관. 2005. 『문화유적 분포지도: 창원시』.

11장 아미타정토신앙의 확산과 불교 대중화

김영미. 1985.「통일신라시대 아미타신앙의 역사적 성격」. ≪한국사연구≫, 50·51

_____. 2008.「원효의 대중 교화행」. ≪불교문화연구≫, 9.

남동신. 1995.「원효의 대중교화와 사상체계」. 서울대학교 박사학위논문.

_____. 2020.「감산사 아미타불상과 미륵보살상 조상기의 연구」. ≪미술자료≫, 98.

채상식. 2003.「한국 중세불교의 이해 방향과 인식틀」. ≪민족문화논총≫, 27.

12장 관음신앙의 수용과 확산

강희정. 2010.「통일신라 관음보살상 연구 시론」. ≪인문논총≫, 63.

김기종. 2016.「『삼국유사』 소재 불교설화의 '불·보살 현신(現身)' 양상과 그 의미」. ≪불교학보≫, 75.

김호성. 2006.『천수경과 관음신앙』. 동국대학교 출판부.

동국대학교 불교문화연구원 엮음. 1997.『한국관음신앙』. 동국대학교 출판부.

배금란. 2020.「신라 관음신앙 연구: 관음성현의 구조와 기능을 중심으로」. 서울대학교 박사학위논문.

신종원. 1992.『신라 초기불교사 연구』. 민족사.

이기운. 2002.「천태 지의의 일불승 사상」. ≪천태학연구≫, 4.

안성두 외 엮음.『대승불교의 보살』. 씨아이알.

최연식. 2007.「월출산의 관음신앙에 대한 고찰」. ≪천태학연구≫, 10.

後藤大用. 1976[1958]『觀世音菩薩の研究』. 山喜房佛書林.

Chün-fang Yü. 2001. *Kuan-Yin: The chinese Transformation of Avalokiteśvara*. New York: Columbia University.

3부 고대문화와 불교

13장 고대의 불상

강우방. 1990.『원융과 조화』. 열화당.

김리나. 2020.『한국의 불교조각』. 사회평론 아카데미.

김춘실. 1985.「삼국시대의 금동약사여래입상 연구」. ≪미술자료≫, 36.

_____. 1990.「삼국시대 시무외·여원인 여래좌상고」. ≪미술사연구≫, 4.

_____. 1995.「삼국시대 여래입상 양식의 전개: 6세기 말~7세기 초를 중심으로」. ≪미술자료≫, 55.

_____. 1998.「백제 조각의 대중교섭」.『백제 미술의 대외교섭』. 예경.

_____. 2000.「백제 7세기 불상과 중국 불상」. ≪선사와 고대≫, 15.

_____. 2001.「7세기 전반 신라 불상양식의 전개와 특징」. ≪미술자료≫, 67.

문명대. 2003. 『한국의 불상조각』. 예경.
배재호. 2023. 『한국의 불상』. 경인문화사.
서지민. 2006. 「통일신라시대 비로자나불상의 도상 연구: 광배와 대좌에 보이는 중기밀교 요소를 중심으로」. ≪미술사학연구≫, 253.
_____. 2010. 「나말여초 비로자나불상 제 형식에 관한 고찰: 『80화엄경』 불신관에 의한 독자적인 존상 구현의 관점으로」. ≪불교미술사학≫, 10.
_____. 2017. 「통일신라시대 화엄계 불상의 도상과 교의적 해석」. ≪미술사학연구≫, 294.
_____. 2018. 「신라 <백지묵서 대방광불화엄경 변상도>의 양식특징과 신앙적 배경 연구」. ≪역사와 담론≫, 88.
_____. 2018. 「경주 남산 칠불암 석주사면불상에 관한 연구」. ≪불교미술사학≫, 25.
_____. 2018. 「신라 경문왕대 동화사 비로암 불교미술품의 특징과 의의: 민애왕 원당 조영에 관한 불교미술사적 고찰」. ≪고문화≫, 91.
_____. 2019. 「석굴암 조영 배경과 본존불상 도상의 화엄교의적 해석」. ≪불교미술사학≫, 28.
_____. 2020. 「통일신라시대 불국사 건축과 중심불전의 주존불상에 관한 화엄교의적 고찰」. ≪백산학보≫, 118.
_____. 2020. 「석남사 비로자나불상을 통해 본 통일신라시대 여래형 지권인 비로자나불상의 도상과 신앙」. ≪불교미술사학≫, 29.
_____. 2021. 「불국사 금동아미타불상과 금동비로자나불상 신연구: 도상 재고와 존격의 화엄교의적 해석을 중심으로」. ≪불교미술사학≫, 31.
_____. 2022. 「보림사 철조비로자나불상의 후원과 제작공정 연구」. ≪동악미술사학≫, 32.
_____. 2022. 「신라하대 선종사원의 화엄법신불상 조성 배경 연구」. ≪백산학보≫, 124.

14장 석조미술

신대현. 2003. 『한국의 사리장엄』. 혜안.
신용철. 2006. 「통일신라 석탑 연구」. 동국대학교 박사학위논문.
문명대. 1980. 『한국조각사』. 열화당.
엄기표. 2003. 『신라와 고려시대 석조부도』. 학연문화사.
_____. 2007. 『한국의 당간과 당간지주』. 학연문화사.
_____. 2023. 『한국의 범자 역사와 문화』. 경인문화사.
장충식. 1987. 『신라석탑연구』. 일지사.
_____. 1989. 『한국의 탑』. 일지사.
정명호. 1994. 『한국석등양식』. 민족문화사.
정영호. 1974. 『신라 석조부도 연구』. 신흥사.
_____. 1993. 『부도』. 대원사.

_____. 1998. 『한국의 석조미술』. 서울대학교 출판부.
진홍섭. 1997. 『신라 고려시대 미술문화』. 일지사.
홍윤식. 1997. 『한국의 가람』. 민족사.

15장 고대인의 생사관과 불교

나희라. 2008. 『고대한국인의 생사관』. 지식산업사.
동북아역사재단 엮음. 2007. 『고구려의 문화와 사상』. 동북아역사재단.
신라 천년의 역사와 문화 편찬위원회. 2016. 『신라의 불교 수용과 확산』. 경상북도문화재연구원.
_____. 2016. 『신라의 토착종교와 국가제의』. 경상북도문화재연구원.
신종원. 1992. 『신라초기불교사연구』. 민족사.
이기백. 1986. 『신라사상사연구』. 일조각.
채미하. 2015. 『신라의 오례와 왕권』. 혜안.
충청남도역사문화연구원 엮음. 2007. 『백제의 제의와 종교』.

16장 고고학으로 본 고대의 불교 사원

김정기. 2016. 『수혈주거지와 사지』. 진인진.
다나카 도시아키(田中俊明). 2008. 「고구려의 사원」. 박천수·이근우 옮김. 『고구려의 역사와 유적』. 동북아역사재단.
신종원. 2006. 「삼국의 불교 초전자(初傳者)와 초기불교의 성격」. ≪한국고대사연구≫, 44.
양은경. 2014. 「신라의 사원」. 『신라고고학개론(상)』. 진인진.
이병호. 2013. 「아스카데라(飛鳥寺)에 파견된 백제 와박사의 성격」. ≪한국상고사학보≫, 81.
_____. 2014. 『백제 불교 사원의 성립과 전개』. 사회평론.
_____. 2018. 「유물을 통해 본 대가야의 불교문화」. ≪한국불교학≫, 86.
주홍규. 2019. 「기와로 본 평양지역 고구려 사원유적의 조영시기 검토」. ≪고구려발해연구≫, 65.
최영희. 2010. 「신라 고식 수막새의 제작기법과 계통」. ≪한국상고사학보≫, 70.
최태선. 2019. 「기와·가람」. 중앙문화재연구원 엮음. 『통일신라 고고학개론』. 진인진.

보론

1. 고대 승정의 양상과 특징

곽승훈. 2002. 『통일신라시대의 정치변동과 불교』. 국학자료원.
김영미. 2022. 「신라 비구니 승가와 도유나랑」. ≪신라문화≫, 61.

김영태. 1990.『삼국시대 불교신앙 연구』. 불광출판부.
남동신. 2000.「신라의 승정기구와 승정제도」. ≪한국고대사논총≫, 9.
박남수. 2013.「신라 대도서의 정비과정과 승정체계의 변화」. ≪한국사상사학≫, 43.
신선혜. 2006.「신라 중고기 불교계의 동향과 승정」. ≪한국사학보≫, 25.
_____. 2018.「원성왕대 정법전의 개편과 정법치국 이념」. ≪신라사학보≫, 43.
이수훈. 2016.「승단과 성전사원」.『신라사대계 13』. 경상북도.
이홍직. 1959.「신라 승관제와 불교정책의 제문제」.『백성욱박사송수기념불교학논문집』.
정병삼. 1995.「통일신라 금석문을 통해 본 승관제도」. ≪국사관논총≫, 62.
채상식. 1995.「자장의 교단정비와 승관제」. ≪불교문화연구≫, 4.
채인환. 1982.「신라 승관제의 설치의의」. ≪불교학보≫, 19.

2. 사리신앙

국립경주박물관. 2018.『황룡사』.
국립문화재연구소. 2000.『감은사지 동 삼층석탑 사리장엄』.
_____. 2014.『익산 미륵사지 석탑 사리장엄 발굴조사보고서』.
국립익산박물관. 2020.『사리장엄: 탑 속 또 하나의 세계』.
국립중앙박물관. 1991.『불사리장엄(佛舍利莊嚴)』.
불국사박물관. 2018.『불국사』.
이송란. 2010.「발해 상경성 출토 사리구의 구성과 특징」. ≪동북아역사논총≫, 27.
주경미. 2003.『중국 고대 불사리장엄 연구』. 일지사.
_____. 2011.「8~11세기 동아시아 탑내 다라니 봉안의 변천」. ≪미술사와 시각문화≫, 10.
_____. 2014.「신라 사리장엄방식(舍利莊嚴方式)의 형성과 변천」. ≪신라문화≫, 43.
_____. 2015.「한국 석탑 출현기 사리장엄방식의 변화 양상」. ≪백제연구≫, 62.
_____. 2017.「불사리장엄구의 문화적 양가성」. ≪진단학보≫, 129.
_____. 2019.「신라 사리장엄구와 중국 불교문화의 상관성 연구」. ≪불교학연구≫, 61.

3. 밀교의 수용과 전개

고익진. 1989.「초기밀교의 발전과 순밀의 수용」.『한국고대불교사상사』. 동국대학교 출판부.
김두진. 2016.『삼국시대 불교신앙사 연구』. 일조각.
김연민. 2008.「신라 문무왕대 명랑의 밀교사상과 의미」. ≪한국학논총≫, 30.
_____. 2012.「밀본의『약사경』신앙과 그 의미」. ≪한국고대사연구≫, 65.
_____. 2014.「혜통의 활동과 밀교사상」. ≪신라사학보≫, 31.
_____. 2019.「신라 하대 다라니신앙과 그 의미」. ≪한국고대사탐구≫, 33.

_____. 2019. 「8·9세기 신라의 중기밀교 유학승」. ≪신라사학보≫, 47.
김영태. 1990. 『삼국시대 불교신앙 연구』. 불광출판부.
김재경. 1978. 「신라의 밀교수용과 그 성격」. ≪대구사학≫, 14.
대한불교진각종 엮음. 1986. 『한국밀교학논문집』.
동국대학교 불교문화연구원 엮음. 1997. 『한국밀교사상』. 불교학술연구소.
마쓰나가 유케이(松長有慶). 1993. 『밀교경전 성립사론』. 장익 옮김. 불광출판사.
문명대. 1976. 「신라 신인종 연구: 신라밀교와 통일신라사회」. ≪진단학보≫, 41.
박광연. 2006. 「진표의 점찰법회와 밀교 수용」. ≪한국사상사학≫, 26.
박미선. 2011. 「신라 점찰법회와 밀교」. ≪동방학지≫, 155.
박태화. 1965. 「신라시대의 밀교 전래고」. 『효성조명기박사화갑기념불교사학논총』.
서윤길. 2006. 『한국밀교사상사』. 운주사.
여성구. 1992. 「혜통의 생애와 사상」. 『택와허선도선생정년기념한국사학논총』. 일조각.
요리토미 모토히로(頼富本宏). 1989. 『밀교의 역사와 문화』. 김무생 옮김. 민족사.
옥나영. 2016. 「신라시대 밀교경전의 유통과 그 영향」. 숙명여자대학교 박사학위논문.
이숙희. 2009. 『통일신라시대 밀교계 불교조각 연구』. 학연문화사.
장지훈. 2001. 「신라 불교의 밀교적 성격」. ≪선사와 고대≫, 16.
정병삼. 2005. 「혜초의 활동과 8세기 신라밀교」. ≪한국고대사연구≫, 37.
_____. 2011. 「『삼국유사』 신주편과 감통편의 이해」. ≪신라문화제학술논문집≫, 32.
정태혁. 1981. 「한국불교의 밀교적 성격에 대한 고찰」. ≪불교학보≫, 18.
조원영. 1999. 「신라 중고기 불교의 밀교적 성격과 약사경」. ≪부대사학≫, 23.
종석(전동혁). 1997. 「당조의 순밀성행과 입당 신라 밀교승들의 사상: 순밀사상의 신라전래와 그것의 한국적 전개」. ≪중앙승가대학논문집≫, 5.
홍윤식. 1985. 「신라화엄사상의 사회적 전개와 만다라」. 『천관우선생환력기념 한국사학논총』. 정음문화사.
황유푸(黃有福)·천징푸(陳景富). 1995. 『한·중 불교문화교류사』. 권오철 옮김. 까치.

4. 가야 불교를 둘러싼 논쟁

국립중앙박물관 엮음. 2019. 『(특별전시도록) 가야본성, 칼(劍)과 현(絃)』.
권주현. 2009. 「왕후사와 가야의 불교전래문제」. ≪대구사학≫, 95.
김병모. 2008. 『허황옥 루트, 인도에서 가야까지』. 위즈덤하우스.
김복순. 2017. 「가야불교와 신라불교의 특성과 차이」. ≪한국불교사연구≫, 12.
김영태. 1990. 「가락불교의 전래와 그 전개」. ≪불교학보≫, 27.
김영화. 1997. 「가야불교의 수용에 대한 비판적 고찰」. ≪경대사론≫, 10.
백승옥. 2018. 「가야 각국의 불교 관련자료 검토」. ≪동아시아불교문화≫, 33.

석길암. 2016.「가락국의 불교 전래 문제와 성격에 대한 검토」. ≪동아시아불교문화≫, 25.
양은경. 2017.「가야 연화문과 가야 불교」. ≪고고광장≫, 21.
이거룡. 2018.「파사석탑의 유래와 조성과정에 관한 연구」. ≪동아시아불교문화≫, 36.
이광수. 2003.「가락국 허왕후 도래 설화의 재검토」. ≪한국고대사연구≫, 31.
이영식. 1998.「가야불교의 전래와 문제점」. ≪가야문화≫, 11.
______. 2001.「가야인의 정신세계」. 부산대학교 한국민족문화연구소 엮음.『한국 고대사 속의 가야』. 혜안.
전지혜. 2019.「김해 파사석탑(婆娑石塔)의 원형에 대한 고찰」. ≪진단학보≫, 133.
정진원. 2017.「가야불교 인물의 발굴과 활동 분석:『삼국유사』 가락국기와 김해 유적의 관련 요소를 중심으로」. ≪한국불교사연구≫, 12.
조원영. 2021.「가야불교와 파사석탑」. ≪지역과 역사≫, 48.
홍윤식. 1992.「가야불교에 대한 제문제와 그 사적 위치」. ≪가야고고학논총≫, 1.

5. 고구려 불교를 계승한 발해 불교

강희정. 2003.「발해 후기의 불교조각과 신앙」. ≪동악미술사학≫, 14.
김지은. 2006.「발해불교의 연구현황」. ≪경주사학≫, 24·25.
문명대. 1999.「발해 불상조각의 유파와 양식 연구」. ≪강좌 미술사≫, 14.
방학봉. 1998.『발해의 불교유적과 유물』. 서경문화사.
송기호. 1987.「발해의 불교자료에 대한 검토」.『최영희선생화갑기념 한국사학논총』. 탐구당.
______. 2011.『발해 사회문화사 연구』. 서울대학교 출판문화원.
양은경. 2018.「연해주 지역 사원지 출토 발해 불상 시론」. ≪한국상고사학보≫, 102.
임석규. 1995.「발해 반랍성(半拉城) 출토 이불병좌상의 연구」. ≪불교미술연구≫, 2.
정영호. 1999.「발해의 불교와 불상」. ≪고구려발해연구≫, 6.
최성은. 2010.「발해 상경성의 불상: 동아시아 불교조각과의 비교연구」. ≪동북아역사논총≫, 27.
______. 1999.「발해(698~926)의 보살상 양식에 대한 고찰」. ≪강좌 미술사≫, 14.
최성은·이송란·임석규·양은경·이우섭. 2016.『발해의 불교유물과 유적』. 학연문화사.

지은이(수록순) ●●

조우연

인하대학교 사학과에서 석박사학위를 받았다. 동 대학교 사학과 강사와 한국학연구소 연구교수를 거쳐 현재 중국 연변대학 인문사회과학학원 사학과 교수, 고구려연구중심 주임으로 재직하고 있다. 고구려 국가제사와 불교사를 비롯해 사상사, 사회사 등을 연구하고 있다.

저서로 『천제지자(天帝之子): 고구려의 왕권전승과 국가제사』(2019), 『황제, 그리고 중국의 민족주의』(2009), 번역서로 『중국전설시대와 민족형성』(2012), 논문으로 「고구려의 왕실조상제사」(2010), 「고구려 시조신화에 나타나는 '부여출자'의 의미」(2010), 「4~5세기 고구려의 불교수용과 그 성격」(2011), 「집안 고구려비에 나타난 왕릉제사와 조상인식」(2013), 「한·중 고대 '국가' 형태와 조상관념」(2016), 「신발견 평양 보성리 고구려 벽화고분에 관한 일고」(2019), 「중국 고대 불교예술 속 젠더(Gender) 이미지」(2023) 등이 있다.

이장웅

고려대학교 한국사학과에서 박사학위를 받았다. 한성백제박물관 학예연구사(2013~2023)를 지냈고, 현재 건국대학교 글로컬캠퍼스, 고려대학교 강사로 활동하고 있다. 백제 국가 제사와 불교 사원 연구에서 시작해 한국 고대 사상과 문화 전반을 연구하고 있다.

저서로 『신화 속에 깃든 백제의 역사』(2017), 『서울 역사의 시작, 한성백제』(2021) 등이 있으며, 논문으로 「4~5세기 고구려 왕릉급 고분 제사와 태세(太歲) 기년법」(2021), 「경주 율동(栗洞) 마애 열반상 명문과 9세기 신라 사회」(2022), 「신라 원성왕의 〈신공 사자가(身空 詞腦歌)〉와 관련 설화의 역사적 이해」(2023), 「공주 주미사지(舟尾寺址) 명문 석편을 통해 본 9세기 신라 지방 사회와 불교」(2024) 등이 있다.

신선혜

고려대학교 한국사학과에서 박사학위를 받았다. 현재 호남대학교 교양학부 교수로 재직하면서 신라 불교사 및 여성사, 지역 불교사 등을 연구하고 있다.

공저로 『삼국유사의 세계』(2018), 『마립간과 적석목곽분』(2021), 『신라인의 기록과 신라사 복원』(2022), 논문으로 "Aspect and Trend of Recognition on Choi Chi-Won in the Goryeo Era: Focused on keeping the ancestral tablet in Munmyo"(2021), 「한국 고대 향도의 고려 계승과 변화상」(2022), 「신안 흑산도 무심사선원의 불교사적 위상」(2023), 「〈천관산기〉를 통해 본 호남 불교계」(2023) 등이 있다.

곽승훈

서강대학교 사학과를 졸업하고 한림대학교 대학원에 진학해 이기백(李基白) 선생님의 지도를 받다. 순천대학교 연구교수, 목원대학교 겸임교수 등을 역임하고, 현재 동광불교문화연구소 소장을 맡고 있다. 사상사, 사학사, 금석문을 주로 연구했으며, 제7회 지훈상을 수상했다(2007).
저서로 『통일신라시대의 정치변동과 불교』(2002), 『최치원의 중국사 탐구와 사산비명 찬술』(2005), 『신라 고문헌 연구』(2006), 『지리산권 불교자료 1: 간기편』(공편, 2009), 『고려시대 전적자료집성』(2021), 논문으로 「수이전(殊異傳)의 찬술본(撰述本)과 전승 연구」(2011), 「신라 골품제사회의 정치변동과 불교」(2013), 「고려시대 운문사 창건연기의 변천과 역사적 의의」(2014), 「신라 경문왕대 법필(法弼)의 선(禪)사상과 보현행원사상」(2017) 등이 있다.

김윤지

고려대학교 한국사학과에서 박사학위를 받았다. 현재 국사편찬위원회 편사연구사로 재직하면서 고려 불교사, 의례 등을 연구하고 있다.
공저로 『한국 불교사: 고려』(2023), 논문으로 「고려시대 승려 비직(批職)의 운영과 그 의미」(2020), 「고려시대 왕사·국사 책봉 의례와 군신·사자 관계의 구현」(2021), 「고려시대 승려 관고 지급의 기준과 성격」(2022), 「고려전기 왕사·국사 장례 의전의 정비와 특징」(2023) 등이 있다.

채미하

경희대학교 사학과에서 박사학위를 받았다. 경희대학교 학술연구교수, 한성대학교 학술연구원, 고려대학교 연구교수를 역임하고, 현재 한국교통대학교 강사로 활동하고 있다. 한국 고대 국가제사와 의례를 연구하고 있다.
저서로는 『신라 국가제사와 왕권』(2008), 『신라의 오례와 왕권』(2015), 『한국고대국가제의와 정치』(2018), 『신라의 건국과 성장』(2021), 논문으로는 「진성왕 전후의 외교문서와 신라」」(2017), 「애장왕·헌강왕대의 대일외교와 그 활용」(2018), 「백제 웅진시기 조상제사와 단(壇)」(2019), 「문무왕·신문왕대의 대일본관계」(2020), 「사로국의 성장과 유이민」(2020), 「삼한의 '제천(祭天)'과 동예 무천(舞天)의 포용성」(2020), 「신라의 유가 교육과 ≪논어≫」(2021), 「계림주 설치 전후 당의 정책에 대한 신라의 대응」(2022) 등이 있다

석길암

한국외국어대학교 경제학과를 졸업하고, 동국대학교 불교학과에서 박사학위를 받았다. 한국불교연구원 전임연구원, 금강대학교 HK교수를 역임하고, 현재 동국대학교 WISE캠퍼스 불교학부 교수로 재직하면서 화엄사상, 한국 불교사상사, 동아시아 불교사상사를 연구하고 있다.
저서로 『불교, 동아시아를 만나다』(2010), 『동아시아 법화경 세계의 구축(1)』(공저, 2013), 『종교와 역사의 교차점, 실크로드』(공저, 2014), 『동아시아 종파불교-역사적 현상과 개념적 이해』(공저, 2016), 『붓다전기의 변용』(공저, 2023) 등이 있다. 논문으로 「원효의 보법화엄사상 연구」(2004), 「중국불교 대승화에 대한 이해의 한 측면」(2018), 「『대승기신론』을 읽어온 문헌학과 교학의 시선들」(2020), 「균여전 다시 읽기: 고려 광종의 불교정책에 대한 화엄행자 균여의 협력 그리고 갈등」(2022), 등이 있다.

이수미

서울대학교 약학과를 졸업하고 철학과에서 석사를 마친 후 미국 일리노이 대학교(UIUC)와 캘리포니아 대학교(UCLA)에서 불교학으로 각각 석사와 박사 학위를 받았다. 현재 덕성여자대학교 철학전공 교수로 재직 중이다. 한국 불교를 중심으로 한 동아시아 불교사상을 전공했으며, 유식 및 여래장 사상에 대해 연구하고 있다. 2017년 「『금광명경』의 삼신설(三身說)에 대한 원효의 이해: 자은기(慈恩基)와 정영혜원(淨影慧遠)과의 비교 고찰을 통하여」로 한국불교학회 불교학술진흥상 대상을 수상했다.

저서로 *Buddhist Hermeneutics and East Asian Buddhist Interpreters: Delivering Dharma of No Dharma*(2022)가 있으며, 논문으로 "On the *Ālayavijñāna* in the *Awakening of Faith*: Comparing and Contrasting Wŏnhyo and Fazang's Views on *Tathāgatagarbha* and *Ālayavijñāna*"(2019), 「지눌 수증론의 해오(解悟)와 증오(證悟)의 의미 재조명」(2023) 등 다수가 있다.

조명제

부산대학교 사학과에서 박사학위를 받고, 일본학술진흥회 초청으로 고마자와 대학 불교학부에서 2년간 박사후과정을 이수했다. 현재 신라대학교 역사문화학과 교수로 재직하면서 한국 사상사, 근대 불교사, 동아시아 불교사 등을 연구하고 있다.

저서로 『고려후기 간화선 연구』(2004), 『선문염송집 연구: 12~13세기 고려의 공안선과 송의 선적』(2015), 『古代東アジアの佛教交流』(공저, 2018), 『불교문명 교류와 해역세계』(공저, 2021) 등이 있으며, 역서로 『한국금석문집성』 24~26(2011), 『조선 불교 유신론』(2014) 등이 있다.

정미숙

부산대학교 사학과 박사과정을 수료하고, 부산대학교·부경대학교·신라대학교 등에서 강의했다. 부경역사연구소 연구원으로 재직하며 신라 불교사를 주로 연구하고 있다.

논문으로 「신라중대초 유식학 승려의 불성론」(2002), 「신라·통일신라시대 부산지역 사상계의 동향」(2003), 공저로 『부산역사향기를 찾아서』(2005), 『부산문화관광 길잡이』(2007), 『역주 조계산송광사사고』(2009), 『사상구지』(2015) 등이 있다.

배금란

서울대학교 대학원 종교학과에서 박사학위를 받았다. 현재 서울대학교 종교문제연구소 연구원, 서강대학교 K종교학술확산연구소 공동연구원으로 재직하며, 한국불교의 신행문화에 대한 연구를 하고 있다.

공저로 『전라북도의 신화와 종교』(2021), 논문으로 「신라 관음신앙 연구: 관음성현의 구조와 기능을 중심으로」(2020), 「『삼국유사』의 신앙과 수행」(2022), 「토함산 석굴암의 종교상징적 의미 연구: 십일면관음의 위상과 기능을 중심으로」(2022), 「『삼국유사』「낙산 이대성 관음 정취 조신」 조의 서사적 특징」(2020), 「염불 공효(功效)의 실천적 의미 연구: 운제산 자장암 사리분신(舍利分身) 영응(靈應) 사례를 중심으로」(2019) 등이 있다.

서지민

충북대학교 대학원 고고미술사학과에서 박사학위를 받았다. 현재 충북대학교 고고미술사학과 부교수로 재직하고 있으면서 (사)불교미술사학회 위원장을 맡고 있다. 통일신라시대 화엄계 불상을 중심으로 우리나라 고대, 중세 불교미술사를 연구하고 있다.
주요 연구로 『석장』(공저, 2009), 『사비백제사 2: 불국토의 나라, 유려한 백제문화』(공저, 2022), 「통일신라시대 비로자나불상의 도상 연구」(2006), 「통일신라시대 화엄계 불상의 도상과 교의적 해석」(2017), 「석굴암 조영 배경과 본존불상 도상의 화엄교의적 해석」(2020), 「통일신라시대 불국사 건축과 중심불전의 주존불상에 관한 화엄교의적 고찰」(2020), 「석남사 비로자나불상을 통해 본 통일신라시대 여래형 지권인 비로자나불상의 도상과 신앙」(2020), 「불국사 금동아미타불상과 금동비로자나불상 신연구」(2021), 「보림사 철조비로자나불상의 후원과 제작공정 연구」(2022) 등이 있다.

엄기표

한국교원대학교 역사교육과에서 석사학위를, 단국대학교 사학과에서 박사학위를 받았다. 현재 단국대학교 자유교양대학 교수로 역사와 문화사 관련 강의를 하면서 한국 미술사, 석조 미술사, 문화재 보존, 범자 등을 연구하고 있다.
저서로 『그림과 명칭으로 보는 한국의 문화유산』(1999), 『신라와 고려시대 석조부도』(2003), 『정말 거기에 백제가 있었을까』(2004), 『한국의 당간과 당간지주』(2004), 『백제왕의 죽음』(2005), 『다시 찾은 백제문화』(2005), 『중국요탑』(공저, 2019), 『한국의 범자 역사와 문화』(2023), 논문으로 「통일신라시대 당간과 당간지주 연구」(1997), 「한국 불교미술사 연구 방법에 대하여」(2000), 「중국 용문석굴의 탑파에 대한 고찰」(2023) 등이 있다.

이병호

한국교원대학교 역사교육과를 졸업하고, 와세다 대학 문학연구과에서 박사학위를 받았다. 국립미륵사지유물전시관장, 국립중앙박물관 전시과장·미래전략담당관, 공주교육대학교 교수를 역임했다. 현재 동국대학교 문화유산학과 교수로 재직하며 고대의 도성과 사원, 기와, 목간을 연구하고 있다.
저서로 『백제 불교 사원의 성립과 전개』(2014), 『百濟寺院の展開と古代日本』(2015), 『내가 사랑한 백제』(2017), 『백제 왕도 익산, 그 미완의 꿈』(2019), 번역서로 『정창원문서 입문』(2012), 『아스카의 목간』(2014), 『고대 동아시아의 민족과 국가』(공역, 2022), 논문으로 「百濟寺院の特性形成と周邊國家に及ぼした影響」(2013), 「경주 황룡사지 하층 유구의 조성 시기와 성격」(2023), 「백제 사비기 지방사원의 존재양상에 관한 시론적 검토」(2024) 등이 있다.

주경미

서울대학교 고고미술사학과에서 석박사학위를 받았다. 서울대학교, 부경대학교, 서강대학교, 부산외국어대학교에서 전임연구원과 연구교수를 지냈으며, 현재 충남대학교 고고학과 강사로 재직 중이다.

저서로 『중국 고대 불사리장엄 연구』(2003), 『대장장』(2011), 『유라시아로의 시간여행』(공저, 2018), 『미얀마의 불교미술(공저, 2019), 논문으로는 「불교미술과 물질문화: 물질성, 신성성, 의례」(2008), 「요대(遼代) 불사리장엄과 팔대영탑 도상」(2009), 「8~11세기 동아시아 탑내 다라니 봉안의 변천」(2011), 「미륵사지 석탑 사리장엄구의 구성과 의의」(2014), 「불사리장엄의 문화적 양가성」(2017), 「무령왕릉 출토 금속공예품의 현황과 의의」(2021) 등이 있다

김연민

국민대학교 국사학과에서 박사학위를 받았다. 현재 국민대학교 교양대학 강사로 활동하며 신라 밀교사에 대해 연구하고 있다.

논문으로 「신라 문무왕대 명랑의 밀교사상과 그 의미」(2004), 「『삼국유사』 혜통항룡조의 전거자료와 기년문제」(2011), 「밀본의 『약사경』 신앙과 그 의미」(2012), 「혜통의 활동과 밀교사상」(2014), 「8·9세기 신라의 중기밀교 유학승」(2019), 「신라 하대 다라니신앙과 그 의미」(2019) 등이 있다.

박미선

연세대학교 사학과에서 박사학위를 받았다. 현재 명지대학교 사학과 객원교수와 인천대학교 강사로 활동하고 있다. 신라 불교사와 삼국유사, 역사교육 등을 연구하고 있다.

저서로 『신라 점찰법회와 신라인의 업·윤회 인식』(2013), 『삼국유사로 읽는 한자』(2020), 『삼국시대 사람들은 어떻게 살았을까 2: 경계와 사회 그리고 사상』(공저, 2022), 『공공역사를 실천 중입니다』(공저, 2023), 논문으로 「중등교과서의 한국 고대사 내용요소와 체계화 방안」(2019), 「5세기 신라의 대고구려관계와 왕실의 불교 인식 변화」(2020), 「불교 수용 후 신라의 자연재해와 불교적 대응」(2021), 「현신성불에 투영된 신라 관음신앙의 특징」(2023), 「『삼국유사』의 불탑과 장례」(2023) 등이 있다.

한울아카데미 2549

한국 불교사 고대

엮은이 | **불교사학회**(회장: 조명제)
지은이 | **조우연·이장웅·신선혜·곽승훈·김윤지·채미하·석길암·이수미·조명제·정미숙·배금란·서지민·엄기표·이병호·주경미·김연민·박미선**
펴낸이 | 김종수
펴낸곳 | 한울엠플러스(주)
편　집 | 최진희

초판 1쇄 인쇄 | 2025년 3월 10일
초판 1쇄 발행 | 2025년 3월 31일

주소 | 10881 경기도 파주시 광인사길 153 한울시소빌딩 3층
전화 | 031-955-0655
팩스 | 031-955-0656
홈페이지 | www.hanulmplus.kr
등록 | 제406-2015-000143호

Printed in Korea.
ISBN 978-89-460-7549-8 93910 (양장)
978-89-460-8348-6 93910 (무선)

* 앞표지, 각 부 속표제지 그림: 서산 용현리 마애여래삼존상(국가유산포털)
뒤표지 그림: 금동미륵보살반가사유상(1962-1, 국립중앙박물관)
* 이 책에는 KoPub체(무료 글꼴, 문화체육관광부, 한국출판인회의)를 사용했습니다.
* 책값은 겉표지에 표시되어 있습니다.
* 무선 제본 책을 교재로 사용하시려면 본사로 연락해 주시기 바랍니다.